민족사학술총서 65

초기불교의 사회적 실천

현장의 불교, 현장의 불교학

김재영 金再泳

민족사

영문도 모른 채 생매장당하는 수백만 가축들

귀한 생명들 품에 안으시고 우리의 허물을 가슴 아파하시는

연민과 헌신의 세존 석가모니 부처님

그 삶과 가르침에 귀의합니다.

머리말

땀 냄새 물씬한 사람들 속으로

이 책은 필자의 학위논문 「초기불교의 사회적 실천에 관한 연구」(2009, 동방대학원대학교)를 보완해서 옮겨 실은 것이다.

지금 우리 불교-불교학은 척박한 풍토에도 불구하고 눈부신 성장을 거듭해 오고 있다. 무소의 뿔처럼 묵묵히 고행의 길을 걷고 있는 많은 성중(聖衆, ariya-parisā/아리야 빠리사)들의 헌신 때문이다. 그럼에도 불구하고 지금까지 우리 불교-불교학은 교리/수행법에 과도하게 집착해 온 것이 사실이다. '불교' 하면 '연기법', '무아', '공'을 찾고, '깨달음/한소식' 하면 '참선', '위빳사나'를 내세운다. 그러나 필자는 묻고 있다. '교리가 불교하는 것일까?' '연기법이 불교를 실천하는 것일까?' '참선/위빳사나가 깨달음을 가져오고 우리들 고통을 해결해 주는 것일까?'

문제의 본질은 사람/사람들일 것이다. '연기법'이 불교하는 것이 아니라 사람/사람들이 하는 것이다. '참선/위빳사나'가 우리들 고통을 해소해 주는 것이 아니라 피땀 흘리며 열심히 살아가는 사람/사람들의 하루하루 삶이 해내는 것이다. 마트에서 한푼이라도 깎으려고 아우성치는 아낙네들과 하루 몇천 원 벌어보겠다고 새벽부터 일자리 센터를 찾는 남정네들, 저 사람/사람들의 치열한 열정과 세속의 삶을 떠나서 대체 불교는 어디에, 또 어떻게 존재할 수 있는 것일까? 우리 불교-불교학, 이제 그만 '연기법', '참선'에서 놓여날 때가 된 것 아닐까? 이제 그만 그 묵은 허구적 관념의 늪에서 뛰쳐나와야 하는 것 아닐까?

필자는 초기불교 대중들을 만나고 싶었다. 두 마리 소가 끄는 작은 수레를 몰고 강가 강(갠지스 강)과 데칸 고원을 넘어 담마를 실어 나르며 이 세상을 바꾸기 위하여 낡은 수레처럼 무너져 내리는 성중(聖衆, ariya-parisā/아리야 빠리사)들, 그렇게 해서 황량한 인도대륙에 'Buddhist India'(불교도의 나라 인도)를 개척해낸 사람/사람들-대상(隊商)/상인들 · 기업가들 · 전사들 · 지식인들 · 하녀/노비들 · 창녀/도적들 · 장애자들 · 결핵/나병환자들 …… 땀 냄새 물씬 풍기는 이 성중들의 삶 속에서 불교의 무한한 창조와 변혁의 에너지를 발견하고 싶었다. 그리고 그들 속에서, 그들 속에 들어가, 그 치열한 삶의 현장 속으로 들어가, 우리 불교-불교학을 다시 해보고 싶었다. 멋있게, 신명나게, 큰 소리 치면서 다시 한 번 해보고 싶었다. '비폭력-사랑-나눔'의 삶으로……. 너무 늦은 것은 아닐까?

2012년 2월

無圓 김재영

차 례

머리말 _ 6
일러두기 _ 12
약어 _ 13

1장 서론 ······ 15

1. 연구의 필요성 ······ 15
2. 초기불교의 사회성 논의와 문제의식 ······ 19
1) 초기불교의 사회성 논의 ······ 19
2) 문제의 제기 ······ 24
3. 연구과제와 연구방법 ······ 29
1) 선행연구 검토 ······ 29
2) 연구과제 설정 ······ 35
3) 연구방법 ······ 43
4. 소결 ······ 48

2장 사회적 실천의 시대적 상황과 대중적 기초 ······ 50

1. 시대적 상황 ······ 50
1) 농업 · 상공업의 확장과 도시화 ······ 50
2) 국가적 · 계급적 사회의 구조화 ······ 57
3) 사회적 변화의 확산과 사회적 위기의 본질 ······ 64

2. 대중적 기초 ········· 80
1) 빠리사(parisā) 중심의 초기 공동체 ········· 80
2) 초기 빠리사의 신분적 구성과 상인의 역할 ········· 98
3. 초기 대중들의 사회의식과 개척정신 ········· 111
1) 붓다의 사회의식과 전법륜 정신 ········· 111
2) 초기 대중들의 사회의식과 개척정신 ········· 130
4. 소결 ········· 146

3장 사회적 실천의 교리적 기초 ········· 149
1. 초기불교의 사회론 ········· 149
1) 자아와 사회 - 역동적인 한 흐름의 세계 ········· 149
2) 사회의 본질로서의 식(識, viññāṇa) ········· 156
3) 사회 비판 - 사회 변혁의 추구 ········· 163
2. 기초적 교리의 사회적 실천성 ········· 170
1) 오온과 자아의식의 문제 ········· 170
2) 십이처 - 십팔계와 사회적 조건의 문제 ········· 197
3) 십이연기와 사회 변혁의 원리 ········· 225

3. 초기 수행법의 사회적 실천성 ········235
1) 사띠(sati)의 기능과 초기 수행법에서의 역할 ········235
2) '안으로 밖으로 안팎으로' ········257
3) 왜 사회적 실천인가? ········277
4. 소결 ········285

4장 사회적 실천의 실제적 전개 과정 ········289

1. 전법 개척의 실천-세계관의 변혁으로 ········289
1) 초기불교의 영역 개척과 지리적 확장 ········289
2) 대상(隊商)의 길, 전법의 길 ········299
2. 비폭력(非暴力, ahiṃsā) 자비의 실천-윤리적 변혁으로 ········307
1) 비폭력의 가치 ········307
2) 비폭력 자비운동의 윤리적 변혁으로 ········316
3. 반(反)차별 평등의 실천-사회적 변혁으로 ········331
1) 반(反)카스트 평등의 실천 ········331
2) 반(反)여성차별-양성평등의 실천 ········340
4. 보시복지의 실천-경제적 변혁으로 ········353
1) 초기불교의 사회복지사상 ········353

2) 보시복지의 사회적 전개 ……368
5. '정의로운 국가'의 이상(理想)을 향하여-정치적 변혁으로 ……383
1) 초기불교의 정치사상 ……383
2) 전륜성왕의 나라-이상국가를 향하여 ……388
6. 소결 ……405

5장 결론 ……409

참고문헌 _ 430
Abstract _ 442
후기 _ 449
찾아보기 _ 455

표 1 : 초기 빠리사의 신분별 구성비율 _ 99
표 2 : 십이처-십팔계의 작동과정표 _ 201
지도 : 붓다와 초기 민중들의 개척 · 순교도 _ 298

일러두기

1. 이 책에 인용된 빨리경전은 한글본(번역본)을 기본으로 삼고 필요에 따라 영역본 · 한역본 · 빨리어본을 참조 인용하였다. 빨리경전의 제목은 빨리어로 표기하고 ( ) 안에 한글제목을 병기하였다.
2. 빨리경전의 약호는 PED의 것을 따랐고, 각주 첫머리에는 PTS본의 권(卷)과 쪽(面) 번호를, 말미의 ( ) 안에는 PTS본의 장/절/경 번호를 기록하였다.

   보기① 각주4) S Ⅰ 105-106; 전재성 역(1999) 1권, pp.242-243; (S 4; 1; 5「Pāsa-sutta」- 올가미 경)의 경우, 첫머리의 S Ⅰ 105-106은 PTS본 쌍윳따니까야의 1권 105-106쪽을 나타내고, 말미 ( ) 안의 (S 4; 1; 5「Pāsa-sutta」- 올가미 경)은 쌍윳따니까야의 제4쌍윳따 1장(품) 제5경을 나타낸다.

   보기② 각주 D Ⅱ 151 "수밧다여,… 수밧다여, 그러므로 오직 여기에만 사문이 있다." 각묵 스님 역(2006a) 2권, p.280; (D 16「Mahāparinibbāna-sutta」- 대반열반경; 5,27)의 경우, 첫머리의 D Ⅱ 151은 PTS본 디가니까야의 2권 151쪽을 나타내고, 말미 ( ) 안의 (D 16「Mahāparinibbāna-sutta」- 대반열반경; 5,27)은 디가니까야 제16경 대반열반경의 단락번호 5,2,7을 나타낸다. 단락번호는 PTS본의 단락번호를 따랐다.

   보기③ 각주 Sn 401-404; 전재성 역(2004) pp.245-246의 경우, Sn 401-404는 PTS본 숫따니빠따의 게송번호를 나타낸다. 숫따니빠따 · 담마빠다 · 테라가타 · 테리가타 등은 이런 방식으로 게송번호를 나타낸다.
3. 빨리어의 한글 표기는 학회의 일반적 표준을 따랐다. 인명 · 지명 등 고유명사는 본문에서 빨리어를 병기하였고, 용어/술어의 경우, 본문에서 되도록 빨리어를 표기하되, 주요한 용어/술어만 본문에서 빨리어/한글 표기식으로 처리하고, 일반적 용어/술어 등의 한글 표기는 이 책의 말미 '찾아보기'에 수록하였다.
4. '찾아보기'는 빨리어 중심으로 경전제목 · 인명 · 지명 · 역사/사회/문화 · 담마용어 순으로 정리하였고, 담마용어의 경우 한글 중심으로 먼저 주요 주제별로 관련 용어들을 함께 모아 정리하고, 일반적 담마용어들은 가나다순으로 정리하였다.

약어

빨리어 경전(한글본)의 약어는 Pāli-English Dictionary의 약어에 준함.

A	Aṅguttara-nikāya (증지부)
AA	Aṅguttara-nikāya Aṭṭhakathā (증지부 주석서)
D	Dīgha-nikāya (장부)
DA	Dīgha-nikāya Aṭṭhakathā (장부 주석서)
Dh	Dhammapada (법구경)
DhA	Dhammapada Aṭṭhakathā (법구경 주석서)
J	Jātaka (본생담)
M	Majjhima-nikāya (중부)
MA	Majjhima-nikāya Aṭṭhakathā (중부 주석서)
S	Saṃyutta-nikāya (상응부)
SA	Saṃyutta-nikāya Aṭṭhakathā (상응부 주석서)
Sn	Suttanipāta (경집)
Thag	Theragāthā (장로게)
Thig	Therīgāthā (장로니게)
U	Udāna (감흥어)
Vin	Vinaya-piṭaka (율장)

PED(1986)	Pāli-English Dictionary
PTS	Pāli Text Society

T	대정신수대장경

1장 서론

1. 연구의 필요성

지금 한국불교는 심각하고도 본질적인 사상적 혼돈을 경험하고 있다. 어떤 의미에서는 새로운 전환기적 시험에 직면해 있다고도 할 수 있다. 한국불교는 전통적으로 '대승'을 자처하면서 남방불교/상좌부불교(Theravādā)를 '소승'으로 비하하는 경향에 익숙해져 왔다. 이것은 단순히 남방불교를 소승시하는 데 그치지 않고, 붓다 사꺄무니(Buddha Sakyamuni, 釋迦牟尼佛)에[1] 의하여 설해지고 확립된 초기불교의 기본적 가

1 부처님의 명칭에 관해서 많은 논의가 있으나, 초기경전상으로는 'Buddha Sakyamuni', 또는 'Buddha'가 바른 이름이다. 우리 식으로 하면 '불타 석가모니', '석가모니 부처님' 또는 '부처님'이다. 1986년 룸비니 동산에서 발견된 아소까 대왕의 돌기둥에는 마가다어로 '붓다 사꺄무니가 탄생한 곳'이라고 새겨져 있다. '고따마 붓다(Gotama Buddha)'는 경전에서 거의 발견되지 않기 때문에 쓰지 않는 것이 좋을 것이다. 다만 '고따마'를 출가 이전의 이름으로, 또는 수행자의 이름으로 쓰는 것은 무방할 것이다. 'samaṅa Gotama'는 초기경전에서 흔히 나오는 명칭이다. 'Siddhatta'란 명칭도 거의 나오지 않는다. 'Sakyamuni'는 '사꺄무니'로 발음되지만, 오랜 국민적 관행을 따라 '석가모니'로 하는 것이 좋을 것이다.

르침(法, dhamma/담마)마저 폄하하려는 매우 우려할 만한 경향을 내포하는 것이다. 그러나 최근 초기불교의 빨리 니까야(*Pāli Nikāya*)들이 한글로 번역 출판되고 초기불교에 대한 분석가들의 학문적 성과가 축적되고 있다. 또 사마타(samatha) · 위빳사나(vipassanā) 등 남방 수행법들이 널리 소개되고 있다. 이렇게 해서 한국불교는 새로운 사상적 모색기를 맞고 있는 것이다.

2000년대 이후 활발하게 전개된 초기불교에 관한 논의는 대승 · 선(禪) 불교에 과도하게 편중되어 온 기존 연구 풍토 내지 수행 풍토를 일신하는 매우 고무적인 변화이다. 또 이러한 초기불교 연구는 불교 연구의 지평을 확대하고, 불교 연구의 시각을 붓다의 기본적 가르침으로 환원한다는 의미에서 특히 중요한 의미를 갖는다. 여기에는 빨리 경전의 한글화에 힘써 온 몇몇 선학들의 줄기찬 선구적 노력도 큰 배경으로 작용하였다. 이들의 노력은 한글본 빨리 경전을 저본으로 삼는 불교 연구의 근거와 가능성을 제공하였다. 불교 연구가 문헌연구의 오랜 터널을 벗어나, 보다 자유로운 상상력과 대중적 참여의 새로운 기회를 맞게 된 것이다.

최근 학자들의 초기불교 연구는 위빳사나와 같은 남방 수행법의 단편적 소개를 넘어서서, 불교의 궁극적 목표 '열반(涅槃, nibbāna/닙바나)'의 실현 과정이라는 보다 본질적인 영역으로 접근하고 있다. 특히 사띠(sati, 마음 지켜보기, mindfulness) 문제를 중심으로 하는 일련의 논쟁/논의가 이러한 연구 성과를 압축적으로 입증하고 있다. 그러나 이러한 학

이 글에서는 '붓다'란 명칭을 주로 쓸 것이다. 이 이름이 동남아 불교 국가들에서 실제로 널리 쓰이고 있고, 대승경전의 여러 부처님과 구분되는 '역사적인 부처님(the historical Buddha)'을 의미하기 때문이다.; 일아 스님(2009), 『아소까』, pp.164-165, 민족사; 이수창(마성 스님)(2010), 『사꺄무니 붓다』, pp.67-69, 대숲바람.

문적 성과에도 불구하고, 최근의 초기불교 연구가 과도하게 담마의 개념적 해석을 중심으로 전개되고 있는 것은 문제로 지적되어야 할 것이다. 초기불교의 역사적 · 사회적 측면에 관한 연구가 상대적으로 소원해지고 있기 때문이다. 초기불교의 사회적 실천 문제에 관해서는 몇몇 학자들만이 매우 제한된 범주의 연구 성과를 내고 있는 정도이다.

재론의 여지 없이 초기불교는 사회적 조건과 역사적 상황의 산물이다. 초기불교의 사상적 발전 자체도 기원전 7~5세기 동북 인도의 급격한 사회경제적 변화를 반영하는 '하나의 역사적 현상(a historical phenomenon)'으로 규정되고 있다.[2] '깨달음 해탈 열반'의 핵심적 담마를 이루는 팔정도(八正道) 또한 당시 인도 민중들의 '근본 고통으로 규정되는 이기주의로부터의 구원(deliverance from egocentrism, the basic suffering)'으로서[3] 고안되고 전파된 것이다. 붓다가 출발점에서부터 대중들에게 "전도하러 떠나가라"[4]라고 촉구하고, 그 생애의 전 과정을 통하여 '불교의 인도화'를 위하여 헌신한 것도[5] 바로 불교의 이러한 역사성 · 사회성의 발로가 아닐 수 없다. '중생제도 · 사회정화 없이는 개인완성도 없다'라는 교학적 원론도[6] 또한 불교의 이러한 역사성 · 사회성을 반영하고 있는 것으로 평가될 수 있다. 따라서 초기불교의 역사적 사회적

---

2 Upreti(1997) *The Early Buddhist World Outlook in Historical Perspective* p.30, New Delhi, Manohar Pub.

3 Upreti(1997) *Ibid.*, p.130

4 S Ⅰ 105-106; 전재성 역(1999), 『쌍윳따니까야』 1권, pp.242-243; (S 4; 1; 5 「*Pāsa-sutta*」-올가미 경) 괄호 안은 출전의 구체적인 정보를 밝히는 것이다. 여기서는 (*Saṃyutta-nikāya*의 제4 *Māra Saṃyuttaa*; 1품; 5 「*Pāsa-sutta*」-올가미 경)을 가리킨다. 이하 같음.; Vin Ⅰ 20-21; Horner tr.(2000) *The Book of the Discipline (Mahāvagga)* vol.Ⅳ, p.28; (*Vinaya-piṭaka*, 「*Mahāvagga*」Ⅰ 11, 1), p.28; (*Vinaya-piṭaka*, 「*Mahāvagga*」Ⅰ 11, 1)

5 각묵 스님 역(2006), 『디가니까야』 1권, p.36, 초기불전연구원.

6 김동화(1980), 『佛敎學槪論』, p.14, 보련각.

조건과 그 실천의 문제들에 대한 보다 광범위한 연구는 이러한 맥락에서 매우 긴요한 과제로 끊임없이 제기되어 왔다.

지금 한국불교는 엄중한 도전에 직면해 있다. 한국불교가 사회적 행동력을 점차 상실해 가고 주변적 종교로 내몰리면서, '불자로서 살아가기가 불편한' 위기 상황을 체감하고 있다.[7] 이러한 위기의 본질은 사회적 리더십의 결여에 있고, 이것은 곧 불교의 사회적 실천의식/실천능력의 문제로 환원된다. 따라서 초기불교의 사회성/사회적 실천 문제를 추구하고 그 실체적 진실을 밝히는 작업은 매우 현실적이고 긴요한 문제이다. 이러한 작업은 '지금 여기서' 요구되는 사회적 실천의 새로운 사상적 체계와 전략을 확립하려는 시대적 요청의 측면에서도 그 필요성이 절감되고 있다.

'황량한 인도대륙에서 이룩해 낸 초기불교의 역동적인 성공은 어디서 오는 것일까? 왜 오늘의 한국불교는 이런 역동적인 사회적 실천능력을 상실하고 있는가? 교리가 문제인가, 사람이 문제인가?……' 이 연구는 이런 단순하고 소박한 질문으로부터 출발하고 있다. 이제 한국불교는 이런 문제들에 대하여 진지하게 고민하고 객관적 성찰을 통하여 답해야 할 책무를 요구받고 있는 것이다.[8]

---

7 " '다종교 국가 중 한국만큼 비(非)기독교인으로 사는 데 불편을 느끼는 나라는 없다'라는 말이 있다. 그것은 '힘 숭배'의 종교인 기독교가 모든 국민이 공유해야 할 공공영역마저 배타적으로 독점하려는 공격성과 패거리문화 때문일 것이다. 종교의 오염과 무례, 더 나아가 종교 차별과 종교 폭력 등 인권침해까지 감당하면서 살아야 하는 한국 사회를 '불안한 동거'라고 표현했던 어느 학자의 말이 있다." 박광서(2008), 「불교와 사회참여」 『불교평론』 37호, p.351, 만해사상실천선양회.

8 "다른 종교에 비해 사회성이 현격히 떨어지는 한국불교의 현실을 이제 더 이상 불교 교리 자체가 사회성이 취약하다는 근거 없는 논리로 왜곡, 스스로 패배감에 머물러 있

2. 초기불교의 사회성 논의와 문제의식

1) 초기불교의 사회성 논의

불교에 '사회'는 존재하는가? 불교 속에 '사회적 실천'은 존재하는가?

역사를 회고해 볼 때, 바라문 상가라(傷歌羅)가 붓다에게 "불교는 자기 한 사람만의 행복을 위한 길이 아닌가?"라고[9] 문제를 제기한 이래, 불교는 끊임없이 이런 질문들을 받아 왔다. 때때로 이런 질문들은 불교의 반(反)사회성에 대한 고발과 공격을 의미하기도 하였다. 근대에 들어와서도, 특히 서구 학자들에 의하여 이런 질문과 비판들이 제기되었다. 서구에서 불교를 소개하는 데 기여한 올덴베르크(H. Oldenberg)와 막스 베버(Max Weber) 등은 불교를 '세계 부정적(world-negating)', '세계 포기적(world-renouncing)'인[10] 도피적 신비주의로 평가하였고, 이러한 맥락에서 빤데(G. C. Pande)는 이렇게 논하고 있다.

> 그들(초기 불교도들)은 사회적 삶의 초월을 추구한 것이지 변혁을 추구한 것이 아니다. 참으로, 세속의 사회를 포기함으로써, 그들은 정신적 관계에 입각하고 있는 새로운 사회로 들어갔다. 사람은 기본적으로 '생산', '재생산'에 의하여 내몰리는 물질적 존재가 아니라는 것을 믿으면서, 그들은 그들이 따르는 스승의 정신적 자녀가 되었고, 정신적 집단에 참가하였다. 그는 본질적으로 사람의 왕국에서는 획득될 수 없는

을 필요가 없다는 것을 동남아와 티베트의 참여불교에서 배울 수 있어야 한다." 박광서(2008), 앞의 책, p.351

9 동국역경원(1985d) p.325, 한글대장경 『中阿含經』 2, 143 「상가라경」, 동국역경원.

10 Upreti(1997), *The Early Buddhist World Outlook in Historical Perspective*, pp.19-21

목표를 찾아서 끊임없이 노력하는 정신적 존재인 것이다.[11]

19세기로 접어들면서 독일의 헤겔주의 철학자들을 중심으로 새로운 연구 경향이 나타나기 시작하였다. 그들은 당시 유럽에서 확산되고 있던 노동자들의 혁명적 열정에 고무되어 초기불교를 인간의 해방이라는 인도주의적 관점에서 접근했다. 쾨팬(Köppen)은 불교를 순수 인도주의적 종교로 규정하고, 불교가 인간의 본질적 인간성을 박탈하는 카스트(caste, 四姓階級) · 희생제의(犧牲祭儀, yañña/얀냐, Skt. yajña)에 대항하여 투쟁하였다고 주장하였다.[12] 리스 데이비스(Rhys Davids)는 초기불교가 영혼 등 개체성(個體性)의 관념을 제거함으로써 사상적으로 일대 혁신을 실현하였다고 평가하고, "불교는 참으로 건전한 복음이다. 불교는 윤리적 진화의 역사적 전망 속에서 합당한 비중으로 대우받아야 한다"라고[13] 주장하였다. 반다르카르(R. G. Bhandarkar) · 라다크리슈난(Radhakrishnan) 등 일부 인도 학자들은 불교의 이러한 휴머니즘적 특성을 전통적인 브라흐만주의(Brahmanism)의[14] 입장에서 파악하려 한다. 라다크리슈난은 불교를 힌두 신앙의 '한 가지(a offshoot)', '한 분파(a schism)', 또는 '한 이단(a heresy)'으로[15] 규정하면서도 인류애(人類愛)에 기

11 Pande(1978), *Studies in the Origins of Buddhism*, p.332, Motilal Banarsidass.

12 Upreti(1997), *The Early Buddhist World Outlook in Historical Perspective*, p.24

13 Rhys Davids(1975), *Buddhist India*, cit. Upreti(1997), *The Early Buddhist World Outlook in Historical Perspective*, p.25

14 '브라흐만주의(Brahamanism)'는 브라흐만(Brahaman, 司祭)을 중심으로 하는 인도의 전통적인 종교 사상 일반을 일컫는 명칭으로, '브라흐만교', '브라만교'로 옮겨지기도 한다. 기원후 4~5 세기경 불교 · 자이나교 등의 영향을 받아 이 브라흐만주의를 개혁한 것이 힌두교(Hinduism)이다. 이 글에서는 '브라흐만주의', 또는 '브라흐만교'로 표기할 것이다.

15 Radhakrishnan/Bapat ed. 1987(1987), "*Foreword*" *2500 Years of Buddhism* p.xii, New Delhi, Pub. Division, Ministry of Information and Broadcasting of India.

초한 붓다와 불교의 윤리적 특성에 관해서는 높이 평가하고 있다.[16]

이들과는 대조적으로 나라수(P. L. Narasu) · 암베드까르(B. R. Ambedkar) 등은 초기불교의 혁신적인 사회개혁의 이념성을 강조하고 있다. 특히 암베드까르는 불가촉천민들의 해방운동을 줄기차게 전개하면서 불교를 그 사상적 표준으로 삼았다. 암베드까르는, 1956년 10월 14일, 마침내 북인도 나가뿌르(Nagapur)에서 50여 만 명의 불가촉천민들과 함께 역사적인 집단 개종식을 거행하고 불교도로 전향하였다. 그 자리에서 그는 연설하였다.

> "힌두 사회는 불평등의 또 다른 이름인 사성제도(四姓制度, caste) 위에 서 있습니다. 힌두교에는 억압받는 계층들에게 노예와 농노 같은 삶만 있을 뿐입니다. 힌두교에 남아 있는 것은 우리들에게 아무 이익이 없습니다. 우리의 구원은 오로지 평등과 우주적 동포애 위에 서 있는 붓다의 종교만이 있을 뿐입니다."[17]

20세기에 이르러 인도불교를 보다 역사적이며 사회적인 입장에서 조명하려는 노력이 본격화되기 시작하였다. 불교 발생을 인도 사회 내부의 발전과 전환이라는 시대적 상황과 관련하여 관찰하고, 불교를 하나의 역사적 현상으로 조명하려는 새로운 경향이 대두되었다. 여기에

---

16 "인류의 빛이며 자기제어의 영웅인 붓다의 비범한 인격과 생애는 사람들의 마음에서 엄청난 영향을 끼쳤다. …… 만일 그의 관용과 도덕적 고결함이 사람들의 마음을 사로잡지 못했다면, 그것은 오히려 이상한 일이었을 것이다. 인류애(人類愛)의 개념은 점점 고착화되던 카스트의 토대를 무너뜨렸으며, 승가의 조직과 그 수행정신은 많은 사람들의 마음을 끌었다." 라다크리슈난/이거룡 역(2000),『인도철학사』II, pp.295-296, 한길사.

17 Ahir(1989) *The Pioneers of Buddhist Revival in India*, p.136 Sri Sataguru Pub.; 김재영(2002),「암베드까르 박사 전기」『인도불교성지 순례기도문』p.323, 도서출판 도피안사.

는 마르크스주의의 사회경제적 가치관이 상당 부분 작용하였다. 보스(A. N. Bose)는 불교 발생을 구체제의 브라흐마나(brāhmaṅa, 바라문, 司祭)[18] 계급에 대한 신진 캇띠야(khattiya, 끄샤뜨리야, 戰士) · 웻사(vessa, 바이샤, 商人) 계층의 도전과 승리로 규정하였고, 이러한 연구 경향은 홉킨스(Hopkins) · 리스 데이비스(Rhys Davids) 등에 의하여 과도하게 대중화되어 갔다.[19]

그러나 1950년대의 코삼비(D. D. Kosambi)가 불교를 '하나의 역사적 현상(a historical phenomenon)'으로[20] 규정하고, 사제와 전사 · 상인 대결이론을 시대착오적인 이데올로기적 견해라고 비판함으로써 보스의 이론은 청산되어 갔다. 그는 불교가 대중적 지지를 받게 된 것은 불교가 기원전 7~5세기 동북 인도 사회의 병적인 부족주의의 반(反)사회적 경향을 철저히 폭로했을 뿐만 아니라 강가(Gaṅgā/Gangis) 강 유역의 새로운 경제활동과 사유재산의 주역들 - 자영농 · 교역상인(seṭṭhi/셋티) · 부유한 거사(gahapati/가하빠띠) 등 신진 진보 세력의 정서와 잘 맞물렸기 때문이라고 주장하였다.[21] 델리대학교 역사학 교수인 우마 차크라바르티(Uma Chakravarti)는 초기불교를 기원전 6세기 인도의 사회경제적 · 정치적 변화

---

18 '브라흐마나(brāhmaṅa)'는 인도의 전통적 사종성(四種姓) 가운데 브라흐만교의 사제(司祭)들을 일컫는 명칭이다. '브라흐만', '브라만'이라고도 하고 '婆羅門'(바라문)으로 한역한다. 초기불교 당시 사종성 제도가 크게 동요하면서, 많은 브라흐마나들이 사제직을 떠나 여러 가지 세속적인 직업에 종사하기도 하였다. 따라서 브라흐마나는 사제 출신의 일반 지식인을 일컫는 명칭으로도 쓰였다. 이 글에서는 초기경전의 예에 따라서 '브라흐마나(brāhmaṅa)'로 표기할 것이다.; Rhys Davids(1981), *Buddhist India*, pp.56-57; Delhi, Motilal Banarsidass Pub, Pande(1978), *Studies in the Origins of Buddhism*, pp.115-116

19 Atindra Nath Bose(1946), cit. Upreti(1997), *The Early Buddhist World Outlook in Historical Perspective*, p.29

20 Upreti(1997), *The Early Buddhist World Outlook in Historical Perspective*, p.30

21 cit. Upreti(1997), *Ibid.*, pp.30-31

라는 총체적인 현상 속에서 접근하고 있다. 그는 이렇게 논하고 있다.

> 이 저술에서 우리는 기원전 6세기 인도에서 발생한 사회경제적인, 그리고 정치적인 변화들이라는 배경 속에 초기불교를 자리매김하려고 시도했다. 우리는 확장되는 경제적 · 정치적 통합과 새로운 사회경제적인 카테고리의 출현으로 특징지워지는 그런 시대에 불교가 발생하고 육성되었다는 사실에 관해서 논의해 왔다. 이러한 모든 특징들은 초기불교 속에 반영되어 있을 뿐만 아니라 불교의 특질을 형성하는 데도 중요하게 작용하였다.[22]

한편 트레버 링(Trevor Ling)은 불교를 정치 · 사회 · 경제 등 인간생활의 모든 측면의 가치와 태도를 시스템화하는 '하나의 문화(a civilization)'로서 규정하고, 초기불교를 부족해체 상황에서의 문화적인 통합 처방으로 인식하였다. 링에 의하면, 초기불교는 브라흐마나(司祭)들의 희생제의에 대항하여 투쟁할 뿐만 아니라 전형적인 도시의 미덕들－관용 · 합리성 · 분석력 · 경험주의 등 새로운 문화의 기초를 제공함으로써 전환기의 사회 통합적 기능을 발휘한 것이다.[23] 차토파다야(D. P. Chattopadhyaya)는 초기불교는 기업가적인 거사(居士, gahapati) · 자작농들의 진보적인 가치 체계와 모든 인간의 천부적 평등이라는 이상을 대변하고 있다고 분석하고, "불교는 대다수 민중들에게는 '혁명적인 사회학(a revolutionary sociology)'이 될 것이다"라고[24] 진단하고 있다.

---

22 Chakravarti(1996), *The Social Dimensions of Early Buddhism*, p.177, New Delhi, Munshiram Manoharlal Pub.

23 Upreti(1997), *The Early Buddhist World Outlook in Historical Perspective*, p.34

24 "불교가 연기법의 이론적 도구를 적용하여 새로운 사회계급의 체제와 해악(害惡)들을

2) 문제의 제기

지금까지 초기불교의 사회성에 관한 세 그룹 학자들의 연구 경향을 검토하였다. 첫 번째 그룹의 학자들은 초기불교, 나아가 전체 불교를 '비사회적', '도피적', '관념적'인 것으로 규정하고 있다. 어떻게 보면, 그들의 주장은 '불교도들의 아킬레스건(achilles-heel, 筋)'이라고도 할 수 있는 과도한 관념화(觀念化)와 비(非)실제적, 비(非)사회적인 의식 경향의 약점을 지적하고 있다. 그런 의미에서 그들의 담론은 지금 우리들의 상황에서도 경청할 만한 것이다.

초기불교의 높은 도덕적 가치와 인도주의적 역할을 강조하고 있는 두 번째 그룹 학자들의 견해는 대체로 많은 불교도들의 지지를 받고 있다. 또 현대사회의 위기적 상황에 대한 처방으로서도 흔히 인용되고 있다. 참여불교 · 불교생태학의 경우가 여기에 해당된다.[25] 암베드까르나 마르크스주의 학자들의 경우에서 보듯, 불교가 현대사회의 불평등/부조리를 변화시키는 하나의 시대정신으로서 원용되는 것도 불교의 탁월한 생명존중 · 인도주의적 특성 때문이다. 그럼에도 불구하고 개혁가들이나 이 그룹 학자들의 경우, 초기불교의 개혁의지가 많은 경우 과장되거나 경전 자료들이 과도하게 자의적으로 해석되는 경향이

진단하고 머지않아 그것들의 소멸을 예언하는 한, 불교는 대다수 민중들에게는 '혁명적인 사회학(a revolutionary sociology)'이 될 것이다." cit. Upreti(1997) pp.31-32

25 "불교의 관점에서 '생태학'이 가능한 것은 불교의 핵심이 존재들 간 관계성에 대한 인식에 있기 때문이다. 생태학의 핵심이 '관계성'의 파악에 있는 것처럼, 불교의 핵심 또한 그러하다. 불교의 중심 개념인 '연기(paṭicca-samuppāda)'에 의하면, 모든 존재는 서로 연관 – 의존하면서 하나의 유기적(organic)/전일적(holistic) 생명(현상)을 이루고 있다." 안옥선(2005), 「불교 생태학에서 존재 평등의 근거」『불교학연구』 제10호, pp.227-228, 불교학연구회.

있었던 것은 지적되어야 할 점이다. 그들은 불교 속에서 당시 인도인들이 당면하고 있던 모든 문제들 - 정치 사회적인 문제들과 민중의 고통을 해결할 수 있는 일종의 만병통치약을 찾고 있는 것처럼 보인다.

20세기 후반 이후 불교 연구의 중심은 세 번째 그룹의 경향으로, 곧 역사적 · 사회적 현상주의 경향으로 옮아 가고 있다. 그들은 초기불교의 발생과 발전을, 정치 · 경제 · 사회적인 상황 변화 속에서 '하나의 역사적 현상(a historical phenomenon)' 내지 '하나의 문화(a civilization)'로서 분석하고 있다. 그들은 불교를 '역사적인 붓다(the historical Buddha)', '사회적인 불교(the social Buddhism)'라는 시각으로 이해하려는 새로운 문제의식을 제기하였다.

'역사적인 붓다(the historical Buddha)' - '사회적인 불교(the social Buddhism)', 이러한 역사 · 사회적 접근방식은 최근 많은 분석가들에 의하여 받아들여지고 있다. 또 많은 분석가들이, 이런 개념에 전적으로 동의하지는 않는 경우라도, 이러한 역사 · 사회적 문제의식에는 어느 정도 공감하고 있다. 7~5세기의 동북 인도의 정치 · 사회 · 경제적인 조건들이 신화나 신비 등 초자연적인 사건들을 대신하여, 불교 연구의 필수적인 요소로서 고려되고 있다. 붓다는 더 이상, 허공 속에 떠도는 성인(聖人)으로서 관찰되는 것이 아니라, 전략적인 기술을 가지고 당시의 사회상황을 활용할 줄 알았던 세속적 현명함을 갖춘 인물로서 관찰되고 있는 것이다. 슈만(H. W. Schumann)은 *The Historical Buddha*에서 이렇게 논하고 있다.

〔*The Historical Buddha*는〕 불교 경전에서 자주 언급되고 있는 과거 - 미래의 비(非)역사적인 붓다들을 배제하고, 또 역사적인 붓다 개인을 둘러싸고 발전되어 온 모든 전설들을, 그 가운데서 역사적인 핵심을 찾아

낼 수 있는 경우를 제외하고는, 배제하는 것이다. 이 책은 위대한 성자(聖者)의 비(非)신화화된 그 개인(the demythologized person of the great sage)과 그의 전도를 가능하게 하고 성공을 가능하게 했던 그 시대의 정치 · 사회적인 조건들을 함께 취급한다.[26]

초기불교에 대한 이러한 역사 · 사회적 통찰방식은 이제 많은 분석가들에 의하여 기본적인 관점의 하나로서 주목되고 있다. 이것은 불교를 역사 발전의 총체적 과정에서 파악하고, 민중적 고통 · 모순들과 직면하고 사회 변혁을 견인하는 하나의 시대정신으로서 인식하려는 경향을 의미한다. 그리고 그 중심에 붓다를 확립하려는 보다 적극적이며 포괄적인 입장을 지향하는 것이다. 또 이러한 역사 · 사회적 통찰은 다양하고 상호관련적인 사회경제적인 변화들을 불교의 기본적 담마들 – 그 가치관 · 세계관의 내용을 결정하는 중요한 본질적인 요인/조건으로서 추구하려는 입장을 지향하는 것이다. 따라서 기원전 7~5세기 동북 인도의 역사적 상황의 변화와 정치 · 사회 · 경제적인 조건들에 대한 심층 분석이 가장 긴요한 과제로서 제기되고 있다.

보다 중요하게 생각되는 것은, '역사적인 붓다', '사회적인 불교'라는 입장에 설 때, 사회적 실천/사회적 변혁의 문제는 초기불교의 본질적이며 중심적인 과제로서 제기되고 추구되어야 한다는 사실이다. 정신적 가치들을 과도하게 사회경제적인 조건의 산물로 인식하려는 유

---

26 Schumann(1989), *The Historical Buddha* p.ix, London, Arkana, 신변(神變) 신통(神通) 등으로 표현되는 붓다의 신비성(神秘性)에 관한 문제는 좀 더 종교적 수행적인 접근이 필요한 중요한 문제이다. 합리적으로 해석되지 않는다고 해서 붓다의 신비성을 신화적인 것으로 평가하거나 부정하는 것은 매우 신중해야 할 과제이다. 붓다의 신비 신통은 보다 깊은 신앙적 수행적 체험, 곧 법력(法力)과 관련되는 것이기 때문이다. 그런 의미에서 '역사적인 붓다' '인간 붓다'가 과도하게 건조하게 이해되는 것은 문제가 있다고 본다.

물론적 경향을 경계하면서, 불교 연구의 시야를 이렇게 넓혀 가는 것은 매우 유용한 변화라고 생각된다. 초기불교의 수많은 경전 자료들이 보여주는 명백한 근거들로 인해서, 불교의 역사성/사회성은 도저히 부정할 수 없는 본질적 특성으로 드러나기 때문이다. 따라서 불교의 정신적 가치들－'깨달음 해탈 열반'[27]의 기본적 가르침들도 이러한 역사성/사회성과의 상호관련 속에서 보다 실제적이며 실천적으로 이해될 것이 요구된다. 이러한 요구는 '눈앞에서 볼 수 있는 실제적인 것(sandiṭṭhika/산딧티까, 산딧타까, visible, a thing of the present)'[28]이라는 담마의 고유한 특성과도 일치하는 것이다.

이것은 불교 담마들이 철학적 · 개념적 통찰과 역사적 · 사회적 통찰이라는 중층적인 문제의식과 시스템적인(systematic) 통찰의 기본구조 속에서 조명되어야 한다는 사실을 의미한다. 이것은 붓다의 교법이 본질적으로 명상적 · 철학적 통찰과 역사적 · 사회적 통찰이라는 중층적이며 시스템적인 통찰의 산물이라는 고찰에 근거한다. 이것은 초기불교가 유구한 인도 정신사(精神史) · 인류 정신사의 흐름을 계승하면서도 기원전 7~5세기 동북 인도 사회의 상황 속에서 새로운 시대정신의 담당자로 역할하고 있다는 인식에 근거한다. 또 이것은 초기불교가 붓다의 고독한 고행의 산물이기 이전에 많은 사람들(bahujana/바후자나), 곧 초기 대중/민중들의 세속적인 오뇌(懊惱)와 시대적 대망의식(待望意識)을 반영하고 있는 광범한 사회사상으로서 발전된 것이라는 견해에 근거하고 있다.

---

27 '깨달음 해탈 열반'이란 표현은 이 담마들을 별개의 개념으로 보지 않고, 하나의 흐름으로, 연속적이며 동시적인 정신적 변화의 흐름으로 이해하려는 필자의 입장을 반영하고 있다.

28 S I 9; 각묵 스님 역(2009), 『쌍윳따니까야』 1권, p.166, 초기불전연구원; (S 1; 2; 10 「*Samiddhi-sutta*」－사밋디 경)

따라서 '역사적인 붓다' – '사회적인 불교'는 불교의 기본적 가르침들이 역사적 · 사회적 현장에서 고찰되어야 한다는 방법론적 문제의식을 제기한다. 많은 사람들 – 대중/민중들의 사회적인 고통과 문제들 · 대망의식들이 녹아 있는 현장 중심의 접근이라는 방법론적 과제를 제기하고 있는 것이다. 이러한 현장 중심의 접근은 기본적 가르침들에 대하여 철학적 논증과 더불어 사례 중심의 구체적 검증에 대한 필요성을 더욱 강화시켜 주고 있다. 보다 정확하게 표현하면, '깨달음 해탈 열반' 등 기본적 담마들에 대한 철학적 · 개념적 논증 또한 현장 검증의 기초 위에서 논의되어야 하고, 많은 사람들의 일상적인 삶의 현장에서 추구되어야 한다는 것이다. 말룽꺄뿟따(Māluṅkyaputta)의 형이상학적 질문들에 대하여 "나는 다만 고통의 소멸에 관하여 설한다"[29]는 붓다의 응답이 이와 같은 현장 중심적 접근이라는 방법론적 정당성을 담보하고 있는 것이다. 조성택은 이렇게 논하였다.

> 무아 혹은 열반과 같은 불교의 개념들을 개인의 윤리나 실천철학적 개념으로 전환하는 것은 매우 중요하다. 바로 그 점이 불교의 참여이론을 세속의 사회철학이나 사회과학적 이론과 구별하는 불교의 정체성의 핵심 요소가 될 수 있기 때문이다. 그러나 이러한 적용이 가능하기 위해서는 깨달음의 관점에서, 혹은 깨달음을 절대적 위치에 놓고 사물 혹은 사례를 바라보는 본체론적 담론(ontological discourse)을 사회현상적 담론(phenomenological discourse)으로 재해석 혹은 전환해야 한다.[30]

---

29 M I 431-432; 전재성 역(2002), 『맛지마니까야』, 3권, pp.74-75; (M 63 「*Cūḷamāluṅkyaputta-sutta*」 – 말룽꺄뿟따에 대한 작은 경); S IV 72; 전재성 역(1999), 『쌍윳따니까야』 6권, pp.281-296; (S 35; 5; 95 「*Saṃgayha-sutta*」 – 제어의 경)

30 조성택(2009b), 「깨달음의 사회화에 관련한 몇 가지 고찰」 『불교학연구』 제24호, pp.47-

철학적 통찰과 역사 · 사회적 통찰, 명상적 통찰과 실천적 통찰, 또는 본체론적 통찰과 현상론적 통찰이라는 중층적 문제의식과 사례 중심의 현장적 접근이라는 방법론적 전략에 의하여, 불교 연구와 수행전통에서 오랫동안 묵과돼 온 많은 비(非)본질적 성벽(性癖)들을 극복할 수 있을 것이다. '비(非)사회적', '관념적'이라는 일부 견해도 치유될 수 있고, 과도한 윤리적, 휴머니즘적 과장도 극복될 수 있을 것이다. 또 단순한 역사적 현상론의 시각도 교정될 수 있을 것이다. 따라서 초기불교의 발전 과정과 기본적 담마들 – 세계관/가치관을 이해하고 사회적 실천의 문제에 객관적으로 접근하기 위해서, 당시 인도 사회의 사회 상황과 많은 사람들의 문제들 – 민중들의 사고방식 · 생활방식 · 사회의식 · 욕구 등에 대한 총체적인 검토가 불가결한 선행조건으로서 제기되고 있는 것이다.

3. 연구과제와 연구방법

1) 선행연구 검토

초기불교의 사회성과 사회적 실천문제에 대한 국내 학자들의 연구는 우선 그 수적(數的) 성과에 있어서 매우 제한적이다. 이 문제에 대한 최초의 의미 있는 연구로는 1975년 이재창이 『佛教學報』에 발표한 「佛教의 社會經濟觀」이 거론되어야 할 것이다. 그는 이 논문에서 초기불교의 사회 · 경제에 관한 붓다의 교설을 체계적으로 정리하였다. 그는 당

48, 불교학연구회.

시로는 보기 드물게, 사회적 고통에 주목하고 그 치유방법으로서 복전사상(福田思想)에 근거한 복지활동을 주장하고 있다. 이재창은 이렇게 논하고 있다.

> 그러나 고(苦)라고 하면, 정신적 · 숙명적인 것 외에 육체적 · 현실적인 것도 있는 것이다. 모든 것에 집착함으로써 생겨나는 정신적 · 숙명적인 고와 더불어, 질병에 시달리고, 가난에 허덕이며, 살아가는 데 있어서 시설과 환경의 불편을 느끼는 것 등도 모두 고인 것이다. 그러므로 인간으로 하여금 모든 고를 여의게 하는 것이 불교의 주지라면, 질병에 시달리는 자에게 병고를 없애 주고, 빈궁에 허덕이는 자에게 그런 고를 여의게 하는 것, 또는 살아가는 데서 느낄 수 있는 모든 불편을 전부 들어주는 것이 불교의 본지에 부응하는 행위가 되지 않을 수 없는 것이다. 우리는 복전사상이 의도하는 진의가 바로 여기에 있다고 본다.[31]

초기불교의 사회성에 관한 보다 본격적인 연구에서 박경준은 매우 중요한 역할을 하고 있다. 그는 1992년 학위논문 「原始佛敎의 社會 · 經濟思想 研究」에서 초기불교의 사회적 실천 문제를 보다 집중적으로 고찰하며 이론적 토대를 구축하는 데 큰 진전을 이루고 있다. 박경준은 여기서 국내 학계에서는 거의 최초로 초기불교의 실천 문제에 관하여 배경과 사상적 기조, 사상의 전개, 현대사회와의 연관성 등 총체적인 고찰을 시도하였다. 그는 열반 · 사성제 · 무아 등 기본적 담마들에 대해서도 사회적 실천의 시각에서 접근하고 있다. 여기서 특히 주목되는

31 이재창(1973), 「佛敎의 社會 · 經濟觀」『佛敎學報』 제10집, p.115, 동국대학교.

것이 불교도들에 의하여 거의 맹목적으로 받아들여지고 있는 '一切唯心造' '萬法唯識'에 대한 관념론적 이해를 비판하고 있는 점이다. 그는 이렇게 논하고 있다.

> 우리 주변에서 佛敎를 단순한 哲學的 觀念論의 宗敎로 간주하는 사람이 적지 않은 것 같다. 佛敎가 '마음의 종교'요 '깨달음의 종교'인 것은 분명하지만, 불교에서 말하는 마음은 어떤 對象的 實體가 아니며 超越的 存在도 아니다. 따라서 '一切唯心造'와 같은 말을 '마음이 일체를 창조했다'는 식으로 해석해서는 안 된다.……만약 이것을 '내 마음이 淨化되면(깨달음을 얻어 마음의 自由와 平靜을 이룩하면) 모든 社會的 葛藤과 矛盾이 저절로 사라지고 이 세계에는 대립과 전쟁이 저절로 그쳐 平和와 正義의 시대가 열릴 것이다'는 식으로 解釋한다면, 문제가 아닐 수 없다. 이러한 해석은 '한 소식'만 하면 이 세상에서 해야 할 일〔生死一大事〕을 다 해 마친 것과 다름없다는 식의 發想과 궤를 같이한다고 볼 수 있다.[32]

1997년 차차석은『현대 한국 종교의 역사 이해』에 발표한「불교의 역사이해」를 통해서 '불교의 역사의식', '불교의 사회의식', '사회연대의식'이란 개념을 본격적으로 거론하고 있다. 이런 용어 자체가 생소했던 당시 불교계 상황을 고려하면 매우 의미 있는 시도로 생각된다. 그는 '근본불교의 사회의식'에 관하여 다음과 같이 정리하고 있다.

> 근본불교를 정리할 때 몇 가지 특징적인 사회사상을 볼 수 있다. 그것

32 박경준(1992)「原始佛敎의 社會 · 經濟思想 硏究」(박사학위논문), p.81, 동국대학교.

은 첫째, 철저한 인본주의를 지향하고 있다는 점이다. 둘째는 평등주의를 지향하고 있다는 점이다. 셋째는 정치적으로 사회계약설 내지는 경찰국가의 체제를 지지하고 있다는 점이다. 넷째, 경제적으로는 건전한 경제생활과 소비생활을 강조하며, 재화의 사용목적이 분명할 때 재화를 획득해야만 하는 참다운 가치가 생길 수 있다고 주장한다. 그리고 이러한 모든 주장의 밑바탕에는 共業衆生이라는 사고와 연기론에 입각한 사회연대의식, 그리고 인간의 내면과 본질에 대한 깊은 성찰과 철저한 합리주의가 자리 잡고 있다.[33]

2001년에 필자는 초기불교의 사회적 실천과 관련된 두 권의 졸고(拙稿)를 발표하였다. 『초기불교 개척사』와 『붓다의 만인견성운동』이다. 여기서 필자는 '많은 사람들/민중들의 일상적인 삶의 체험', '많은 사람들의 이익과 행복'이라는 기본 입장에 서서, 초기불교의 사회적 실천 문제에 대하여 운동 차원에서의 접근을 시도하였다. 이것은 초기불교를 민중적 연대에 기초한 많은 사람들의 사회적 실천운동으로 보고, 그 핵심에서 붓다를 발견하려는 기본적 문제의식을 의미한다. 『초기불교 개척사』에서 필자는 이렇게 논하였다.

가람 · 절은 이렇게 사부대중, 수행승과 민중들이 연대하는 자유와 헌신의 광장이었다는 사실이 초기불전을 통하여 명료하게 알 수 있다. ……이 자유로운 시민적 연대의 광장에서 붓다와 출가대중 · 재가대중 · 시민들 · 민중들이 함께 만나고 어울리며, 대화하고 상담하며, 함께 먹고 서로 간병하면서, 개인과 공동체의 문제를 해결하기 위하여

---

33 차차석(1997), 「불교의 역사이해」『현대 한국 종교의 역사이해』, p.126, 한국정신문화연구원.

> 함께 일하였다.……당시의 시대 상황으로 비추어 볼 때, 이러한 가람의 출현은 그 자체로서 크나큰 사회적 변혁 상황이며, 진보적인 시민운동의 전개과정이라고 할 것이다.[34]

2002년 조준호는 초기불교의 사회적 실천 문제에 관한 두 편의 논문을 발표함으로써 이 연구 영역에서 새로운 진전을 이루고 있다.「초기불교의 사회적 실천운동」과「초기불교의 실천사상」이 그것이다.「초기불교의 사회적 실천운동」에서, 조준호는 이 문제를 운동 차원에서 접근하면서, 초기불교를 사회참여/사회적 실천의 전형적인 모델로 규정하고 있다. 그는 이렇게 논하고 있다.

> 결론적으로 붓다와 그의 제자들은 사회참여의 가장 적극적인 실천자로, 그리고 불교는 사회참여의 가장 이상적인 내용으로, 그리고 승가는 사회적 실천의 전문 조직체이며 전형적인 모델로 볼 수 있다.[35]

이수창(마성 스님)은「인간과 환경과의 관계」(2003)「佛敎의 女性成佛論에 관한 檢討」(2007) 등 다양한 주제들에 관한 논문들을 통하여 불교의 사회적 실천 문제에 관심을 표명하고 있다. 그는「인간과 환경과의 관계」에서 인간고의 문제와 그 원인을 진단하고, 불교의 이상사회와 그 실현방법에 관하여 논의하면서, '사회고(社會苦)'라는 용어를 본격적으로 쓰고 있다. 그는 이렇게 논하고 있다.

> 이와 같이 붓다의 입장에서 보면, 이상사회라는 것은 구성원 전체가

---

34 김재영(2001a),『붓다의 대중견성운동』, pp.325-326, 도서출판 도피안사.

35 조준호(2002a),「초기불교의 사회적 실천운동」『실천불교의 이념과 역사』, p.59, 행원.

고(苦)에서 해방된, 혹은 구성원 전체를 고(苦)에서 해방시킬 수 있는 사회를 말한다[36] 다시 말해서 불교의 이상사회는 개인적인 근본고와 사회고가 완전히 제거된 상태를 말한다. 초기불교에서 선(善)과 악(惡)의 판단기준은 어떤 행위가 무집착으로 이끄는가, 집착으로 이끄는가에 달려 있다고 한다. 불교의 이상사회는 사람들로 하여금 무집착으로 이끄는 정책, 그리고 그것이 실현된 사회를 말한다. 이런 의미에서 보면, 승가(僧伽)는 이상적인 불교사회의 원형이라고 할 수 있다.[37]

안옥선도 사회적 실천 문제에 관하여 지속적인 관심을 보였다. 2008년 안옥선은 『불교와 인권』을 저술하여 불교 인권에 관하여 광범위하게 논의하였다. 그는 책의 서두 '불교 인권론에 대한 회의적 의문들'에서 불교의 사회적 실천의지에 관하여 매우 강도 높게 비판하고 있다. 그는 이렇게 논하고 있다.

> 사상적으로 불교는 어떠한 형태의 불평등도 거부한다. 그러나 역사적으로 나타난 불교를 보면, 재가신도가 속한 사회는 물론 출가공동체 내에서조차도 항상 평등이 실현된 것은 아니었다. 재가자는 사회가 요구하는 다양한 형태의 불평등의 위계질서 속에서 살아왔으며, 출가자들 간에도 성별에 따른 불평등은 늘 존속해 왔다. 불교는 역사 속에서도 현실의 차별적인 불평등을 철폐하지 못했을 뿐만 아니라 자체적으로도 완전히 평등한 공동체를 실현하지 못한 것이다. 사회의 불평등에

---

36 윤세원(1985), 「佛陀의 政治思想에 관한 硏究」(박사학위논문), p.67, 중앙대학교.

37 이수창(마성 스님)(2003), 『인간과 환경과의 관계』 『불교문화연구』 4집, p.137, 동국대 불교사회문화연구원.

항거하지 못했을 뿐만 아니라 사회의 불평등에 동참한 것이다.[38]

최근 김재성도 초기불교의 사회적 참여문제에 관하여 논문을 발표하였다. 그는 붓다를 중심으로 이 주제에 접근하면서, "붓다는 세간에 살아가는 재가자들이 현세의 행복과 내세의 행복, 그리고 궁극의 행복에 이르는 길로 인도함으로써 사회 참여를 하였다"고[39] 결론 내리고 있다.

2) 연구과제 설정

지금까지 불교의 사회성/사회적 실천 문제에 관한 학자들의 선행연구를 가능한 범위 안에서 검토하였다. 연구자의 수적(數的) 열세에도 불구하고 불교의 사회성/사회적 실천 문제가 지속적으로 추구되어 왔고, 많은 학문적 성과를 거두고 있다. 이제 이러한 선행연구 과정에서 드러난 몇 가지 문제점들을 거론하고 대안을 모색하는 방식으로, 이 연구의 연구과제를 설정하는 작업을 진행하려고 한다.

(1) 사람들-대중들의 문제

가장 먼저 거론되어야 할 문제점은 많은 선행연구에 '사람들/대중들'이 빠져 있다는 사실이다. 분석가들은 거의 대부분 이 주제를 천착하면서 대개 사회적 실천의 교리적 근거/사상적 배경을 논구하는 데 몰입하고 있다. 따라서 실천의 주체/주역들, 곧 실천운동의 주체/주역들인 사람들/대중들 문제는 거의 도외시되고 있다. 또한 운동의 대상이 되는 사람들/민중들 문제도 거의 거론되지 않고 있다. '교리'는 있으되

38 안옥선(2008),『불교와 인권』, p.52, 불교시대사.

39 김재성(2009),「초기불교의 깨달음과 사회 참여」『불교학연구』 제24호, p.99 불교학연구회.

'사람들/대중들'이나 '사회/사회현장'은 나타나지 않고 있다. 교리 연구가 사람 · 사회 연구로까지 확장되지 못하고 있는 것이다. 교리가 실천과 긴밀히 연계되어 있으며 가치관/세계관이 실천운동의 필수적인 요소로서 작용한다는 것은 의심의 여지 없이 명백한 사실이다. 그러나 그것이 거의 유일한 요소이거나 가장 핵심적인 동인(動因)이라고 규정하기는 어려울 것이다. 실천운동은 누가, 무엇이 하는 것일까? 교리가 하는 것일까, 붓다 홀로 하는 것일까? 대중적 기초가 전제되지 않고 사회적 실천이 가능할까? 기본적으로 불교운동이 가능한 것일까?

초기 실천운동의 주역들, 곧 초기 대중들은 누구인가? 황량한 인도 대륙을 달려 전법로를 개척한 개척의 주역들은 누구인가? 초기 불교도 공동체의 실체는 무엇인가? 상가(saṅgha, 僧伽)가 사부대중의 공동체가 될 수 있는가? 그 대중들의 사회적 상황, 곧 사회적 조건과 특성은 무엇인가? 그들을 사회적 실천의 현장으로 이끌어내는 그들의 사회의식(社會意識)은 어떤 것인가? 이제 본고는 이런 질문들과 대면하게 될 것이다. 초기 실천운동의 현장인 기원전 7~5세기 동북 인도의 사회상황과 사람들/대중들의 사회적 특성과 사회의식을 가장 기본적인 과제의 하나로서 추구하게 될 것이다. 이것은 초기교단의 실체를 규명하는 작업과도 관련된다. 상가가 사부대중의 공동체이며 불교운동의 중심체인가 하는 문제와도 관련되는 것이다.

교리 이전, 담마 이전에 사람들/대중들이 문제이고, 많은 사람들(bahujana)의 사회의식이 문제이다. 궁극적으로 '사람들의 생각'이 문제이다. 이것은 초기불교의 사회적 실천운동에서 많은 사람들의 사회의식, 곧 사회에 대한 생각과 태도가 가장 중요한 요인으로 작용하고, 따라서 이 문제에 대한 연구가 선행되어야 한다는 사실을 의미한다. 쿨리(Cooley) · 미드 등 사회학자들이 지적하고 있는 바와 같이,[40] 사회의식이란 타인들에 대한 보다 폭 넓은 관심과 공공적인, 공동체적인 인식이다. 이 사회의 많은 사람들을 나와 더불어 사는 공동체로서 인식하고 협동적인 상호작용을 추구하고 실천해 가는 인식이다. 따라서 '인식이 행위를 이끈다'는 심리학의 일반 원리에서 볼 때, 사회의식은 사람들의 사회적 행위, 곧 공동체적인 행위/사회적 실천을 추동하는 가장 중요한 동인(動因)이 된다. 이것은 초기 대중들의 사회의식이 실천운동의 기초적 조건으로서 기능하고 있다는 사실을 의미한다. 대중들의 사회적 조건을 배제한 과도한 교리/세계관 중심주의는 또 하나의 허구적 관념주의를 조장할 수 있는 취약성을 내포하고 있는 것이다.

제2장에서는 사람들/대중들의 사회적 조건과 사회의식, 곧 초기불교가 추구한 사회적 실천의 역사적 상황과 대중적 기초와 관련된 과제들에 관하여 집중적으로 고찰할 것이다.

(2) 기본적 담마 – 기본적 수행법의 문제

이미 관찰한 바와 같이, 학자들은 초기 실천운동의 문제와 관련하여 그

---

40 사회의식(社會意識, social consciousness)에 관하여 사회학자들은 이렇게 논하고 있다. 쿨리(Cooley)는 대체로 자아를 의식의 한 가지 측면에 불과한 것으로 보며, 의식을 마음의 3가지 측면, (1) '자의식' 또는 스스로에 관한 자아인식과 감정 (2) '사회의식' 또는 타인에 대한 개인의 지각과 태도 (3) '공공의식' 또는 '의사소통 집단에서에서 만들어진 他者에 대한 개인의 시각'으로 구분하였다.(Cooley, *Social Organization*, p.12) 쿨리는 의식이 이러한 세 가지 측면을 '하나의 총체국면'으로 보았다. 쿨리는 이러한 견해를 크게 발전시키지는 않았지만, 미드는 이 같은 구분에서 분명히 많은 시사점을 발견하였다. 미드에게 자신을 대상으로 보는 능력과 타자의 의향을 감지하고 보다 폭 넓은 '공공'의 관점이나 '공동체'의 관점을 가정하는 능력들은 인간에게 안장된 행위와 협동적인 상호작용의 토대를 제공해 준다. 따라서 바로 이 같은 능력으로 인해 사회는 유지 가능한 것이다.; 조나단 터너/김문조 외 역(2004), 『사회학 이론의 형성』, p.515, 일신사.

사상적 배경, 또는 근거로서 초기불교의 담마들/교리들을 집중적으로 고찰하고 있다. 그들이 제시한 교리들을 간략히 정리해 보면 이러하다.

- 이재창 : 복전사상[41]
- 박경준 : 연기,[42] 열반 · 사성제 · 무상과 무아[43]
- 조준호 : 자비 · 동체대비 · 사무량심 · 사섭법,[44] 연기법 – 십이연기 · 무아 · 업설 · 팔정도[45]
- 이수창(마성 스님) : 사무량심 · 사섭법[46]
- 안옥선 : 자비,[47] 연기와 무아,[48] 자비 · 사성제 · 연기 · 비폭력 · 무아[49]

사회적 실천의 사상적/교리적 근거에 대한 논의는 연기 · 무아 · 자비 · 사무량심 · 사섭법 등의 담마에 집중된다. 특히 연기 · 무아 · 자비의 세 가지 담마에 초점이 모아지고 있다. 매우 타당한 분석들이라고 생각한다. 그럼에도 불구하고 여기에는 다음과 같은 몇 가지 문제점이 내포되어 있다.

첫째, 가장 중요하게 생각되는 것은 이러한 분석들에서 사회적 실

41 이재창(1975),「佛敎의 社會 · 經濟觀」『佛敎學報』 제10집, pp.17-20
42 박경준(1989),「初期佛敎의 緣起相依說」『한국불교학』 제14집, p.140, 한국불교학회.
43 박경준(1989), 앞의 책, pp.38-80
44 조준호(2002a),「초기불교의 사회적 실천운동」『실천불교의 이념과 역사』, pp.45-53
45 조준호(2002b),「초기불교의 실천사상」『한국불교학』 제32집, pp.245-273, 한국불교학회.
46 이수창(마성 스님)(2003),「인간과 환경과의 관계」『불교문화연구』 4집, pp.138-139
47 안옥선(2003),「부처님의 근본 가르침; 욕망의 지멸 · 자유 · 자비」『불교평론』 14호, pp.56-61, 만해사상실천선양회.
48 안옥선(2005),「불교 생태학에서 존재 평등의 근거」『불교학연구』 제10호, pp.232-251
49 안옥선(2008),『불교와 인권』, pp.135-170

천의 교리 사이에서 유기적 체계를 발견하기 어렵다는 점이다. 각각의 교리가 개별적으로, 그때그때의 필요에 따라 비(非)연속적으로 제기되어 있기 때문에 상호간의 유기적 연관성이 결여되어 있다. 무아는, 이미 널리 인정되고 있는 것과 같이, '무상 – 고 – 무아'로 이어지는 기본적 담마, 곧 삼법인(三法印)의 체계 속에서[50] 논의되고 이해되어야 할 것이다. 또는 '무상 – 고 – 무아 – 이욕 – 해탈 열반'으로[51] 이어지는 해탈 열반의 기본적 담마의 체계 속에서 논의되고 이해되어야 할 것이다. 연기 또한 이런 전체적인 맥락 안에서 논의되어야 할 것이다.[52]

둘째, 앞에서 삼법인을 설한 *Dhammapada*(vs. 277-279)에서 반복적으로 설하는 것과 같이, '무상 – 고 – 무아'는 '내적 관찰의 지혜(paññā/빤냐/般若)로써' 여실지견하는 존재 · 현상들의 실상이다. 이것은 '무상 – 고 – 무아'의 담마가 내적 통찰, 곧 수행을 전제로 하고 있다는 사실을 의미한다. 무아와 무아에서 발로하는 자비는 끊임없는 수행, 수행적 체험의 산물이다. 그러나 지금까지의 논의에서는 이런 수행 과정에 대

50 Dh 277-279 "모든 조건 지어진 현상은 무상(無常, anicca)하다고 내적 관찰의 지혜로써 이렇게 보는 사람은 고통에 싫어함을 갖나니 오직 이것이 청정에 이르는 길이다. 모든 조건 지어진 현상은 고통(苦, dukkha)이라고 내적 관찰의 지혜로써 이렇게 보는 사람은 고통에 대해 싫어함을 갖나니 오직 이것이 청정에 이르는 길이다. 모든 dhamma에는 주인이 없다고(無我, anattā) 내적 관찰의 지혜로써 이렇게 보는 사람은 고통에 대하여 싫어함을 갖나니 오직 이것만이 청정에 이르는 길이다." 거해 스님 역(1992), 『법구경』 2권, pp.171-173, 고려원.

51 '무상 – 고 – 무아', '무상 – 고 – 무아 – 이욕 – 해탈 열반'이란 표기방식은 이러한 담마들을 따로 따로 작용하는 별개의 개념으로 보지 않고, 한 흐름으로, 한 흐름의 수행 과정으로 파악하려는 필자의 기본적인 입장을 반영한다.

52 "오온이나 십이처나 십팔계의 무상 · 고 · 무아의 통찰을 통한 염오 – 이욕 – 소멸 – 해탈을 설한 경들이 무수히 많다. 그리고 연기의 통찰을 통한 해탈 · 열반을 설한 경도 많다." 각묵 스님 역(2006), 『디가니까야』 1권, p.31

한 고찰이 결여되어 있다. '무아' '자비'에 이르는 과정이 결여되어 있는 것이다. 따라서 '무아' '자비'에 이르는 과정, 곧 기본적 수행법에 대한 고찰이 보다 큰 중요성을 지닌다. 불교에 있어 사회적 실천이란 본질적으로 수행의 영역 속에 포함되기 때문이다.

셋째, 교리 · 세계관의 문제라 할지라도, 그것들은 많은 사람들 - 대중/민중들의 일상적인 삶의 현장과 사회적인 상황/사회적인 조건이라는 총체적 구조 속에서 추구되어야 한다. '무상 - 고 - 무아'이건, 내적 통찰의 수행법이건, 거기에는 많은 사람들 - 대중/민중들의 삶의 고뇌와 열망이 녹아 있고 시대적 요구가 농축되어 있다. 그럼에도 불구하고 기존 논의에서는 이러한 민중들의 일상적 현장이 배제되거나 경시된 채 교리들/행법들에 대한 개념적 · 철학적 논증에만 골몰해온 것이 사실이다. 따라서 교리와 수행법 논의에서는 이러한 철학적 논의와 더불어 대중들의 일상적 삶에 대한 현장 검증이 중요한 조건의 하나로서 고찰되어야 할 것이다.

제3장에서는 기본적인 가르침과 수행법에 대한 체계적인 분석을 통하여 초기불교가 추구하는 사회적 실천의 교리적 기초, 곧 담마적 기초와[53] 관련된 과제를 집중적으로 고찰할 것이다.

---

53 여기서 '교리', '담마', '다르마' 등 용어에 관해 정리할 필요가 있다. '교리', '교법', '법문', '사상', '가르침' 등 붓다의 가르침을 일컫는 용어가 많다. '담마(dhamma)'는 이 모든 개념들을 포괄하면서 윤리적 실천성이라는 붓다 가르침의 본질을 가장 잘 담고 있는 용어이다. '담마'는 '가르침'이라는 일반적 의미를 넘어서 자기 자신의 주체적 체험에 의하여 증득되는 진리/진실이라는 보다 실천수행적인 함의를 지니고 있다. 따라서 이후 본고에서는 '담마'라는 용어를 주로 쓸 것이다. 이 논문의 제목 - 부제(副題)에서 '교리'란 용어를 쓴 것은 이 연구가 '붓다의 가르침'을 문제 삼고 있다는 의미를 보다 명확히 하려는 필요성 때문이었다. 일아 스님은 이렇게 논하고 있다. "담마의 뜻은 바른 행동, 도덕적 가르침, 현상, 정의, 진리 등 다양한 뜻을 가지고 있는, 부처님 이전부터 인도에서 사용된 용어이다. 부처님은 이런 좋은 뜻을 지닌 용어를 채용하여 당신의 가르침을 표현

(3) 과정 – 현장/행위의 문제

사회적 실천의 논의에서 또 하나 고려되어야 할 문제는 지금까지의 논의에서 실천의 과정이 배제되어 왔다는 사실이다. 선행연구들에서는 사회적 실천의 실제적인 과정과 실천의 현장, 실천운동의 구체적 행위들이 거의 배제되어 왔다. 많은 사람들 – 대중/민중들의 일상적인 삶의 현장에서, '연기'와 '무아', '자비'가 실제로 어떻게 전개되고 있었는가? '세계관'의 전파가 실제로 어떻게 추구되고 있었는가? 그 결과 이 사회 현장에서 어떤 변화들이 일어나고, 많은 사람들의 일상적인 이익과 행복/복지에 어떻게 기여하고 있었는가?……학자들의 수적 열세와 연구사의 일천함을 감안한다 하더라도, 이러한 과정 – 현장/행위의 배제는 기본적인 시각, 곧 문제의식과 관련되는 것으로, 극복되어야 할 과제로서 제기되고 있다. 이것은 다만 사회적 실천의 영역에만 국한된 것이 아니고, 불교 연구 · 불교 행태 전반에서 공통적으로 제기되는 과제이다. 과정, 곧 현장/행위가 배제될 때, 하나의 개념/이론으로서만 분석될 때, 고귀한 담마들 – 사상/세계관들이 그 가치를 온전히 발휘할 수 있을까? 그래서 붓다는 초전법륜 첫머리에서도[54] 마지막 죽음의 순간에서도[55] 팔정도를 설하고 있는 것이 아닐까? 팔정도는

할 때 '담마'라고 하였다. 부처님은 연기, 사성제, 무상, 무아, 팔정도 등 부처님만의 고유한 진리 체계를 수립하여 사람들에게 가르쳤다. 그리고 그 가르침을 모두 '담마'라고 칭하였다. 부처님의 경전은 담마의 경전이라 할 정도로 모든 가르침을 '담마'라고 표현하고 있다.……" 일아 스님(2009), 『아소까』, p.19 각주2

54 Vin Ⅰ 10 "수행자들이여, 여래는 중도를 깨달았다. 중도란 무엇인가? 곧 여덟 가지 성스러운 길(八正道)을 말하는 것이니……" Horner tr.(2000), *The Book of the Discipline (Mahāvagga)*, vol.Ⅳ, p.15; (*Vinaya-piṭaka*,「*Mahāvagga*」Ⅰ 6, 17)

55 D Ⅱ 151 "수밧다여, 어떤 법과 율에서든 여덟 가지 성스러운 도(八正道)가 없으면, 거기에는 사문도 없다.…… 수밧다여, 이 법과 율에는 여덟 가지 성스러운 도가 있다. 수밧다여, 그러므로 오직 여기에만 사문이 있다.……" 각묵 스님 역(2006), 『디가니까야』 2권,

곧 길이며 과정으로서, 구체적인 행위의 현장을 전제로 한다. 더욱 사회적 실천의 문제와 관련될 때, 과정－현장/행위는 본질적인 중요성을 지닌다.

'일정한 사회적 공간 안에서의 사람들 간의 비(非)이성적인 관계를 이성적인 관계로 변화시키려는 사회적 실천',[56] 이것이 '사회적 실천'에 대한 철학 일반의 정의이다. 이러한 정의를 원용하여 불교적인 입장에서 고찰할 때, '사회적 실천은 다양한 공간에서 다양한 계층의 사람들을 대상으로 불교적인 세계관을 전파하고 실천을 추구함으로써 무지와 이기적인 탐욕으로 왜곡된, 비(非)이성적인 사회현실을 변화시키고, 많은 사람들의 이익(bahujnahita/바후자나히따)과 행복(bahujnasukha/바후자나수카)을 실현해 가는 지혜와 자비의 과정들'로서 규정될 수 있다. 따라서 사회적 실천은 다양한 사회적 공간/현장에서, 다양한 영역에서, 다양한 문제들을 중심으로, 다양한 행위들로서 추구되는 것이다. *Nikāya*들은 사회적 실천의 현장/행위 등 과정에 관한 많은 정보들을 제공하고 있다. 단순히 이론적인 담마를 기술할 때도, *Nikāya*들의 이면(裏面)·행간(行間) 속에는 치열한 과정－현장/행위들이 잠재해 있는

---

p.280; (D 16「*Mahāparinibbāna-sutta*」－대반열반경; 5,27)

56 "또 하나 사회적 이성의 핵심적인 내용은 사회적 실천이다. 사회적 실천의 목적은 인간의 삶과 사회를 총체적으로 인식하고, 일정한 사회적 공간에서 정당화된 삶의 형식을 구현하는 데 있다. 이성적 실천은 개인의 실천만이 아니고, 일정한 사회적 공간 안에서의 사람들 간의 비(非)이성적인 관계를 이성적인 관계로 변화시키려는 사회적 실천이다. 더 나아가 그것은 역사적 공간 안에서 특정 시대를 지배하는 민족정신이나 사대정신과의 관계에서 개인의 자유의식을 실현하려는 역사적 실천까지도 포함한다.……따라서 그것은 개인의 실천뿐만 아니라 사회적·역사적 실천을 포함하는 개념이며, '사회현실을 변화시키고 그것을 이념에 따라서 이성적으로 형태화하고자 한 실천이성의 형식들'로 규정될 수 있을 것이다." 조극훈(2005),「의식의 경험과 사회적 이성」『범한철학』 제36집, pp.331-332, 범한철학회.

것이다.

전통적 가치관의 붕괴와 외도적 세계관의 팽배에 대면하여, 붓다와 초기 대중들은 어떻게 담마를 전파하였는가? 어떻게 거칠고 험한 길을 달려 불교세계를 개척해 갔는가? 그리고 그 지리적 영역은 어떻게 확장되어 갔는가?

전쟁과 희생제의의 폭력과 살육에 대면하여, 붓다와 초기 대중들은 어떻게 행위하고, 어떻게 윤리적 변혁을 추구해 갔는가? 카스트와 여성차별의 사회적 불평등에 대면하여, 붓다와 초기 대중들은 어떻게 행위하고, 어떻게 사회적 변혁을 추구해 갔는가?

경제발전으로 인한 자산가 그룹의 등장과 소외계층의 몰락에 대면하여, 붓다와 초기 대중들은 어떻게 행위하고, 어떻게 경제적 변혁을 추구해 갔는가? 끊임없는 정복전쟁과 강대국 군주들의 압제에 대면하여, 붓다와 초기 대중들은 어떻게 행위하고, 어떻게 이상국가(理想國家)의 꿈을 추구해 갔는가?

제4장에서는 사회의 여러 주요한 영역에서 사회적 실천의 노력들이 구체적으로 어떻게 전개되었는가 하는, 곧 초기불교가 추구하는 사회적 실천의 실제적 전개 과정과 관련된 과제들에 관하여 집중적으로 고찰할 것이다.

3) 연구방법

초기불교의 시간적 범주는 여러 가지로 논의되어 왔지만, 이 책에서는 '초기'를 역사적인 붓다의 생존 시기, 곧 '최초기(最初期)'로 한정하여 고찰할 것이다. 그리고 붓다의 생존 시기에 관해서도 많은 이론들이 제기되어 왔지만, 이 책에서는 기본적으로 1956년을 불기 2500년으로 채택한 제4차 세계불교도들의 합의를 존중할 것이다.[57] 따라서 초기불교와 관련된 역사적 상황은 기원전 7~5세기의 역사적 사회적 변화와 관련되는 것이고, 사회적 실천의 중심 기간은 기원전 6세기가 되는 것이다.[58]

여기에서는 빨리 니까야들이 기본 자료로서 중시되고 있다. 빨리 율장(*Vinaya Piṭaka*/위나야 삐따까)의 문헌들도 중요한 기여를 하고 있다. 초기경전/빨리 문헌들의 한계성 · 신뢰성 등에 관해서도 많은 이론이 제기되고, 경전 이전의 'original Buddhism', 'primitive Buddhism', 'pre-canoncial Buddhism' 등이[59] 주장되어 온 것이 사실이다. 최근 학계에서 초기 *Nikāya*들 속에 후대본이 부분적으로 삽입되거나 문자화 과정에서 부파들의 의도에 의하여 편집되었다든지 하는 사실로 미루어 *Nikāya*도 불설(佛說)로서 일정 한계를 지닐 수밖에 없다는 논의가 일부 제기되고 있는 것도 사실이다. 또 일부 분석가들은 제1결집을 역사적 사실로 인정하는 데 이론을 제기하면서, 처음부처 빨리 문헌의 모본(母本), 곧 하나의 통일된 텍스트가 존재하지 않았다고 주장하고 있다.[60] 이런 분석과 주장들은 충분히 경청할 만한 가치가 있고, '불설(佛說)'의

---

57 Hajime(1987) *Indian Buddhism* pp.13-15, Delhi, Motilal Banarsidass; Schumann(1989) *The Historical Buddha*, pp.10-13

58 "기원전 6세기 불교와 다른 신흥종교들의 요람인 갠지스 강 중류에서 일어난 발전은 후기 베다시대의 부족적 연방주의와 직결되어 있다." Upreti(1997), *The Early Buddhist World Outlook in Historical Perspective*, p.63

59 Upreti(1997) *Ibid.*, p.13

60 "붓다 사후의 초기 교단에 어떤 시스템이 존재하였다는 것을 일단 인정한다 하더라도, 전승을 위해서는 어떤 표준 텍스트 즉 정전(正典, canon)이 붓다 당시, 혹은 그 이후에라도 존재했어야 한다. 하지만 이러한 선행하는 텍스트의 존재를 인정할 만한 어떠한 역사적 증거도 없다." 조성택(2009a), 「초기불교사 '재구성'에 관한 검토」『불교학연구』 제23호, p.149, 불교학연구회.

문제는 열린 광장에서 더욱 자유롭게 검토되어야 할 것이다.

그러나 이러한 문제점에도 불구하고, *Nikāya*들과 *Āgama*들이 붓다의 근본 가르침을 담고 있는 가장 오래된 자료라는 사실은 널리 인정되어 왔다. 또 *Nikāya*들과 *Āgama*들이 다른 부파의 산물임에도 불구하고 그 주요 내용이 거의 일치하고 있다는 사실들이 규명되었다.[61] 아소까 왕의 바위 · 돌기둥 담마칙령들이 *Suttanipāta* · *Aṅguttara-nikāya* 등을 비롯한 *Nikāya*의 많은 경들을 반영하고 있다는 사실이 규명되었다. 이것은 기원전 4~3세기 경, 아소까 왕 당시, 몇몇 경전들이 이미 개별적으로 성립되어 있었다는 것을 의미한다.[62] *Nikāya*들이 하나의 텍스트로 전승되지는 않았다 하더라도, *Nikāya*들이 불설을 전수하는 가장 신뢰할 만한 오래된 자료들이라는 사실에는 변함이 없는 것으로 생각된다. 따라서 초기불전의 오류가 밝혀지기까지는 그 자료에 기초하여 작업하는 것이 온당한 것이라고 생각한다. 여기서는 이런 전통적 신뢰에 기초하고 있다. 이와 관련하여 리처드 곰브리치(Richard Gombrich)는 최근 발표한 *What the Buddha Thought*에서 이렇게 논하고 있다.

> 불교 학자들 사이에서, 이건 추측이지만, 내가 경전(texts)에서 말하는 것을 〔그대로〕 받아들이기 때문에, 내가 때때로 극단적이고(extreme) 순진하고(naive) 과도하게 보수적인(eccentric conservative) 사람으로 정평이 나

---

61 "불교의 오리지널한 핵심(original core)이 전반적으로 보아서 *Pāli-nikāya*들 속에 보존되어 있다는 것은 이제 일반적으로 받아들여지고 있다. *Pāli-nikāya*의 내용들이 여러 가지 점에서 Pāli 경전들이 속해 있는 테라와다(Theravādā, 上座部)에 전적으로 반대되는 불교 학파의 *Āgama*의 내용과 거의 일치하고 있다." Upreti(1997), *The Early Buddhist World Outlook in Historical Perspective*, p.14

62 일아 스님(2009), 『아소까』, pp.320-363

있다는 것을 나는 알고 있다. 나는 그것이 나의 입장이 아니라는 것을 다시 한 번 분명하게 밝히려고 한다. 나의 입장은 경전에서 말하는 것을 처음 작업하는 가설(initial working hypothesis)로 받아들이는 것이다. 그리고 나는 그 전승이 어디서, 그리고 무엇 때문에 바르지 않을 수 있다는 것을 발견해내는 데 다른 누구만큼 관심이 있다.[63]

텍스트는 한글본을 채택하였다. 필자가 빨리어에 생소한 터에 최근 빨리 사부(四部)를 비롯한 주요 경전들이 한글본으로 번역되어 나온 것이 행운이었다. 때때로 PTS 영역본도 참고하고, 중요한 대목에서는 분석가들의 도움을 받아 빨리본을 참조하였다. 용어의 개념적 해석에서는 *Pāli Englidh Dictionary*(PED) 등을 참고하였다. 한역(漢譯) 경전의 경우,『한글대장경』을 주로 참조하였고, 한문 경전의 인용이나 국한문 혼용체의 기술방식은 의도적으로 피하였다. 연구영역에서도 '한글 불경의 시대', '한글 논문의 시대'가 올 때가 되었다는 생각 때문이다.

이 책은 시종일관 경전적 근거에 입각하고 있다. 경증(經證)을 최선의 방법론으로 삼았다. 초기경전 속에서 자료를 찾고 분석과 논의의 근거를 확보하려고 노력하였다. *Nikāya*의 *Aṭṭhakatā*(주석서)들도 활용하고 있다. 용어들은 빨리어를 기본으로 삼았고 필요에 따라 산스크리트어나 한자를 병기하였다. 빨리어의 한글 표기는 대개 학회의 일반적 기준을 따랐지만, 석가(족) · 가빌라 · 구시나가라 등 오랫동안 관행으로 되어 온 용어들은 그대로 살렸다.

내외 학자들의 다양한 저술과 논문들을 가능한 범위 안에서 검토하고 인용함으로써 주관적 견해를 최대한 자제하고 논의의 객관성을 높

---

63 Gombrich(2009), *What the Buddha Thought*, p.97, UK. Equinox Pub.

이려고 노력하였다. 2000년 인도 성지순례 때 보드가야 한 서점에서 발견한 두 편의 저술 – 델리대학의 역사학 교수 우프레티(G. B. Upreti)의 *The Early Buddhist World Outlook in Historical Perspective*(1997)와 아히르(D. C. Ahir)가 편집한 인도 불교운동의 중심기구인 *Mahā Bodhi* Society의 학술지 *Mahā Bodhi* 묶음 *A Panorama of Indian Buddhism* (1995)은 특히 큰 도움이 되었다. 우프레티는 역사적 시각에서 기원전 7~5세기의 인도의 역사적 사회적 상황의 변화와 불교와의 상호관계를 규명하는 매우 유용한 자료를 제공하고 있다. 이 책에서 서술하는 '사회적 상황'은 그의 자료에 의지하는 바가 컸다. *Mahā Bodhi*는 인도 학자들 · 실천가들의 다양하고 체험적인 연구 성과를 직접 확보할 수 있다는 점에서 큰 도움이 되었다. 1930년대 황무지 인도에서 불교를 새로 일으키려는 *Mahā Bodhi* Society운동의 창시자 아나가리까 다르마빨라(Anagarika Dharrmapala) 비구와 인도 독립의 아버지로 간디와 더불어 나란히 평가받는 암베드까르(R. B. Ambedkar) 박사의 논문들을 만날 수 있었던 것은 큰 행운이었다. 최근 간행된 일아 스님의 『아소까』도 매우 유용하게 참고하였다. 일아 스님은 아소까(Asoka) 왕이 불교적인 군주로서 불국토의 실현을 통치의 이상으로 삼았다는 사실을 담마칙령의 분석을 통하여 입증하고 있다. 그는 담마칙령의 내용들이 *Nikāya*의 여러 경전과 밀접히 관련되어 있다는 사실도 밝혀내고 있다. 가장 인접한 시기의 확고한 일차 자료를 통해서 소급하여 점검해 보는 것이 초기불교 연구의 객관성을 확보하는 데 도움이 될 것으로 생각한다.

4. 소결

제1장 서론에서는 '초기불교의 사회적 실천'이라는 주제를 추구하는 문제의식과 연구과제에 관해 고찰하였다. 우선 본론은 불교의 사회성(社會性)에 대한 학자들의 뿌리 깊고 다양한 논의/논쟁들을 세 가지 접근 경향으로 종합 분석하고, 각각의 경향이 내포하는 문제의식과 그 취약성에 관하여 지적하였다. 이러한 과정을 통하여 도달한 '역사적인 붓다(the historical Buddha)', '사회적인 불교(the social Buddhism)'라는 역사 · 사회적 통찰방식은 이제 불교의 수행 · 연구의 필수적이며 본질적인 문제의식으로서 제기되고, 이미 많은 분석가들에 의하여 공유되고 있다. 이것은 초기불교를 '하나의 역사적 현상(the historical phenonenon)'으로 보려는 시각이다. 초기불교를 역사 발전의 총체적 과정에서, 그리고 민중적 고통 · 모순들과 직면하고 사회 변혁을 견인하는 시대정신으로서 인식하려는 보다 적극적이고 포괄적인 입장을 지향하는 것이다.

또 이러한 사회적 통찰은 다양하고 상호관련된 사회경제적인 변화들을 불교의 기본적 가르침들-그 가치관/세계관의 내용을 결정하는 중요한 본질적인 요인/조건으로 추구하려는 입장을 지향한다. 따라서 기원전 7~5세기 동북 인도의 역사적 상황의 변화와 정치적 · 사회경제적인 조건들에 대한 심층적 분석이 가장 긴급한 과제로서 우리 앞에 제기되고 있다.

필자는 많은 사람들의 일상적인 삶/삶의 현장을 중심으로 접근해 갈 것이다. 곧 그들의 고통과 문제들 · 대망의식(待望意識) · 사회의식(社會意識) 등을 주요 과제로 탐색할 것이다. 그리고 사례 분석을 통하여 주요과제들에 접근하는 현장검증의 방식을 보다 많이 활용할 것이다. 현장의식(現場意識)/현장 중심의 문제의식이 이 연구를 관철하는 기본적 관점이다. 따라서 기본적 담마들에 대한 철학적 통찰도 이러한 현장적 접근 방식의 기초 위에서 추구해 갈 것이다. 이와 같은 중층적 통찰방식과 현장 중심의 접근이라는 방법론적 전략에 의하여, '비(非)실제적 관념론'으로 요약되는 불교 연구와 수행의 부정적 성벽(性癖)들이 상당 부분 극복될 것으로 기대하기 때문이다.

2장 사회적 실천의 시대적 상황과 대중적 기초

1. 시대적 상황

1) 농업 · 상공업의 확장과 도시화

(1) 농업생산력의 증대

아리안(Aryan), 곧 인도-아리안(Indo Aryan)은 본래 호전적 유목민으로서, 인도 진입 이후에도 이러한 종족의 특성은 지속되었다. 그들은 끊임없는 정복전쟁으로 선주민들의 문화를 잔인하게 파괴하였다. 그들은 한 곳에 정주하지 않고 새로운 영토를 찾아 동진하면서 역동적이고 창조적인 그들의 문화를 전개해 갔다. 따라서 목축이 그들의 주된 산업이 되었고 경제의 회전축이 되었다. 농업은 2차적인 것에 불과하였다. 가축 가운데서는 소 · 말 · 양 · 염소, 특히 소가 중시되었고, 우유가 주식으로 상용되었다. 전쟁은 가축재산의 획득과 동의어가 되었다. 전쟁의 승리를 기원하는 희생제의에서 가축을 공희(供犧)로 바치고, 신(神)들에 대한 최상의 제물로 우유를 진상한 것도 아리안들의 이러한 '유목민적 정복자(pastoral-raider)'의 특성과 관련이 깊다.[1] 이러한 특성은 *Ṛgveda*에도 잘 드러나 있는데, 그들은 그들이 가장 신앙하는 전쟁의 신 인드라(Indra)를 '승리의 주재자'로서뿐만 아니라, '가축의 주재자', '소(牛)의 증식자'[2]로 찬미하고 있다.

목축 중심의 아리안의 경제생활도 그들의 영토가 확장되고 정착생활이 진행되면서 점차 다른 양상으로 변화되어 갔다. 농업의 비중이 보다 커진 것이 가장 두드러진 흐름이다. 베다 시대 중기, 아리안들이 야무나 강(Yamunā River, Skt. Jamunā River) 유역의 꾸루(Kurus) · 빤짤라(Pāñcālas) 지방을 중심으로 정착하면서 농업 분야에서 상당한 진전이 이뤄지고 있었다. 이 시기의 문헌에 의하면, 우경(牛耕)이 시작되고, 파종 · 추수 · 타작 · 채질과 키질 등이 언급되고 있다. 일찍부터 관개(灌漑)도 이뤄지고 있었던 것으로 보인다.[3]

후기 베다 시대(The Later Vedic Age, 800~500 B.C.), 아리안들은 보다 동부의 강가 강 중류 지역, 비옥한 평원으로 진출하였다. 이로 인하여 동북 인도는 급격하고 심대한 경제 · 사회적 변화를 만나게 되는데, 이러한 변화의 동기가 농업생산력의 증대에서 부여되고 있다는 사실이 특히 주목된다. 우마 차크라바르티(Uma Chakravarti)는 이렇게 논하고 있다.

이 시기의 경제적 사회적 시스템의 가장 현저한 양상은 거대한 경제의

---

1 양병우 외(1986), 『대로마제국 · 고대의 인도』(『비쥬얼 大世界의 歷史』 3), pp.244-245, 삼성출판사.

2 Thomas(1997), *The Life of Buddha*, pp.48-55, Delhi, Motilal Banarsidass Pub. cit. 노스/윤이흠 역(1988), 『世界宗教史』 하, p.592, 현암사.

3 cit. Upreti(1997), *The Early Buddhist World Outlook in Historical Perspective*, pp.44-46

팽창이다. 여러 가지 면으로 이 시기는 이후 500년 동안 지속되는 그런 종류의 경제적 발전의 기초를 제공하고 있다. 그 기초의 특징은 농업상의 중요한 변화에 있는데, 이것은 거꾸로 그 시대의 사회적 정치적 세력들에 영향을 끼치고 있다. 이제 농업이 확고하게 경제의 버팀목이 되었다는 상당한 증거가 있다. 대지를 개간하여 경작을 준비하는 것은 점점 증가되는 철(鐵)의 효용성에 의하여 용이하게 되었는데, 이러한 사실은 무수한 고고학적 발굴과 역사적 분석에 의하여 입증되었다. 코삼비(D. D. Kosambi)가 갠지스 강 계곡의 대규모 숲 개간이 철의 사용 없이 불가능하다는 사실을 논한 이후에 이 주제에 많은 주의(연구)가 경주되었다.[4]

농민들은 불과 철제 도끼를 이용하여 강가 강 유역의 광활한 숲과 평원을 개간하였다. 풍부한 관개 시설과 비료를 써서 농지를 비옥하게 만들고 새로운 많은 작물들을 경작하였다.[5] '*Taittirīya Saṃhitā*/따잇띠리야 상히따' 등 당시의 문헌에는 이 시기의 농작물과 경작 시기 등이 기록되어 있다. 쌀을 비롯하여, 보리 · 콩 · 참깨 · 기장 · 살갈퀴 · 밀 · 수수 등과 정체가 확인되지 않는 작물들이 재배되었다. 야생의 쌀이 경작된 쌀보다 더 많이 재배되고 소비되었다. 고고학적으로 이모작이 시행된 것으로 추정되기도 한다. 그들은 페스트 등 유행병과 가뭄 · 홍수 등 자연재난과 과학적 지식의 부족으로 빈번히 기근에 봉착하였다. '*Atharvaveda*/아타르와 베다' 등에는 재난을 피하는 주술 등이 기록되어 있다.[6] 많은 작물의 재배, 야생의 쌀을 포함한 미작(米作)의 발달은

4 Chakravarti(1996), *The Social Dimensions of Early Buddhism*, pp.16-17

5 Upreti(1997), *The Early Buddhist World Outlook in Historical Perspective*, p.46

6 양병우 외(1986),『대로마제국 · 고대의 인도』(『비쥬얼 大世界의 歷史』 3) pp.268-269

특히 주목된다. 이것은 곡물의 잉여를 가져오고 인구의 증가를 가능하게 하여 인도 사회에 중요한 경제 · 사회적 변화를 초래하는 주요 원인으로 작용하였기 때문이다. 우마 차크라바르티는 이렇게 논하고 있다.

> 갠지스 강 중류 평원에서의 농업의 확장은 주로 미곡 현상(a rice phenomenon)이었다. 이 지역은 미곡 경작에 탁월하게 적합하고 특히 갠지스 강으로부터 일 년 내내 물의 공급이 가능했기 때문이다. 벼의 이앙법도 이 시기에 보급된 것으로 추정된다. 미곡 생산의 증가와 가축 사육의 감소는 결과적으로 주식(主食) 방법의 변화를 초래하였다. 인구조사의 기초에 입각해서, 링(Trevor Ling) 교수는 벼 경작 지역과 출산율이 보다 높은 지역 사이에는 분명한 상호관련성이 있다고 시사하였다. 쌀죽의 소비가 영아들의 이유(離乳) 시기를 보다 앞당길 수 있고 그것이 모성들의 새로운 임신을 가능하게 하기 때문이다. 불교문헌에서는 인구증가가 발전과 번영의 신호라고 시사하고 있다. 거기서는 사람들끼리 서로 부딪힐 듯 번화한 도시들과 촌락의 수많은 주거지들에 관해서 얘기하고 있다.[7]

(2) 상업 · 교역의 확장과 도시화 현상

이 시기의 경제적 확장 가운데 중요하게 평가되는 것은 기술/수공업의 발달과 상업/교역의 확대이다. 기술/수공업의 발달과 관련해서는 초기불전에서 다양한 종류의 많은 전문 직종이 언급되고 있다. *Dīgha-nikāya*의 두 번째 경인 「*Sāmaññaphala-sutta*」(사문과경)에서 마가다의 아자따삿뚜(Ajātasattu) 왕은 붓다와의 대화에서 24개의 전문 직종을 열거하고 있다. 그중에는 도공 · 직조공 · 제조공 등 기술공들이

---

7 Chakravarti(1996), *The Social Dimensions of Early Buddhism*, p.19

포함되어 있다.[8] 이들 기술자/수공업자들은 전문적인 동업조합/길드(guild) 같은 것을 조직하기도 하였다. 리스 데이비스는 *Buddhist India*에서 18종의 전문직 조합(seniya, puga)을 열거하고 있다.[9]

농업분야에서의 잉여의 증대, 기술/수공업 생산품의 확대 등으로 교환과 순환을 위한 시장 메커니즘이 창출되었다. 이것은 후기 베다 시대에 상업과 원거리 교역이 발달하고 있었다는 사실을 의미한다. 금속화폐의 사용이 이러한 상업화 현상을 촉진시키는 요소로서 작용하였다. 이 시기에 상업/교역이 확장되고 있었던 것은 베다의 문헌 등에서 이와 관련된 용어들이 빈번히 언급되고 있는 사실로도 입증된다. 상업/교역의 동업조합을 의미하는 상가(saṅgha) · 가나(gana) · 푸가(puga), 그리고 셋티스(seṭṭhis, Skt. sresthin, 도매상 및 금융자산가), 꾸시딘(kusīdin, 고리대업자) · 와니즈(vaṅij) 또는 와니자(vāṅija, 교역상)……등[10]이 그러한 사례이다.

이와 더불어 'vaṅippaṭhas/와닙빠타스'로 불리는 교통로가 발달되어 대륙을 종횡으로 연결시켰다.[11] 거상(巨商)들은 이 루트를 이용하여 대상(隊商, satha/사타)을 조직하고 소가 끄는 수레를 몰아 상품들을 운반하며 원거리 교역에 나섰다. 대상의 우두머리(sathavāha/사타와하, mahā-sathavāha/마하 사타와하)들은 상호협력을 위하여 그들 사이에서 선출되었다. 화폐도 사용되었다. 리스 데이비스는 이때의 교역상황을 이렇게 묘사하고 있다.

---

8 D Ⅰ 52; 각묵 스님 역(2006),『디가니까야』1권, pp.195-196; (D 2 「*Sāmaññaphala-sutta*」-사문과경; 14); 김재영(2001a),『붓다의 대중견성운동』, p.107

9 Rhys Davids(1981), *Buddhist India* pp.90-96; 김재영(2001a),『붓다의 대중견성운동』, pp.108-109

10 Upreti(1997), *The Early Buddhist World Outlook in Historical Perspective*, p.55

11 Rhys Davids(1981), *Buddhist India*, pp.102-104

많은 승객들과 식료품 · 연료를 실은 화차 등 오늘날과 같은 거대한 교통량은 존재하지 않았다. 비단 · 포플린 · 고급 의류 · 칼 · 갑주 · 자수품 · 융단 · 향료 · 약품 · 상아 · 상아제품 · 보석 · 금(銀은 드물었다) 등, 이것들이 상인들이 거래한 주된 물품이었다.[12]

물물교환에 의존하는 교역 방식은 다시 나타나지 않았다. 정부의 권위에 의하여 보증되는 표준화폐나 동전을 사용하는 보다 후기의 제도 역시 아직 나타나지 않았다. 거래는 가하빠나(kāhapana)라는 화폐의 조건으로 매매가가 평가되고 계약이 체결되는 방식으로 이뤄졌다.[13]

시장 시스템이 작동하면서 교역로를 따라 수많은 크고 작은 규모의 시장들이 형성되었다. 그리고 이 시장들을 중심으로 수많은 도시들이 출현하였다. 'nagara/나가라'는 '도시'를, 'mahānagara/마하나가라'는 '대도시'를 일컫는 명칭이다.[14] 붓다의 입멸 과정을 기록한 「*Mahāparinibbāna-sutta*」(대반열반경)에서, 가난한 지방도시 구시나가라에서 입멸하려는 붓다 앞에서 아난다 비구가 열거한 번창한 대도시들–짬빠(Campā) · 라자가하(Rājagaha) · 사왓티(Sāvatthī) · 사께따(Sāketa) · 꼬삼비(Kosambī) · 와라나시(Vārāṅasī) 등이 mahānagara의 구체적 사례이다.[15] 리스 데이비스는 기원전 7세기 경 인도에 14개의 대도시가 발달해 있었음을 규명해 내고 있다.[16] 이것은 교역로의 요지에 형성된 시장을 중심으로 이 시기의 '도시화(urbanization)', '도시화 현상(the new phenomenon

---

12 Rhys Davids(1981), *Ibid.*, p.98

13 Rhys Davids(1981), *Ibid.*, pp.98-100

14 Upreti(1997), *The Early Buddhist World Outlook in Historical Perspective*, p.64

15 D II 147; 각묵 스님 역(2006),『디가니까야』 2권, p.275; (D 16 「*Mahāparinibbāna-sutta*」– 대반열반경; 5, 17)

16 Rhys Davids(1981), *Buddhist India*, pp.34-41

of urbanization)'이 진행되었다는 것을 의미한다. 이 시기의 도시화는, 꼬삼비(Kosambi) · 하스띠나뿌르(Hastināpur) · 아힛차뜨라(Ahicchatra) 등 베다 후기의 행정적 · 군사적 도시화와 구분해서,[17] '제2의 도시화(the second urbanization)'로 규정되기도 한다. 이러한 도시화가 불교의 발생 발전과 관련되어 있다는 점에서 특히 주목된다.[18] 우마 차크라바르티는 이렇게 논하고 있다.

> 농업의 확장, 그 결과로서 전체적인 경제의 확장은 도시화의 새로운 현상의 주요 요인이 되었다. 도시들은 어떤 형태이든 농업의 잉여 없이는 존재가 불가능하다. 그리고 이 시기 여러 다른 아이템의 교역과 더불어 식량에 있어서 상당 정도의 진전이 있었다. 사실에 있어서, 화폐의 출현 그 자체가 농산품의 교역이나 교환과 관련되어 있다.……교역로들이 개척되고 'vaṅippaṭhas/와닙빠타스'로 불렸다. 그리고 대상(隊商)교통이 출현하였다. 수많은 도시들이 교역로를 따라서 연결점들을 형성하면서 성장하였다. 조시(Joshi)는 *Suttanipāta*의 한 시문(詩文)에서 아싸까(Assaka)와 마가다를 연결시키는 교역로에서 수많은 시장들을 열거하고 있다는 것을 지적했다.[19]

17 Rhys Davids(1091), *Ibid.*, pp.34-41

18 "이 시기에는 또한 인도의 제2의 도시화를 목격하였다. 농업적인 증거들은 갠지스 강 유역에서 불교도의 전통과 관련 깊은 수많은 역사적 유적들을 확인시켜 주고 있다. 그리고 이 유적들의 대부분이 또한 NBP(북인도 흑색 연마 도기)의 존재를 드러내고 있다는 것은 기록할 만하다." Chakravart(1996), *The Social Dimensions of Early Buddhism*, p.19

19 Chakravarti(1996), *Ibid.*, pp.20-21

2) 국가적 · 계급적 사회의 구조화

(1) 부족적 사회에서 국가적 사회로

기원전 1500년 이전에 이미 시작된 아리안들의 침입과 정복, 팽창의 역사를 연대기적으로 서술하는 것은, 그 자료의 모호성 때문에 거의 불가능한 작업으로 보인다. 이런 상황에서 많은 학자들은 아리안의 발전 상황을 대개 3단계로 구분하여 논의하는 입장을 보이고 있다. 1기는 인더스 강 유역 시대로, 기원전 1500~1000년의 기간에 해당된다.[20] 서북 인도의 인더스 강(R. Indus, Shindu)과 펀자브(Panjab) 지방의 5개의 강을 중심으로 전개되었다. 이 시기에 모헨조다로(Mohenjo-daro) · 하라파(Harappa) 등 선주민의 도시문명, 곧 인더스 문명에 대한 호전적인 아리안들의 침략과 파괴가 자행되고, 선주민들에 대한 아리안들의 증오와 적대관계가 거칠게 표출되었다. 아리안들은 선주민들을 'dāsa/다사' 'dasyu/다슈' 등으로 호칭하였는데, '적(敵)', '원수'라는 의미이다. dāsa들은 정복전쟁의 전리품으로서 이후 왕이나 전사귀족들의 노예로 편입되어 갔다.[21]

2기는 야무나(Yamunā) 강 시대로, 기원전 10~7세기의 기간에 해당된다.[22] 이 시기 아리안들은 야무나 강 유역과 강가 강 북안으로까지 동진하여 정착하면서 많은 부족연맹국가들을 건설하였다. 이 기간에

20 이 시기의 상황이 거의 동시대에 편찬된 것으로 보이는 *Ṛgveda*에 서술되어 있기 때문에 '베다 시대(Vedic age)', '리그베다 시대(Ṛgvedic age)'로 일컬어지기도 한다.

21 양병우 외(1986), 『대로마제국 · 고대의 인도』(『비쥬얼 大世界의 歷史』 3), pp.241-243; Burrow/Basham, A. L. ed.(1987), *"The Early Āryans" A Cultural History of India*, pp.20-26, Oxford, Oxford University Press.

22 이 시기에 관한 자료는 주로 *Brāhmaṇa*(梵書)에 의존하고 있기 때문에, 이 시기를 '브라흐마나 시대(*Brāhmaṇa* age)', 또는 '후기 베다 시대(later Vedic age)'라고 일컫는다.

는 현재 델리(Delhi) 근처인 꾸루(Kurū) · 빤짤라(Pañcālā)의 두 나라가 아리안 문화의 중심지가 되었으므로, '꾸루 · 빤짤라 시대'로 지칭돼도 좋을 것이다. 꾸루 · 빤짤라 동쪽 강가 강 중류 유역에는 꼬살라(Kosalā) · 위데하(Videhā) · 마가다(Māgadha) 등 국가들이 초기 단계로 발전하고 있었다. 이 시기에 꾸루 · 빤짤라에서 성숙된 브라흐마나 문화가 이들 강가 강 유역 국가들로 전파되었다. 양병우는 이렇게 논하고 있다.

> 이 시대에도 아리아 문화의 중심이 여전히 꾸루 · 빤짤라에 있었다는 것은 이 지방에서 베풀어지는 공희제(供犧祭, 브라흐마나가 집전하는 가장 중요한 儀式)를 모범적인 것으로 손꼽은 사실로도 알 수 있고, 아리아 문화가 이 지방으로부터 꼬살라 · 비데하로 파급된 것으로도 명백하다. 후에 북부 인도의 패권을 장악하게 되는 마가다는 이때 아직 브라만 문화가 미치지 못한 동방의 후진 지역에 불과하였다. 이 시기에 중요한 자료로는 후기 *Veda* 문헌과 *Brāhmaṇa*를 든다.[23]

3기는 강가 강 중류 시대로, 기원전 7~5세기 초의 약 2세기에 해당된다. '브라흐마나 시대 말기', 또는 '후기 베다 시대 말기'로 구분될 수 있을 것이다. 일부 '대서사시의 시대'(기원전 5~4세기)와 겹치는 기간이기도 하다. 이 기간의 가장 현저한 시대적 특징은, 앙가(Aṅga) · 마가다(Māgadha) · 까시(Kāsi) · 꼬살라(Kosalā) · 왓지(Vajjī) · 왐사(Vaṃsā) 등 '16대국(十六大國, sodasa mahājanapada)'으로[24] 대표되는 강력한 영역국가들

---

23 양병우 외(1986), 『대로마제국 · 고대의 인도』(『비쥬얼 大世界의 歷史』 3), p.259

24 Lamotte(1988), *History of Indian Buddhism,* p.8, Louvain-La-Neuve, Universite Catholique De Louvain Institut Orientaliste.

(feudal states, territorial states)의 출현이라고 할 수 있다.'[25]

1기의 아리안들은 부족(jana) – 부족국가(janapada) 체제에 의하여 규정되고 있었다. 족장(gopa, gopati, janasya-gopati)이나 부족적인 왕의 지배를 받은 것이다.[26] 왕이라 할지라도 부족전체회의(gana)의 대표로서 'rāja/라자(국왕)'로 불리지 않고 'jyeṣṭha/제스타'로, 곧 '평등자 가운데 1인자(the first among equals)'로 불렸다.[27] 그러나 2기에 접어들면서 영토가 확장되고 전쟁의 규모가 확대되면서 족장은 수장(首長, chiefdom)으로서 보다 강력한 지위를 확보하게 되었다. 정치의 중심도 gana나 그 발전 형태인 'samiti/사미띠(부족전체회의)'에서 귀족들의 모임인 'sabhā/사바'로 옮아 가고 있었다. 이제 수장은 정치적 전제자로서 등장하게 되고, 그 지위는 세습되었다. 선출의 경우라도 왕족에 제한되고 있었다. 3기에 이르러, 국가가 영토국가 · 영역국가로 확장되면서, 이런 왕권 강화의 경향은 더욱 현저해지고, 마침내 국가가 부족의 기능을 대신하기에 이르렀다. 부로(T. Burrow)는 이렇게 논하고 있다.

> 브라흐마나 시대, 아리안들은 본질적으로 그들의 윤리적 정체성과 베다 문화를 유지하고 있었다. 그 동안 상당한 내부적 발전이 있었고, 특히 브라흐마나(司祭)들은 그들의 지위를 증대시키고 그들의 조직을 강화시켰다.……이러한 국가 조직은 안정되고 발전되었다. 그리고 다양

---

25 "기원전 6세기 인도에서의 아리안계 영역은 펀자브로부터 벵갈까지 확대되었고, 데칸의 일부 지역까지 흘러들어 갔다. 불교 · 자이나교 · 서사시 등의 자료들은 그 당시 16 대국의 존재를 기록하고 있는데, 이들 나라들은 아리안의 요소에 속하지만, 특히 동부 지방에는 선주민 종족들이 거주하면서 아직까지 완전히 브라흐마나화되지 않고 있었다." Lamotte(1988), p.7

26 Upreti(1997), *The Early Buddhist World Outlook in Historical Perspective*, p.45

27 cit. Upreti(1997), *Ibid.*, p.45

> 한 종류의 관료들이, 비록 그 정확한 기능이 항상 밝혀지는 것은 아닐지라도, 기록되어 있다. 정치적 단위들이 보다 거대해지고, 국가가 부족을 대신하기 시작하였다. 문헌과 고고학적 증거들에 의하여 입증되는 바와 같이 물질문화도 상당한 진전을 이루고 있었다.[28]

'국가가 부족을 대신하기 시작하였다'는 것은 이 시기의 동북 인도 사회가 부족공동체에 기초한 사회(tribe-based society)로부터 국가에 기초한 사회(state-based society)로 전환하고 있었다는 사실을 의미한다. 이러한 전환의 증거들은 영토와 왕권, 세금과 관료제도, 희생제의의 의식, 국가적 폭력 등 정치적 구조 속의 다양한 요소들을 통해서 분석되고 있다. 특히 영토의 중요성이 강조되고 있다. 이 시기에 와서는 국토를 가리키는 'rastra/라스뜨라(국토)'가 백성을 가리키는 'vis/위스(백성)'보다 더 중요하게 인식되고, 부족국가를 지칭하는 'janapada/자나빠다(부족국가)'가 영토의 의미로 전환되었다. 꼬살라(Kosalā)와 마가다(Māgadha) 등 광대한 영역 국가의 출현과 더불어 군주권은 더욱 절대적 권력으로 증대되어 갔다. 이제 기초적인 정치적 요소로서 영토가 부족을 대신하게 된 것이다. 수장(chiefdom)이 아니라 왕권(kingship)이 한 가문에서 열 세대 동안 지속되는 사례도 생겨났다.

기본적인 관료제도의 형성과 군대조직, 브라흐마나들에 의하여 집전되는 희생제의도 군주권의 강화에 크게 기여하는 요소로 작용하였다. 경전에서는 징세관(徵稅官)과 장군(senānī)을 비롯하여 왕에게 개인적으로 충성하는 많은 전문직 관료들이 등장하고 있다. 전 시대의 자발적 공납(貢納)은 강제적인 세금으로 전환되었다. 생산자 계급에 대한 징세를 통

---

28 Burrow(1987), "The Early Āryans" *A Cultural History of India*, p.28

하여 왕이 민중의 재산에 일정 몫을 점유하게 된 것이다. 희생제의는 그 대관(戴冠)을 신성(神聖)의 이름으로 영광스럽게 하고, 통치자와 피치자 사이의 간격을 더욱 확대시키는 것을 정당화하는 이념적 장치로서 기능하였다. 이렇게 해서 강화된 군주권은 강가 강 중류 지역의 사회를 강력한 군주권에 의하여 지배되는 국가적 사회로, 곧 국가에 기초한 사회로 급속히 전환시키는 중심축으로 작용하게 된 것이다.

(2) 계급적 사회의 구조화

기원전 7~5세기, 급격하고 광범한 경제적 확장과 정치적 변화는 강가 강 중류 유역 동북 인도의 사회 체제를 구조적으로 변동시키는 중요한 요인으로 작용하였다. 인도의 사회 변동을 논의할 때, 카스트는 언제나 논의의 중심 내용이 되어온 것이 사실이다. 그러나 여기서 한 가지 지적돼야 할 것은, 카스트가 인도인들을 통합시키는 보편적인 사회적 규정력으로서 지속적으로 작용해 왔음에도 불구하고, 카스트 그 자체는 시대 상황에 따라 끊임없이 변화되어 가는 사회현상이었다는 사실이다. 이것은 카스트의 계급적 지위가 '일반적으로 상상되는 것보다 훨씬 더 자유롭게 변화될 가능성'을 지니고 있다는 것을 의미한다.[29] 후기 베다 시대 말기의 실제 상황에 관하여, 슈만은 이렇게 분석하고 있다.

> caste(vaṅṅa, 피부색에 의한 인종적 차이, 필자 주)와 sub-caste(jāti, 혈통 · 직업에 의한 부차적인 차이, 필자 주)는 노동의 구분으로 생겨난 재산과 직업의 위계적 장치를 형성하고, 그리고 이 위계 속에서 지식인들은 – 여러 가지

---

29 Rhys Davids(1981), *Buddhist India*, p.56

역사적 이유들로 인하여 이들의 거의 대부분은 흰 피부색의 아리안 침략자들의 후손들이었다 – 보다 상위의 지위를 차지하였다.……또 하위의 두 계급(vessa-평민과 sudda-노비, 필자 주)이 사회에서 성장하는 것이 불가능한 것도 아니었다. 재산을 모으거나 정치적 영향력을 얻으면 누구나 자신의 신분을 넘어 성장할 수 있었다.[30]

카스트는, 슈만이 적절히 분석하고 있는 바와 같이, 주로 노동과 재산 · 직업 등 경제적 조건에 의하여 구분되는 사회적 계층이다. 그 기원은 *Ṛgveda* 시대로 소급되지만, 아직 어떤 계급적 의미를 지니는 것은 아니었다. 따라서 베다 시대 초기 아리안 사회에서 사람들은 기본적으로 평등하였다. 이미 관찰한 바와 같이, 족장도 '평등한 자들 가운데 1인자'에 불과하였다. 부족의 원만한 운영을 위한 직업적인 그룹의 위계는 존재하였지만, 카스트(caste)도 계급(class)도 나타나지 않았다. 토지와 주요 재산은 공유되었다. 이러한 평등성 · 공공성에 기초하여 초기 부족사회, 곧 베다 사회는 견고성을 유지할 수 있었고, '이러한 부족적 견고성은 일치와 독립, 상호관계에 의하여 표현되었다.'[31]

그러나 아리안 사회의 이러한 견고성 · 공공성은 역사적 발전 과정에서 점진적으로 왜곡되고 변형되어 갔다. 2기 – 꾸루(Kurū) · 빤짤라(Pañcālā) 시대에 이미 브라흐마나(司祭)과 캇띠야(戰士)를 중심으로 계급적 속성을 지닌 카스트가 형성되고, 3기, 곧 브라흐마나 시대 말기, 복잡한 계급적 구조를 지닌 카스트의 일반화가 촉진되었다. 카스트 계급체제(caste-class)가 구축되어 간 것이다. 이 과정에서 이 시기의 급격한 경제적 확장과 정치적 변화가 그 촉진제 역할을 담당하였다. 농업생산

30 Schumann(1989), *The Historical Buddha*, p.192

31 Upreti(1997), *The Early Buddhist World Outlook in Historical Perspective*, p.49

력의 증대로부터 시작된 경제 발전과 도시화의 과정에서 필연적으로 요구되는 노동력의 수요가 특히 중요한 변수로 작용하였다. 우프레티는 이렇게 논하고 있다.

> 일반 민중들로부터 전리품 분배의 권리를 박탈하려는 경향의 증가, 〔군주에 대한〕 자발적인 선물로부터 강제적인 공물(또는 세금, 필자 주)로의 변동, 사제(司祭)와 수장(首長, 왕족) 및 그 권속에 의한 부(富)의 집중, 공공의 이익을 희생시키는 개인 또는 가족 축재(蓄財)의 고취 등 여러 원인들이 부족사회를 계층화하고 분열시켜 갔다. 뿐만 아니라, 인간 노동력을 위한 남 · 여 노비(남-dāsa, 여-dāsī)의 활용이 자유 부족민(vis, 평민)과 여성의 지위를 점차 약화시켰다. 이렇게 해서 대두되기 시작한 사유재산과 가부장적 맥락 속에서 caste-class의 지위는 (*Veda* 말기에) 부족 안에서 사종성(四種姓, varṇas, vaṅṅas)의 확고한 형태를 취하게 된다.[32]

카스트/카스트 계급의 확립, 사제(司祭)와 수장(首長)에 의한 부(富)의 집중화, 자유 부족민 · 평민의 몰락과 하급 노동자-노비들의 증가, 이러한 변화들은 기원전 7~5세기 강가 강 중류 지역의 북동 인도 사회에서 카스트적 계층화가 급속히 진행되었다는 사실을 입증하고 있다. 급속한 경제 발전과 국가화가 인도 전통 사회의 붕괴를 촉진시키면서 노동력을 중심으로 한 계급사회, 계급에 기초한 사회(class-based society)로 구조화되어 갔다. 이러한 계층화, 빈부의 양극화 현상은 이 시기의 불교문헌에도 그대로 반영되어 있다. 이와 관련하여 우마 차크라바르티는 이렇게 논하였다.

---

32 cit. Upreti(1997), *Ibid.*, p.50

경제 확장에 따르는 경제적 복합성은 자연스럽게 보다 계층화된 사회의 출현을 통하여 표현되었다. 대부분의 토지가 농민들의 손에 있는 한편으로 상당 부분 대규모 토지가 또한 존재하였다. 가장 놀라운 사례가 500개의 쟁기를 사용한 것으로 기술된 에까날라(Ekanālā) 촌의 브라흐마나 까시바라드바자(Kasībhāradvāja)의 경우이다.……이것과는 대조적으로, 이 시기에 매우 광범위한 규모의 노동력 고용이 시작되고 있었다. 빨리 경전에서는 빈번히 'dāsas/다사(노비)' · 'kammakuras/까마꾸라(고용된 노동자)', 그리고 'porisas/뽀리사(고용된 자, 하인)'가 언급되고 있다. 이들은 토지를 경작할 뿐만 아니라 지주 가구에 의하여 고용된 사람들인 것으로 보인다.……이러한 용어들이 바로 붓다와 동시대에 처음으로 나타나기 시작한 것이다.[33]

3) 사회적 변화의 확산과 사회적 위기의 본질

(1) 사유재산과 개인주의의 발달

500개의 쟁기가 소요되는 대규모 농장이 존재하고 임금 · 임금노동자들이 출현한 것은 당시의 인도 사회에 이미 사유재산이 광범하게 발전하고 있었다는 사실을 입증한다. 이것은 초기 부족국가 시대의 재산 공유제가 심각하게 도전받고 와해되고 있다는 것을 의미한다. 이러한 공유제의 균열과 사유화 현상은 경제 규모가 확대되고 원거리 교역이 촉진되는 베다 후기에 접어들면서 가시화되었다. 이 과정에서 중개상인들이 출현하게 되고, 중개상인들의 출현은 이익 창출의 필요성에 의하여 부족적 공유재산의 사유화 강화로 바로 연결되었다. 이 경우, 평

33 Chakravarti(1996), *The Social Dimensions of Early Buddhism*, p.26

민들(vis, 후일 vessa)과 정복된 노비들(dāsas)의 노동에 의하여 획득된 재산이거나, 정복전쟁에서 부족장들과 그들의 참모들, 사제들의 공동노력에 의하여 전리품으로서 획득된 재산이거나 구분 없이 사유화의 대상이 되었다.

이익을 축적하기 위하여, 족장들은 민중들로부터 이용 가능한 잉여를 착취하고, 그 일부는 금 · 말 · 가축 · 전차 · 의류 · 여자노비의 형태로 사제들에게 분배되었다. 정복전쟁에서 패배한 민중들로부터 약탈한 전리품과 공납은 대개 족장이나 그 친족들, 사제들에 의하여 사유화되었다. 부족의 공동이익을 증진시키기 위하여 족장들이나 그 친족들에게 자발적으로 증여하거나 전리품을 적정 수준에서 분배하던 일은 이미 과거지사가 되고 있었다.[34] 이러한 사유화 현상은 특히 토지 분배에서 집중적으로 진행되었다. 이 시기에 이미 토지 사유화가 상당히 진전되었다는 것은 *Taittirīya Saṃhitā*에서 사적(私的) 소유에 관련된 토지 분쟁이 기술되고 있는 것으로도 입증되고 있다.[35] 또 다른 *Brāhmaṇa*/브라흐마나 문서(梵書)에는 새로 취임하는 왕이 세례를 준 사제에게 다른 형태의 재산과 함께 토지를 기증해야 한다는 명령이 기록되어 있다.[36]

후기 베다 문헌에는 사적(私的) 동산(動産)에 관한 기록이 있고, '아버지에 속하는 것은 무엇이든 아들에게 속한다'[37]는 규정도 명시되어 있다. 이것은 사유재산의 상속이 이미 사회적 관습으로 고착되어 있다는 사실을 입증하는 것인데, 이와 관련하여 탁월한 철학자인 야즈나발까야(Yājñavalkaya)의 경우는 좋은 사례를 제시하고 있다. 그는 그의 지식

34 Upreti(1997), *The Early Buddhist World Outlook in Historical Perspective*, pp.474-478

35 *Taittirīya Saṃhitā* II 2. 1 cit. Upreti(1997), *Ibid.*, p.55

36 *Aitareva Brāhmaṇa* VIII. 20 cit. Upreti(1997), *Ibid.*, p.56

37 *Aranyaka* II 1. 8. 1 cit. Upreti(1997), *Ibid.*, p.56

을 이용하여 재산을 축적했는데, 당시에 성행하던 철학적 논쟁에서 승리하면 그 대가로서 1만 개의 금 조각과 더불어 1천 마리의 소(cow)나 한 마리의 힘센 황소를 받았다. 자나까(Janaka) 왕궁의 논쟁 때, 그는 "철학적 논쟁과 가축, 두 가지 모두 원한다"고[38] 말하고 있다.

야즈나발까야의 경우, 우리는 그의 사고방식과 행위를 통하여 단순히 사유재산 개념의 정착을 볼 뿐만 아니라, 개인의 우월성과 자주성이라는 개인주의적 관념의 성숙을 또한 발견하게 된다. 그가 부족적인 전통과 의식(儀式), 특히 희생제의의 적합성을 문제 삼으면서 개인의 가치와 개인의 실현을 추구하는 우빠니샤드(Upaniṣad) 철학을 대표하는 학자라는 사실을 상기할 때, 야즈나발까야의 개인주의는 한 개인의 문제가 아니라 당시의 일반적 경향을 대변하고 있는 것으로 보인다. 사유재산과 개인주의는 불가분의 관계에 있으며 베다 시대 말기의 우빠니샤드 철학은 개인/자아(自我, ātman)로써 그 사상적 주제로 삼고 있다. 이와 관련하여, 우프레티는 이렇게 논하고 있다.

> Upaniṣad 시대는 일반적으로 인도 철학의 창조적이며 형성적인 시대로 인식되어 왔다. 이 시기에 다양한 사상들, idea들이 실험되고 형성되었다. Upaniṣad적 사상의 중심적이며 통합적 개념인 ātman(自我)은 이러한 일반적 특징의 예외가 아니었다. ātman과 서로 관련 있고 부수적인 사상들 – 업 · 윤회 · 해탈 · 욕망 · 의식 · 무지 · 슬픔 등도 마찬가지다. Upaniṣad적 사상의 이러한 창조적이며 형성적인 본질은 기본적으로 농촌적 구조 속에서 사유재산이 정당화되고 있는 상황에서 초기적인 개인주의의 젊은 사상적 모색을 반영하고 있는 것이다.[39]

38 *Bṛhadāranyaka Upaniṣad* III 1. 1-2 IV 1. 1 cit. Upreti(1997). *Ibid.*, p.52

39 Upreti(1997), *Ibid.*, p.111

우빠니샤드의 철학적 개인주의는 공동체의 이상에 집착하는 부족의 낡은 껍질을 제거하고, 개인의 창의적인 활동과 개인적인 책임에 대하여 확고한 종교 철학적 정당성을 부여하는 것이었다. 그리고 이러한 철학적 개인주의는 베다 시대 말기의 왕성한 경제적 발전, 경제적 개인주의를 반영하고 경제적 개인주의와 병행하는 것으로서, 사유재산은 개인의 가치를 좌우하는 결정적 요소로서 인식되고 있었다. '*Bṛhadāranyaka Upaniṣad*/브라다란야까 우파니샤드'에서는 이렇게 기술하고 있다. "재산은 한 개인의 15분(分)이고(16분 중의 15분, 필자 주) 제16분은 그의 자아이다. 재산만이 한 개인을 증대시키기도 하고 감소시키기도 하는 것이다."[40] 이렇게 기술하고 있다. 자아의 우월성이 인정되고 있는 가운데 재산도 인간 삶의 중요한 요소로서 인식되었다.

기원전 6세기경, 강가 강 중류 지역의 경제가 확장되면서, 특히 벼 · 목화 등 새로운 작물이 보급되고 금속화폐가 광범하게 유통되었다. 이와 더불어 사유재산제도는 더욱 확대되고 공고해져 갔다. 빨리 경전에서 '채무', '채무자', '채권자', '이자' 등이 흔히 등장하고, 또 '환전(換錢, muddā)', '회계(gaṅnanā)', '기장(記帳, lekhā)' 등이 존경 받는 높은 전문직으로 인정되었다. 이것은 사유재산의 발전을 입증하는 것이다.[41] 이러한 사유재산제도의 확충에는 유능한 개인의 중심적 역할이 필수적이다. 이 시기의 대표적인 개인으로는 'gahapati/가하빠띠(居士)', 또는 'seṭṭhi-gahapati/셋티가하빠띠(長者居士)'가 주목되고 있다. 문헌에는 병을 치료하기 위하여 수만금을 지불하는 장자거사들이 거론되고 있다.[42]

---

40 *Bṛhadāranyaka Upaniṣad* I 5. 15 cit. Upreti(1997), *Ibid.*, p.52

41 Vin IV 6-7; Upreti(1997), *Ibid.*, p.65

42 "라자가하의 한 장자거사(seṭṭhi-gahapati)는 자신의 두통을 치유하기 위하여 왕에게 십만

사유재산제도와 개인주의의 발달, 사유재산에 기초한 개인주의의 발달, 그리고 이 배경 속에서 등장한 'gahapati/가하빠띠' · 'seṭṭhi-gahapati/셋티가하빠띠', 이제 이 셋은 베다 시대 말기의 인도 동북 사회의 전반적 변화를 추동시키는 핵심적 요소로서 끊임없이 작용하게 되고, 초기불교운동과도 긴밀한 연관성을 유지하게 되는 것이다.

(2) 사회적 계층의 확대와 생산계층의 몰락

베다 시대 말기, 경제의 확장과 사유재산의 발달 등 여러 변수가 복합되는 속에서, 전통적 카스트도 다양한 모습으로 분화되어 갔다. 피부색(vaṅṅa/완나, varṇa, 인종)을 중심으로 하는 네 계층의 종성(四種姓) 제도, 곧 카스트가 여전히 사회적 차별화의 중심적 메커니즘으로 작용하였다. 또 한편으로, 노동력의 분화로부터 초래되는 'kamma/깜마(직업)' · 'sippa/십빠(수공업)' · 'jāti/자띠(부족적 혈통)' · 'kula/꿀라(가문)' 등이 부차적(副次的) 메커니즘, 곧 sub-caste로서 인도 사회의 계층적 구조적 변화를 활발히 촉진시키고 있었다.[43] 캇띠야와 브라흐마나 등 상위 카스트들이 상인 · 궁수 · 사냥꾼 · 직조공 등 하천한 직업에 종사하거나,[44] 노비 등 하층민들

전(錢)을 주고 의사 지와까(Jīvaka)에게도 그만한 돈을 주었다. 지와까는 사께따의 한 장자거사의 부인을 치료하는 대가로 모두 16,000까빠나와 몇몇 다른 선물을 받았다. 베나레스의 장자거사는 그의 아들을 치유하기 위하여 지와까에게 1만6천 까빠나를 주었다. 참빠의 소나 꼴리위사(Sonā Kolivisa)는 80수레분의 금과 7마리의 코끼리 떼를 희사하고 승단에 합류하였다. 사왓티에서, 우리는 캇띠야, 브라흐마나와 장자부호(長者富豪, gahapati mahāsalās)들이 거대한 보석과 재산, 헤아릴 수 없는 놀이 도우미들, 헤아릴 수 없는 상품과 곡물을 소유하고 있는 것을 보게 된다.……사왓티에서 한 장자거사는 유언 없이 죽었는데, 십만 까빠나 상당의 금과 이루 말할 수 없을 만큼의 은을 남겼다." *Society at the time of the Buddha* p.28, cit. Upreti(1997), *Ibid.*, p.65

43 Upreti(1997), *Ibid.*, p.66

44 Rhys Davids(1981), *Buddhist India,* pp.56-57; 김재영(2001a), 『붓다의 대중견성운

의 다양한 신분적 분화 등이 이러한 변화를 반영하고 있다.[45] 초기불교가 전개되는 기원전 7~5세기 동북 인도 사회는 기존 브라흐마나 세력을 중심으로 카스트의 권위적 정착이 추구되는 한편으로, 신진 캇띠야(戰士)·웻사(商人) 등을 중심으로 카스트 내부의 다양한 유동성이 추구되는 상호 모순적 변화가 공존하는 전환기적 혼돈의 시대로 규정될 수 있다.

이러한 직업적 sub-caste화와 더불어 친족집단/가문의 sub-caste화도 주목된다. 경제 규모가 확장되면서 직업의 전문화와 다양한 확충이 요구되고, 특별한 직업은 한 집단, 주로 세습적인 친족집단에 의하여 독점되었다. 이렇게 해서 친족집단((jāti, kula)은 변화하는 사회적 상황 속에서 카스트의 주요한 원리의 하나로 적응하였다. 이 시기의 사람들은 한 가문(kula)의 구성원으로서 태어날 뿐만 아니라 그 가문을 세습적으로 보전하는 한 직업(kamma)의 종사자로 태어났다.[46] 이러한 상황에 입각해서 웨이글(N. N. Wagle)은 "불교도 사회는 카스트에 기초했다기보다는 친족에 기초하고 있다"[47]고 언급하였다. 불전에서 '양가(良家)의 자녀(kulaputta)'라는 표현이 일상적으로 등상하는 것이나 율장에서 친족과의 접촉과 관련하여 비구들에게 광범위한 예외를 인정하는 것이 초기불교의 이러한 친족 사회적 특성을 뒷받침하는 것이다.

사유재산제도가 발전하고 자산가 계급들의 경제적 지위가 확고해지면서, 노동자들이나 수공업자들·기술자들 등 하층 생산자 계급의 사회 경제적 조건들은 더욱 악화되어 갔다.[48] 이들 생산자 계급의 가

동』, pp.117-120

45 김재영(2001a), 앞의 책, pp.124-126

46 김재영(2001a), 앞의 책, p.30

47 cit. Upreti(1997), *The Early Buddhist World Outlook in Historical Perspective*, p.30

48 Vin IV 76, II p.159; Upreti(1997), *Ibid.*, p.66

문(jāti, kula)과 직업(kamma, sippa)은 자산가 계급의 그것이 우월한(ucca, ukkatta) 데 대하여 하천한(hīna) 것으로 규정되었다.[49] 그들은 영원한 빈곤과 치욕 속에 살아야 했다.[50]

시간이 경과하면서, 카스트 계급의 차이가 점점 더 명확해지면서 사회적 지위와 특권/특전, 그리고 책임과 권리의 주된 자원이 되어 갔다. 네 카스트에 따라서 인사법 · 무덤의 크기, 심지어 신(神)들까지 서로 달랐다. 평민들(viś, vessa)은 초기 단계에서는 귀족들과 거의 평등하게 인식되었다. '귀족들은 평민들로부터 창출되었다'[51] '귀족들과 평민들은 같은 그릇으로 음식을 먹어야 한다'라고[52] 일컬어질 정도였다. 그러나 계급화 사회가 진행되면서 평민들의 사회적 지위는 공개적으로 열등하고 종속적인 것으로 천명되었다. '*Aitareya Brāhmaṇa*/아이따레야 브라흐마나'에서는, "평민처럼 타인에게 종속적이고, 타인에게 먹이가 되고, 〔타인의〕 자의(恣意)로 억압되고……",[53] 이렇게 단정되고 있다. 이와 같이 평민들은 노비와 비슷한 수준으로 평가절하되고, 그들의 생산 잉여는 귀족들과 사제들에 의하여 약탈되었다. 평민과 노비들은 불완전한 존재이며 대관식에서 상위 두 카스트의 뒤를 따라야 한다고 진술되고 있다.[54] 노비들과 같이, 그들 평민들도 어떤 의식에서는 배제되었고,[55] 희생제의의 공양

---

49 Vin IV. 6-7; M III p.169, 177; M II p.152; A II p.85; A III p.385 cit. Upreti(1997), *Ibid.*, p.66

50 A I p.107 A III pp.384-387; Upreti(1997), *Ibid.*, p.66

51 SB XII 3. 8; Upreti(1997), *Ibid.*, p.58

52 SB IV 3. 3. 15; Upreti(1997), *Ibid.*, p.58

53 *Aitareya Brāhmaṇa* VII 29. 3 cit. Upreti(1997), *Ibid.*, p.58

54 Upreti(1997), *Ibid.*, p.58

55 Upreti(1997), *Ibid.*, p.58

물을 먹을 수 없었다.[56]

노비는 경제 확장에 필요한 노동력을 공급하는 중요한 경제적 자원들이지만, 그들의 사회 경제적 지위는 매우 열등한 것이었다. 그들은 재산권이 없었다.[57] 삐야세나 딧사나야케(Piyasena Dissanayake)는 이렇게 논하고 있다.

> 수드라(숫다)에게는 재산을 소유할 권리가 없었다. 그가 어떤 재산을 가지고 있을지라도 그의 주인은 그것을 마음대로 가질 수 있었다. 또 수드라는 자기의 직업을 선택할 수도 없었다. 상위계급은 그들을 마음대로 처분할 수 있었으며, 그들은 생계를 위해 상위계급에게 의존해야만 했다. 그들은 주인이 버린 옷이나 신과 같은 필수품만 사용할 수 있었다. 또 주인이 먹다 남긴 음식을 먹어야 했다.[58]

후기 베다 시대 초기만 해도 노비들의 가축 소유권을 인정하는 문헌들을 만날 수 있었다. 그러나 카스트 체제가 공고해지면서 그들은 이러한 권리를 상실하게 되었다.[59] '*Brāhmaṇa*/브라흐마나' 문헌에서는 노비들이 아수라(asura)로부터 태어난다고 기록하고 있고,[60] 또 그들은 노동하기 위해서 태어나는 것이라고 분명히 기록하고 있다.[61] 그들은 거의 전적으로 다른 카스트들의 처분에 맡겨졌고, 그들의 자의(恣意)대

---

56 SB II 5. 2. 24; Upreti(1997), *Ibid.*, p.58

57 Upreti(1997), *Ibid.*, pp.56-57

58 딧사나야케/정승석 역(1988),『불교의 정치철학』, p.133, 도서출판 대원정사.

59 MS IV 2. 7. 10. PB. VI. 1. 11; Upreti(1997), *The Early Buddhist World Outlook in Historical Perspective*, p.57

60 TB I 2. 6. 7; Upreti(1997), *Ibid.*, p.57

61 SB XIII 9. 6. 10; Upreti(1997), *Ibid.*, p.57

로 축출되었다. 어떤 형태의 노동에도 동원되었으며, 그들의 자의대로 살해되기조차 하였다.[62] 브라흐마나들과 캇띠야들은 그들 노비들의 거주를 경계 내로 제한하였고, 교육권도 박탈하였다. 그들은 종교적인 신앙의 권리마저 허용되지 않았고, 종교의식을 행할 때 노비들을 격리하도록 요구되었다. 그들은 *Veda*를 공부하거나 암송할 권리마저 배제되었다.[63]

그들은 탄생의식(upanayana)에서조차 배제되었으므로 내생에 더 좋은 신분으로 태어날 수 있는 재생(再生, dvij)의 기회마저 영구히 박탈당하였다.[64] 후기 베다 시대의 마지막 단계에 이르러 노비들을 일체의 공적 생활로부터 제거하려는 경향이 공공연히 선언되기에 이르렀다. 노비들과 여성들을 포함한 부정(不淨, pollution)의 개념도 이미 성행하고 있었다. '*Satapatha Brāhmaṇa*/사타빠타 브라흐마나'에서 여성의 복종은 전면적인 것이라고 규정하고,[65] '여성 · 노비 · 개 · 까마귀는 어리석다'고[66] 공언하고 있다. 다만 아직 불가촉천민(不可觸賤民)의 제도화는 나타나지 않고 있었다.[67] 결론적으로 말하면, 노비들을 사회의 주류로

---

62 AB VII 2. 9; Upreti(1997), *Ibid.*, p.57

63 "만일 숫다(수드라)들이 *Veda* 암송을 고의적으로 들으면 그들의 귀를 열로 녹인 주석이나 락(lac)으로 채울 것이요, 만일 그들이 *Veda*의 문헌을 암송한다면 그 혀를 잘라낼 것이며, 만일 그들이 그것들을 기억하고 있다면 그 몸을 두 동강이로 잘라야 할 것이다." SBE XIV p.236 cit. 딧사나야케(1988), 『불교의 정치철학』, pp.132-133

64 Upreti(1997), *The Early Buddhist World Outlook in Historical Perspective* p.57 dvij(davij, 再生), dvija(davija, 再生族)에 관해서는 中村 元/ 김지견 역(1984), 『佛陀의 世界』, p.98 참조,김영사.

65 SB IV 4. 2. 13; Upreti(1997), *The Early Buddhist World Outlook in Historical Perspective*, p.57

66 SB XIV 1. 1. 31 cit. Upreti(1997), *Ibid.*, p.59

67 Upreti(1997), *Ibid.*, p.57

부터 배제하려는 사회적 · 제도적 장치는 거의 완벽한 것이었다.[68]

(3) 사회적 위기의 본질

경제가 확장되고 자산가 계급의 지위가 공고해지면서 평민과 노비들을 주축으로 하는 하층 생산자 계급의 조건은 더욱 악화되었다. 이전에는 존경받던 기술자 · 수공업자들도 노비의 지위로 몰락하였다. 그들의 혈통(jāti) · 가문(kula) · 직업(kamma, sippa)은 열등시되고, 그들은 영구한 궁핍과 치욕에서 벗어날 길이 없어 보였다. 이것은 후기 베다 시대 말기 동북 인도 사회가 두 개의 사회적 집단으로 양극화되고 있었다는 사실을 의미하는 것이다. 하층생산자/노동자 계급들이 일상적으로 직면하는 공공연한 차별과 자산가 계급의 화려하고 풍요한 삶이 민중들의 박탈감과 궁핍감을 더욱 고조시키고 있었다. 우마 차크라바르티는 이렇게 논하고 있다.

빨리 문헌들 속에서 비참하고 박탈당하는 삶을 살아가야 하는 극도로 가난한 민중들을 일컫는 'daḷidda/달릿다(가난한, 유랑 걸식)'란 용어가 빈번히 나타나고 있는데, 이것은 '궁핍한, 먹고 마실 것이 충분하지 않은, 등을 덮을 것조차 없는'이란 뜻이다. 이와는 대조적으로, 매우 안락하게, 화려할 정도로 살면서 금은과 곡물 · 마차와 아름다운 저택을 소유하고 그들에게 봉사할 하인들을 거느리고 살아가는 사람들도 있었다. 보스(Bose) 교수는 친숙한 빨리 문헌의 구절들 – 'mahābhoga kula/마하보가 꿀라(부유한 집안)'와 'daḷidda kula/달릿다 꿀라(가난한 집안)', 'sadhana/사다나(부유한)'와 'adhana/아다나(빈곤한)', 'sugata/수가따(행복

68 Upreti(1997), *Ibid.*, p.57

한)'와 'duggata/둑가따(불행한)'라는 용어들로 표현되는 공공연한 사회적 양극화가 존재하고 있다고 지적하고 있다. 문헌들은 또한 재산의 힘에 대한 실용적인 인식을 반영하고 있다. *Aṅguttara-nikāya*는 빚을 갚지 않기 위하여 감옥으로 갈 것을 원하는 한 가난한 사람의 사연을 언급하고 있다. 부자라면 그러한 운명을 피할 수 있었을 것인데,[69]

이러한 양극화는 그 자체로 사회적 위기를 의미하는 것으로서, "두 카테고리 사이의 날카로운 차별화는 사회적 긴장의 시작을 조성하였다."[70] 이러한 긴장은 구체적인 사건으로 표출되었다. *Vinaya-piṭaka*에 의하면, 석가(Sakkā)족(釋迦族)의 노비들은 그들의 주인들에 대한 보복으로서 그들의 부인들이 숲 속에 고립되었을 때 그 부인들을 공격하였다.[71] 이 사건은 자산가와 노동자의 두 사회적 그룹 사이의 적개심이 여성들을 분명한 목표로 삼는 최초의 기록 가운데 하나로서 중요한 의미를 지니는 것이다.[72] 사회적 불평등에 대한 노동자 계급의 의식도 점차 깨어나고 있었다. 그들은 그들 지배자들의 엄청난 부(富)의 정당성에 관하여 의문을 갖기 시작하였다.[73] 가족관계에서도 긴장과 갈등은 고조되고 있었다.

*Dīgha-nikāya*의 「*Pāyāsi-sutta*」(빠야시 경)에는 두 아내를 거느린 한 브라흐마나의 가정 얘기가 기록되어 있는데, 한 아내에게는 아들이 있었고 다른 아내는 임신 중이었다. 그때 이 브라흐마나가 죽게 되자. 그

---

69 Chakravarti(1996), *The Social Dimensions of Early Buddhism*, p.27

70 Chakravarti(1996), *Ibid.*, p.27

71 Pacittiya p.241 cit. Chakravarti(1996), *Ibid.*, p.27

72 Chakravarti(1996), *Ibid.*, p.27 note-145

73 Woodward(1995), *The Book of the Gradual Sayings (Aṅguttara-nikāya)* V p.27; II. p.35

아들이 다른 어머니에게 전 재산의 상속을 요구하였다. 그 어머니는 해산할 때까지 기다려 달라고 간청하였다. 그러나 이 아들은 자기주장을 끝내 굽히지 않게 되고, 그 어머니는 마침내 자결함으로써 자식도 재산도 잃고 말았다.[74] *Saṅyutta-nīkāya*의 「*Mahāsāla-sutta*」(부호의 경)에서는 네 명의 아들과 며느리에게 내쫓긴 한 부호 아버지의 탄식을 이렇게 기록하고 있다.

"나는 아들의 탄생을 기뻐하고
나는 그들의 성공을 원했건만
그들은 자신들의 아내들과 짜고
개나 돼지를 몰아내듯 나를 몰아냈다네.

착하지 못한 비열한 자들이
나를 '아버지, 아버지' 하고 부르네.
아들의 형상을 한 야차들이
나이든 나를 쫓아내고 말았네.……"[75]

이러한 사회적 갈등과 투쟁의 원인은 무엇일까? 계급과 계급을 분열시키고 가정공동체를 파괴시키는 원인과 조건은 무엇일까? 이와 관련하여 *Majjhima-nikāya*의 「*Raṭṭhapāla-sutta*」(랏따빨라 경)에서는 의미 깊은 메시지를 전하고 있다. 출가 수행자 랏따빨라(Raṭṭhapāla)는 꼬라

---

74 D II 331; 각묵 스님 역(2006), 『디가니까야』 2권, pp.567-568 간추림; (D 23 「*Pāyāsi-sutta*」- 빠야시 경 ; 13)

75 S I 175; 전재성 역(1999), 『쌍윳따니까야』 1권, p.396; (S 7; 2; 4 「*Mahāsāla-sutta*」- 부호의 경); 각묵 스님(2009), 『쌍윳따니까야』 1권, p.581

위아 왕(King Koravya)에게 이렇게 게송으로 말하고 있다.

"내가 세상의 부자들을 바라보니
어리석어 그들의 재물을 나눠주지 않고
욕심 많게 그들의 부(富)를 쌓아 두고
아직도 더더욱 감각적 쾌락을 갈망하고 있다네.

폭력으로 육지를 정복하고
바다 끝까지 땅을 지배하는 왕은
아직 그것으로 만족하지 못하고
또한 바다 저편까지 탐내고 있다네.

어찌 왕뿐이랴, 모든 사람들 또한
욕심을 이기지 못하고 죽음을 맞이하여
뜻을 이루지 못한 채 시체를 남기니
세상 욕망은 만족을 모른다네.……"[76]

나눠줄 줄 모르는 부자들의 욕심, 끝간데를 모르는 왕들의 정복욕, 만족을 모르는 세상 사람들의 욕망, 이러한 경전의 서술은 후기 베다 시대 말기 동북 인도의 사회적 병리(病理) 현상을 잘 드러내고 있는 것으로 보인다. 사유재산의 발달에 기초한 자산가 계급의 개인주의는 자신을 적절히 제어할 수 있는 도덕적 장치를 구축하지 못한 채 탐욕스럽고 공격적인 이기주의(利己主義, egocentrism)로 끝없이 표출되고 있었

76 M II 73; 전재성 역(2002),『맛지마니까야』3권, pp.417-420; (M 82「*Raṭṭhapāla-sutta*」- 랏따빨라 경')

다. 무한정한 획득과 독점을 추구하는 이기적 개인주의가 날카로운 사회적 긴장과 갈등을 조성하고, 이러한 긴장과 갈등이 "새로운 시스템이 도약지점에 이르기도 전에 시스템 그 자체를 위협하는"[77] 심각한 위기를 형성하고 있었던 것이다.

그리고 이러한 사회적 위기의 형성에는 '국가에 기초한 사회화(society based on the state)' 현상이 가장 큰 변수의 하나로 작용하고 있었다. 이것은 군주들의 폭력적이며 탐욕적인 통치방식이 사회적 이기주의를 더욱 심각하게 악화시키고 있었다는 사실을 의미한다. 동북 인도 사회를 정치적으로 장악하고 있던 군주들은 '법(法)의 주(主)'(the lord of the law)로서 선포되고 그 자신은 법적인 처벌로부터 면제되었다.[78] 이것은 곧 군주의 자의적(恣意的) 폭력성을 의미하는 것으로, 군주의 처벌은 공격하기 쉬운 민중들 위에 엄격하게 가격되었다. 군주는 민중들을 가혹한 징세의 대상으로 추궁하는 한편, 랏따빨라(Raṭṭhapāla)의 게송에서 언명된 바와 같이, 끊임없이 전개되는 그 정복전쟁에 동원하였다. 통치자들의 자의적이며 만족할 줄 모르는 정복적 이기주의는 국가 사회의 존립 기반 자체를 위협하는 중대한 요인으로 작용하였다. 이 상황에 대하여 붓다는 이렇게 우려하고 있다.

"국가를 다스리고 재산이 풍부한 군주들은, 그들의 만족할 줄 모르는 욕망에 영합하면서, 이제 그들의 이기심을 서로를 상대로 드러내고 있다. 만일 이러한 행위들이 쉼 없이 무상의 흐름 속에 헤엄치면서 탐욕과 물질적인 이기심에 의하여 지속된다면, 과연 누가 이 지상에서 평

77 Upreti(1997), *The Early Buddhist World Outlook in Historical Perspective*, p.56

78 AB Ⅷ 12. 5.; KS XⅦ 19. cit. Upreti(1997), *Ibid.*, p.61

화롭게 걸을 수 있겠는가?"[79]

붓다의 우려는 현실로 드러나고 있었다. '노상강도 앙굴리말라(Aṅgulimāla) 사건'의[80] 경우에서 보듯, 약탈자의 공공연한 범죄행위에 의하여, 도시의 주거지가 위험에 빠지고 교역로가 위협당하였다. 이것은 새로운 사회 발전의 기본 동력인 개인주의가 스스로 한계를 노출하는 것이며 경제 발전과 도시화가 그 자체로서 중대한 위협에 직면하게 된 것이다. 슈만은 이렇게 논하고 있다.

> 고속도로 강도, 또는 노상강도로서, 아마 여행자들과 대상들을 기다리는 갱(gangster) 집단의 리더인 앙굴리말라는 고대 인도에서 가장 규모가 큰 범죄 집단의 한 멤버였다.……강도당할 만한 부유한 계층의 집들은 밤낮 하인들에 둘러싸여 있었기 때문에, 강도 사건이 빈번하게 일어나지는 않았다.……신속히 재물을 획득하는 데는 무장강도가 가장 바람직하였다. 그런 까닭에 교역과 국가의 수입 모두를 위협하는 무장강도는 비록 그것이 사지절단이나 눈알 뽑기 · 찌르기 · 교수 · 참수 등의 형벌을 받을 위험이 있더라도, 가장 흔한 일이었다.[81]

기원전 7~5세기의 동북 인도 사회는 이제 본질적이고도 중대한 사회적 위기에 직면하고 있었다. 무한정한 사유재산의 추구는 수많은 민중들을 경제적 궁핍과 사회적 몰락으로 몰아넣는 한편으로 심각한 사

79 cit. Upreti(1997), *Ibid.*, p.69

80 M II 98-105; 전재성 역(2002),『맛지마니까야』3권, p.492 이하; (M 86「*Aṅngulimāla-sutta*」-앙굴리말라 경)

81 Schumann(1989), *The Historical Buddha*, pp.126-127

회적 분열과 계층 간의 갈등을 고조시켰다. 국가권력의 제도화로 인하여 통치자의 자의적 지배가 강화되는 속에서 그들의 끝없는 야심과 약탈이 국민을 해체시키고 국가의 기초를 위협하게 되었다. 통치자/왕들은 도둑과 더불어 개인 재산에 대한 위험의 원천으로 인식되기에 이르렀고,[82] 통치자들과 관료들의 부패로 인하여 인구가 감소되는 상황까지 전개되었다. 노상강도를 비롯한 약탈자들에 의하여 주거지와 시장들 · 영토가 황폐화되었다.

이러한 사회적 위기는 본질적으로 궤도를 일탈한 개인주의의 강화로 인하여 야기된 것이다. 경제가 확장되고 사유재산이 발전하는 과정에서 개인주의는 윤리적 제어장치를 발견하지 못한 채, 나눔을 모르는 끝없는 탐욕과 이기주의로 왜곡되어 갔다. 그 결과 사회 전반에 걸쳐 '만인 대 만인의 투쟁'이라는 전면적 위기 상황을 조성하였다. 재물을 얻기 위한 고통, 실패의 비탄, 그리고 획득의 불안이 만인을 불안과 불행 속으로 몰아넣고 있었다. 누구도 이 지상에서 평화롭게 걸을 수 없는 상황이 실제로 전개된 것이다. 신흥 인도 사회의 발전을 구동시키는 시스템의 동력이 되어온 사유재산과 개인주의가 이제 시스템 자체의 존립을 위협하는 심각한 장애요인으로 작용하기에 이른 것이다.

---

82 S I 31 "보시하면 좋은 공덕을 얻지만 보시하지 않으면 좋은 공덕 없다네. 도둑이나 왕들에게 약탈당하거나 불타서 사라진다네." 전재성 역(1999), 『쌍윳따니까야』 1권, pp.80-81; (S 1; 5; 1「*Āditta-sutta*」-(불의 경)

2. 대중적 기초

1) 빠리사(parisā) 중심의 초기 공동체

(1) 상가(saṅgha) 중심 교단론의 문제점

사회적 실천의 사람들 문제, 곧 대중적 기초와 관련해서 가정 먼저 제기되는 문제는 '초기교단'의 문제이다. 여기서 우리는 다음과 같은 질문들과 만나게 된다. '초기불교 시대 불교도 공동체/교단은 실재했는가? 실재했다면, 그 실체는 무엇인가? 불교도 공동체/교단은 어떻게 구성되었으며 어떻게 기능하였는가? 교단과 승단, 출가와 재가의 관계는 어떻게 설정되었는가? 실제로 초기불교의 사회적 실천을 주도한 사람들/대중들은 누구인가?……' 이 문제들과 관련하여 『佛教大辭彙』에서는 이렇게 정의하고 있다.

> 〔교단은〕 同一한 教義를 받드는 집단으로 범어의 僧伽(saṅgha)는 곧 이것이다.[83]

또 라모뜨(E. Lamote)는 이렇게 논하고 있다.

> 상가, 또는 불교교단(Buddhist community)은 네 개의 대중〔四部, parisad〕으로 구성된다. 사부(四部)는 곧 비구 · 비구니 · 우바새 · 우바이이다.[84]

여기서는 교단이 상가(saṅgha)와 동일시되어 있고, 상가는 출가 · 재

83 『佛教大辭彙』 p.3057 cit. 이태원(2000), 『초기불교교단생활』, p.13 각주-2, 운주사.

84 Lamotte(1988), *History of Indian Buddhism*, p.54

가의 사부(四部)로 구성되는 것으로 규정되고 있다. 그러나 이러한 '상가 중심 교단론'은 본질적인 문제점을 내포하고 있다. 그것은 상가, 곧 승가(僧伽)는 출가 이중(二衆), 곧 비구 · 비구니의 무리로 엄격히 규정되어 있기 때문이다.[85] 상가의 종류가 경우에 따라 여러 가지로 분류되고 있지만, 그것은 기능상의 분류일 뿐, 상가는 집이 없는 출가 이중(二衆)인 비구 · 비구니로서 엄격히 규정되는 것이다.[86]

따라서 '상가가 곧 교단'이라고 규정하는 '상가 교단론(僧伽敎團論)'을 전제할 때, 재가의 대중, 곧 우바새 · 우바이 대중은 교단에서 매우 애매한 위치에 놓이거나 심지어 배제되는 등의 문제에 봉착하게 된다. 이것은 재가대중이 불교사의 흐름에서 항상 주변적 존재로 소외되어 온 역사적 사실과도 관련되어 있다. 불교교단이 지니고 있는 이런 애매한 문제들, 또는 모순들을 해결하기 위하여 다양한 시도들이 있어 왔다. 이러한 노력의 초점은 상가의 범주를 확장시킴으로써 교단 문제를 해결하려는 작업에 집중되어 왔다.[87] 이것은 상가 속에 재가자를 포함시키려는 시도를 의미한다.[88] 존 콜러(John M. Koller)는 이렇게 논하고 있다.

출발에서부터, 붓다의 영향력과 담마의 실천은 불교도 상가 – 비구 ·

---

85 PED(1986) p.667, Saṅgha ; multitude, assemblage. bhikkhu, an assembly of Buddhist priest(A. Ⅰ. 56, etc. bhikhunī, an assembly of nuns. ; S Ⅴ 360)

86 平川 彰(2003), 『원시불교의 연구』, pp.59-62, 민족사.

87 "석존이 탄생한 이후 2500년 이상의 역사를 통하여 佛敎徒를 보면 재가신자를 무시할 수 없기 때문에, 넓은 의미의 승가에 포함시켜서 말하려는 사람들이 있었다고 본다." 이태원(2000), 『초기불교교단생활』, pp.13-14

88 "僧伽의 내용에는 좁은 뜻과 넓은 뜻이 있다. 좁은 뜻의 僧伽는 출가자만의 집단이지만, 넓은 뜻의 僧伽는 재가자 등이 포함되어 있다." 宇井伯壽, 『印度哲學 硏究』 제4권, p.49 cit. 이태원(2000), 앞의 책, p.14

비구니 · 우바새 · 우바이의 공동체와의 관련 속에서 일어나고 있다. 'saṅgha'라는 용어가 비록 승단(僧團) 모임과 관련하여 빈번히 사용되어 왔다 할지라도, 그것은 잘못된 것이다. 비록 승단이 역사적으로 종교적 공동체의 중심으로서 인식되었고, 승려들의 삶이 전체적으로 불교에 있어서 모범적이며 전형적인 것으로 보여 왔다 할지라도, 상가는 또한 재가공동체로 확대되는 것이다.[89]

이렇게 해서 때로는 상가가 '비구 · 비구니 · 우바새 · 우바이의 공동체'로 규정되기도 하고,[90] 때로는 출가 · 재가의 대중들을 포괄하는 'mahā-saṅgha/마하상가', 곧 '대(大)상가'가 주장되기도 하였다.[91] 그러나 상가의 범주를 사부대중으로 확장하려는 '상가 확장론'의 이러한 노력들은, 그 의도의 진정성에도 불구하고, 실제로 지지를 얻지 못한 채 일종의 아류적(亞流的) 이상론으로서 도외시되어 온 것이 또한 사실이다. 그것은 이러한 상가 확장론이 '상가는 집 없는 출가대중으로 구성된다'라는 초기 경장과 율장의 뿌리 깊은 경계를 넘어설 수 없었다는 사실을 의미하는 것이다. 실제로 초기경전에서 '비구승가(比丘僧伽, bhikkhu-saṅgha)', '비구니승가(比丘尼僧伽, bhikkhunī-saṅgha)'는 흔히 보이고 있지만, '우바새승가(優婆塞僧伽, upāsaka-saṅgha)', '우바이승가(優婆泥僧伽, upāsikā-saṅgha)'는

---

89 Koller(1982), *The Indian Way* p.162, Macmillan Pub.

90 中村 元/ 김지견 역(1984), 『佛陀의 世界』, p.46

91 쌍가락쉬타(Bhikshu Sangharakshita)는 이렇게 논하고 있다. "보다 일반적인 의미에서 saṅgha는 전체 불교도 공동체, 곧 계를 받았거나 받지 않았거나, 전문적인 승려들과 재가신도, 남성과 여성으로 구성된다. 그러한 saṅgha는 'Mahā saṅgha', 또는 '큰 모임〔Great Assembly〕'으로 알려져 있다." Sangharakshita(1987), *"Buddhism"*, *A Cultural History of India*, p.87

어디에도 나타나지 않는다.[92] 따라서 '사중승가(四衆僧伽)'라는 용례는[93] 적어도 실제적 관점으로서는 성립될 수 없는 것이다.

'사부대중(四部大衆)의 공동체'라는 이념과 이러한 현실의 괴리를 조화시킬 수 있는 어떤 적극적인 대안도 강구되지 않았거나 거의 성과를 거두지 못했던 것으로 생각된다. '사부대중'의 이념과 '재가 배제'라는 현실의 모순이 그대로 방치되어 온 것이 사실이다. 따라서 역사적으로 사부대중을 포괄하는 실체적이며 총체적인 불교도 공동체가 유기적으로 작동한 사례를 찾아보기가 어렵다. 붓다 재세 시의 일정 기간-최초기를 제외하고는 사부대중의 역동적 연대가 사실상 불가능했던 것으로 봐야 할 것이다. 상가만이 거의 유일한 불교도 공동체/교단으로서 기능해 왔다. 불교는 출가대중들의 모임인 상가, 곧 승단(僧團)에 의하여 거의 전적으로 대표되어 왔다. 이러한 경향은 시대가 경과할수록 더욱 강화되었다.[94]

그 결과, 불교는 집을 떠난, 집 없는 출가자들의 은둔적이며 도피적인 삶으로 왜곡되고, 비판자들로부터 '비(非)사회적이며 반(反)사회적'인 것으로 부당하게 평가되었다. 보다 심각하게 생각되는 것은, 교단으로부터 재가대중들이 배제됨으로써 '출가불교'와 더불어 불교구조의 쌍벽을 이루는 '재가불교'의 기능이 왜곡되었다는 사실이다.[95] 이것은

---

92 이희익(1984),『佛教의 教團生活』, p.9, 불광출판부.

93 목정배(2001),『계율학개론』, p.35, 장경각.

94 "기원전 3-4세기경의 마우리아 왕조에 와서 상가라는 말은 직접적으로 불교교단을 지칭하는 의미로 쓰이게 된다. 상가라는 말이 불교교단을 지칭하게 되면서 상가는 화합된 무리〔和合衆; 和合僧〕가 계율에 의해서 질서를 유지하는 조직을 의미하게 되었다. 한역으로 음사하여 승가라 하고, 초기에는 比丘衆이 승가 구성의 중심이 되었다." 목정배(2001), 앞의 책, p.34

95 "오해의 위험이 있긴 하지만, 종종 대립되었던 별개의 두 가지 불교, 곧 출가자들의 불

결과적으로 불교도 자체의 사회적 실천의식과 그 역량을 손상시켰을 뿐만 아니라, 출가 · 재가 상호간의 끊임없는 긴장과 갈등, 분열을 촉진시켜 왔다. 이것은 불교도가 외부의 도전에 대하여 효과적으로 대응할 수 있는 총체적 경쟁력을 심각하게 훼손당하고 있다는 것을 의미한다. 역사적으로 관찰할 때, 이것은 단순히 한갖 이론적 논의이거나 가정이 아니라 현실적으로 드러난 경험적 사실이다. 따라서 불교도 공동체의 결여, 사부대중 공동체적 교단의 부재, 이것은 불교가 내포해온 가장 치명적인 자기모순의 하나로 분석되고 있다. 라모뜨는 이렇게 논하고 있다.

> 승단은 불교경전 속에서 첫 번째 자리를 차지하고 있다. 그러나 경건한 재가대중들, 곧 우바새와 우바이들은 적어도 역사적으로는 중요한 역할을 수행하였다.……자이나교와 같은 다른 종교집단에서는 재가대중들이 불교의 경우보다 훨씬 더 빈번하게 승려들과 밀접하게 협력해왔다는 것은 옳은 지적이다. 비구와 우바새 · 우바이 사이의 연대(連帶)의 취약성이, 자이나교는 아직도 인도에서 존재하고 있는 데 대하여, 불교는 마지막 단계에서 소멸되고만 원인 가운데 하나로 작용하였다.[96]

(2) 빠리사 - 사부대중의 공동체

'상가는 출가대중의 공동체이지 사부대중의 공동체는 아니다'라는 앞의 논술이 곧 초기불교에서 사부대중의 부재나 공동체의 결여를 의

교(that of the religious)와 재가대중의 불교(that of the laity)를 자리매김할 수 있을 것이다." Lamotte(1988), *History of Indian Buddhism*, p.54

96 Lamotte(1988), *Ibid.*, p.65

미하는 것으로 해석된다면, 이것은 너무 성급한 판단이다. 초기경전에서 사부대중/사부대중의 공동체의 존재와 그 역할에 관해 많은 정보들을 발견할 수 있기 때문이다. '빠딸리 마을의 윤좌'나 '까삘라왓투 석가족 마을의 윤좌' 등이 이러한 사례 가운데 하나이다. *Dīgha-nikāya*의 「*Mahāparinibbāna-sutta*」에서는 이렇게 기록하고 있다.

> 빠딸리 마을(Pāṭaligāma) 우바새들은 세존께서 빠딸리 마을에 오셨다고 들었다. 그러자 빠딸리 마을의 우바새들은 세존께 다가갔다. 가서는 세존께 절을 올린 뒤 한곁에 앉았다. 앉아서 빠딸리 마을의 우바새들은 세존께 이렇게 말씀드렸다.
>
> "세존이시여, 세존께서는 저희들의 공회당에 〔머무실 것을〕 허락하여 주옵소서."
>
> 세존께서는 침묵으로 응낙하셨다.……
>
> 그러자 세존께서는 옷매무새를 가다듬고 발우와 가사를 수하고 비구승가와 더불어 공회당으로 가셨다. 발을 씻으시고 공회당으로 들어가셔서는 중간 기둥 곁에 동쪽을 향하여 앉으셨다. 비구들도 역시 발을 씻고서 공회당으로 들어가서 서쪽 벽 근처에 동쪽을 향하여 세존을 앞에 모시고 앉았다. 빠딸리 마을의 우바새들도 역시 발을 씻고 공회당으로 들어가서 동쪽 벽 근처에 서쪽을 보고 세존을 앞에 모시고 앉았다.
>
> 그러자 세존께서는 빠딸리 마을의 우바새들에게 말씀하셨다.
>
> "거사들이여, 계행이 나쁘고 계를 파한 자들에게 다섯 가지 위험이 있다. 무엇이 다섯인가?……
>
> 셋째, 계행이 나쁘고 계를 파한 자는 캇띠야의 회중(parisā)이든, 브라흐마나의 회중(parisā)이든, 가하빠띠의 회중(parisā)이든, 사마나의 회중(parisā)이든, 그 어떤 회중(parisā)에 들어가더라도, 의기소침하여 들어간

다. 이것이 계행이 나쁘고 계를 파해서 얻는 세 번째 위험이다.……

거사들이여, 계를 가진 자가 계를 받들어 지님에 다섯 가지 이익이 있다. 무엇이 다섯인가?……

셋째, 계를 가지고 계를 갖춘 자는 캇띠야의 회중이든, 브라흐마나의 회중이든, 가하빠띠의 회중이든, 사마나의 회중이든, 그 어떤 회중(parisā)에 들어가더라도 두려움 없고 당당하게 들어간다. 이것이 계를 가진 사람이 계를 받아지님으로써 얻는 세 번째 이익이다.……"[97]

이 '빠딸리 마을의 윤좌'는 우리들로 하여금 불교도 공동체/불교교단의 실체에 관하여 새삼 많은 문제를 생각하게 한다. 더욱이 이와 같은 모임이 일회성의 일로 끝나지 않고, 초기경전 도처에서 발견되는 일반적 사례란 점에서 더욱 그러하다.[98] 이와 관련하여 'parisā/빠리사'란 용어가 주목된다. 앞서 인용한 라모뜨의 논술 가운데 '상가 또는 불교교단(Buddhist community)'을 말할 때도 'parisad/빠리샫드'란 용어를 쓰고 있다. 여기서 '네 개의 대중(四部)'을 'parisad'로 표기하고 있다. 빠리샫드(Vedic)는 곧 parisā(Pāli)이다. '빠딸리 마을의 윤좌'에서 붓다는, "캇띠야의 회중(parisā)이든,[99] 브라흐마나의 회중(parisā)이든, 가하빠띠의

97 D II 85-87; 각묵 스님 역(2006), 『디가니까야』 2권, pp.180-183 간추림; (D 16 「*Mahāparinibbāna-sutt*」- 대반열반경; 1, 19-25); U VIII 6; Peter Masefield tr.(1997), *The Udāna* pp.172-178, Oxford, PTS

98 *Majjhima-nikāya*의 53번째 경인 「*Sekha-sutta*」에 의하면, 가빌라의 석가족 마을 공회당에서 동일한 양상의 일이 전개되고 있다.; M I 353-359; 전재성 역(2002), 『맛지마니까야』 2권, pp.397-399; (M 53 「*Sekha-sutta* -학인경)

99 캇띠야(khattiya)는 전사(戰士) · 왕족, 브라흐마나(brāhmaṇa)는 브라흐만교의 성직자 · 사제(司祭), 가하빠띠(gahapati)는 거사(居士) · 가장(家長), 사마나(samaṇa)는 사문(沙門) · 출가 수행자를 일컫는다. 각묵 스님은 '끄샤뜨리아', '바라문', '장자', '수행자'로 각각 번역하고 있다.

회중(parisā)이든, 사마나의 회중(parisā)이든, 그 어떤 회중(parisā)에 들어가더라도……", 이렇게 반복하여 설하고 있다. 빠리사가 하나의 회중, 곧 대중/공동체로서 구체적으로 거론되고 있다. 이와 관련하여 이희익은 이렇게 논하고 있다.

> 승가만이 '교단'이라고 생각할 수 없고, 재가 신도도 포함한 '교단'이 있었던 것은 사실이다. 그곳에 모이는 사람은 부처님의 '사중(四衆)'이라고 했으니 말이다.' [100]

'사중(四衆)', 곧 재가를 포함한 '부처님의 사부대중'이 있었다면, 이것은 교단의 실재를 의미한다. 출가 · 재가로 구성된 불교교단이 분명히 존재하고 작동하고 있었음을 의미한다. 그러나 이미 관찰한 바와 같이, 이 사부대중은 결코 '상가'로 불리지는 않았다.[101] 그렇다면 이 사부대중은 무엇으로 불린 것인가? 초기불교 교단은 무엇으로 불린 것인가? 이희익은 다시 이렇게 기술하고 있다.

> 사중이란 비구중 · 비구니중 · 우바새중 · 우바이중의 4가지를 말한다. 이 경우의 '중(衆)'은 '빠리샷드(빠리사)'이다. 빠리샷드란 그룹이란 뜻도

---

100 이희익(1984),『佛敎의 敎團生活』, p.9

101 "상가 속에 신자를 포함하는가, 않는가에 대해서는 비구 · 비구니 · 우바새 · 우바이를 합해서 '4衆'이라고 부르는 예가 있기 때문에 이것이 상가와 어떠한 관계가 있는지를 밝혀둘 필요가 있을 것이다. 한역 불전에 '比丘衆'이라고 번역하고 있는 경우에 그 원어를 조사해 보면 비구(bhikkhu)의 복수인 경우도 있지만, 비구승가(bhikkhu-saṅgha)인 경우도 있다. 즉 saṅgha가 한역에서는 '衆'으로 번역되는 경우가 많다. 그러나 '衆'에는 이 밖에 '4衆', '5衆', '7衆' 등의 용례가 있다. 특히 '부처님의 4衆'은 유명하다. 그러나 이 경우의 '衆'의 원어는 saṅgha가 아니다." 平川 彰(2003),『원시불교의 연구』, p.67

되고, '윤좌(輪座)', 혹은 '회좌(會座)' 등으로 번역된다. 다시 말하면, 부처님을 둘러싸고 모인 사람들의 모임을 '빠리샤드'라고 했다.[102]

'빠딸리 마을의 윤좌'에서 언급되는 네 개의 빠리사는 다른 경우에서도 종종 나타나고 있다.[103] 이러한 자료들은 초기불교 시대 이들 빠리사들이 광범하게 실재했다는 사실을 입증하는 것이다. 이희익이 이미 밝힌 바와 같이, 붓다의 사중/사부대중도 '빠리사'로 불리고 있다. *Aṅguttara-nikāya*의 「*Abbhutadhamma-sutta*」(놀라운 법 경)에서는 사부대중에 관하여 이렇게 설해지고 있다.

"비구들이여, 아난다에게는 네 가지 경이롭고 놀라운 법이 있다. 무엇이 넷인가? 비구들이여, 만일 비구 대중(비구니 대중, 우바새 대중, 우바이 대중)이 아난다를 보기 위해 다가가면 그를 보는 것으로 그들은 마음이 흡족해진다. 만일 아난다가 법을 설하면 가르침으로 그들은 마음이 흡족해진다. 만일 아난다가 침묵하고 있으면 비구대중은 흡족해 하지 않는다. 비구들이여, 아난다에게는 이러한 네 가지 경이롭고 놀라운 법이 있다."[104]

여기서 사부대중은 'bhikkhu-parisā' 'bhikkhunī-parisā' 'upāsaka-parisā' 'upāsikā-parisā'로 각각 표기되고 있다. 초기경전에서는 이렇게 사부대중

---

102 이희익(1984),『佛敎의 敎團生活』, pp.9-10

103 A II 132 ; 대림 스님 역(2007),『앙굿따라니까야』 2권, pp.316-317, 초기불전연구원 ; (A 4 ; 130「*Abbhuutadhamma-sutta*」- 놀라운 경 2)

104 A II 131-132 ; 대림 스님 역(2007),『앙굿따라니까야』 2권, pp.315-316 ; (A 4 ; 129「*Abbhuutadhamma-sutt*」- 놀라운 경)

의 빠리사가 엄연히 존재하고 함께 작동하고 있다는 사실을 분명히 기록하고 있다. 또 *Aṅguttara-nikāya*에는 「*Parisā-sutta*」(대중경, 회중경)라는 독립된 경이 있고, 여기서도 붓다는 사부 빠리사를 상정하고 있다.[105] '까따소 빠리사(cataso-parisā)',[106] 곧 '사부대중(四部大衆)'이란 용어도 쓰이고 있다. *Saṅyutta-nikāya*의 「*Ukkācela-sutta*」(욱까쩰라 경)에서 그 용례가 나오고 있다. 이 설법은 붓다의 마지막 입멸 길에서 라자가하에서 웨살리로 가는 도중 욱까쩰라 마을에서 행한 것이다. 이때 붓다는 두 상수제자 사리뿟따(Sāriputta) 비구와 목갈라나(Moggallāna) 비구가 입적했다는 소식을 접하고, 이렇게 뛰어난 제자들의 행적을 회고하고 있다.

"수행승들이여, 제자로서 얼마나 놀라운 일인가! 수행승들이여, 제자로서 얼마나 대단한 일인가! 그들이 어떻게 스승의 가르침을 실천하고, 그들이 어떻게 가르침에 따라 조언을 주고, 그들이 어떻게 사부대중(cataso-parisā)들에게 사랑을 받고 어떻게 기쁨을 받고 어떻게 존경 받았는지를 생각해 보라."[107]

---

105 A II 225 "비구들이여, 네 부류의 대중(parisā)을 망가뜨리는 사람이 있다. 무엇인 넷인가? 비구들이여, 여기 계행이 나쁘고 사악한 성품을 가진 비구가 대중(parisā)을 망가뜨린다. 비구들이여, 여기 계행이 나쁘고 사악한 성품을 가진 비구니가 대중(parisā)을 망가뜨린다. 비구들이여, 여기 계행이 나쁘고 사악한 성품을 가진 우바새가 대중(parisā)을 망가뜨린다. 비구들이여, 여기 계행이 나쁘고 사악한 성품을 가진 우바이가 대중(parisā)을 망가뜨린다. 비구들이여, 이것이 네 부류의 대중을 망가뜨리는 사람이다." 대림 스님 역(2007),『앙굿따라니까야』 2권, pp.514-515; (A 4 ; 211 「*Pariā-sutta*」- 대중경)

106 각묵 스님 역(2006),『디가니까야』 1권, p.326 각주-356

107 S V 163; 전재성 역(1999),『쌍윳따니까야』 9권, p.259; (S 47; 2; 14 「*Ukkācela-sutta*」- 욱까쩰라 경); Mrs Davids tr.(1996), *The Book of the Kindred Sayings* (*Saṃyutta-nikāya*) part V. p.144, Oxford, PTS

여기서 'cataso-parisā/까따소 빠리사'는 비구 빠리사(bhikkhu-parisā) · 비구니 빠리사(bhikhunī-parisā) · 우바새 빠리사(upāsaka-parisā) · 우바이 빠리사(upāsikā-parisā)를 포괄하는 용어로 쓰이고 있다.[108] *Aṅguttara-nikāya* 에서도 'cataso-parisā', 곧 '사부대중'이[109] 설해지고 있다. *Dīgha-nikāya* 에서도 "사문 고따마는 사중에게(catunmam parisanam) 공경되고 존중되며, 존경되고 존숭된다"[110] 라고 기술하고 있다.

지금까지의 여러 자료들을 통하여 초기불교의 교단/공동체가 '빠리사(parisā)'로 널리 일컬어지고 있었다는 사실이 드러나고 있다. 붓다의 교단/붓다의 공동체는 '사부의 빠리사'로, '사부대중'으로 일컬어지고, 이러한 전통은 대승불교에서도 계승되어 왔다.[111]

'사부의 빠리사'는 단순한 명칭이 아니라 분명한 실체로서 존재하고 역할하였다. 비구 · 비구니 · 우바새 · 우바이로 구성된 '사부의 빠리사'가, 천신이 일컬을 정도로, 초기교단-붓다의 교단/공동체의 실체로서 보편적으로 인정되고 있었다. 이것은 교단(敎團)과 승단(僧), parisā와 saṅgha, 衆과 僧은 엄연히 구분되는 개념이라는 사실을 의미한다.

---

108 "이상에 의해 불타의 4중이 비구 · 비구니 · 우바새 · 우바이(단 어느 것도 모두 複數)인 것은 분명하다. 그러나 이 '衆'이 parisad-parisā인 것도 앞에 든 『팔리증지부』나 『법화경』 등에서도 확인되고 있다. 즉 '衆'은 parisad이다." 平川 彰(2003), 『원시불교의 연구』, p.68; 전재성 역(1999), 『쌍윳따니까야』 9권, p.260 각주-246

109 A IV 164 "웃따라 존자시여, 인간들 가운데는 비구 · 비구니 · 우바새 · 우바이의 사부의 parisā(사부대중)가 있습니다. 그런데 이 법문은 이들 가운데 잘 확립되어 있지 않습니다. 존자시여, 웃따라 존자께서는 이 법문을 설하소서." 대림 스님 역(2007), 『앙굿따라니까야』 5권, p.82; (A 8; 8 「Uttara-sutta」-웃따라 경)

110 D I 116 ; 각묵 스님 역(2006), 『디가니까야』 1권, p.326; (D 4 「*Soṅadaṅda-sutta*」-소나단다경; 6)

111 "『법화경』 「수품」에는 불타가 4衆에 위요되어 공양 · 공경 · 존중 · 찬탄된다고 설하고 있는데, 이 '4衆'은 『법화경』의 범본에 의하면, catasrbhih parisadbhih(4衆에 의해서)로 되어 있다." 平川 彰(2003), 『원시불교의 연구』, p.68

또 빠리사, 곧 중(衆) · 대중(大衆) · 사부의 대중(四部大衆)이 보다 보편적이며 포괄적인 '교단' 개념으로서 인정되고 실제적으로 작동하고 있었다는 사실을 의미한다. 오늘날 막연하게 일컬어지는 '사부대중'이라는 호칭이 바로 이러한 '사부 빠리사'의 역사적 정통성과 관련 있다는 것은 매우 의미 있는 일로 생각된다.

(3) 빠리사 – 사회적 실천의 대중적 기초

'parisā/빠리사'는 'pari-주위에'와 'sad-앉다(to sit)'의 합성어로서, '대중', '무리', '모임', '회중' 등으로 옮겨져 왔다.[112] '윤좌(輪座)', '회좌(會座)'로 옮겨지기도 한다.[113] '중(衆)', '대중(大衆)', '사부대중(四部大衆)' 등 불교집안에서 전통적으로 널리 일컬어져 온 용어들은 바로 이 빠리사에서 온 말들이다.[114] '사중(四衆)', '사부대중(四部大衆, cataso-parisā/싸따소빠리사)'이란 용어의 성립은 상당히 새로운 것으로 보이지만,[115] 비구 · 비구니 · 우바새 · 우바이를 포괄하는 불교교단/불교도 공동체로서의 사부대중(四部大衆, cataso-parisā)은 초기불교 시대 이미 확립되고 있었다.

빠리사란 용어는 경전 도처에서 광범위하게 쓰이고 있다. *Aṅguttara-nikāya*의 「*Parisā-vagga*」(대중품)에는 10개의 'sutta/숫따(經)'이 포함되어 있다.[116] 붓다는 이 빠리사란 용어를 일상적으로 사용하고 있는 것이

---

112 PED(1986) p.437, Parisā ; parisad(Vedic). 'sitting around'. in Pāli ; surrounding people, group, collection, company, assembly, association, multitude. ; 대림 스님(2007), 『앙굿따라니까야』 1권, p.230, 각주-270

113 이희익(1984), 『佛教의 教團生活』, pp.9-10

114 본고에서는 전통적인 용례에 따라서 '대중', '사부대중'이란 용어를 쓸 것이다.

115 平川 彰(2003), 『원시불교의 연구』, p.69

116 A I 5 ; 1-10 ; 대림 스님 역(2007), 『앙굿따라니까야』 1권, pp.230-241 ; (A 2 ; 5 ; 1-10 「*Parisā-vagga*」 – 대중품)

다. *Saṅyutta-nikāya*의 「*Ukkācela-sutta*」(웃까쩰라 경)에 의하면, 사랑하는 두 상수제자 사리뿟따(Sāriputta) 비구와 목갈라나(Moggallāna) 비구를 잃은 심정을 붓다는 이렇게 술회하고 있다.

"수행자들이여, 사리뿟따와 목갈라나가 입멸하고 나니, 참으로 나에게 이 빠리사는 텅 빈 것처럼 보인다. 수행자들이여, 이전에 사리뿟따와 목갈라나가 함께 지내던 곳이라면, 그곳이 어떤 곳이든, 참으로 나에게 이 빠리사가 텅 빈 적이 없었다." 117

여기서 빠리사가 두 번 반복되고 있다. 두 제자가 죽고 없으니까 대중이 텅 빈 것 같다는 것이다. 사랑하는 제자들을 떠나보내는 붓다의 상실감이 느껴진다. 빠리사는 단지 특별한 경우, 특별한 용어로 쓰인 것이 아니라 교단생활에서 광범위하게 사용되고 있었다. 초기 공동체의 가장 중요한 수행인 포살(布薩)이나 자자(自恣)도 이 빠리사를 중심으로 이뤄지고 있다. 이 경우, 출가중의 경우에는 상가와 빠리사가 거의 같은 뜻으로 쓰이고 있다. 매년 우안거가 끝날 때 행하는 자자(自恣) 때, 대중들은 이렇게 말하고 있다.

"존경하는 분들이시여, 비구 아무개는 상가에 대하여, 무엇인가 보고 듣고 의심하지 않았는지 자자를 청합니다. 존경하는 분들이시여, 빠리사는 자비심으로 내게 말하여 주십시오. 〔만일 허물을〕 알면, 나는 고치겠습니다."118

---

117 S V 163; 전재성 역(1999), 『쌍윳따니까야』 9권, p.259; (S 47; 2; 14 「*Ukkācela-sutta*」- 웃까쩰라 경)

118 Vin I 159; Horner tr.(2000), *The Book of the Discipline*(*Mahāvagga*) vol. IV, p.212;

*Aṅguttara-nikāya*의 「*Posatha-sutta*」(포살경)에서도 상가와 빠리사가 같은 의미로 쓰이고 있다.[119] 이와 같이 빠리사는 초기교단/초기공동체로서 일상적으로 일컬어졌고 중요한 활동의 주체로서 작동하고 있다. 이것은 빠리사가 전도와 같은 사회적 실천에서도 주도적 역할을 담당하였다는 사실을 의미하는 것이다. *Aṅguttara-nikāya*의 「*Cakkānuvattana-sutta*」(전륜경)에서는 이렇게 기술하고 있다.

> "수행자들이여, 다섯 가지 구성요소를 갖춘 전륜성왕은 정의(法)로 바퀴를 굴린다. 그 바퀴는 어떠한 적대적인 사람의 손으로도 멈출 수 없다. 무엇이 다섯인가?
> 수행자들이여, 여기 전륜성왕은 선행(善行, Aṭṭha)을 알고, 정법(正法, Dhamma)을 알고, 방법(方法, Matta)을 알고, 시간(時間, Kala)을 알고, 대중(大衆, Parisā)을 알고 있다. …
> 수행자들이여, 그와 마찬가지로 다섯 가지 요소를 갖춘 여래 · 아라한 · 정등각은 법으로 위없는 바퀴를 굴린다. 그 바퀴는 어떤 사문도 바라문도 천신도 마라도 범천도, 이 세상 그 누구도 멈출 수 없다.
> 수행자들이여, 여기 여래 · 아라한 · 정등각은 선행(善行, Aṭṭha)을 알고, 정법(正法, Dhamma)을 알고, 방법(方法, Matta)을 알고, 시간(時間, Kala)을

(*Vinaya-piṭaka*, 「*Mahāvagga*」 IV 2. 1)

119 A II 183 "비구들이여, 이 빠리사는 잡담을 하지 않는다. 비구들이여, 이 빠리사는 떠들지 않는다. 참으로 순수하고 계의 정수에 확립되어 있다. 비구들이여, 이 세상에서 이러한 비구 상가와 이러한 빠리사는 친견하기 쉽지 않다. 비구들이여, 이러한 비구 상가와 이러한 빠리사는 공양 받아 마땅하고 선사 받아 마땅하고 보시 받아 마땅하고 합장 받아 마땅하며, 세상의 위없는 복전(福田)이니라.……" 대림 스님 역(2007), 『앙굿따라니까야』 2권, p.426; (A 4 ; 190 「*Posatha-sutta*」- 포살경)

알고, 대중(大衆, Parisā)을 알고 있다.[120]

여기서 대중, 곧 빠리사가 붓다가 이 세상에 법바퀴를 굴리는 데 필수적인 조건의 하나라는 사실이 명료해지고 있다. '대중, 곧 빠리사를 아는 것'이라고 표현하고 있는데, 이것은 빠리사를 단순히 전법륜의 대상으로 알고 있을 뿐만 아니라, 또한 전법륜의 주체로서 알고 있다는 것을 의미한다. 이러한 취지는 붓다가 입멸을 얼마 앞두지 않은 시점에서 설한 가르침에서도 분명히 드러나고 있다. *Dīgha-nikāya*의 「*Mahāparinibbāna-sutta*」에 의하면, 붓다가 입멸을 앞두고 웨살리(Vesalī) 짜빨라 사당(Cāpāla-cetiya)에 있을 때, 악마〔Māra〕가 나타나서, "세존이시여, 지금이야말로 세존께서는 열반에 드소서" 하며 붓다의 입멸을 유혹할 때, 붓다는 이렇게 대답하고 있다.

"빠삐만이여, 나는 나의 비구제자들(비구니제자들, 우바새제자들, 우바이제자들)이 있어 입지가 굳고, 수행이 되고, 출중하여, 많이 배우고, 법을 잘 호지하고, 법에 이르게 하는 법에 따라 도를 닦고, 합당하게 도를 닦고, 법을 따라 행하여, 자기 스승에게 속하는 것을 파악한 뒤 그것을 천명하고 가르치고 알게 하고 확립하고 드러내고 분석하고 명료하게 설명하며, 다른 〔삿된〕 교설이 나타날 때 그것을 법으로 잘 제압하고, 제압한 뒤 〔해탈을 성취하는〕 기적을 갖춘 법을 설할 수 있게 되기까지는 반열반에 들지 않을 것이다.

빠삐만이여, 나는 나의 이러한 청정함이 잘 유지되고, 번창하고, 널리 퍼지고, 많은 사람들이 따르고, 대중적이어서 신과 인간들 사이에서

120 A III 147; 대림 스님 역(2007), 『앙굿따라니까야』 3권, pp.297-298; (A 5; 131 「*Cakkānuvattana-sutta*」- 전륜경)

잘 설명되기까지는 반열반에 들지 않을 것이다."[121]

"나는 나의 비구제자들(비구니, 우바새, 우바이 제자들)이 있어……", 이 제자들이 사부대중이며, 곧 빠리사들이다.[122] 여기서 빠리사들은 단순히 대상이거나 객체가 아니다. '합당하게 도를 닦고, 법을 따라 행하여, 자기 스승에게 속하는 것을 파악한 뒤 그것을 천명하고 가르치고 알게 하고 확립하고 드러내고 분석하고 명료하게 설명하며, 다른 〔삿된〕 교설이 나타날 때 그것을 법으로 잘 제압하고, 제압한 뒤 〔해탈을 성취하는〕 기적을 갖춘 법을 설할 수 있는' 빠리사들이다. 여기서 사부대중들, 곧 사부의 빠리사들은 붓다의 계승자로서 인정되고 있다. 사부 빠리사 대중들은 엄연하고 당당한 전법운동/사회적 실천운동의 주역으로서, 주체로서 역할하고 있다. 사부 빠리사 대중들은 법을 듣고 배우고 수행하는 전법의 대상으로부터 출발하여 법을 전파하고 호지하고 설하는 전법 실천의 주역으로 향상일로하고 있다. 붓다가 '빠리사를 알고 있다'는 것은 이러한 사실을 모두 알고 있다는 것이다.

초기불전 가운데 역사적 사실을 가장 충실히 기록한 것으로 평가되는 「*Mahāparinibbāna-sutta*」에서 이러한 사실을 기록하고 있는 것은 특히 주목된다. 초기 교단의 구성과 성격, 대중들의 실제적 역할을 규명하는 데 실로 유용한 자료를 제공하고 있다는 점에서 그러하다. 입멸을 앞둔 붓다는 마라와의 대화를 통하여 사부대중에 대한 그의 기본적인 인식과 입멸 이후의 역할에 대한 기대를 표명하고 있다. 여기서 출

---

121 D II 112-113; 각묵 스님 역(2006), 『디가니까야』 2권, pp.229-231; (D 16 「*Mahāparinibbāna-sutta*」- 대반열반경; 3,35)

122 A II 131-132; 대림 스님 역(2007), 『앙굿따라니까야』 2권, p.315-316; (A 4; 129 「*Abbhutadhamma-sutta*」- 놀라운 법의 경)

가 · 재가의 사부대중들/빠리사 대중들은 교단의 평등한 공동 주체로서 확립되고 선언되고 있다. 우루웰라(Uruvelā)에서 웨살리(Vesāli)까지, 전법륜의 전 과정을 통하여, 사회적 실천의 전 과정을 통하여, 이들 사부대중들/빠리사 대중들은 교단/공동체의 충실한 역군으로서 담마를 전파하고 수호하고 성공적으로 번창시키고 모든 인류에게 확대시키고 있다. 이 사회를 변화시키고 많은 사람들의 이익과 행복을 위하여 헌신하고 있다. 사부 빠리사 대중들을 통하여 출가불교와 재가불교가 쌍벽으로, 두 바퀴로 서로 기대어 역동적으로 작동하고 있다. 빠딸리 마을 공회당에서 붓다를 중심으로 평면으로 마주 앉아 밤늦도록 담마를 담론하는 출가 · 재가의 대중들이 이러한 빠리사의 실체를 드러내는 구체적 현장이다.

비구-빠리사 · 비구니-빠리사 · 우바새-빠리사 · 우바이-빠리사, 곧 출가 · 재가의 사부 빠리사 대중이 초기불교의 실체로서 전법륜을 통한 사회적 실천의 주역이 되고 있다. 초기경전 도처에서 이렇게 빠리사가 일상적으로, 또는 관행적으로 설해지고 있는 것은 초기불교의 현장을 반영하는 것이다. 빠리사, 곧 사부대중이 초기 교단의 주체로서, 초기 불교운동의 주역들로서, 독자적으로 또 연대적으로, 붓다의 역사를 주도하고 있는 현장의 실상을 반영하고 있다. 따라서 이것은 초기불교의 사회적 실천이 이들 빠리사라는 대중적 기초 위에서 추구되고 있다는 사실을 반영하고 있는 것이다. 붓다는 이 빠리사들과 더불어, 빠리사 대중과 더불어 전법륜의 길을 가고 있다. 곧 담마를 선포하고 전파하며 이 사회를 변화시켜 가고 있다. 법의 세계를 멀리 넓게 모든 곳의 인류들에게 확대시켜 가고 있다. 출가 · 재가의 사부대중-빠리사 대중이 이 전법륜의 주역으로서 붓다와 함께하고 있다. 그리고 이러한 빠리사의 역할은 붓다의 전 생애를 통하여 관철되고 있다.

빠리사는 강력한 규칙이나 리더십을 전제로 하는 조직과는 거리가 멀었다. 외형적으로는 한때 모였다 헤어지는 일시적인 회합(會合)이거나 회중(會中)이라고 할 수 있다. 자유롭고 느슨한 형태의 만남/만남의 공동체라고 할 수 있다. 이런 점은 상가도 마찬가지였다. 이것이 바로 초기 불교도 공동체의 태생적 특성이다. 이와 관련하여 조성택은 이렇게 논하고 있다.

> 붓다는 자신이 이끌었던 상가(saṅgha, 교단)를 '조직'으로 생각하지 않았다. 더 정확하게 말하면, 붓다는 자신이 '상가'라고 불렀던 그것은 오늘날 우리가 생각하는 그런 조직, 다시 말해서 어떤 체제와 위계를 가진 조직이 아니라, 대단히 느슨한 형태의 '공동체'였다고 생각된다. 따라서 그 공동체는 지도자의 강력한 리더십을 필요로 하는 조직이 아니라 수행공동체였다. 매우 느슨한, 이를테면 '사방상가'와 같은 정신적 연대감을 바탕으로 한 것이 붓다 당시와 그 이후 얼마간의 불교상가였을 것이다.[123]

'자유롭고 매우 느슨한 공동체', 그러나 이들 빠리사 대중은 담마를 듣고 수행하며, 또 이 세상에 법륜을 굴리며 이 세상을 변화시켜 나가는 인류 보편적 이념을 추구하고 있다. 그런 점에서, 이들 빠리사는 영속적이며 보편적인 이념 공동체로서 규정되어야 한다. 빠리사의 이러한 특성은 현전상가와 사방상가의 관계로도 비교될 수 있다.[124] 전법

---

123 조성택(2009a), 「초기불교사 '재구성'에 관한 검토」 『불교학연구』 제23호, p.155

124 "활동하는 상가는 시간적으로도 공간적으로도 한정된 상가이고, 즉 현전상가(現前僧伽)이다. 그러나 현전상가가 활동하기 위해서는 활동의 장이 되고 모태가 되는, 보다

륜의 다섯 가지 요소 중에서 빠리사(Parisā)가 담마(Dhamma)와 함께 하고 작동하고 있다는 사실이 이러한 판단을 하는 근거가 된다. 담마가 시공을 초월한 영원한 보편적 가치로서 작동하고 있는 것과 같이, 빠리사 대중, 곧 사부대중도 보편적 실체로서 '이 세상 그 누구도 멈출 수 없는 법바퀴를 굴리며'(AN III 147) '많은 사람들과 신(神)들 사이에 법이 퍼지고 융창하도록'(D II 112-3) 역할하고 있다. 이 빠리사 대중이 곧 초기불교가 추구하는 사회적 실천의 주역이며 그 대중적 기초이다.

2) 초기 빠리사의 신분적 구성과 상인의 역할

(1) 초기 빠리사의 신분적 구성

빠리사 대중은 실제로 어떤 사람들인가? 초기 빠리사에는 실제로 어떤 종류의 계층이나 카스트가 모여든 것인가? 불교도 공동체/빠리사와 상가의 계층적 분포, 카스트적 분포는 어떤 것인가? 이 시점에서 초기 빠리사의 신분적 구성과 그 사회적 특성을 관찰하는 것은 초기 대중의 사회적 지향과 사회적 실천의 본질을 이해하는 데 매우 긴요한 작업이 될 것이다. 이 문제와 관련하여, 슈만은 *Historical Buddha*에서 상당히 유익한 3개의 통계자료를 제시하고 있다. 필자는 편의상 이 3개의 자료를 하나의 표로 정리해 보았다.[125]

넓고 보다 깊은 상가가 필요하다. 그것이 사방상가(四方僧伽)이다." 平川 彰(2003),『원시불교의 연구』, p.334

125 김재영(2001b),『초기불교 개척사』, p.315, 도서출판 도피안사.

〔표 1〕 초기 빠리사의 신분별 구성비율[126]

구 분	비 구		비 구 니		우 바 새		우 바 이	
	수	%	수	%	수	%	수	%
브라흐마나	96	48.2	15	38.4	18	34.5	2	12.5
캇 띠 야	57	28.6	13	33.2	11	21.0	8	50.0
웻 사	27	13.5	10	25.8	15	29.0	3	18.8
숫 다	6	3.1	0	0	5	9.6	1	6.2
카스트 밖	13	6.6	1	2.6	3	5.9	2	12.5
계	199	100	39	100	52	100	16	100

이 통계는 빨리 니까야에 등장하는 457명의 대중 가운데 카스트 구분이 가능한 306명을 대상으로 한 것이다. 이 자료에 의하면, 브라흐마나: 43.96%(131명), 캇띠야: 29.87%(89명), 웻사(vessa, 商人, 平民): 18.46%(55명), 숫다: 4.03%(12명), 카스트 없는 사람들(casteless): 6.38%(19명)의 순이다.

여기서 초기 빠리사의 사회적 특성을 든다면, 빠리사가 모든 카스트 · 모든 계층의 사람들을 평등하게 받아들이고 있다는 사실이다. 브라흐마나 · 캇띠야와 같은 사회 지배층은 물론이고, 웻사 같은 상인(商人)들, 숫다 같은 천민들, 심지어 카스트 밖으로 버려진 불가촉천민들까지 모두 빠리사에 참여하고 있다. 이것은 빠리사가 본질적으로 모든 계층의 사람들로 구성된 평등한 민중적 공동체라는 사실을 의미한다. 때때로 붓다가 브라흐마나들이나 캇띠야들을 대상으로 그들의 탁월성을 칭찬하거나[127] '양가(良家)의 자식(kulaputta)'이라는 표현을 쓰는 경우가 있는 것은 사실이다. 그러나 이것이 빠리사의 민중적 평등성을 부정하거나 카스트의 실체를 인정하는 것으로 해석하는 것은 전체적 맥락을 놓치는 것이다. 에드워드 토마스(Edward Thomas)는 이렇게 논술하

126 Schumann(1989), *The Historical Buddha*, pp.188-189

127 Thomas(1997), *The Life of Buddha*, pp.127-128

고 있다.

그러나 교단 안에서 카스트는 소멸되었다. 그리고 낮은 카스트의 사람들이 승려로서 인가받고 있는 많은 사례들이 있다.[128]

붓다고사(Buddhagosha)에 의하여 찬술된 것으로 전해지는 *Dhammapada*의 고주석서(古註釋書)/*Dhammapada Aṭṭhakathā*를[129] 대상으로 한 필자의 분석에 의하면, *Dhammapada Aṭṭhakathā*에는 다음과 같은 각계각층의 다양한 사람들이 등장하고 있다.[130]

- 왕 · 왕비 · 왕족 · 귀족 · 장군 · 관리 · 브라흐마나 · 거사 장자(자산가)…
- 상인 · 금세공 · 주부 · 촌민 · 청년 · 처녀 · 노인 · 청소년(어린이) · 외도의 무리 …
- 빈민 · 걸인 · 노동자 · 노비 · 농부 · 어부 · 마부 · 목동 · 도살업자 · 사냥꾼 · 직조공 · 곡예사 · 무용수 · 창녀 · 난쟁이 · 나병환자 · 깡패 · 강도 · 도둑 · 소매치기 …

이렇게 모든 계층의 사람들에게 빠리사의 문은 개방돼 있었다. 이렇게 초기 교단/빠리사는 카스트의 장벽을 넘어 많은 사람들/다수 민중들과 함께하고 있었다. 빠리사와 민중의 이러한 밀접성은 이른바

128 Thomas(1997), *Ibid.*, p.128

129 1921년 이 주석서를 영역한 E. Burlingame은 이 주석서를 저자 미상으로 분류하고 있다.; 김재영(2001a),『붓다의 대중견성운동』, pp.112-114

130 김재영(2001a), 앞의 책 p.149

'공양거부 사건들'에 의해서도 입증되고 있다. 초기불전에 의하면 승단에 대한 시민들의 공양거부 사건[131]이 종종 발생하고 있다. *Vinaya-piṭaka*의 「*Mahāvagga*」(율장대품)에서 집중적으로 기술하고 있는 '꼬삼비 시민들의 공양거부 사건', *Udāna*의 '순다리(Sundari) 여인 살해 사건',[132] *Vinaya-piṭaka*의 '마등가 여인 출가 사건'[133] 등이 그 대표적인 사례로 꼽힌다.[134] '꼬삼비 사건'의 경우, 꼬삼비의 출가대중들이 서로 분열하여 투쟁하기를 계속하자, 꼬삼비 시민들이 분개하여 이와 같이 항의하면서 일제히 공양거부운동을 전개하였다.

> "이 꼬삼비 비구들은 우리들에게 수많은 손해를 끼쳤다. 세존께서는 그들 때문에 번잡스러워 이곳을 떠났다. 따라서 우리들은 꼬삼비 비구들에게 절하지 말고, 보고도 일어나지 말고, 합장으로 예를 갖추지 말고, 존중하지 말고, 공경하지 말자. 봉사하지 말고, 공양하지 말고, 온다 해도 음식물을 제공하지 말고, 만약 이들이 우리들로부터 존경·존중·공경·봉사·공양을 받지 못한다면, 존경받지 못한 까닭에 떠나거나 환속하거나 세존과 화해할 것이다."
>
> 꼬삼비의 시민들은 일치하여 이와 같이 행동하였다. 그들은 비구승들에게 인사도 하지 않았고, 그들 앞에서 일어서지도 않았다. 합장하여 절하지 않았고, 높이 평가하지도 않았고, 적절한 의무(공양)도 이행하지 않았다.[135]

---

131 Viin I 353-354; Horner tr.(2000), *The Book of the Discipline*(*Mahāvagga*) *vol.IV*, p.505; (*Vinaya-piṭaka*, 「*Mahāvagga*」 X 5. 2)

132 U VI 8; Peter Masefield tr.(1997), *The Udāna*, pp.75-77

133 *Ibid.*, pp.157-159

134 김재영(2001a), 『붓다의 대중견성운동』, pp.328-340

135 Viin I 353-354; Horner tr.(2000), *The Book of the Discipline*(*Mahāvagga*) vol.IV, p.505;

이 '꼬삼비 시민들의 공양거부 사건'은 불교도 공동체와 다수 민중들의 밀접성이 '연대(連帶)'라고 표현해도 좋을 정도로 긴밀하다는 사실을 보여주고 있다. 그리고 탁발과 공양이 이러한 연대성을 담보하는 하나의 유효한 수단으로서 기능하고 있다는 사실을 보여주고 있다. 이 꼬삼비 시민들은 이미 단순히 '많은 사람들'이거나 '민중', 또는 일방적인 수혜자(受惠者)가 아니다. 그들은 붓다와 담마를 중심으로 함께 모인 이념적 집단의 성향을 띠고 있다. 빠딸리 마을의 대중들이 붓다를 중심으로 윤좌하고 있듯이, 꼬삼비 시민 또한 붓다와 그 담마를 중심으로 결집하고 있다. 따라서 그들 시민들은 빠리사의 이해 당사자이고 주역들이다. 그래서 그들은 "이 꼬삼비 비구들은 우리들에게 수많은 손해를 끼쳤다"라고 주장하고 있다. 그들 시민들/민중들이야말로 사부대중의 진정한 실체인 것이다.

*Nikāya*와 *Vinaya-piṭaka* 등 초기 문헌에 의하면, 그들 시민들은 빠리사와 상가를 중심으로 함께 모여 오계의 수지 등 윤리 문제를 논의하였다.[136] 나병 · 폐결핵 등 전염병 환자들을 구호하고,[137] 장애자 · 범죄자 등 소외계층을 수용하였다.[138] 또 상인 빠리사는 대상(隊商)을 만들어 가르침을 전파하는 데 앞장서고 있다.[139] 빠리사는, 모든 강물이 바다로 모여들듯, 모든 계층의 사람들이 모여들어 시민적 민중적 문제의 해결을 추구하였다. 따라서 빠리사는 담마를 전파하며 사회를 변화시

(*Vinaya-piṭaka*, 「*Mahāvagga*」 X 5. 2)

136 D II 85-87; 각묵 스님 역(2006), 『디가니까야』 2권, pp.180-183; (D 1 「*Mahāparinibbāna-sutta*」- 대반열반경; 1, 23-25)

137 Viin I 71-73; Horner tr.(2000), *The Book of the Discipline*(*Mahāvagga*) vol.Ⅳ, pp. 89-91; (*Vinaya-piṭaka*, 「*Mahāvagga*」 I 39. 1-7)

138 Viin I 91; IHorner tr.(2000), *Ibid*. pp.115-116; (*Vinaya-piṭaka*, 「*Mahāvagga*」 I 71 1-2)

139 동국역경원(1985b), 『한글대장경 雜阿含經』 2, pp.122-124

켜 가는 자유로운 민중참여 공동체로서 규정되어도 좋을 것이다. 어떤 의미에서는 느슨한 형태의 민중적 연대라고 할 수 있다. 초기 교단/빠리사의 이러한 민중적 참여성, 민중적 개방성, 또는 민중적 연대성이 초기불교를 인도 민중 속으로 확산시켜 가고, 나아가 인도 불교의 성공을 담보해낸 가장 확고한 조건의 하나로서 작동한 것이다. 불교의 사회성에 대해 매우 비판적 입장을 유지하고 있는 라다크리슈난조차도 이렇게 평가하고 있다.

> 불교가 종교로 성공할 수 있게 한 것은 의(義)에 대한 불타는 이상이다. 포교의 정신 또한 불법을 널리 전파하는 데 상당할 정도로 공헌하였다. 붓다는 자기의 제자들에게 명하였다. "모든 나라로 들어가서 이 가르침을 설하라. 천하고 가난한 자든, 부유하고 높은 지위에 있는 자든 모두가 하나이며, 마치 강물이 바다에서 만나듯이, 모든 카스트는 이 종교에서 하나된다는 것을 그들에게 전하라." 불교가 그토록 성공할 수 있었던 것은 그것이 가난한 자와 하층민들과 탈락자 층에게까지 불법을 전하면서, 아무리 천하고 약한 계층이라도 배제하지 않는 자비의 종교였기 때문이다.[140]

(2) 상인(商人, vessa)의 역할

빠리사의 사회적 구성과 관련되어 주목되는 또 하나의 특성은 이들 빠리사가 캇띠야 · 브라흐마나 · 가하빠띠 · 사마나 등 네 그룹의 진보적 세력에 의하여 주도되고 있다는 사실이다. '빠딸리 마을의 윤좌'에서 이미 붓다는 대중들에게 이 네 그룹의 빠리사에 대하여 언급하

140 라다크리슈난(2000), 『인도철학사』 II, p.297

고 있을 뿐만 아니라, 「*Mahāparinibbāna-sutta*」에서는 이와 관련하여 붓다 스스로 매우 중요한 발언을 하고 있다. 웨살리(Vesāli) 짜빨라 사당(Cāpāla cetiya)에서 마라의 권유를 받아들여 붓다가 스스로 목숨을 포기했을 때, 엄청난 지진이 일어났다. 이때 붓다는 놀라고 두려워하는 아난다 비구에게 이렇게 설하고 있다.

"아난다여, 여덟 가지 빠리사가 있나니, 캇띠야 빠리사 · 브라흐마나 빠리사 · 가하빠띠 빠리사 · 사마나 빠리사 · 사천왕 빠리사 · 도리천 빠리사 · 악마 빠리사 · 범천 빠리사이다.
아난다여, 전에 나는 수백의 캇띠야 빠리사(브라흐마나, 가하빠띠, 사마나, 사천왕, 도리천, 악마, 범천 빠리사)를 만나러 가서 거기에 함께 앉았고 대화를 하였고 토론에 몰두하였음을 잘 알고 있다.……"[141]

캇띠야 빠리사(khattiyas-parisā) · 브라흐마나 빠리사(brāhmaṅa-parisā) · 거사 빠리사(gahapati-parisā) · 사문 빠리사(samaṅa-parisā) · 사천왕 빠리사(cātummahārājika-parisā) · 도리천 빠리사(tāvatiṅsa-parisā) · 악마 빠리사(māra-parisā) · 범천 빠리사(brahma-parisā).

이들이 이른바 '팔중(八衆, aṭṭha parisā)'이다. 붓다의 공동체를 구성하는 여덟 개의 빠리사이다.[142] 이런 빠리사들이 수백 수천 개가 있고 또

---

141 D II 109; 각묵 스님 역(2006), 『디가니까야』 2권, pp.222-223; (D 16 「*Mahāparinibbāna-sutta*」- 대반열반경; 3, 21-23)

142 PED(1986) p.437, Parisā; typical sets of assembles are found in the Canon, viz, eight assembles (Khattiya, Brāhmaṇa, Gahapati, Samaṅa, Cātummahārājika, Tāvatingsa, Māra, Brahma, or the assembles of nobles, brahmins, householders, wanderes, of the angel hosts of the Guardian Kings, of the Great Thirty -Three, of the Māras and of the Brahmas.

붓다가 이 빠리사들과 함께 앉아 직접 대화하고 토론하고 있다는 경전의 서술은 빠리사의 보편적 존재 사실을 새삼 확인시켜 주고 있다. 이것은 빠리사가 초기불교의 모든 대중을 이념적으로 포괄하는 보편적인 공동체라는 사실을 거듭 확인하는 분명한 증거이다.[143] 팔중이 신중(神衆)의 세계까지 포함하고 있는 것은 불교적 세계관/사회관의 우주적 포괄성을 반영하는 것으로 해석된다.

팔중 가운데 실제로 사회적 의미를 갖는 것은 캇띠야 빠리사 · 브라흐마나 빠리사 · 가하빠띠 빠리사의 세 그룹의 빠리사들이다. 팔중의 첫머리에 이들 세 그룹의 빠리사가 거명되는 것은 *Nikāya*들에서 공통적으로 발견되는 일반적인 서술 방식으로서 초기 불교도의 사회의식을 반영한 것이다. 우마 차크라바르티는 이렇게 논하고 있다.

> 그것은 불교도들에 의하여 사회를 세 개의 영역으로, 곧 캇띠야 · 브라흐마나 · 가하빠띠로 구분하는 것을 반영하고 있다. 이러한 구분 자체가 왕과 관료들에 의하여 대표되는 권력의 영역, 브라흐마나(司祭)에 의하여 대표되는 종교의 영역, 가하빠티(居士)들에 의하여 대표되는 경제의 영역으로 이 사회를 개념적으로 구획하는 것을 의미한다. 이러한 묵시적 구분이 *Aṅguttara-nikāya*에서는 보다 명시적으로 드러나고 있는데,……여기서는 캇띠야가 그들의 이상으로서 권력과 영토의 지배를 열망하는 것으로 묘사하고, 브라흐마나는 그들의 이상으로서 주문

---

143 이 팔중 가운데 카스트의 노비(sudda)들이 제외되고 있는 것에 관하여 의문이 제기되고 있다. 빠리사/불교 공동체에서 노비들은 배제되는 것인가? 그러나 이미 관찰한 바와 같이, 노비로 대표되는 하층 천민들이 빠리사에 광범하게 참가하고 있는 것은 의문의 여지가 없다. "그러한 계급이 붓다의 가르침에서 제외되었다고는 할 수 없다. 다만 그들 신분의 특성상 사회적으로 하나의 독자적인 공동체를 형성하는 것은 어려웠을 것으로 생각된다." 사다티사/조용길 역(1997), 『根本佛敎倫理』, p.157, 불광출판부.

(mantra)과 희생제의(yajña), 그리고 범천의 세계(brahmaloka)를 원하고, 가하빠띠는 그들의 이상으로서 직업〔kamma〕과 기술〔craft〕, 일의 완성을 원하고 있다.[144]

이 세 그룹 가운데 캇띠야와 가하빠띠가 특히 주목된다. 이들이 기원전 7~5세기 동북 인도 사회의 급변하는 정치·경제적 상황 속에서 새로운 변혁을 주도하는 진보적인 세력들이기 때문이다.[145] 이들은 일반적으로 카스트와 희생제의의 낡은 이데올로기적 체제를 거부하고 사유재산에 기초하는 정치권력과 새로운 종교적·철학적 가치관, 경제적 번영을 추구하는 진보적인 사회 주도 세력이었다. 이 두 그룹이 팔중(八衆)의 선두 그룹을 형성하고 있고 이런 빠리사가 수백 수천 개나 존재하면서 붓다와 대화하고 토론하고 있다. 이것은 초기 불교교단, 곧 빠리사가 이들 진보적 신진 그룹에 의하여 주도되고 있다는 사실을 의미한다. 앞에서 빠리사가 광범한 시민적 민중 참여의 공동체라고 규정됐을 때, 그 참여는 이들 수백 수천의 캇띠야와 가하빠띠의 참여로 구체화되고 있다. 또 여기에는 신진 자유사상가 그룹인 사마나(samaṅa, 사문)들도 일정 부분 역할을 담당하고 있었다.

캇띠야·브라흐마나·가하빠띠의 3대 그룹 가운데 가장 주목되는 것이 가하빠띠, 곧 거사(居士) 빠리사이다. 이것은 거사 그룹이 초기불교의 최대 지지계층이며 빠리사의 최대 중심세력이라는 사실을 의미

---

144 Chakravarti(1996), *The Social Dimensions of Early Buddhism*, pp.66-67

145 사마나 그룹도 자유사상가 집단으로서, 신진세력에 포함될 수 있다. 브라흐마나는 전통적인 브라만 사제(司祭)들이지만, 당시 많은 사제들이 다양한 직업으로 분화되고 있었고, 또 이들은 지식인들이란 의미에서 새로운 담마를 가장 잘 받아들일 수 있는 그룹이었다.; Schumann(1989), *The Historical Buddha*, p.187

한다. 빠리사의 이러한 구조적 특성은 거사들이 가장 많은 추종자를 거느리는 사회적 세력으로서,[146] 뛰어난 장자거사들이 각기 수많은 추종세력을 거느리고 불교로 전향하고 있다는 경전적 사실에 의해서도 입증되고 있다.[147]

초기불전에서는 가하빠띠의 존재와 역할에 관한 많은 언급이 나오고 있다. 따라서 거사에 대한 정의도 그만큼 다양하고 복잡하다.[148] 가장 기본적인 것으로는 *Vinaya-piṭaka*에서 '집에 사는 사람(he who lives in a house.)'으로 규정되고 있는 것이다.[149] 그리고 가하빠띠는 일반적으로 토지/경작과 관련되는 것으로 진술되고 있다.[150] *Dīgha-nikāya*의 「*Sāmaññāphala-sutta*」(사문과경)에서는 가하빠띠를 '자기 토지를 소유하고 세금을 지불해서 왕의 재산을 늘리는 자유인'으로[151] 기술하고 있다. 초기경전에서는 사회경제적인 측면에서 가하빠띠를 대체로 재산

---

146 그 세 가지 무리 가운데 왕족(캇띠야)은 가장 적은 수의 추종자, 그리고 거사들은 가장 많은 추종자를 갖는 계급이었다.; 사다티사(1997),『根本佛敎倫理』, p.157

147 "아마도 상가에 대한 최대 시주(施主)인 아나타삔디까(Anāthapiṇḍika) 거사는, *Aṅguttara-nikāya*에서, 500명의 자기 자신의 추종자들에 둘러싸여 붓다를 뵈러 온 것으로 묘사되어 있다. 그밖에 담마딘나(Dhammadinnā) 거사도 이와 비슷하게 500명의 추종자들을 거느린 것으로 서술되어 있고, *Saṃyutta-nikāya*의 주석서에서는 6명의 다른 거사들과 위사카(Visākha) 부인 또한 각기 500명의 추종자들을 거느린 것으로 서술하고 있다. 이들 문도들은 그들 자신의 주인(거사)을 통하여 붓다의 신봉자가 되었을 것이다. 이것은 불교에 대한 일반 민중들의 지지를 확산하는 데 이들 거사들이 중요한 역할을 수행하였음을 시사하는 것이다." Chakravarti(1996), *The Social Dimensions of Early Buddhism*, p.84

148 Chakravarti(1996), *Ibid.*, pp.65-93

149 Vin Ⅲ 213 "gahapati nama yo koci agarang ajjhavasati."; Horner tr.(1997b), *The Book of the Discipline* (*Suttavibhaṅga*) vol II, p.47; (*Vinaya-piṭaka*,「*Suttavibhanga*」VI 3. 1), Oxford, PTS

150 Chakravart(1996), *The Social Dimensions of Early Buddhism*, p.70

151 D Ⅰ 53 cit. Chakravart(1996), *Ibid.*, p.70

및 경제적 활동과 관련시켜 '자산가', '재산가'란 의미로 언급하고 있다.[152] 가하빠띠들이 불교 교단에서 제1그룹으로 행세할 수 있었던 것도 바로 이러한 경제성 때문이었다.[153]

초기경전에서 흔히 볼 수 있는 서술에 의하면, 이 가하빠띠는 'gahapati/가하빠띠'·'brāhmaṅa-gahapati/브라흐마나 가하빠띠'·'seṭṭhi((śreṣṭthin)-gahapati셋티 가하빠띠'[154]·'vessa(vaiśyas)-gahapati/웻사 가하빠띠'[155] 등 다양한 명칭으로 쓰이고 있다. 이 가운데서 seṭṭhi-gahapati(長者居士)와 vessa-gahapati(商人居士) 등이 특히 주목된다. 후기 베다 시대의 'seṭṭhi(śreṣṭthin)/셋티', 곧 장자(長者)는 교역(trade)·교역자 조합(trade guild)과 관련 깊고,[156] 빨리 문헌에서 빈번히 언급되는 경우 그들은 도매상인(wholesale merchant)과 금융가(banker)를 지칭한다.[157] 'vessa'는 일반적으로 상인(商人, merchant)을 일컫는다.[158] 카스트에서 거론되는 'vessa(vaiśyas)'는 흔히 '평민'으로 옮겨지지만, 사회경제적으로 분류하면 '상인(商人, merchants · tradesfolk)'으로 구분된다.[159] 이것은 gahapati와 seṭṭhi, 곧 거사·장자가 vessa－상인(商人) 그룹과 깊이 연계되어 있고, 카스트적으로는 vessa에 포괄되는 사실을 의미한다. gahapati와 seṭṭhi들은 어떤 형태이건 상업/교역과 직·간접의 연관성을

152 "초기 빨리 경전들이 가하빠띠의 기본적 측면으로서 재산의 소유를 기술하고 있는 것은 분명하다." Chakravart(1996), *Ibid.*, p.69

153 Chakravart(1996), *Ibid.*, p.69

154 Chakravart(1996), *Ibid.*, pp.73-79

155 Upreti(1997), *The Early Buddhist World Outlook in Historical Perspective*, p.55

156 The Vedic Age p.465 cit. Upreti(1997), *Ibid.*, p.55

157 Upreti(1997), *Ibid.*, p.65

158 Schumann(1989), *The Historical Buddha*, p.189

159 "merchants"; Maurice Walshe(1995), *The Long Discourses of the Buddha (Dīgha-nikāya)* p.408, Boston, Wisdom Pub. "tradesfolk"; Rhys Davids tr.(1995), *Dialogue of the Buddha (Dīgha-nikāya)* IV p.79, Oxford, PTS

갖고 있는 것이다. 그런 의미에서 경전에 빈번하게 등장하는 gahapati, 또는 seṭṭhi, 곧 거사장자(居士長者)는 넓은 범주에서 '상인(商人, vessa)', '상인거사(商人居士, vessa-gahapati)'로서 규정돼도 좋을 것이다.[160] 초기 율장 등에서 gahapati가 일반적으로 '길드의 장, 상인의 우두머리, 금융업자' 등으로 규정되는 seṭṭhi와 연계되어 'seṭṭhi-ghapati'로, '장자거사'로 가장 빈번하게 불리고 있는 것도 이런 규정의 타당성을 뒷받침하는 것이다.[161]

*Nikāya*의 여러 자료들에 의해서, 이들 상인(商人)들이 불교교단/빠리사의 제1그룹을 형성하고 있다는 사실이 드러나고 있다. 초기교단, 특히 재가 빠리사에서 장자거사(長者居士)로 대표되는 상인(商人)들이 '가장 영향력 있는 그룹(most influential group)'으로[162] 역할하고 있다는 사실이 드러나고 있다. 이것은 비록 은유적 표현이기는 하지만, 붓다가 자기 자신을 '상주(商主)'로,[163] '대상의 주'[164]로 부를 정도로 친(親)상인적이었다는 사실에 의해서도 입증된다. 슈만은 이렇게 논하고 있다.

> 불교의 사회적 적응과 확산에서 상인 계급(vessa caste)에 수행된 역할에 관하여 지금까지 거의 주목받지 못했다. 상인들은 다른 어떤 그룹보다 부유한 재가 민중으로서 더욱 사원에 대하여 시주하는 위치에 있었다. 다른 한편으로 상인들은 많이 여행하는 그룹으로서 담마의 지식을 먼

---

160 vessa는 본래 caste적 명칭이지만, 여기서는 다만 직업과 관련되는 사회적 명칭으로 쓰인다.

161 Chakravarti(1996), *The Social Dimensions of Early Buddhism*, p.120

162 Schumann(1989), *The Historical Buddha*, p.190

163 『별역잡아함경』 제12;228경 2-457하 cit. 성열 스님(2008), 『고따마 붓다』, p.43, 각주-75), 문화문고.

164 Viin Ⅰ 5-6; Horner tr.(2000), *The Book of the Discipline* (*Mahāvagga*) vol.Ⅳ, p.8; (*Vinaya-piṭaka*,「*Mahāvagga*」Ⅰ 5. 7)

지방으로 실어다 날랐다. 고따마의 가르침이 모든 방향으로 길을 찾아 갈 수 있었던 것은 이들 대상(隊商)들의 험한 소 수레〔牛車〕에 의해서였다.[165]

초기교단에서 'seṭṭhi-gahapati/셋티 가하빠띠', 곧 장자-거사로 대표되는 상인(商人) 그룹이 가장 영향력 있는 빠리사의 중심세력으로 활동하였다. 이것은 붓다의 초기불교운동이 가장 강력한 정치·경제적 지지세력을 확보함으로써 동시대의 경쟁자들에 대하여 비교우위의 이니시아티브를 확보하였다는 사실을 의미한다. 상인들을 중심으로 하는 가장 진보적인 이들 세력과 연대함으로써 초기교단은 역동적이며 모험적인 사회적 실천운동을 추구할 수 있는 대중적 토대와 경제적 기초를 확보할 수 있었다. 여기서 기억해야 할 것은 캇띠야·가하빠띠, 곧 전사(戰士)적 귀족과 상인이 빠리사의 중심 그룹으로서 역동적이고 진보적인 초기불교운동을 주도하고 있었다는 사실이다. 이것은 이들 재가 빠리사/재가 대중이 초기불교운동의 역동성/진보성을 담보하는 주역 주체로서 그 존재성을 확보하고 있었다는 사실을 의미하는 것이다.

165 Schumann(1989), *The Historical Buddha*, p.190

3. 초기 대중들의 사회의식과 개척정신

1) 붓다의 사회의식과 전법륜 정신

(1) 붓다적 문제의식의 원형

초기불교의 사회적 실천은 붓다와 빠리사 대중에 의하여 추구되었다. 붓다를 중심으로 하는 출가 · 재가 빠리사 대중의 기초 위에서 추구되었다. 이것은 초기불교의 사회적 실천이 기본적으로 붓다와 빠리사 대중의 사회의식과 깊이 연계되어 있다는 사실을 의미한다. 많은 사람들의 사회적 행위는 일차적으로 그들의 사회의식에 의하여 영향받기 때문이다. 따라서 붓다와 빠리사 대중의 사회의식을 규명하는 것은 사회적 실천의 대중적 기초를 해명하는 데 있어 기본적 과제로서 제기되는 것이다.

붓다의 사회의식을 규명하는 데는 경전에 나타난 붓다의 문제의식을 밝혀내는 것이 우선적 작업이 될 것이다. 사회의식은 곧 문제의식에 의하여 가장 구체적으로 표출되기 때문이다. 이와 관련하여 붓다는 *Saṃyutta-nikāya*의 「*Nagara-sutta*」(도시의 경)에서 의미 깊은 술회를 하고 있다.

"비구들이여, 옛날 내가 바른 깨달음을 얻기 전 보살로 있을 때, 내게 이와 같은 생각이 떠올랐다.
'아. 이 세상 사람들은 고통에 빠져 있구나. 그들은 태어나고 늙고 죽고 넘어지고 다시 일어선다. 그러나 그들은 고통에서 벗어나는 해탈을 모른다. 쇠망과 죽음에서 벗어나는 해탈을 모른다. 아, 언제 고통에서 벗어나는 해탈, 쇠망과 죽음에서 벗어나는 해탈이 드러날 것인가?'……"[166]

'아, 이 세상 사람들은 고통에 빠져 있구나……', 수행자 고따마(Gotama)는 이렇게 이 세상/이 세상 사람들의 고통을 문제 삼고 있다. 나 자신/나 자신만의 고통을 문제 삼는 것이 아니라, 이 세상/이 세상 사람들, 많은 사람들의 고통을 문제 삼고 그 해탈의 길을 갈망하고 있다. 이것은 붓다가 줄기차게 추구하고 있는 죽음과 윤회의 고통, 이 고통으로부터의 해탈이 단순히 개인적이며 심리적인 성질의 것이 아니라는 것을 의미한다. 그것은 보다 깊이 사회적 대중적인 문제와 관련되는 것이다. 이와 관련하여 孝橋正一은 이렇게 논하고 있다.

무엇보다 생노병사 등과 같은 인간의 고뇌와 공포가 의식을 가진 생물의 생리적이며 심리적인 필연 작용으로, 일단 초역사적으로 존재하고 있다고 볼 수 있다. 그러나 인간이라는 사실 자체가 역사와 사회의 규정에서 자유로울 수 없는 한, 이러한 생리적이며 심리적인 요인도 동시적 자기동일적으로 역사와 사회 속에서 규정되고, 인간이라는 사실에 늘 붙어 다니는 고뇌를 결정적으로 염색해 내고 있는 것이다.
일찍이 붓다가 고(苦)라고 규정한 생 · 노 · 병 · 사는 일반적으로 인간이 존재하는 한 어느 시대라도 겪게 되는 보편적 초역사적 현상이라고 이해하고 있지만, 사실상 그것은 종족사회에서 노예제 사회, 봉건적 대토지 소유의 사회로 이행하는 과도기의 계급사회에서는 생 · 노 · 병 · 사가 역사적 반영에 불과한 것이다.[167]

---

166 S II 104; 전재성 역(1999), 『쌍윳따니까야』 2권, p.295; (S 12; 7; 65 「*Nagara-sutta*」- 도시의 경)

167 孝橋正一(1970), cit. 「불교사상과 현대사회」 『佛敎의 社會思想』, p.124, 여익구 역(1987),

수행자 고따마는 지금 가장 내면적이며 개인적인 죽음의 고통까지도, 많은 사람들의 입장에서, 사회적인 문제로서 관찰하고 고민하고 있다. 이러한 고따마의 태도는 붓다가 품어온 사회적 문제의식을 잘 드러내고 있다. 그리고 많은 자료들은 고따마의 이러한 사회적 문제의식이 출가 이전의 유아기와 청년기를 통해서도 드러날 만큼 뿌리 깊다는 사실을 말해 주고 있다. 어린 시절의 '농경제 사건'이나 청년기의 '세 궁전에서의 삶과 고뇌' '네 성문을 나가본 사건' 등이 바로 이러한 자료들이다. 특히 '농경제 사건'은 *Majjhima-nikāya*의 「*Mahāsaccaka-sutta*」(삿짜까에 대한 큰 경)를[168] 비롯해서 *Jātaka*의 「*Nidana-katha*」「*Mahāvastu* 등 많은 불전에서 기록하고 있다. 『불본행집경(佛本行集經)』의 「유희관촉품(遊戲觀囑品)」에서는 이렇게 기술하고 있다.

> 그때 그 들의 모든 농부들이 벌거숭이로 괴로워하면서 소에 보습을 매어 밭을 가는데, 소가 가는 것이 늦으면 때때로 채찍을 휘둘렀다. 해가 길고 날이 뜨거워 헐떡거리고 땀을 흘리며 사람과 마소가 다 고단하고 주리고 목말랐다. 또는 몸이 수척하여 뼈만 있었으며, 보습으로 흙이 파 뒤집자 벌레들이 나왔으며, 사람과 보습이 지난 뒤에는 뭇 새들이 다투어 날아 와서 그 벌레들을 쪼아 먹었다. 왕자는……조용히 거닐며 모든 중생들에게 이런 일이 있음을 생각하고 다시 부르짖으며 말하였다.
>
> "아아-세상 중생들은 극심한 괴로움을 받나니, 곧 나고 늙고 병들고

민족사.

168 M I 247; 전재성 역(2002), 『맛지마니까야』 2권, p.129; (M 36 「*Mahāsaccaka-sutta*」-삿짜까에 대한 큰 경); Nanamoli and Bodhi tr.(1995), *The Middle Length Discourses of The Buddha(Majjhima-nikāya)*, p.340, Boston, Wisdom Pub.

죽음이며, 겸하여 가지가지 고통을 받으면서 그 가운데서 전전하여 떠나지를 못하는구나. 어찌하여 이 모든 고통을 버리기를 구하지 아니하며, 어찌하여 나고 늙고 병들고 죽는 고통의 원인을 벗어나기를 생각하지 않는가.……"[169]

이 '농경제 사건'에 관한 기록은 세상 사람들에 대한 고따마의 연민과 헌신의 심리적 경향, 더 나아가 고따마의 뿌리 깊은 사회적 문제의식을 이해하는 데 유익한 정보를 제공하고 있다. 다른 자료들에 의하면, 이때 어린 고따마의 연민은 농민뿐만 아니라 마소 · 벌레 · 뱀 · 개구리 등 동물들에게까지 미치고 있다.[170] 고따마는 미미한 벌레들의 고통을 통하여 많은 생명들의 중생적 고통을 체감하고, 농부들의 참상을 통하여 동시대 민중들의 사회적 참상을 예민하게 공감하였다. 고따마는 그 속에서 자신의 문제를 고뇌하며 명상하고 있다.[171] 많은 사

---

169 동국역경원(1985e) p.159,『한글대장경 佛本行集經』2, p.159

170 *Mahāvastu*에 따르면, 어린 왕자는 왕에 의하여 왕의 후궁들과 함께 농원으로 이끌려 갔다. 이 자료에 따르면, 왕자는 스스로 돌아다닐 만큼 나이 먹었고, 그리고 농민들 마을로 갔다. 거기서 그는 뱀과 개구리가 보습들에 의하여 뒤집어지는 것을 보았다. 개구리는 식용으로 잡히고 뱀은 내팽개쳐졌다. 이러한 모습이 보살의 마음을 크게 흔들어 놓았고, 그래서 그는 아침나절 황금빛 장미사과나무(염부수) 아래 앉아서 첫 번째 선정에 들었다. ; Thomas(1997), *The Life of Buddha*, p.45

171 "幼少한 太子도 이 式典에 參席하였다. 太子는 모든 것을 留意하여 보았던 모양으로, 밭을 갈아나가는데 추인에 夭折되어 七顚八起하는 無數한 버러지들의 慘狀이 展開되었다. 이것을 본 禽鳥들은 無慘하게도 반갑다는 듯이 併呑하여 가고 있었다. 이와 같이도 悲慘한 光景을 觀望하고 있던 太子는 이것이 '어찌 오직 下等動物界에만 限한 現象이리요. 무릇 生命을 가진 모든 生物界는 모두 저와 같을 것이 아닌가' 하는 煩悶이 있었던지 太子는 홀로 그 近處에 있는 閻浮樹下에 이르러 靜坐하여 冥想에 잠겨 있었다 한다. 이러한 事實은 實로 그의 天才的인 宗敎性을 發揮한 證據라고 할 수 있다." 金東華(1980),『佛敎學概論』, p.43

람들 속에서, 많은 생명들 속에서, 많은 사람들/많은 생명들의 문제와 고통의 현장 속에서 자신의 문제와 고통을 공감하고 고뇌하고 있다. 이런 동체적(同體的) 문제의식/동체적 사회의식은, '세 궁전에서의 삶과 고뇌' '네 성문을 나가본 사건' 등에서 보는 바와 같이, 고따마의 청년기를 통해서 더욱 깊은 의식 경향으로 심화되고 있다. *Aṅguttara-nikāya*의 「*Sukhumāla-sutta*」(편안함의 경)에서 붓다는 세 궁전에서 보낸 청년기의 고뇌를 이렇게 토로하고 있다.

> "'배우지 못한 범부들은 자기 스스로도 죽기 마련이고 죽음을 극복하지 못한 채 다른 죽은 사람을 보고는 자기도 죽기 마련이라는 것을 잊어버리고 싫어하고 부끄러워하고 혐오스러워한다. 나도 또한 죽기 마련이고 죽음을 극복하지 못했다. 만약 내가 죽기 마련이고 죽음을 극복하지 못한 채 다른 죽은 사람을 보고는 싫어하고 부끄러워하고 혐오스러워한다면 그것은 나에게 적절치 않다.'
> 비구들이여, 이와 같이 내가 숙고했을 때 장수에 대한 나의 자부심이 완전히 사라져 버렸다."[172]

이 경에서 드러나고 있는 고따마의 회고적 고백은 청년 고따마의 고뇌와 출가가 개인적 형이상학적 사건이기 이전에, 그가 대면하며 체감하고 있는 많은 사람들의 고통을 공감하는 대중적 · 사회적 사건의 성향을 띠고 있다는 사실을 매우 명료하게 드러내고 있다. *Saṃyutta-nikāya*의 「*Mahā-vagga*」(대품)에서 이미 분명히 드러나고 있는 것과 같이, 늙음 · 질병 · 죽음을 비롯하여 고따마가 직면하는 모든 고통은 곧

172 A I 145; 대림 스님 역(2007),『앙굿따라니까야』1권, pp.380-381; (A 3; 38 「*Sukhumāla-sutta*」-편안함의 경)

그 시대/그 사회의 많은 사람들과 더불어 공유하는 보통 사람들의 일반적 사회적 문제들이다. 고따마의 문제들은 철학적 명상적 문제이기 이전에 사회적 현실적인 문제들로서 제기된다. 보다 정확하게 표현하면, 철학적 명상적 문제의식도 사회적 현실적인 문제의식에 기초하여 제기되고 있다. 이것은 고따마의 고뇌와 출가, 명상과 구도–깨달음이 기본적으로 동시대 인도 민중들의 역사적 사회적 문제와 고통을 전제하고 추구되고 있다는 것을 의미한다. 앞에서 본 「*Sukhumāla-sutta*」는 이러한 사실을 거듭 확인하고 있다.

보다 중요하게 생각되는 것은, 이러한 붓다의 동체적 사회적인 문제의식, 곧 붓다의 동체적 문제의식이 붓다 석가모니 한 분에게 한정된 것이 아니라는 점이다. *Saṃyutta-nikāya*의 「*Buddha-vagga*」(붓다 품)에 의하면, 고따마 이전의 여러 붓다들, 곧 위빳시 붓다(Vipassī-Buddha, 毘婆尸佛) · 시키 붓다(Sikhi-Buddha, 尸棄佛) · 웻사부 붓다(Vessabhu-Buddha, 毘舍浮佛) · 까꾸싼다 붓다(Kakusandha-Buddha, 拘留孫佛) · 꼬나가마나 붓다(Kon*Āgama*na Buddha, 拘那含佛) · 깟사빠 붓다(Kassapa-Buddha, 迦葉佛) 등 과거칠불(過去七佛)이 재가 보살이었을 때 한결같이, "아, 이 세상은 고통에 빠져 있다.……아, 언제 쇠망과 죽음에서 벗어나는 해탈이 드러날 것인가?", 이렇게 이 세상이 세상 사람들의 입장에서 고통의 문제를 제기하고 해탈의 길을 갈구하고 있다.[173]

이것은 '많은 사람들의 입장에서' '이 세상 많은 사람들(bahujana)/많은 생명들/일체중생(一切衆生, Sabbe-satta/삽베 삿따)들의 입장에서' 문제를 보고 접근하는 동체적 사회적인 문제의식, 곧 동체적 사회의식이 불교적인 인식의 '오랜 고도(古道)'라는 사실을 의미한다. 그리고 이것은 바

173 S II 5-9 (22. 4-9); 전재성 역(1999), 『쌍윳따니까야』 2권, pp.34-74; (S 12; 1; 4-9 「*Vipassī Kassapa-sutta*」– 위빠시 깟사빠 경)

로 연기적 인식과도 통하는 것이다.[174] 따라서 이러한 동체적 사회의식은 붓다적 인식/붓다적 문제의식의 원형으로서 보편적 정통성을 확보하고 있는 것이다.[175] 많은 사람들의 입장에서, 많은 생명들의 입장에서 고통에 직면하고 많은 사람들/많은 생명들의 고통 속에서 자신의 고통을 체감하고 해탈을 추구하는 비자기적(非自己的) 동체적(同體的) 문제의식이야말로 붓다가 확립하고 수호하려는 붓다적 사유, 곧 정사유(正思惟, sammā-saṅkappa, right thought)이다. 칠불 등 제불(諸佛)의 금구를 통하여 이러한 사실이 거듭 설해지고 있다. 붓다가 전생애를 바쳐 추구했던 '비폭력 · 사랑 · 나눔'이 실로 이러한 정사유의 산물인 것이다.[176]

(2) 항마적 승자의식으로

붓다의 사회의식을 논함에 있어서 또 하나 제기되는 문제는 초전법륜을 전후한 일련의 상황들이다. 성도 후 붓다는 담마를 전파하기 위하여 다섯 수행자들을 찾아 320km의 멀고 험한 길을 유행하여 와라나

---

174 "지능의 논리는 개별적 존재를 먼저 사유하고 이어서 그 개별적 존재자들을 모아서 다시 상호 연결 부위를 추후적으로 생각한다. 그러나 본능의 논리는 다양한 것들을 동시적으로 연계시켜 입체적으로 구성하는 논리이다.……이런 사고방식을 헤겔철학자 데리다(Derrida)와 하이데거(Heidegger)는 차연(差延, difference/Unter-Schied)이라고 불렀다. 세상의 사실적 사유는 곧 차연적 사유이고, 이 차연적 사유는 연기적 사유에 다름 아니다." 김형효(2010), 「한국사회와 불교의 철학적 중요성」『불교평론』 44호, p.25, 만해사상실천선양회.

175 이러한 붓다적 문제의식은, '빠세나디 왕과 말리까 왕비의 대화'에서 보듯, 때로는 자신의 문제를 통하여 남들의 문제를 인식하는 방식으로 추구되기도 한다.

176 "정사유는 자신을 버리는 포기, 또는 집착의 여읨, 곧 사랑의 사유, 비폭력의 사유를 의미한다. 이러한 사랑과 비폭력은 모든 생명들에게로 확장된다." Rahula(1978), *What the Buddha taught* p.49, London, Gordon Fraser.

시로 갔다. 거기서 붓다는 마침내 심혈을 기울여 첫 설법을 하였다.[177] 기원전 589년의 '와라나시 초전법륜 사건'이다.

그런데 초전법륜 직전에 벌어졌던 일련의 사건들, 곧 보드가야 성도 직후의 오랜 침묵과 설법에 대한 주저, 마라의 유혹, 범천의 권청과 숙고 등 그 과정을 생각하면,[178] 붓다의 이 초전법륜은 다소 의외(意外)라는 느낌마저 든다. "중생들은 깊고 미묘한 이 연기의 법을 〔설해도〕 이해하지 못할 것이다. 나만 피곤할 뿐이다"[179]라는 설법 부정의 내심이 어찌 이렇게도 파격적인 '초전사건'으로 전환될 수 있었을까? 우리는 여기서 이 과정에 등장하는 마라(Māra)와 범천(Brahma)의 존재 의미에 관하여 좀 더 주목하게 된다. 그리고 그들이 독선적 은둔의식(隱遁意識)과 마가다 민중들의 변혁적 대망의식(待望意識) 등 서로 대립 갈등하는 이질적 의식 경향을 대변하고 있다는 사실을 발견하게 된다. 범천은 붓다 앞에 나아가 이렇게 소구(訴求)하고 있다.

"오, 진리의 누각에 올라 모든 것을 보시는 이여
생사(生死)에 짓눌려
슬픔에 빠져 있는 민중들을 굽어 살피소서.
구원하소서.
일어나소서, 그대 영웅이시여.
전쟁의 승리자시여.
그대 빚 없는 이여, 대상(隊商)의 주인이시여.

---

177 성열 스님(2008), 『고따마 붓다』, pp.193-196

178 Viin Ⅰ 4-7; Horner tr.(2000), *The Book of the Discipline* (*Mahāvagga*) vol.Ⅳ, pp.6-10; (*Vinaya-piṭaka*,「*Mahāvagga*」Ⅰ 5, 1-13)

179 Viin Ⅰ 5; Horner tr.(2000), *Ibid.*, pp.7; (*Vinaya-piṭaka*,「*Mahāvagga*」Ⅰ 5. 3)

세상을 유행하소서.
세존이시여, 담마를 설하소서.
담마를 배운다면 그들도 깨달을 것입니다."[180]

범천의 이 간절한 소구는 사회적 고통에 신음하면서 새로운 구원의 영웅을 고대하는 인도 민중들의 절박한 변혁적 대망의식을 대변하는 것이다. 어쩌면 그것은 붓다 자신의 치열한 구제(救濟) 열정의 표출일지도 모른다. 지금 인도 민중들은 새로운 '영웅', '승리자'가 출현하여 세상을 유행하며 담마를 설할 것을 갈망하고 있다. 붓다는 이러한 민중적 의식/민중적 대망에 호응하여 스스로 '승리자(Jina, 大雄)'가 되어 길을 떠나고 있다. 붓다는 아지위까 교도 우빠까(Upaka)에게 이렇게 선포하고 있다.

"일체의 승리자
나는 일체지자(一切智者)로다.
모든 것을 떠나 탐욕의 죽음으로부터 벗어났도다.
스스로 깨달았으니, 누구를 따르랴.

법륜을 굴리기 위하여
까시로 가거니
눈 어둔 이 세상에
불사(不死)의 북을 울리리라."[181]

180 Viin Ⅰ 5-6; Horner tr.(2000), *Ibid.*, p.8; (*Vinaya-piṭaka*, 「*Mahāvagga*」Ⅰ 5. 7)
181 Viin Ⅰ 8; Horner tr.(2000), *Ibid.*, pp.9-10; (*Vinaya-piṭaka*, 「*Mahāvagga*」Ⅰ 6. 8)

여기서 붓다의 승리자의식(勝利者意識)/승자의식(勝者意識)이 강렬하게 드러나고 있다. 북을 울리며 진군하여 이 세상을 평정하려는 35세 청년 붓다의 승자의식/평정의식(平定意識)이 절정에 달하고 있는 것이다. 적(敵)은 누구일까? 붓다가 싸워 이기려는 적군은 누구일까? 이와 관련하여 우리는 초기경전 도처에서 출몰하고 있는 마라–마라 빠삐만(Māra Pāpiman, 魔王 波旬)과[182] 마군(魔軍, Mārasena)을 주목한다. 그리고 붓다의 강렬한 항마의식(降魔意識)을 주목하게 된다.

마라(Māra)는 '죽음', '파괴', '살해' 등을 상징하는 것이다.[183] *Suttanipāta*에서는 '욕망 · 혐오 · 갈애 · 쾌락' 등 세속적 존재(worldly existence)의 특성을 상징하기도 한다.[184] 따라서 마라와의 투쟁은 죽음 · 파괴 · 살해 등 많은 사람들의 사회적 고통과의 투쟁이고, 그 고통의 원인이 되는 세속적 특성들과의 투쟁이다. 여기서 주목되는 것은 붓다와 관련하여 마라가 붓다의 설법 · 구세를 방해하는 '설법의 훼방꾼'으로 등장하고 있다는 사실이다. 이것은 성도 직후 보드가야에서 마라가 나타나 "세존이시여, 이제 설법하지 말고 열반에 드옵소서"[185]

---

182 "마라 빠삐만(Māra Pāpiman, 魔王 波旬)은 마라의 별명으로 '사악한 자'란 뜻이다." ; 각묵스님 역(2006),『디가니까야』2권, p.211 각주-233

183 PED(1986) p.530, Māra; Death, The Evil one, The Tempter (the Buddhist Devil or Principle of Destruction. Sometimes the Term māra is applied to the whole of the worldly existence, or the realm of rebirth, as opposed to Nibbāna.

184 Sn 436 "그대(악마)의 첫 번째 군대는 욕망, 두 번째 군대는 혐오, 세 번째 군대는 기갈, 네 번째 군대는 갈애라 불린다." 전재성 역(2004),『숫타니파타』, p.258

185 D II 104 "세존이시여, 세존께서는 〔전에〕 이렇게 말씀하셨습니다. '빠삐만이여, 나는 나의 비구 제자들이 입지가 굳고 수행이 모두 출중하여……〔삿된〕 교설이 나타날 때 그것을 법으로 잘 제압하고, 제압한 뒤 〔해탈을 성취하는〕 기적을 갖춘 이 법을 설할 수 있게 되기까지는 반열반에 들지 않을 것이다.'" 각묵스님 역(2006),『디가니까야』2권, p.214; (D 16「*Mahāparinibbāna-sutta*」– 대반열반경; 3, 8)

하고 간청한 사실을 통해서도 입증되고 있다. 이렇게 마라는 본질적으로 죽음 · 파괴 등 모든 사회적 고통의 원인이 되는 설법 부정의 은둔도피적 이기주의를 상징하는 것이다. 역사적으로는 기원전 7~5세기 동북 인도 사회에서 팽배하고 있던 악마적 이기주의, 곧 탐욕(taṅhā/라가) · 갈애(taṅhā/딴하)를 상징하는 것이다. 우프레티는 이렇게 논하고 있다.

> 갈애(渴愛, taṅhā)는, 그것이 이기적 자기중심주의를 전형적으로 나타내고 개인을 자신의 이익, 또는 자신의 주장에 의하여 유발되는 행위로 몰아넣는 만큼 고통의 원인이 되고 있다. 쌍윳따 니까야의 한 경에서, 우리는 어떤 형태의 이기주의일지라도 사람을 마라의 속박으로 전락시키고 있다고 설하는 것을 듣고 있다.[186]

붓다와 마라의 대결은 붓다가 입멸하는 순간까지 긴박하게 계속되고 있다. 그러나 언제나 결과는 붓다의 확고한 승리로 돌아간다. 전차를 굴려 전선에서 적군을 섬멸하듯, 붓다는 법륜을 굴려 마라/마군을 항복받고 있다. "그대 죽음의 마라여, 그대가 패배했음을 고백하라", 도처에서 붓다는 이렇게 선언하고 있다. 경전에서는 이것을 '항마(降魔)'라고 규정하고 있다.[187]

> "법륜을 굴리기 위하여
> 까시로 가거니
> 눈 어둔 이 세상에

---

186 Upreti(1997), *The Early Buddhist World Outlook in Historical Perspective*, p.115

187 성열 스님(2008), 『고따마 붓다』, p.164

불사(不死)의 북을 울리리라." (Vin Ⅰ 8)

이 '전도결의'에서 보듯, 이제 붓다의 승자의식은 치열한 항마적 전도의식(傳道意識)/전법륜 정신(轉法輪精神)으로 승화되고 있다. 이 치열한 항마적 전도의식이 붓다가 법륜을 구동시키는 강력한 심리적 동기로서 작동하고 있다. 팽배해 있던 사회 일반의 탐욕스런 이기주의를 'māra'로 규정하고[188] 조복(調伏)함으로써 동시대 민중들의 고통을 구제하고 이 세상을 평정하려는 붓다의 항마적 승자의식/평정의식이 전법륜의 심리적 기제로서 작동하고 있는 것이다. '초전 사건' 이후의 수많은 경전 자료들은 붓다가 처음부터 사회적 불의(不義)와 대면하며 많은 사람들의 이익과 행복을 추구하는 승자(勝者)/헌신자의 삶을 치열하게 살았다는 사실을 충분히 드러내 보이고 있다.

(3) 캇띠야(khattiya)적 승자의식으로

"일어나소서, 그대 영웅이시여. 전쟁의 승리자시여."

"나는 승리자, 일체의 승리자 "

"마라여, 그대는 패배하였다."

많은 사람들에게 붓다의 이런 모습은 생소하게 보일 것이다. '대자대비'에 익숙한 많은 사람들에게 전선(戰線)의 전사(戰士)같이, 전선에서 적(敵)을 남김없이 쳐부수고 항복받는 이런 전사 같은 붓다의 모습이 어쩌면 매우 생소해 보일 것이다. 이런 정복자 같은, 전사 같은 붓다의

188 "*Saṃyutta nikāya*의 한 경에서, 이기주의는 어떤 형태의 것이든, 사람을 마라의 속박(the bondage of māra)으로 전락시키고 있다고 설해지고 있다." Upreti(1997), *Saṃyutta nikāya*, p.115

모습은 어디서 연유하는 것일까? 왜 *Nikāya*들은 붓다와 마라와의 대결을 생의 마지막 순간까지 확장시켜 가는 것일까? 이 문제와 관련하여 성열 스님은 이렇게 논하고 있다.

> 싯닷타가 출가하게 된 동기를 사문유관(四門遊觀)에서 찾는 것이 보통이다. 싯닷타가 누구보다 감수성이 예민하고 지적으로 자기성찰이 냉철하였기 때문에 젊은 나이였지만 실존의 문제에 심각했다는 것은 분명하다. 하지만 필자는 그밖에도 다른 이유들이 있었다고 생각한다. 샤카족이 처해 있는 정치적 상황도 싯닷타가 출가하는 중요한 동기의 하나였다고 본다.
> 『숫따니빠따』에 "캇띠야 출신이 재력은 적으면서 욕심만 커서 제국(帝國)의 꿈을 갖는다면 파멸의 길"이라 말한 것이 좋은 예다. 샤카족이 싯닷타에게 거는 제국 건설의 꿈이 너무 무거운 짐이 되지는 않았을까? 태자 시절 농경제에 나갔을 때, 흙에서 나온 작은 벌레들을 새들이 달려들어 사정없이 쪼아 먹는 것을 보고 싯닷타가 마치 내 친족들이 고통당하는 것을 보는 것처럼 가슴 아파했다고 했는데, 이것을 싯닷타의 연약한 마음에서 나오는 동정심의 표현이라고만 보아야 할까? 장차 샤카족이 직면해야 할 정치적 비운을 암시하는 것으로 보아도 좋지 않을까? 이미 붓다가 되어 고향을 방문했을 때에도 샤카족들은 수천 명씩이나 떼로 몰려와 샤카족의 장래를 위해서는 지금이라도 천하를 지배하는 전륜성왕이 되어달라고 했다는 것은 무엇을 의미하는 것일까?[189]

---

189 성열 스님(2008), 『고따마 붓다』, p.125

성열 스님이 적절히 지적하고 있는 바와 같이, 출가와 전도의 과정에서 드러나는 붓다의 심리적 기제들, 곧 전사적인 승자의식/평정의식/항마의식 등은 캇띠야(khattiya)라는 그의 사회적 신분과 긴밀히 관련되어 있다. 이것은 사람들의 사회의식은 그들의 사회적 조건과 긴밀히 연관되어 있다는 일반적 경향을 새삼 확인하는 것이다. 캇띠야는 끊임없이 전쟁과 승리를 추구하고 있다. '권력과 영토의 지배를 열망하는 것'으로[190] 이상을 삼고 있다. 또 캇띠야는 당시 인도의 계급 가운데서 거의 유일하게 종족(種族, clan)과 관련되어 있고, 대개 공화정/공화국(gana-saṅgha)과 관련 깊다. '석가족'이라고 할 때 그것은 그들이 곧 '캇띠야'라는 사실을 의미한다.[191] 잘 알려져 있는 바와 같이, 붓다는 석가족에 대한 대단한 자부심과 긍지를 가지고 있었다.[192] 이것은 붓다가 캇띠야로서 대단한 자부심과 긍지를 가지고 있었다는 사실을 의미한다. 출가 전의 청년 고따마가 적국들을 정복하고 강력한 제국(帝國)을 건설함으로써 이 세상을 평정하려는 캇띠야 일반의 승자의식, 곧 캇띠야 의식(khattiya 意識)과 무관하지 않다는 사실을 의미한다. 제

190 "*Aṅguttara-nikāya*에서는 보다 명시적으로 드러나고 있는데……여기서는 캇띠야가 그들의 이상으로서 권력과 영토의 지배를 열망하는 것으로 묘사하고……" Chakravarti(1996), *The Social Dimensions of Early Buddhism*, pp. 66-67

191 "와르마(Varma)는 끄샤뜨리야(캇띠야)와 공화정제 사이에 연관을 시사하고 있다. 공화국 안에서 끄샤뜨리야는 릿차비족, 석가족, 말라족 등과 같이 거의 항상 종족명으로 지칭되고 있다. 그러나 끄샤뜨리야로서의 지위는 의심의 여지없이 확고하다." Chakravarti(1996), *Ibid.*, p.12

192 Sn 422-423 "왕이여, 저쪽 히말라야 중턱에 한 국가가 있습니다. 꼬살라국의 주민으로 재력과 용기를 가지고 있습니다. 씨족은 '아딧짜(adicca)'(태양의 후계자)라 하고 종족을 석가라 합니다. 그런 가문에서 감각적 욕망을 구하지 않고, 왕이여, 나는 출가한 것입니다." 전재성 역(2004),『숫타니파타』, pp.253-254

일 계급으로서의 캇띠야에[193] 대한 붓다의 이러한 우월적 캇띠야 의식은, *Nikāya*에서 사회계층에 관하여 언급할 때, 또 빠리사를 언급할 때, '캇띠야 – 브라흐마나 – 가하빠띠' 순으로 열거하는 불교적 버전(Buddhist version)에 의해서도 잘 드러나고 있다.[194]

권력과 전쟁과 영토적 평정이라는 청년 고따마의 캇띠야적 이상과 열망은 나라와 민중들에 대한 관심과 책임감, 곧 많은 사람들의 이익과 행복 · 고통에 대한 관심과 책임감을 태생적으로 내포한다. 또 위대한 정복자/승리자에 대한 민중들의 대망과 염원을 태생적으로 반영한다. 고따마는 어린 시절부터 이런 대중적 대망과 염원 속에서 성장하였고 또 그렇게 교육 받으며 캇띠야 의식을 성숙시켜 갔다. 성열 스님이 지적하고 있는 바와 같이, 고따마에 대한 석가족의 대망과 염원은 '이미 붓다가 되어 고향을 방문했을 때에도 수천 명씩이나 떼로 몰려와 석가족의 장래를 위해서는 지금이라도 천하를 지배하는 전륜성왕이 되어 달라'고 간청할 정도로 민중적이었다. 또 숫도다나(Suddhodana)왕이 걸식하는 붓다를 보고 "석가족의 명예를 생각하라"고 요구할 정도로 뿌리 깊고 심각한 것이었다. 보다 중요하게 생각되는 것은 이런 승리와 평정, 많은 사람들에 대한 관심과 책임감, 민중들의 대망과 염원이 캇띠야 의식의 기본적 정서를 형성하고 있다는 사실이다. 어린 왕자의 '농경제의 명상'이나 청년 고따마의 '세 궁전의 고뇌', '네 성문을 나가봄〔四門遊觀〕' 등이 이런 캇띠야 의식과 관련되고, 많은 사람들의 입장에서 생각하고 고민하는 붓다의 동체적 문제의식이 이런 캇띠야 의식과 관련된다. 초전 과정에서, 또 붓다의 전 생애를 통하여 드러

---

193 PED(1986) p.232, Sk, Kṣatriya ; A member of one of the clans or tribes recognised as of Aryan descent. To be such was to belong to the highest social rank.

194 Chakravarti(1996), *The Social Dimensions of Early Buddhism*, p.98

나는 승자의식/항마의식/평정의식이 이런 캇띠야 의식과 관련되고 있다.

그러나 기원전 7~5세기의 정치적 상황을 고려할 때, 고따마는 동북 인도 최대의 강대국인 꼬살라(Kosalā)국에 부속된 한 약소국 석가족의 왕자이다. 그는 안팎으로 여러 곤경에 직면하여 극복하기 어려운 좌절을 체감하지 않을 수 없었다.[195] 이러한 정치적 상황이 고따마의 캇띠야 의식에 크나큰 변화를 야기하고, 이것이 그의 삶의 전환과 불교사상의 형성에 주요변수로서 작용하였다. 우마 차크라바르티는 이렇게 논하고 있다.

> 붓다가 목격한 가장 중요한 정치적 상황은 공화국들(gana-saṅgha)의 점차적인 몰락과, 이에 상응하여 꼬살라 · 마가다 등 군주국들에 의하여 추구되는 강대국들의 영토 확장이었다. 이 두 가지 특징은 불교의 정치사상과 불교 상가의 발전에 결정적인 역할을 하였다. 과거에는 전제국가들이 공화국으로 기우는 변화였음에 대하여, 기원전 6세기에는 반대 현상이 일어나고 있었다. T. 링(T. Ling)은 개인주의의 성장이 공화국들의 쇠퇴에 책임이 있다고 시사하고 있다.[196]

붓다의 고뇌와 출가 · 성도 · 초전법륜의 과정은 이러한 캇띠야 의식/캇띠야적 승자의식이 보다 정신적인 영역으로 전환되었음을 보여

---

195 "도시의 상업발전에 의하여 지지되고 있는 개인주의는 귀족적 공화국가들을 안팎으로 극도로 취약한 상황으로 만들었다. 붓다가 속해 있는 석가족을 포함한 이들 몇몇 공화국들은, 붓다 이전부터, 비록 내부적으로는 그들 공화정의 전통을 이어가고 있었다 할지라도, 꼬살라 왕국에게 그들의 주권을 상실당하고 있었다." Upreti(1997), *The Early Buddhist World Outlook in Historical Perspective*, p.68

196 Chakravarti(1996), *The Social Dimensions of Early Buddhism*, p.16

주고 있다. 이것은 고따마의 정치적 캇띠야 의식이 출가 고행의 과정을 통하여 붓다의 전법륜(轉法輪) 정신으로 승화되어 초전 벽두부터 작동하고 있다는 사실을 의미한다. 캇띠야적 동체의식이 동체대비의 정신으로 승화되어 그의 삶을 통하여 치열하게 작동하고 있다는 사실을 의미한다. 살벌한 전쟁터에서 전차(戰車)를 굴리는 대신에, 붓다는 이제 법륜(法輪)을 굴림으로써 폭력과 탐욕의 적들/마라들을 항복받고, 위없는 승리자(Jina, 大雄)가 되어 이 세상을 동체대비로써 평정하려고 하는 것이다. *Nikāya* 전편(全篇)에서 빈번히 거론되고 있는 '전륜성왕(轉輪聖王)'은 이러한 캇띠야 의식, 곧 캇띠야적 승자의식/평정의식이 붓다의 의식 속에 깊이 각인되고 있다는 사실을 입증하고 있다.

뿐만 아니라 이러한 캇띠야 의식은 초기 불교도의 사고와 행위를 지배하는 기본적인 심리적 기제로서 작동하고 있다. 불교도들에게 있어 수행과 전도 · 사회적 실천은, 전사(戰士)들이 전선에서 적군과 목숨 걸고 대결하듯, 목숨 걸고 악마와 대면하고 싸워 이기는 긴박한 헌신적 과제로서 부과되고 있다. 붓다와 초기 대중들이 시종일관 신명을 던져 전법고행의 길로 나아갈 수 있었던 것은 이런 치열한 캇띠야 의식/캇띠야적 항마–승자의식이 작동하고 있었기 때문에 가능했다. *Dīgha-nikāya*의 「*Janavasabha-sutta*」(자나와사바 경)에서 보듯, 나디까(Nādika) · 까시(Kāsi) · 꼬살라(Kosalā) · 왓지(Vajjī) · 말라(Mallā) · 쩨띠(Cetī) · 왐사(Vamsā) · 꾸루(IKurū) · 빤짤라(Pañcālā) · 맛차(Macchā) · 수라세나(Sūrasenā) · 마가다(Māgadhā)……등 수많은 나라의 초기 대중들이 목숨 걸고 삼보에 헌신할 수 있었던 데는 이러한 캇띠야 의식–캇띠야적 항마/승자의식이 작동하기 있었기 때문에 가능한 것이었다.[197]

197 D II 200-202; 각묵 스님 역(2006), 『디가니까야』 2권, pp.347-351; (D 18 「*Janavasabha-sutta*」–자나와사바 경; 1-4)

'캇띠야 의식/캇띠야적 승자의식에 기초한 동체적 사회의식', 이것이 붓다의 삶을 관철하고 있는 붓다의 사회의식이다. 그래서 붓다는 항상 현장(現場)에 있었다. 전선에서 적과 맞서는 전사가 늘 전쟁의 현장/전장(戰場)에 있는 것같이, 붓다는 어느 때나 전법륜의 현장에 있고, 민중들의 현장/고통의 현장에 있었다. 로히니(Rohiṇī) 강변의 물전쟁 때,[198] 왓지족들이 기근과 질병으로 고통 받을 때,[199] 노상강도의 횡행으로 도시가 황폐해져 갈 때,[200] 붓다는 언제나 현장에 있었다. 가난한 농민들이 노동으로 시달릴 때,[201] 한센병 환자가 시장에서 밥을 빌 때,[202] 희생제의에서 동물들이 공포에 떨고 있을 때,[203] 붓다는 그 현장에 있었다. 그리고 마지막 입멸을 앞두고 변방의 궁핍한 마을에서 말라(Mallā)족 대중들과 함께 있었다.[204] 안거를 지낼 때도 매일같이 탁발하며 사람들을 만났고, 제자들을 가르치고 방문자들과 상담하였다. 그래서 많은 사람들의 현장을 떠난 붓다 · 담마 · 공동체는 상상할 수 없었다.

이렇게 붓다는 기원전 7～5세기 동북 인도의 모순적 사회구조를 혁

---

198 DA III 254-257; Burlingame tr.(1999), *Buddhist Legends* (*Dhammapada Aṭṭhakathā*) vol. 3, pp.70-72, New Delhi, Munshiram Manoharlal Pub.; 거해 스님 역(1992),『법구경』2권, pp.45-47 (*Dhammapada* vs. 197-199)

199 *Suttanipāta*의「*Ratana-sutta*」; 전재성 역(2004),『숫타니파타』, p.173 이하

200 M II 98-105; 전재성 역(2002),『맛지마니까야』3권, p.492 이하; (M 86「*Aṅgulimāla-sutta*」- 앙굴리말라 경)

201 *Dhammapada* vs. 203; Burlingame tr.(1999), *Buddhist Legends* (*Dhammapada Aṭṭhakathā*), vol. 3, pp.74-76; 거해 스님 역(1992),『법구경』2권, pp.54-55

202 U V 3; Peter Masefield tr.(1997), *The Udāna*, pp.88-91

203 S I 75; 전재성 역(1999),『쌍윳따니까야』1권, pp.182-185; (S 3; 1; 9「*Yañña-sutta*」- 제사경)

204 D II 147-148; 각묵 스님 역(2006),『디가니까야』2권, pp.276-278; (D 16「*Mahāparinibbāna-sutta*」- 대반열반경; 5, 19-22)

신하고 사회정의를 실현하려는 사회적 실천운동의 주역으로 나서고 있다. 캇띠야 의식에 기초한 동체적 사회의식, 곧 동체적 자비가 붓다의 삶을 향도하는 정서적 특성이 되었고, 또한 초기불교 사회적 실천운동을 견인하는 윤리적 · 사상적 동력이 되었다.[205] 자비는 깨달음에서 오는 심리적 변화이기 이전에 이렇게 치열한 사회의식의 발로로서 드러나는 것이다. '보드가야의 성도 사건' 이후, '구시나가라(Kusināra, Skt. Kusinagara)의 마지막 죽음'에 이르기까지, 붓다의 45년, 곧 전법륜의 45년은 비(非)이기적 사회를 추구하는 사회적 실천의 과정으로 점철되었다. 붓다는 언제나 차별 없이 수많은 사람들과 만나 담마를 전파하고 사회적 정의를 실현하는 일에 전력하였다. 카루나라트네(W. S. Karunaratne)는 이렇게 논술하고 있다.

> 붓다의 삶은 충분히 발전된 사회의식을 보여주는 주목할 만한 기록이기도 하다. 그는 권력자들과 어울렸고, 비천한 사람들 곁을 떠나지 않았다. 그는 빔비사라와 꼬살라의 빠세나디 같은 국왕들과 함께 활동했다. 그는 아나타삔디까(Anāthapinḍika)와 같은 부유한 자본가와도 교제하였다. 그의 문하에는 위사까 · 케마 · 웁빨라완나와 같은 귀부인들도 있었다.
> 그렇다고 하여 앙굴리말라와 같은 강도, 수니따와 같은 청소부, 암바빨리 · 빠따짜라 · 순다리와 같은 창녀 등과 친분을 맺는 데에 방해가 되는 것은 아니었다.

---

205 "그러한 사회적 실천으로서의 이타행의 윤리적 근거 또는 토대는 바로 '세계에 대한 큰 자비(lokanukampa)'라는 말로 표현되고 있다. 자비행이야말로 불교사에 있어 불교의 실천윤리의 핵심으로 강조되는 데에는 이러한 뿌리에 닿아 있음을 볼 수 있다." 조준호(2002a), 「초기불교의 사회적 실천운동」『실천불교의 이념과 역사』, p.46

그는 병자를 보살피고, 버림받은 자와 가난한 자를 구제했으며, 약자를 위로하고, 불행한 이에게 행복을 가져다주었다. 그는 사회를 회피하지 않고 끊임없이 변화하는 사람들의 모임 속에서 마지막 순간까지 그들과 더불어 살았다.[206]

2) 초기 대중들의 사회의식과 개척정신

(1) 상인적 도전의식으로

초기 빠리사 대중들의 사회의식을 이해하는 데는 '와라나시 전도선언 사건'이 좋은 자료가 될 것이다. 붓다의 경우에서도 그랬듯이, 대중들의 경우에도 첫 출발점이 방향을 가늠하는 지침이 되기 때문이다. *Vinaya-piṭaka*의 「*Mahāvagga*」에서는 이렇게 설해지고 있다.

"수행자들이여, 나는 신(神)들의 올가미 · 사람들의 올가미, 모든 올가미를 벗어났다. 그대들도 신(神)들의 올가미 · 사람들의 올가미, 모든 올가미를 벗어났다. 비구들이여, 이제 전법하러 떠나가라.[207] 많은 사람들의 이익을 위하여, 많은 사람들의 행복을 위하여, 세상에 대한 자비심으로, 신(神)들과[208] 인간들의 이익과 복지 · 행복을 위하여, 두 사람이 한 길로 가지 말라.……

수행자들이여, 나 또한 법을 설하기 위하여 우루웰라의 세나니가마로

---

206 cit. 딧사나야케(1988),『불교의 정치철학』, p.83

207 원문의 'carika'는 '유행하다' '돌아다니다' '길을 떠나다'이지만, 여기서는 의미상 '전법하러 떠나가라'라고 옮겼다.

208 조준호는 '신(神)들'로 번역된 'devamanussa'를 '神的 권위에 묶인 이들'로 번역하고 있다.; 조준호(2002b),「초기불교의 실천사상」『한국불교학』 제32집, p.241 각주-8, 한국불교학회.

가리라."[209]

이것이 '*Saṃyutta-nikāya*'/초기불전의 「*Pāsa-sutta*」(올가미경)에 기록된 역사적인 '붓다의 전도선언'이다.[210] 곧 '와라나시의 전도선언'이다. '붓다의 전법부촉'으로 일컬어지기도 한다. 초전법륜 직후, 와라나시 사슴동산에서 60명의 최초 대중들을 대상으로 한 붓다의 간곡한 전도 촉구이다.

여기서 주목되는 것은, 이 '와라나시의 전도선언 사건'을 계기로 이러한 붓다의 전법륜 의식이 대중 일반의 전도의식으로 전환되고 있다는 사실이다. 붓다의 전도의식이 사부대중의 전도의식으로 공감 공유되고 있는 것이다. 문맥상 '전도선언'은 출가 수행자, 정확하게는 비구들에게 부과되고 있다. 그러나 「*Mahāparinibbāna-sutta*」의 '마라와의 대화'에서 보았듯이, 이것은 본질적으로 모든 불교도들에게 평등하게 요구되고 있다. 수많은 출가 · 재가의 사부대중들이 전도전법의 길로 매진하며 헌신하고 있는 초기불전의 기록들이 이러한 전도선언의 대중적 보편성을 입증하고 있다. 그 결과, 이 전도선언은 전체 불교도의 심층의식 속에 깊이 침잠하여 그들로 하여금 끊임없이 전도전법의 길로 궐기시켰다. 또 이러한 전도의식은 불교사 2600여 년 불교도들의 사고와 행위를 지배하는 기초적 동력으로서 내연해 왔다. 이와 관련하여 칼 야스퍼스는 이렇게 논하고 있다.

---

209 Vin Ⅰ 21; Horne tr.(2000) *The Book of the Discipline* (*Mahāvagga*), vol. Ⅳ, pp.28-29(*Vinaya-piṭaka*, 「*Mahāvagga*」 Ⅰ 11. 1); S Ⅱ 105; 동국역경원(1985c),『한글대장경 雜阿含經』 3권, pp.154-155

210 "'전도'라는 말이 현재 기독교에서 많이 쓰여 불교에서는 기피하고 있으나, 사실은 한역 불교경전에서 나타나는 불교용어에 대한 기독교의 차용이다." 조준호(2002b),「초기불교의 실천사상」『한국불교학』 제32집, p.38

교법의 전도는 각 개인에게, 더욱이 모든 개인(불교도, 필자 주)에게 향해 있기 때문에, 그리고 또한 세상에 미치고 남김없이 그것을 비추는 빛으로서 의식적으로 전도가 행해졌기 때문에, 여기에 이르러 새로운 계기를 하나 들 수 있다. 그것은 의식적인 '전도(傳道)의 의지(意志)'이다. 이러한 의지가 있었기 때문에, 붓다는 처음부터 개인을 구제하는 것과 동시에 세상을 유행하여 가르침을 넓히기도 하고, 상가를 설립하기도 하였다.[211]

'와라나시의 전도선언 사건'에서 좀 더 숙고되어야 할 문제가 있다. 그것은 붓다의 전도선언이 최초 상가의 대중들에 의하여, 나아가 빠리사의 많은 대중들에 의하여 어떻게 그렇게 즉시적으로 공감 공유될 수 있었는가 하는 문제와 관련된 것이다. 여기에도 '이념', '교리' 이전에 '사람들'의 문제가 또한 제기되고 있다. 이것은 이 문제가 최초 상가의 사회적 특성과도 관련된다는 것을 의미한다.

문헌에 의하면,[212] 최초 상가의 구성원 60명 가운데 55명은 와라나시(현재 Benaers) 출신의 젊은이들이었다. 야사스(Yasas) · 위말라(Vīmala) · 수바후(Subāhu) · 뿐나지(Puññaji) · 가왕빠띠(Gavaṃpati) 등 55명은 와라나시의 부호 장자들의 자제들이었다.[213] 여기서 우리는 와라나시(Vārānasī, 지금의 Benares)라고 하는 도시의 사회적 조건에 관하여 주목하게 된다. 리스 데이비스의 연구에 의하면, 한때 까시(Kāsi)국의 수도였던 와라나시는 기원전 7세기경 인도의 14개의 대도시(mahānagara) 가

211 칼 야스퍼스(1983),『야스퍼스의 佛敎觀』, p.74, 동국대학교 역경원.

212 Vin I 18-20; Horne tr.(2000), *The Book of the Discipline* (*Mahāvagga*), vol. IV, pp.26-28; (*Vinaya-piṭaka*,「*Mahāvagga*」I 9. 1-10, 4)

213 성열 스님(2008),『고따마 붓다』, p.210

운데 하나로, 강가 강과 와루나(Varuṅa) 강의 합류지점에 위치한 해상 교통의 요충지였다.[214] 앙가국의 짬빠와 왐사국의 꼬삼비를 거쳐 왓지족의 웨살리와 쩨띠의 사하자띠를 연결하는 해상 교통로(jalapatha)에서 와라나시는 중심적 역할을 담당하였고,[215] 상공업도시로서 번창하였다. 슈만은 와라나시의 상공업에 관하여 이렇게 기술하고 있다.

> 베나레스(와라나시의 현재 지명)는 고대에 이미 유명한 옷감으로 알려져 있었다. 섬세한 모슬린과 흔히 금실로 짠 무거운 비단인 베나레스 섬유는 유명하였고, 인도 전역에 소비자가 많았다. 꼭 필요한 상업적인 이니시아티브를 갖고 다소의 자본을 투자해서 직조공에게 실을 사주고 적절한 패션을 제공해 주고, 제품의 수출이나 판매에 관심을 갖는다면, 누구든지 돈을 벌 수 있었다. 야사스의 아버지도 이런 식으로 부자가 되었을 것이다. 공업과 상업의 몇몇 갈래들은 그 도시 종교의 의례와 직접 관련되어 세례의식을 위해서 진흙병이나 구리병을 만들거나 베다식의 배화의식과 화장을 위하여 향료와 기름을 판매하거나 희생용 동물들과 꽃 장식들을 교역하기도 하였다.
>
> 이 당시 대개 12만 명으로 추산되는 와라나시 주민 중 상당한 비율의 사람들은 순례와 관련되는 서비스를 제공하면서 생활하였는데, 그들은 희생제의(yajña, 필자 주), 또는 화장의식의 집행자로서, 또는 여관 가이드나 하인으로서, 또는 순례자들을 먹이로 삼는 야바위꾼들로서 돈을 벌었다.[216]

---

214 Rhys Davids(1981), *Buddhist India*, pp.34-35

215 성열 스님(2008),『고따마 붓다』, p.42

216 Schumann(1989), *The Historical Buddha*, pp.73-74

야사스와 그의 친구들은 와라나시의 상공업으로 축재한 장자거사, 곧 상인(商人, vessa) 출신들이었다. 그리고 혼란스러울 정도로 자유분방한 도시적 풍토에서 성장한 자유롭고 진취적인 젊은이들이었다. 야사스의 경우에서 보는 것과 같이,[217] 그들은 도시적 풍요와 향락에 만족하지 못하고 보다 신선하고 의미 있는 미지의 세계를 동경하는 모험적인 젊은이들이었다. 이들과 관련하여 제기되는 또 하나의 문제는 와라나시의 종교적 상황이다. 슈만이 언급하고 있는 바와 같이, 와라나시는 베다의 전통적인 의식이 거행되는 브라흐만교(Brahmanism)의 중심지였다. 희생제의나 세례의식 · 화장의식을 위하여 물품을 공급하거나 서비스로 부(富)를 축적할 정도로 와라나시는 '베다적 희생제의의 한 센터(a center of the Vedic sacrificial cult)'였다.[218] 지금도 강가 강 언덕에는 'Daśsāś-vamedhghāt/열 마리 말(馬)이 희생된 계단'이라는 왕실 희생제의를 기념하는 장소가 남아 있을 정도이다.[219] 이러한 베다적 의식들은 브라흐마나 사제들에 의하여 집행되었고, 그 비용이 민중들, 특히 상인들에게는 경제적으로도 큰 부담이 되는 것이 당시 인도의 일반적 상황이었다.

따라서 와라나시의 이러한 정신적 분위기는 사유재산과 개인주의라는 새로운 도시적 기풍 속에 성장한 상인적(商人的) 변화를 수용할 수 없을 정도로 수구적(守舊的)이었다. 특히 이단적 교설을 주장하는 사마나들에 대해서 냉담하고 적대적이었다. 붓다를 비롯한 많은 유행자들이 와라나시에서 상당히 떨어진 근교에 머물렀던 것도 이러한 상황과

217 Vin I 15; Horner tr.(2000), *The Book of the Discipline* (*Mahāvagga*), vol. Ⅳ, pp.21-22; (*Vinaya-piṭaka*, 「*Mahāvagga*」I 7, 1-3)

218 Schumann(1989), *The Historical Buddha*, p.74

219 Schumann(1989), *Ibid.*, p.78

무관하지 않다. 붓다는 와라나시의 이러한 수구적 행태에 대하여 냉철히 비판하였다. 그는 베다의 세례의식과 희생제의를 무용(無用)한 것으로 주장하였고, 특히 동물희생에 대해서는 공개적으로 비판하고 나섰다.[220]

착취적인 베다 의식에 집착하는 낡고 권위적인 수구세력들, 새로운 변화와 모험을 추구하는 자유롭고 진취적인 젊은 상인들, 와라나시의 이 기묘한 대조에서 우리는 초전법륜의 '마라와 범천'의 구도를 보는 듯하다.[221] '범천권청'에서 붓다가 "그대 빚 없는 이여, 대상(隊商)의 주인이시여"[222]라고 일컬어지는 것도 붓다와 상인들 사이의 깊은 유대감과 붓다에 대한 신진세력들의 변혁적 대망의식(待望意識)을 반영하고 있는 것이다. '와라나시의 전도선언'에서 붓다의 전도의식이 많은 대중들에 의하여 공감되고 동참을 이끌어낼 수 있었던 데에는 이러한 유대감과 대망의식이 심리적 배경을 형성하고 있다. 그리고 붓다와 상인들 사이의 이러한 유대감과 전도의식은 초기불교사의 전 과정을 통하여 보편적으로 지속되고 있다. 이것은 상인으로 대표되는 도시 민중들의 자유분방한 변화의식과 모험적 도전의식이 불교 대중들의 사회의식을 형성하는 본질적 요소의 하나로서 작용하고 있다는 사실을 의미한다. 이러한 상인적(商人的) 도전의식이 불교 전파/불교 개척 과정의 결정적인 동인(動因)으로서 작동하고 있었다. 슈만이 상인들(vessa caste)을 초기 교단의 '가장 영향력 있는 그룹(the most influential group)'으로 규

220 Schumann(1989), *Ibid.*, pp.74-75

221 '전도선언'에서 조준호가 'devamanussa'를 '신적(神的) 권위에 물든 이들'로 옮긴 것도 이런 맥락에서 이해된다.; 조준호(2002b),「초기불교의 실천사상」『한국불교학』 제32집, p.241 각주-8

222 Vin I 6; Horner tr.(2000), *The Book of the Discipline* (*Mahāvagga*) vol. IV, p.8; (*Vinaya-piṭaka*,「*Mahāvagga*」I 5. 7)

정하고 초기불교의 전방위적 확산은 '이들 대상(隊商)들의 험한 소 수레(牛車)에 의해서였다'라고[223] 기술하는 것도 이런 상황을 반영하고 있다. 이와 관련하여 *Saṃyutta Aṭṭhakathā*(상응부주석서)에서는 매우 의미 있는 정보를 제공하고 있다. 여기서는 마하깝삐나(Mahākappina)의 전향 과정을 이렇게 기술하고 있다.

> 깝삐나는 부처님보다 나이가 많았으며, 4200km 떨어진 변방의 왕국에 있던 꾹꾸따와띠(Kukkuṭavati)라는 도시의 왕자로 태어났다. 그는 부왕이 죽자 마하깝삐나(Mahākappina)라는 왕이 되었다. 그의 왕비는 사갈라(Sagala) 출신이었다. 그는 학문과 수행을 좋아해서 부하들에게 매일 아침 학승(學僧)이 성문을 지나가면 보고할 것을 당부할 정도였다. 부처님이 세상에 출현한 뒤에 상인들이 사왓티에서 그 소식을 가지고 꾹꾸따와띠에 들렀다. 왕이 상인들에게 훌륭한 가르침을 베푸는 스승에 관해 묻자 상인들은 "씻지 않은 입으로는 말할 수 없다"고 하였다. 왕은 황금항아리에 물을 담아 오라고 했다. 상인들이 그 황금항아리의 물로 입과 손을 씻고는 왕에게 "부처님" 하고 말했다. 그 소리를 듣자 왕은 황홀해서 세 번이나 "부처님" 하고 연발하며 상인들에게 많은 돈을 사례로 주었고, 가르침과 승단에 관해 이야기하자 이미 준 금액의 세 배로 포상을 했다. 그리고는 대신들과 함께 세상을 버리고 부처님을 찾아 나섰다.……[224]

이 '사왓티 상인들의 전도사건'은 상인적 도전의식이 초기불교의 전

223 Schumann(1989), *The Historical Buddha*, p. 190

224 *Pss. of the Brethren*, p.254 abridged; 전재성 역(1999), 『쌍윳따니까야』 3권, p.435 각주-344

법 개척 과정에서 어떻게 작동하고 있는가를 구체적으로 보여 주는 좋은 사례이다. 그들 사왓티 상인들은 4200km의 머나먼 변방(邊方)으로 길을 열고 달려가 이익을 구하고 가르침을 전파하고 있다. 4200km의 머나먼 길, 사왓티의 상인들은 이 멀고 험한 길을 갔다. 무엇 때문일까? 무엇을 구하여 이들 상인들은 이 험로를 간 것일까? 단지 경제적 이익만을 찾아서 간 것일까? 여기서 우리는 붓다와 상인들, 불교와 상인들 사이의 이러한 친밀성이 무엇에 기초하고 있는가라는 본질적인 질문에 대면하고 있다. 이와 관련하여 슈만은 이렇게 논술하고 있다.

> 예부터 상인계급은 사업의 성공을 보장받기 위해서 값비싼 베다의 희생제의를 거행하는 데 익숙해 왔다. 그리고 의식전문가들인 브라만들에게는 이것이 수입의 원천이었다. 붓다의 가르침은 상인들이 보다 적은 비용으로 성공을 요구할 수 있도록 만들었다. 만일 불교 승려들에 대한 공양의 기증이 종교적 공덕이 되는 것이라면, 상인들은 그때 그들이 〔그렇게 함으로써〕 사업에 행운을 가져오게 해야 된다고 생각하였다. 대금(貸金)업자이기 때문에 항상 상당한 대출금을 갖고 있는 그들 상인(vessa)들은 채무자들의 출가를 배제하고 있는 불교의 새로운 교의에(Mv I 46) 또한 이끌렸다. 다른 사마나 그룹들과는 달리, 불교 상가는 그들의 채권자들로부터 도피하는 채무자들에게 도피처를 제공하지 않았다.[225]

여기서는 불교가 제시하는 '눈앞에 보이는 실제적이며 현실적인 이익'이 진보적 상인들을 이 새로운 종교로 전향시킨 가장 기본적인 요

---

225 Schumann(1989), *The Historical Buddha*, pp.189-190

인으로 분석되고 있다. 그리고 붓다의 가르침〔法, dhamma〕이 추구하는 특성에 비춰볼 때, 이런 분석은 매우 합리적인 것이다. *Nikāya*에는 가르침의 다섯 가지 특성이 광범하게 설해져 있고, '눈앞에 보이는 실제적인 이익'이 제1의 특성으로서 명시되고 있다.[226] '실제적 이익'은 'sandiṭṭhika/산딧티까'를 옮긴 것인데, PED에서는 '눈에 보이는(visible)', '실제적인(actual)', '〔눈에 보이는〕 세속적인 이익(worldly gain)'[227]으로 해석되고 있고, 전재성은 '현세의 삶에 유익한 것'이라고[228] 옮기고 있다. '눈에 보이는 세속적인 이익'을 추구하는 가르침의 실제적 특성은 '와라나시 전도선언' 벽두에 이미 명료하게 선포되고 있다.

"이제 전법하러 떠나가라.
많은 사람들의 이익을 위하여

---

226 가르침(dhamma)의 5가지 특성은 다음과 같은 것이다.

① 눈앞에 보이는 것(sandiṭṭhika, a thing of the present)
② 시간이 걸리지 않는 것(akālika, not involving time)
③ '와서 보라'고 할 수 있는 것(ehipassika, come and see)
④ 〔사람들을〕 향상시키는 것(opanayika, leading upward)
⑤ 슬기로운 이들이 스스로 알 수 있고 〔실천할 수 있는〕 것(paccataṃ veditabbo viññūhi, to be regarded by the wise as a personal experience); S Ⅰ 9 ; Mrs. Rhys DAvids tr.(1996), *The Book of the Kindred Sayings* (*Saṃyutta-nikāya*) vol. 1, p.15; 각묵 스님 역(2009),『쌍윳따니까야』1권, pp.164-173; (S 1; 1; 20「*Samiddh-sutta*」- 사밋디 경); 재연 스님(2010),「한국불교가 당면한 교리 · 사상적 과제」『불교평론』44호, pp.30-45, 만해사상실천선양회.

227 PED(1986) p.677, Sndiṭṭhika; visible, belong to, of advantage, this life, actual
Sandiṭṭhi; the visible world, worldly gain

228 S Ⅰ 9 "이 성스러운 가르침은 현세의 삶에 유익한 것이고, 시간을 초월하는 것이고, 와서 보라고 할 만한 것이고, 최상의 목표로 이끄는 것이고, 슬기로운 자라면 누구나 알 수 있는 것이다." 전재성 역(1999),『쌍윳따니까야』1권, p.40; (S 1; 2;10「*Samiddhi-sutta*」- 사밋디 경)

많은 사람들의 행복을 위하여, 세상에 대한 자비심으로……" (Vin I 21)

여기서 선포되고 있는 '많은 사람들의 이익(bahujanāhita)' '많은 사람들의 행복(bahujanasukha)'이 곧 '눈에 보이는 세속적인 이익(sandiṭṭhika)'과 관련된다. 붓다는 처음부터 이런 현실적이며 세속적인 이익과 행복에 관한 가르침을 설하고 전파하였다. 형이상학적 담론을 배제하고 많은 사람들/민중들의 일상적이며 현실적인 고통을 치유할 수 있는 '고통 소멸의 방법'을 설하였다. 갖가지 중첩된 현실적이며 사회적인 고통 때문에 삶의 벼랑으로 내몰리고 있는 사람들에게 이런 실제적인 붓다의 가르침은 더할 수 없는 복음이었다. 특히 세속적 이익을 추구하여 신명을 던져 험로를 달리며 장사하기를 속성으로 삼는 상인들에게 붓다는 크게 의지할 수 있는 '주인〔商主, 隊商主〕'이었고, 슈만이 분석하고 있는 바와 같이, 붓다의 가르침은 희생제의의 비싼 대가를 치르지 않고서도 높은 이윤을 추구할 수 있는, '저비용 고효율'이라는 그들 상인들의 욕구를 충족시킬 수 있는 유익하고 유용한 것이었다. 붓다의 가르침을 듣고 처음으로 귀의한 불교도가 땁뿟사(Tappussa)와 발리까(Bhallika)라는 두 상인이었고,[229] 또 삼보에 귀의한 최초의 제자가 와라나시의 상인 장자인 야사스의 아버지였다는 것도 이런 사실과 무관하지 않은 것이다.[230]

따라서 진보적 상인들은 붓다와 그 가르침에 대하여 깊이 신뢰하고 붓다와 그 가르침을 널리 전파하려는 전도의식으로 고무되었다. 그래서 사왓티 상인들은 목숨 걸고 만리 길을 달려갔고, 마하깝삐나 왕 앞에서 "부처님" 하고 외친 것이다. 와라나시 상인 출신인 55명의 최초

229 Vin I 4; Horner tr.(2000), *The Book of the Discipline* (*Mahāvagga*) vol. Ⅳ, p.5; (*Vinaya-piṭaka*,「*Mahāvagga*」I 4)

230 Vin I 18; Horner tr.(2000), *Ibid.*, p.26; (*Vinaya-piṭaka*,「*Mahāvagga*」I 8)

대중이 붓다의 전도선언을 즉시에 공감하고 저마다 홀로 전도의 길을 떠날 수 있었던 것도 이들 속에 내재해 있는 모험적이며 도전적인 상인의식(商人意識) 때문이었다. 현실적 이익을 구하여 신명을 던지며 모험을 감행하는 그들의 상인의식, 곧 상인적 도전의식이 붓다와의 만남을 통하여 상인적 전도의식으로 승화되고 전환되어 간 것이다. 이와 같이 상인들을 중심으로 하는 많은 사람들/대중들의 상인적 전도의식은 불교사의 벽두에서부터 명료하게 작동하고 있고, 초기불교 개척운동/사회적 실천운동의 전 과정을 통하여 치열하게 연소되어 갔다.

(2) 초기 대중들의 모험적 개척정신

'와라나시 전도선언' 이후, 붓다와 초기 빠리사 대중들은 광막한 인도 대륙을 향하여 그들의 전도의지를 불태우며 유행하였다. 붓다와 출가대중들은 끝없는 유행(遊行)과 탁발(托鉢)을 통하여 이 전도의지를 실천하였다.

유행과 탁발은 불교 이전 브라흐만교의 오랜 전통인 인간의 4주기 가운데 유행기(遊行期, sannyāsa)로부터 연원하고 있다. 그리고 붓다 당시 브라흐만교의 부패에 대한 하나의 시대적 대안으로 발생한 사마나 운동의 유행자(遊行者, paribbājakas, wanderers)들에 의하여 계승되고 있다. 고따마의 불교운동도 이러한 사마나 운동의 범주에 속하는 것이기 때문에, 초기불교의 출가대중들 - 비구 · 비구니들은 유행과 탁발을 수행의 본분으로 받아들이고 있었다. 그러나 세상으로부터의 단절을 추구했던 브라흐만교의 유행기나 철학적 탐구와 담론에 몰두했던 다른 사마나 그룹과는[231] 달리, 비구 · 비구니들은 유행과 탁발을 '두타행(頭陀

231 "유행자들 중 일부는 브라흐마나들이었는데, 옷을 입고 〔완전히 나체로 지내는 많은 다른 수행자들과는 달리〕 다소 불편한 생활을 영위하였다. 그들은 세계와 자연에 관한 많

行, dhuta)'이라는 보다 진보된 새로운 수행형태로 발전시켰다.[232] 출가 대중들/출가 빠리사들은 두타행을 통하여 세상 속에서 많은 사람들과 관계 맺었다. 또 비(非)실제적인 철학적 담론이나 사량분별(思量分別)을 '희론(戱論, papañca)'으로 규정하고 이를 삼가면서,[233] 세상 사람들의 이익과 행복을 위하여 봉사하는 실천자들이었다. 마하깟사빠(Mahā kassapa) 비구는 이런 두타행에서 큰 모범을 보인 것으로 알려져 있다. *Theragāthā*에 의하면, 마하깟사빠 비구는 자신의 두타행에 대하여 이렇게 술회하고 있다.

"나는 침상에서 내려와 시내로 탁발하러 나갔다.
밥을 빌고 있는 한 나병환자에게 다가가
그 곁에 가만히 섰다.
그는 문드러진 손으로 한 덩이의 밥을 주었다.
발우 안에 밥을 담아 주었을 때
그의 문드러진 손가락이 뚝 하고 그 안에 떨어졌다.

담벽 아래서 나는 그가 준 밥을 맛있게 먹었다.
그것을 먹고 있는 동안, 식사를 마치고 나서도
내게는 '혐오스럽다'는 마음이 일어나지 않았다."[234]

은 서로 다른 이론들을 심화시켜 간 '철학자들(philosophers)'로서 논쟁에 몰두하였다."
Maurice Walshe tr.(1995), *The Long Discourses of the Buddha* (*Dīgha-nikāya*), p.23

232 김정천(2003),『佛教修行의 頭陀行 硏究』(박사학위논문) p.14, 동국대학교.

233 D II 278; Maurice Walshe tr.(1995), *The Long Discourses of the Buddha* (*Dīgha-nikāya*) p.329; 각묵 스님 역(2006),『디가니까야』 pp.464-465; (D 21「*Sakkapañnda-sutta*」- 제석문경)

234 동국역경원(1969),『한글대장경 본연부』 16(「장로게」「장로니게」), p.482, pp.1054-1056

'마하깟사빠 비구의 걸식'에서 보는 바와 같이, 유행과 탁발은 세상 사람들과 만나고 관계 맺고 담마를 전파하고 사회를 변화시켜 가는 하나의 치열한 사회적 실천이었다. 이것은 초기불교의 유행과 탁발, 곧 두타행이 동체대비를 실현하고 많은 사람들과 자연에 대한 이타(利他)를 완성하는 보다 적극적인 사회적 실천으로서 추구되었다는 사실을 의미한다.[235] 이와 같이 두타행은 본질적으로 이 세상/이 사회를 버리고 떠나는 탈사회(脫社會)가 아니었다. 출가(出家) · 출세간(出世間)은, 그것이 불교의 경우인 한, 이 세상/세간/사회를 떠나는 은둔 독선이 아니라, 도리어 많은 사람들/타인들에 대한 헌신적 봉사로서 추구되었다.[236]

그러나 붓다와 출가대중들의 이러한 관계 맺음과 사회적 역할은 결코 용이한 일이 아니었다. 기원전 7~5세기 동북 인도의 자연적 조건과 사회적 상황을 고려할 때, 유행과 탁발은 때로는 목숨을 거는 모험이기도 했다. 겨울철(12, 1월)의 추위와 섭씨 40도를 오르내리는 여름철(5, 6월)의 더위, 가뭄과 홍수, 독사와 독충들이 그들을 괴롭혔다. 또 도처에서 도적이 그들의 목숨을 위협하였다. 슈만은 이렇게 기술하고 있다.

---

235 "이렇게 처해진 상황에 따라 최선의 두타행을 실천하는 것은……중생과 자연에 이롭게 하고자 동체대비(同體大悲)를 실현하는 두타행으로 이타(利他)를 완성하여 불교수행의 구경목적인 자리와 이타를 구현하는 것이다." 김정천(2003), 『佛敎修行의 頭陀行 硏究』(박사학위논문), p.275

236 "만일 일상적인 가정생활을 영위하면서도 불교를 따를 수 있다면, 붓다에 의하여 출가대중들의 모임인 Saṅgha는 왜 만들어졌을까? 자신들만의 정신적이며 지적인 성장을 위해서뿐만 아니라 남들의 성장을 위하여 봉사하는데 그들의 삶을 헌신하기를 원하는 사람들을 위하여 Saṅgha는 기회를 제공하는 것이다." Rahula(1978), *What the Buddha taught*, p.77

붓다 시대, 인도 대륙은 인구가 희박하고 도시와 촌락들이 지금보다 훨씬 거리가 떨어져 있었다. 따라서 대지를 누비는 비구들의 유행에 위험이 없을 수 없었다. 거기에는 기분 좋은 정원이나 숲 · 초원 · 연못들은 거의 없었다. 〔반면에〕 붓다가 비유한 것 같이(AN I 33), 절벽과 산골, 거의 건널 수 없는 강들, 두터운 덤불지역과 오를 수 없는 산들이 많았다. 또 호랑이와 곰을 포함한 맹수들이 황색 가사를 입은 승려들을 언제나 환영한 것은 아니었다. 도시에서조차 유행자들은 사나운 짐승들로부터 안전할 수 없었다. 빨리 경전에는 분노한 소 때문에 죽음을 당한 사례가 4건이나 기록되어 있다.[237]

유행과 탁발의 전도행은 때로는 주민들의 적의와 방해에 직면하기도 하였다. 어느 때, 말라족 공화국의 투나(Thūṇa) 시민들은 빡빡 깎은 붓다와 수행자들이 그들의 마을에서 갈증을 풀고 머무는 것을 막기 위하여 마을의 우물을 막아 버렸다.[238] 또 붓다와 출가대중들은 흔히 시민들로부터 '놀고먹는 사람들로[239] 매도되기도 하였다. 이런 역경에도 불구하고 붓다와 비구 · 비구니의 출가대중들은 유행과 탁발을 계속하며 가르침을 전파하고 사회적 변화를 추구해 갔다. 이 과정에서 때로, 뿐나(Puṅṅa, Skt. Pūrṅajit, 富樓那)같이, 기꺼이 목숨을 바치기도 하였다.[240]

목숨을 건 모험적인 전도는 또한 재가대중들/재가 빠리사 대중들에 의해서도 열성적으로 추구되었다. 그리고 초기경전의 많은 자료들

---

237 Schumann(1989), *The Historical Buddha*, pp.220-230

238 U Ⅶ 9; Peter Masfueld tr.(1997), *The Udāna*, pp.157-159

239 동국역경원(1969),『한글대장경 본연부』16 (「장로게」「장로니게」), p.554, 283

240 S Ⅳ 60; 전재성 역(1999),『쌍윳따니까야』6권, pp.251-251; (S 35; 4; 88「*Puṅṅa-sutta*」-뿐나 경)

은 이 전도유행에서 상인들/대상들, 곧 상인 그룹이 선두에서 개척의 역할을 담당하고 있었고, 붓다는 이들과 밀접히 유대를 맺고 있었음을 보여주고 있다. 이미 관찰한 바와 같이, 상인 거사(vessa-ghapati)/장자 거사(seṭṭhi-ghapati)들은 단순한 수혜자(受惠者)이거나 보시자(布施者)에 머물지 않았다. 그들은 초기교단의 가장 영향력 있는 지지(支持) 세력으로서의 지위를 확고히 하고, 그들 스스로 신념과 사명감을 갖고 담마를 전파하고 확산시키는 개척자로서 나섰다.

대상/상인들은 소들이 끄는 수레를 몰고, 또는 배를 끌고 거대한 자연재해와 흉포한 도적들의 위협을 무릅쓰고 개척 루트를 열어 갔다. 리스 데이비스는 이렇게 묘사하고 있다.

> 농부들과 수공업자들 이외에, 자기들의 상품을 배에 싣고 큰 강을 오르내리며, 또는 해안을 따라 수송하거나, 대상(隊商)을 조직하여 수레에 싣고 바로 나라를 가로지르는 상인들이 있었다. 각기 두 마리의 소가 끄는 두 바퀴의 작은 수레들의 긴 행렬을 이룬 대상이 그 당시의 분명한 모습이었다. 만들어진 길도 없고 교량도 없었다. 수레들은 숲을 이용하여, 농부들에 의하여 열린 작은 길들을 따라서, 마을에서 마을로 고투(苦鬪)를 벌이며 나아갔다. 속도는 한 시간에 2마일을 넘지 못했다. 작은 개울은 얕은 여울 따라 좁은 곳으로 건너고, 큰 강은 수레 나룻배를 이용하여 건넜다. 나라를 통과할 때마다 세금과 시장세를 지불하였다.[241]

초기경전은 이들 상인들, 상인 거사/장자거사들의 위험을 무릅쓰

241 Rhys Davids(1981), *Buddhist India*, p.98

는 전법활동에 관한 많은 정보를 제공하고 있다. 『잡아함경(雜阿含經)』의 「상인경(商人經)」은 대표적인 사례 가운데 하나이다. 이 경에 의하면, 꼬살라국의 500명의 상인들/대상(隊商)들이 500대의 수레를 몰고 거친 벌판을 가로질러 장사하러 가다가 500명의 도적 떼의 습격을 받고 위기에 빠지게 되었다. 이때 한 우바새가 있어 삼보에 귀의하고 그 벌판의 천신의 시험을 받고 그 앞에 나아가 당당히 가르침을 설하였다. 이렇게 해서 꼬살라국의 500명의 상인들은 모두 안락하게 넓은 벌판을 벗어나게 되었다.[242] *Saṃyutta Aṭṭhakathā*(상응부주석서)에서는 바다에서 폭풍우를 만나 죽어가는 해상(海商)들이 한 우바새로부터 오계를 받고 생천하는 '싸뚤라빠(Satullapa)의 무리'에 관하여 기술하고 있다.[243]

붓다와 사부대중/초기 빠리사 대중은 이렇게 전도의 길을 개척해 갔다. 비구 · 비구니 빠리사 대중들은 탁발 유행하였다. 우바새 · 우바이의 재가 빠리사 대중들은 상인들이 앞장서 수레를 몰고 배를 몰아 전법의 길로 나아갔다. 이렇게 초기 빠리사 대중들은 담마로서 이 세상을 바꾸려는 사회적 실천의 길을 개척해 갔다. 그 과정에서 그들은 수많은 자연적 사회적 장애들과 대면하며 회피하지 않고 때로는 목숨을 던지며 변경으로 변경으로 전진해 갔다. 거친 들판을 달리며 목숨 걸고 길을 개척하는 이런 야성(野性)/야생적(野生的) 개척정신은 바로 초기불교운동의 생명력이며 초기불교의 성공을 실현해낸 동력으로 작용한 것이다.

242 동국역경원(1985b), 『한글대장경 雜阿含經』 2권, pp.122-124

243 Srp. I 54 cit. 전재성 역(1999), 『쌍윳따니까야』 1권, p.55, 각주-12

4. 소결

제2장에서는 사회적 실천의 사람-사람들의 문제, 곧 초기불교가 추구하는 사회적 실천의 대중적 기초에 관하여 고찰하였다.

기원전 7~5세기 동북 인도 대륙의 급격한 경제 · 사회적 변화 속에서 전 시대의 부족공동체적 체제는 급속히 붕괴되어 가는 한편으로, 사유재산에 입각한 개인주의가 시대적 조류로서 대두하였다. 그 결과 인간의 얼굴을 외면한 탐욕스런 이기주의의 팽배로 인하여 사회 존립 자체가 위협받는 사회적 위기가 조성되고, 누구도 이 지상에서 평화롭게 걸을 수 없는 상황이 실제로 전개되고 있었다. 초기불교는 이러한 시대적 변화에 상응하여 추구된 새로운 시대정신으로서, 사회적 혼돈과 많은 사람들의 고통을 대면하고 치유하려는 사회적 실천으로서 추구된 것이다.

초기불교는 캇띠야 · 가하빠띠 · 사마나 등 신진세력들에 의하여 주도되었다. 이들 불교도들은 여러 계층의 사람들이 자유롭게 평등하게 동참하는 대중 참여적 공동체/빠리사(parisā)를 중심으로 활동하였다. 수많은 개별 빠리사들이 자기 방식대로 일시적으로 활동하면서도 이념적으로는 '사중(四衆, 四部大衆, cataso parisā)' '팔중(八衆, aṭṭha parisā)'으로 범주화되고 전법륜의 영속적 목표를 추구하였다. 따라서 초기불교의 교단은 곧 자유롭고 평등한 이 빠리사이다. 이 빠리사가 초기불교가 추구하는 사회적 실천의 대중적 기초가 되었다.

고통 속에서 출구를 기다리는 민중들의 대망의식(待望意識)과 신진세력들의 진보적이며 모험적인 사회의식(社會意識)이 초기불교의 사회적 실천을 견인하는 정신적 동력으로 작용하였다. 붓다는 석가족 캇띠야(khattiya) 출신으로서 이 세상을 평정하려는 강렬한 캇띠야 의식/캇띠야적 승자의식(勝者意識)/항마적 평정의식(平定意識)을 동체대비정신으로 승화시켜 갔다. 장자거사(長者居士, seṭṭhi-gahapati)를 중심으로 하는 상인(商人, vessa)들은 저비용으로 높은 이득을 실현할 수 있는 현세 이익적인 붓다의 가르침에 고무되고 자유롭고 진취적인 불교적 세계관에 고취되었다. 초기불교의 성공에는 이들 상인빠리사 대중들의 도전적 상인의식(商人意識)/상인적 도전의식이 결정적 요인/조건으로서 작동하였다. 빠리사의 주축을 이루는 캇띠야와 상인들의 잠재적 사회의식, 곧 캇띠야의 승자적 평정의식과 상인의 도전적 상인의식이 초기불교 대중들의 사회의식을 형성하는 기본적 요소로 작용하였다. 역동적이며 헌신적인 이러한 사회의식이 야성(野性)/야생적(野生的, savage) 개척정신으로 작동하면서, 초기 불교도들은 거친 벌판과 험한 강을 거침없이 달려 담마의 길(dhamma-road)을 개척하고, 많은 사람들의 고통의 현장으로 들어가 이것을 변화시키는 사회적 실천/사회적 변혁의 삶에 생애를 걸었다. 어둠〔無明〕에 도전하여 밝음〔明〕으로 전환시켜내는 초기 담마들의 내면에는 이런 치열한 사회의식이 끊임없이 작동하고 있다는 사실이 새삼 기억되지 않으면 안 될 것이다.

초기불교의 사회적 실천운동은 자유분방하게 추구되었다. 빠리사 · 상가 등 불교도 공동체는 태생적으로 자유롭고 느슨한 형태의 공동체였다. 그것은 강력한 리더십 · 획일적 텍스트 없이, 많은 사람들의 자발적 동기에 의하여 추구되었다. 이러한 자발성은 기본적으로 초기 빠리사 대중들의 사회의식에 기초한 것이다. 그리고 이 사회의식을 치열한 사회적 실천으로 승화시키는 데는 붓다의 탁월한 가르침과 헌신적 삶이 결정적으로 작용하였다. 붓다의 헌신적 삶에 대한 공감과 확신이 초기 빠리사 대중들을 거친 들판과 험한 격류를 달려 담마를 전파시키고 사회를 변화시키는 사회적 실천의 장으로 이끌어 내었다. 또 그것은 사람마다 지방마다 집단마다 각기 다양한 방식대로 추구되었다. 구체적인 삶의 현장/문제의 현장에서, 눈에 보이는 실제적 이익과 행복/복지를 위하여 끊임없이 노력하고 헌신하는 방식으로 추구되었다. 현장을 전제로 하는 다양성(多樣性)과 실제성(實際性), 그리고 사회의식(社會意識)에서 발로하는 많은 사람들의 자발적 동기, 바로 여기에 초기불교의 본질이 있고 초기불교가 추구하는 사회적 실천운동의 특성이 작동하고 있다.

3장 사회적 실천의 교리적 기초

1. 초기불교의 사회론

1) 자아와 사회 - 역동적인 한 흐름의 세계

초기불교의 가르침에서 '사회(社會)', '인간사회'를 지칭하는 정확한 용어를 찾기란 쉽지 않다. 붓다의 가르침은 대개 신(神)과 인간들, 또는 '신들의 세계, 악마들의 세계, 범천의 세계, 수행자들의 세계, 왕들과 백성들의 세계'[1] 등으로 매우 포괄적으로 설해지고 있기 때문이다. 이 가운데서 사람들의 세상, 곧 사회와 가장 가까운 용어로는 'loka/로까'가 쓰이는 사례가 많다. *Aṅguttara-nikāya*의 「*Dakkhineyy-sutta*」(응공경)에서는 이렇게 설해지고 있다.

"장자여, 세상에서 공양 받아 마땅한 자들은 다음의 두 부류이니, 유학

---

1 Sn p.47; 전재성 역(2004),『숫타니파타』, p.194

(有學)과 무학(無學)이다. 장자여, 이러한 두 부류가 세상에서 공양 받아 마땅한 사람들이고, 여기에 공양 올려야 한다."[2]

여기서 '세상'이 두 번 반복되고 있는데, 'loka'를 옮긴 말이다. 이와 같이 초기불전에서 사람들의 세상, 곧 사회를 말할 때 'loka'가 일반적으로 쓰이고 있다. 또 *Nikāya*에서는 "〔중생들이〕 무리지어 사는 세상(loka)은 실로 거대하다"[3]라고 기술하고 있다. 사회(社會)는 많은 사람들의 집합체로서 정의되기 때문에, 사회가 '중생들이 무리지어 사는 세상(loka)'의 일부라는 의미에서 'loka'의 개념 속에 포괄될 수 있다. 'loka'는 본래 '공간(space)', '열린 공간(open space)'을 의미하는 베다어로, 흔히 '세간', '세상'으로 옮겨지고, '사람들(men)', '인류(mankind)', '민중들(people)' 등으로 쓰이기도 한다.[4] 최근에 와서는 '자연', '생태계' 등의 의미로도 해석되고 있다. 'loka'가 '사람들', '민중들'로도 해석된다는 사전적 해석에 입각할 때, '사회=loka'로 규정되어도 무방할 것이다. 아비담마 불교의 분류에 따르면, '사회'는 '유정세간(有情世間, sattva-loka)'과 가장 가까운 개념으로 이해된다.[5] 따라서 여기에서는 'loka, 곧 사회'로 특정해서 논의를 전개해 나갈 것이다.

---

2 A I 63 "Dve kho gahapati loke dakkhineyyā sekho ca asekho ca. Ime kho gahapati dve loke dakkhineyyā ettha ca dānaṃ dātabban ti." 대림 스님 역(2007), 『앙굿따라니까야』 1권, p.216; (A 2; 4; 4 「*Dakkhineyy-sutta*」 - 응공경)

3 A I 148; 대림 스님 역(2007), 앞의 책 1권, p.384; (A 3; 40 「*Ādhipaeyya-sutta*」 - 우선의 경)

4 PED(1986) p.586, Loka; Vedic in its oldest meaning 'space, open space'. Its meaning is related with 'world', 'visible world'. 'universe'. Sometimes the term is applied collectively to the creatures - 'man', 'mankind', 'people', 'beings.'

5 박경준(2003), 「佛教的 觀點에서 본 自然」『佛教學報』 제40집, p.36, 동국대학교; 이수창(마성 스님)(2003), 「인간과 환경과의 관계」『불교문화연구』 4집, p.127

보다 중요한 문제는 초기불교에서 말하는 로까, 곧 사회는 어떤 특성으로 추구되고 있는가 하는 점이다. 이와 관련하여 *Sutta-nipāta*의 「*Hemavata-sutta*」(헤마와따 경)에서 붓다는 야차 헤마와따와 이렇게 문답하고 있다.

〔헤마와따〕 "무엇에 의하여 사회(loka)가 생겨납니까? 무엇에 의하여 지식이 생겨납니까(알려집니까)? 사회는 무엇에 의해서 지어지고, 또 무엇에 의해서 멸합니까?"

〔세　존〕 "헤마와따여, 사회는 여섯(감관들, 또는 육체)을 통해 생겨나고, 여섯을 통해 지식이 생기고(즉 알려지며), 여섯 위에 지어졌다가, 여섯에서 멸한다."[6]

지금 붓다는 loka, 곧 이 사회가 안 · 이 · 비 · 설 · 신 · 의 등 여섯 감각기관과 색 · 성 · 향 · 미 · 촉 · 법 등 여섯 감각대상, 곧 십이처에 의하여 생겨나고 알려지고 또 소멸한다고 해설하고 있다. *Saṃyutta-nikāya*의 「*Loka-sutta*」(사회경)에서도 같은 취지로 해설하고 있다. 이 경에서는 사회가 십팔계와 십이연기로까지 확장되고 있다. 붓다는 이렇게 설하고 있다.

"수행자들이여, 무엇이 사회의 형성인가?

눈과 형상을 조건으로 눈의 의식이 생겨난다. 이 세 가지가 화합하여 접촉이 생겨난다. 접촉을 조건으로 느낌이 생겨나고,……태어남을 조건으로 늙음과 죽음 · 우울 · 슬픔 · 불쾌 · 절망이 생겨난다. 수행자들

---

6 Sn 169; 전재성 역(2004), 『숫타니파타』, pp.144-145; Johansson/허우성 역(2006), 『초기불교의 역동적 심리학』, p.49, 경희대학교출판국. 전재성은 『숫타니파타』에서 좀 다르게 해석하고 있다.

이여, 이것이 사회의 생성이다.
귀와 소리(코와 냄새, 혀와 맛, 몸과 접촉, 생각과 사물)을 조건으로……이것이 사회의 생성이다."[7]

그런데 *Nikāya*들은 붓다가 다른 주제에 관해서도 같은 취지의 해설을 하고 있다는 사실을 알려주고 있다. 예컨대, *Saṃutta-nikāya*의 「*Sabba-sutta*」(일체경)에서는, 'sabba/삽바', 곧 '일체(一切)'라는 주제에 관해서 이렇게 설해지고 있다.

"수행자들이여, 일체(sabba)란 무엇인가?
눈과 형상, 귀와 소리, 코와 냄새, 혀와 맛, 몸과 감촉, 생각과 사물 —
수행자들이여, 이것을 실로 일체라고 한다."[8]

이어지는 「*Pahāna-sutta*」(버림의 경)에서는 일체가 십팔계와 십이연기로까지 확장되고 있다.[9] loka(사회)와 sabba(일체)에 관해서 동일한 논리로서 해설되고 있다. 'sabba', 곧 '일체(一切)'란 '일체법(一切法, sabbe-dhammā/삽베 담마)'을 의미한다. 일체법은 자아(自我)와 사회(社會)를 포함하여 연기하는 모든 존재, 곧 제법(諸法)을 의미한다. 그런데 지금 *Nikāya*에서는 이 일체법, 곧 자아와 사회를 십이처-십팔계로 규명하고 있다. 또 *Nikāya*에서는 일체를 오온(五蘊)으로 환원하여 규명하고 있다.[10] 이것이 이른

---

7 S II 73; 전재성 역(1999), 『쌍윳따니까야』 2권, pp.231-232; (S 12; 5; 44 「*Loka-sutta*」- 사회경)
8 S IV 15; 전재성 역(1999), 앞의 책 6권, p.67; (S 35; 3; 23 「*Sabba-sutta*」- 일체경)
9 S IV 16; 전재성 역(1999), 앞의 책 6권, pp.69-71; (S 35; 3; 25 「*Pahāna-sutta*」- 버림의 경)
10 권오민(2003), 『아비달마불교』, pp.52-53, 민족사.

바 '온(蘊) · 처(處) · 계(界)'의 법이다.[11] *Saṃyutta-nikāya*의 「*12 Nidāna Saṃyutta*」(인연상응)에서는 사회가 십이연기와 관련하여 해명하기도 한다.[12] 미산 스님은 이렇게 논술하고 있다.

> 붓다는 인간 존재를 포함한 모든 연기된 존재를 주로 오온(五蘊)이라는 용어로 표현했고, 경우에 따라서 십이처(十二處), 혹은 십팔계(十八界)라 설하기도 한다. 연기된 모든 존재 현상을 나타낸다 하여 일체법(一切法)이라 한다. 여기서 주목할 점은 연기된 모든 존재 현상, 즉 존재의 법칙인 연기법에 의하여 생겨난 현상들이라는 점이다.[13]

이와 같이 일체, 곧 자아와 사회의 문제를 규명하는 데 '오온 · 십이처 - 십팔계 · 십이연기'의[14] 담마들이 동일한 논리로 쓰이고 있다는 사실이 *Nikāya* 도처에서 발견되고 있다.[15] 자아(atta)와 사회(loca)의 문제가 일체법 속에서 동일한 담마들에 의하여 한 흐름으로, 한 흐름의 문제로서 규명되고 있는 것이다. 이것은 무엇을 의미하는 것일까? 자아 · 사회 등 일체의 문제가 '오온 · 십이처 · 십팔계 · 십이연기'의 담마

11 권오민(2003), 앞의 책, pp.49-56

12 S II 73; 전재성 역(1999),『쌍윳따니까야』2권, pp.230-234; (S 12; 5; 44「*Loka-sutta*」- 사회경)

13 미산 스님(2009),「변화무상한 마음을 어떻게 바로 잡아야 하는가」『마음, 어떻게 움직이는가』, p.40, 운주사.

14 "'오온 · 십이처 - 십팔계 · 십이연기'란 일체법을 일컫는 것이다. 십이연기는 일체법에 포함되지 않지만, *Nikāya*에서는 십이연기도 자아와 사회/세간의 생멸을 해명하는 주요한 도구로 쓰이고 있기 때문에, 이 글에서는 한 묶음으로 쓴다. '십이처 - 십팔계'라는 표기는 이 두 담마가 하나의 연속 과정으로 작용하는 것이기 때문에 별개로 보지 않는다는 필자의 견해를 반영한 것이다."

15 아비달마 불교에서는 이것이 모든 존재, 곧 제법(諸法, sabbe - dhammā)을 해명하는 '온(蘊) - 처(處) - 계(界)'의 논리로 교조화되어 있다.; 권오민(2003),『아비달마불교』, pp.49-56

들에 의하여 동일한 논리로서 해명된다는 것은 무엇을 의미하는 것일까?

여기서 가장 먼저 주목되는 것은 이 사회가 외부의 어떤 힘에 의하여 타율적으로 생성 소멸되는 것이 아니라, 나 자신/인간들 자신의 경험적 활동에 의하여 주체적으로 생성 소멸된다는 사실이다. 이것은 곧 이 사회가 자아 밖에서 별개의 독립된 힘에 의하여 존재하는 것이 아니라, 자아-자아들, 곧 많은 사람들의 적극적인 경험적 활동에 의하여 생성 소멸된다는 사실을 의미한다. 이 사회는 많은 사람들의 역동적인 경험의 산물이기 때문에, 이 구체적인 경험의 범주, 곧 인식의 범주를 벗어나서 사회, 또는 우주의 기원을 논하는 것은 무의미하다. 그래서 *Aṅguttara-nikāya*의 「*Acintita-sutta*」(생각할 수 없음의 경)에서는, '〔세계의 기원에 관해서 생각하는〕 세계에 대한 사색은 생각할 수 없다'[16]고 경각시키고 있는 것이다. 권오민은 이렇게 논술하고 있다.

> 여기서 일체란 주관의 자아와 객관의 세계를 포함하는 개념으로, 생문 바라문은 일상에서 그것(세계, 필자 주)의 근거나 본질로 간주되는 이수바라(Isuvara)와 같은 자재신이나 자아(혹은 영혼)와 같은 단일하고도 영속적인 존재에 대해 물었던 것이다. 이에 대해 불타는 일체를 다만 인식의 조건이 되는 여섯 가지 감관과 여섯 가지 대상이라는 12가지 범주, 즉 12처(處)로 분류하고 있을 뿐이다.[17] 여기서 처(處, āyatana)란 바로

16 A II 79의 '세상에 대한 사색(loka-citta)'이란, '누가 달과 태양을 만들었는가? 누가 대지와 대양을 만들었으며, 누가 중생들을 생기게 하였으며, 누가 산(山)들을 만들었으며, 누가 망고와 참깨와 야자 등을 만들었는가?'라는 이러한 세계에 대한 사색을 말한다. AA III 109); 대림 스님 역(2007), 『앙굿따라니까야』 2권, pp.212-213 각주-234

17 "어느 날 생문(生聞)이라고 하는 바라문이 부처님께 여쭈었다. '무엇을 일체라고 합니까?' 부처님께서 말씀하셨다. '일체란 십이처이니, 눈과 빛깔, 귀와 소리, 코와 냄새, 혀

인식을 낳게 하는 문(門)의 뜻이다.[18]

붓다에 의하면, 자아 · 사회 · 자연/생태계 등 모든 존재들(諸法)은 일체(sabba)에 포괄되고, 이 존재들은 감각작용을 매체로 하는 인간 자신들의 경험, 곧 많은 사람들의 정신활동/마음활동에 의하여 생성 소멸되는 한 흐름의 역동적인 세계이다. 여기서 '경험'이란 수동적 소극적인 체험이 아니라, '능동적이고도 주체적인 의식적 언어적 신체적 행위라고 하는 생명활동을 통해 일어나는 것이다.'[19] 따라서 자아 · 사회 등 일체는 인간 자신의 역동적인 정신활동에 의하여 작동하는 한 흐름의 세계로서 규정될 수 있다. '오온 · 십이처－십팔계 · 십이연기'의 담마들은 이러한 사회의 본질을 규명하는 분석도구로 작동한다. 이와 관련하여 요한슨(E. A. Johansson)은 이렇게 기술하고 있다.

여기까지 제시된 모든 인용은 다음과 같이 요약할 수 있다. 즉 독립적으로 존재하는 세계(또는 사회, 필자 주)는 없다. 세계는 역동적인 과정으로, 우리의 감각기관과 생각, 그리고 욕망에 의해 지속적으로 생성되고 의도적으로 구성된다. 우리는 세계를 만든다. 그리고 그것을 필요로 하지 않음으로써 파괴시킬 수 있다. 이 말은 우리와 세계가 실재하지 않다거나 환상일 뿐임을 뜻하지는 않는다. 대상은 존재한다. 하지만 그 대상에 대한 우리의 지각이 그 대상의 구성요소이며 본질적인

와 맛, 몸과 부딪힘, 뜻과 법이다. 이것을 일체라 하느니라.'" 동국역경원(1985a), 『한글대장경 雜阿含經』 1, pp.373-4 ; S IV15의 '*Sabba-sutta*'에서도 같은 내용이 설해져 있다. ; 전재성 역(1999), 『쌍윳따니까야』 6권, pp.67-68 ; (S 35 ; 3 ; 23 「*Sabba-sutta*」－ 일체경)

18 권오민(2003), 『아비달마불교』, p.50

19 권오민(2003), 앞의 책, p.46

부분이다. 세계는 진지하게 받아들여야 한다.[20]

역동적인 한 흐름의 세계, 우리 자신의 정신작용, 곧 의도와 열정/욕망으로 만들어 가고 또 파괴시켜 가는 주체적인 사회, 이것이 초기불교가 추구하는 사회론(社會論)의 기초적 전제이다. 여기서는 모든 존재/존재현상〔諸法, 一切法, sabbe-dhammā〕이 역동적인 불이(不二)의 동체적 관계로서 규정되고 있다. 따라서 개인의 고통과 사회의 고통, 나 자신의 고통과 많은 사람들의 고통이 결코 이원화될 수 없고, '개인의 문제가 곧 사회의 문제이고, 사회의 문제가 곧 개인의 문제'로서 인식된다.'[21] 그런 까닭에 붓다는 사회 문제를 자아 문제, 곧 나 자신의 문제와 더불어 해결해야 할 가장 긴급한 우선순위의 문제로서 제기하고 있는 것이다. *Aṅguttara-nikāya*의 「*Ādhipareyya-sutta*」(우선의 경)에서는 이렇게 설해지고 있다.

"수행자들이여, 세 가지 우선할 것이 있다. 어떤 것이 셋인가?
자기를 우선할 것, 사회를 우선할 것, 법을 우선할 것이다."[22]

2) 사회의 본질로서의 식(識, viññāṇa)

*Nikāya*에서는 'loka'가 대개 일반적인 의미의 '세상(세간)', '세계', '사

---

20 Johansson(2006),『초기불교의 역동적 심리학』, p.50

21 이수창(마성 스님)(2003),「인간과 환경과의 관계」『불교문화연구』4집, p.130

22 A I 147; 대림 스님 역(2007) 1권, p.383; (A 3; 40「*Ādhipaeyya-sutta*」- 우선의 경) 대림 스님은 'ādhipareyya'를 '우선한 것'으로 옮기고 있다. 여기서는 F. L. Woodward의 주석인 *to put in the first place*를 참조하여 '우선할 것'으로 옮겼다.; Woodward(1995), *The Book of the Gradual Sayings* (*Aṅguttara-nikāya*) vol.1, p.130 note-5

회', '많은 사람들', '중생들'의 의미로 쓰이고 있다. 그러나 *Nikāya*에서 loka는 때때로 보다 깊은 의미를 내포한 교리적 용어로 쓰이고 있다.[23] 예컨대, *Saṃyutta-nikāya*의 「*Paloka-sutta*」(소멸경)에서는 붓다와 아난다 비구가 이렇게 문답하고 있다.

〔아난다〕 "세존이시여, '사회(loka) 사회' 하는데. 무엇 때문에 '사회'라고 합니까?"

〔세 존〕 "아난다여, 소멸되는 것이므로, 거룩한 이의 법에 따라 '사회'라고 불린다.

아난다여, 소멸되는 것은 어떤 것인가?

눈이 소멸되며 형상이 소멸되며, 눈의 의식이 소멸되며, 눈의 접촉이 소멸되며 눈의 접촉으로 생겨나는 즐겁거나 괴롭거나 즐겁지도 괴롭지도 않은 느낌이 소멸된다.

귀(코, 혀, 몸, 생각)가 소멸되며……아난다여, 이와 같이 소멸되는 것이므로 거룩한 이의 법에 따라 '사회'라고 불린다."[24]

여기서 '사회'(loka)는 '소멸되는 것'[25]으로 규정되고 있다. 'loka= lujjita/룻지따(소멸되는 것, 파괴되는 것)'으로 규정되고 있다. 그러면서 붓

---

23 각묵 스님 역(2006),『디가니까야』3권, p.151 각주-173 ; S IV 53; 전재성 역(1999),『쌍윳따니까야』6권, pp.235-236; (S 35; 4; 84「*PaLoka-sutta*」- 소멸경)

24 S IV 53; 전재성 역(1999),『쌍윳따니까야』6권, pp.235-236.; (S 35; 4; 84「*Paloka-sutta*」- 소멸경)

25 '소멸되는'으로 옮겨진 원어 'paloka'를 전재성은 '쇠퇴하는'으로 옮기고 있다. 또 '파괴되는', '부서지는' 등으로 옮겨지기도 한다. 'loka'는 원래 동사 'luj'에서 온 것인데 이는 '무너지다', '깨지다', '부서지다', '파괴되다', '소멸되다'(break, destroy, crumble) 등의 의미를 가지고 있다.; 이수창(마성 스님)(2003),「인간과 환경과의 관계」『불교문화연구』4집, p.127

다는 십이처－십팔계의 담마로써 소멸되는 과정을 해명하고 있다. 곧 사회 문제가 일체법의 문제로 환원되고 있다. '오온 · 십이처－십팔계'는, 이미 관찰한 바와 같이, '온(蘊) · 처(處) · 계(界)'로 정리되고, 모든 존재/존재현상(諸法)의 형성과 소멸을 분석하는 도구로서 활용되고 있다.[26] 아비달마 불교에서는 이 '온 · 처 · 계'가 근기의 우열에 따라 설해진 방편으로 설명되고 있지만,[27] 이 '오온 · 십이처－십팔계'의 담마들을 관찰해 보면, 이 담마들이 본질적으로 마음의 문제, 곧 심(心) · 의(意) · 식(識)의 문제와 관련되어 있다는 사실을 발견하게 된다. 보다 구체적으로 말하면, 식(識)의 문제를 이해하는 다양한 접근 방식으로 쓰이고 있다. 이것은 식(識, viññāṇa/윈냐나)이 이들 '오온 · 십이처－십팔계'의 담마들에서 가장 중심적인 기능으로 작동하고 있다는 사실에 의해서도 입증된다. 미산 스님은 이렇게 논술하고 있다.

> 5온에서 '식(識)'이 토대를 이루는 것처럼, 12처에서도 '의처(意處)'가 인식이 일어나는 데 중요한 역할을 한다. 12처에서 의처가 바로 식이고 마음이다. 12처에서 '의처'를 제외하고는 인식을 하는 것은 없다. 설사 다섯 가지 감각기관을 통하여 다섯 가지 대상을 인식한다 할지라도 '의처'가 지원해 주지 않으면 인식작용은 완결되지 않는다. 감각기관을 통하여 대상을 인식하는 것이 바로 '의처'이다. 마찬가지로 18계의 '5식계'와 '의계(意界)'와 '의식계(意識界)'에서도 '의계'가 바탕이 되어 '5식계'와 '의식계'가 있다고 볼 수 있다.[28]

---

26 "5온 · 12처 · 18계는 초기불교 이래 불교의 일반적인 존재의 분석방식이었다." 권오민(2003),『아비달마불교』, p.55

27 권오민(2003), 앞의 책, pp.55-56

28 미산 스님(2009),「변화무상한 마음을 어떻게 바로 잡아야 하는가」『마음, 어떻게 움직

이와 같이 '오온 · 십이처 - 십팔계', 나아가 십이연기는 모두 식(識)으로 귀결되고, 각기 마음의 작용 - 식(識)의 작용을 규명하는 도구로써 기능하고 있는 것으로 분석된다. 이러한 분석은 모든 존재, 곧 일체(一切, sabba)가 식의 작용에 의하여 형성되고 소멸된다는 결론으로 환원된다. 식에 의하여 자아와 사회가 형성되고, 식의 작용에 의하여 자아와 사회가 소멸된다는 결론에 도달한다. 이것은 곧 마음에 의하여 자아와 사회가 형성되고 소멸된다는 사실을 의미하는 것이다. 식은 마음의 구체적 작용이다.[29] 사람들의 정신작용을 나타내는 데는 일반적으로 마음〔心, citta/찟따〕 · 생각〔意, mano/마노〕 · 의식〔識, viññāṇa/윈냐나〕이란 용어들이 쓰이는데, 많은 경우 이 셋은 거의 동일한 개념으로도 쓰이고 있다.[30] *Saṃyutta-nikāya*의 「*Citta-sutta*」(마음경)에서는 이렇게 설해지고 있다.

"세상은 마음에 의하여 생겨나고
마음에 의하여 소멸된다."[31]

이는가』, p.46

29 "그렇다면 심(心)은 주로 의식적인 활동의 기원이다. 심은 '실체가 없으며 동굴에 거주한다.'(Dh 57) 그것은 또한 운동성이 있으며, 시간과 장소에 구애받지 않고, 의식〔識〕의 특성을 갖고 있다.……지금까지 수집한 증거를 요약하면, 심(心, citta)은 마음(mind)에 상당히 가까운 것인데, 이것은 주로 의식적인 과정의 흐름으로 조직되고, 목적이 있고, 개별적으로 형성되었다. 하지만 실체(real entity)는 아니다." Johansson(2006), 『초기불교의 역동적 심리학』, pp.245-246

30 "이처럼 마음은 단일하지만 작용하는 상태에 따라 각기 달리 불리기도 한다. 즉 의식작용〔心所〕이나 신(身) · 어(語) · 의(意) 3업을 불러일으키기 때문에 찟따(citta, 心, 즉 集起)라 하고, 생각하고 헤아리기 때문에 마나스(manas, 意, 즉 思量)라고도 하며, 사물을 식별 인식하기 때문에 비즈냐나(vijñāna, 識, 즉 了別)라고도 한다." 권오민(2003), 『아비달마불교』, p.68

31 S I 39 "cittena niyati loko, cittena parikissati." 전재성 역(1999), 『쌍윳따니까야』 1권, p.99; (S 1; 7; 2 「*Citta-sutta*」- 마음경)

여기서 붓다는 이 사회가 사람들의 마음에 의하여 형성되고 소멸된다고 설한다. *Dhammapada* 첫머리에서는 모든 존재가 생각〔意, mano〕에 의하여 주도되고 있다고 설해진다.[32] 이것은 곧 이 사회가 사람들의 식(識)에 의해서 생성 소멸된다는 사실을 해명하는 것이다. 이 사회의 본질이 많은 사람들의 식이라는 사실을 해명하는 것이다. 여기서 마음〔心, citta〕· 생각〔意, mano〕 대신에 식(識, viññāṇa)을 강조하는 것은 '오온 · 십이처 – 십팔계 · 십이연기'가 모두 이 식의 작용을 구체적으로 문제삼고 있기 때문이다. 식은 정신작용, 곧 마음을 이끄는 행위자(agent)이며 자아와 사회의 재생을 만들어내는 동인(動因)으로서 규정되고 있다. '식(識)이라는 작동본부 – 행위자가 없다면 의식 과정도(마음작용도, 필자주) 전혀 일어날 수 없기 때문이다.'[33] 이 식이 마음작용을 주도하며 갖가지 경험을 축적하고, 그 결과에 의하여 이 사회는 형성되고 소멸되는 것이다. 요한슨은 이렇게 논술하고 있다.

> 불교에 따르면, 객관적인 세계는 경험된 세계와 다르지 않다. 객관적인 세계는 오직 우리의 마음이 투사한 주관적인 세계로 이뤄져 있다. (이는 마치 우리가 주관의 투영에 의해 무의미한 잉크 얼룩에서 사람의 얼굴을 보는 것과 같다.) 세계는 지속적으로 작위되고 파괴된다. 세계는 역동적이고 우리가 경험한 힘에 의하여 생산된다. 그리고 식(識)은 세계에 없어서는 안 될 요소이다.[34]

---

32 Dh 1 "생각이 모든 존재에 앞서 가고 생각이 그것들의 주인이며 생각에 의해서 모든 행위는 지어진다." 거해 스님 역(1992), 『법구경』 1권, p.16

33 Johansson(2006), 『초기불교의 역동적 심리학』, pp.54-55

34 Johansson(2006), *Ibid.*, p.136

붓다는 객관적인 세상(loka)의 존재를 부정하지 않는다. 초기불교는, 일부 유식론자들이 주장하는 '심외무경(心外無境)'과는 다르게, 외부에 우리들의 인식과는 관계없이 객관적으로 존재하고 작동하는 세상/사회의 존재를 인정하고 있다.[35] 그러나 초기불교가 문제 삼는 세상/사회, 곧 로까는 외부의 객관적인 세상/사회가 아니라 우리들의 감각작용 – 육입(六入)에 의하여 경험된 세계, 곧 의식화(意識化)된 세상/사회이다. 우리들의 주관적인 식(識)이 인식하고 작위하고 분별하고 욕망을 일으키고 집착하고 지배하고 투쟁하고 승리하여 기뻐하고 패배하여 괴로워하는 사회인 것이다. 많은 사람들의 주관적인 의식작용들/심상(心象)들, 곧 사상 · 관념 · 관습 · 이데올로기 등에 의하여 제도화되고 체제화됨으로써 조작되고 왜곡된 사회, 이것이 초기불교가 문제 삼는 사회이다. 그런 까닭에 사회는 곧 '유위(有爲, 형성된/作爲된)의 사회(saṅkhāra-loka)'로, 또는 '오온 · 오취온'으로 규정된다. 오온(五蘊) – 오취온(五取蘊)은 유위를 조작하는 식(識) 작용의 조건이며 과정인 것이다.[36]

왜 문제 삼는가? 왜 붓다는 식에 의하여 조작된 이 '유위의 사회'를 이토록 치열하게 문제 삼는가? *Aṅguttara-nikāya*의 「*Pubbepriyesanā-*

---

35 D II 328 "태수여, 예를 들면, 선천적으로 눈이 먼 사람은 검거나 흰 색깔들을 보지 못하고……별들도 보지 못하고 달과 태양도 보지 못합니다. 그래서 그는 말할 것입니다. '검거나 흰 색깔은 없고……별들도 없고 별들을 보는 자도 없으며, 달과 태양도 없고 달과 태양을 보는 자도 없다.'……태수여, 이렇게 말하는 자는 바르게 말한 것입니까?" "깟사빠 존자여, 그렇지 않습니다. 검거나 흰 색깔은 있고……별들도 있고, 달과 태양도 있고 달과 태양을 보는 자도 있습니다. 깟사빠여, '나는 이런 것을 알지 못하고, 나는 이런 것을 보지 못한다. 그러므로 그런 것은 결코 존재하지 않는다'라고 이렇게 말하는 자는 결코 바르게 말한 것이 아닙니다." 각묵 스님 역(2006), 『디가니까야』 2권, pp,564-565 ; (D 23 「*Pāyāsi-sutta*」– 빠야시 경 ; 11-2)

36 "세상(loka)이란 유위의(형성된) 세상(saṅnkhāra-loka), 즉 5온을 뜻한다." AA II 365P ; 대림 스님 역(2007), 『앙굿따라니까야』 1권, p.585 각주-593

sutta」(이전의 탐구경)에서는 이렇게 설하고 있다.

"수행자들이여, 내가 깨닫기 전, 아직 바른 깨달음을 성취하지 못한 보살이었을 때, 이런 생각이 들었다.
'무엇이 사회(loka)의 달콤함이며, 무엇이 〔사회의〕 위험이며, 무엇이 〔사회로부터〕 벗어남인가?'
수행자들이여, 그러자 나에게 이런 생각이 들었다.
'사회를 조건하여 일어나는 육체적 즐거움과 정신적 즐거움이 사회의 달콤함이다. 사회에서 무상하고 괴롭고 변하기 마련인 법이 사회의 위험이다. 사회에 대한 욕탐을 몰아내고 욕탐을 버리는 것이 사회에서 벗어남이다.'"[37]

여기서 초기불교가 추구하는 사회론의 취지가 잘 드러난다. 사람들은 어둔 이기적 식〔無明識〕에 의하여 작위된 이 사회에 대하여, 부(富)·권력 등 사회적 가치들에 대하여 끊임없이 욕심을 일으키고 즐거움을 추구하며, 그 즐거움이 변하고 소멸될 때 위험과 괴로움으로 좌절하고 슬퍼하며, 그 괴로움으로부터 벗어나기를 갈망하고 있다. 요컨대, 이 사회는 본질적으로 어둔 식〔無明識〕에 의하여 끊임없이 생성되고 소멸하는 괴로움의 현장으로, 붓다는 이 사회적인 괴로움으로부터 벗어나기를 추구하는 것이다. 이 사회의 고통, 사회적인 고통을 벗어나는 것이 궁극적으로 자아의 고통을 벗어나는 전제가 된다. 사회고와 개인고가 한 흐름이기 때문이다. 이 고통들이 본질적으로 사람들의 어둔 식(識)에 의하여 생멸하는 것이다. 그래서 붓다는 그토록 이 사회를 문제

37 A I 258; 대림 스님 역(2007), 앞의 책 1권, pp.585-586; (A 3; 101「*Pubbepriyesanā-sutta*」- 이전의 탐구경)

삼고 식(識)을 문제 삼고 있다. 「*Loka-sutta*」에서 보는 바와 같이, 사회 문제들이 사제(四諦 · 四聖諦, ariya-saccāni/아리야 삿짜니)의 근본 틀로서 관찰되고, 사회가 '괴로움', '고제(苦諦, dukkha-sacca)'로서 규정되는 것도[38] 이 때문이다. *Aṅguttara-nikāya*의 「*Loka-sutta*」(사회경)에서는 이렇게 설해지고 있다.

"수행자들이여, 여래는 〔이기적 관념으로서의〕 사회를 바르게 깨달았으며, 여래는 이 사회로부터 벗어났다. 수행자들이여, 여래는 사회의 일어남을 바르게 깨달았으며, 여래는 사회의 일어남을 버렸다. 수행자들이여, 여래는 〔이기적 관념으로서의〕 사회의 소멸을 바르게 깨달았으며, 여래는 사회의 소멸을 실현하였다. 수행자들이여, 여래는 사회의 소멸로 인도하는 도닦음을 바르게 깨달았으며, 여래는 사회의 소멸로 인도하는 도닦음을 수행하였다."[39]

3) 사회 비판 – 사회 변혁의 추구

이러한 초기불교의 사회론은 단순히 형이상학적인 논의에 그치지 않고 현실사회에 대한 위기의식(危機意識)과 치열한 비판, 그리고 변혁의식으로 구체화되고 있다. *Aṅguttara-nikāya*의 「*Mahāsāla-sutta*」(부호경)에서 붓다는 한 부유한 브라흐마나를 상대로 당시 인도 사회의 몰락상에 관하여 이렇게 문답하고 있다.

---

38 "여기서 '세상'(loka)은 괴로움의 진리(dukkha-sacca, 苦聖諦)이다." AA Ⅲ 31; 대림 스님 역(2007), 앞의 책 2권, p.98 각주-86

39 A Ⅱ 23; 대림 스님 역(2007), 앞의 책 2권, pp.98-99; (A 4; 23 「*Loka-sutta*」– 사회경)

〔바라흐마나〕 "고따마 존자시여, '옛날에 사회(loka)는 무간지옥을 떠올릴 만큼 사람들로 붐볐고, 마을과 성읍과 수도는 닭이 날아가서 앉을 수 있을 만큼 가까웠다'라고 하는 것을 들었습니다.

고따마 존자시여, 그러나 지금은 사람들이 없어지고 줄어들었습니다. 마을은 더 이상 마을이 아니고, 성읍은 더 이상 성읍이 아니며, 도시는 더 이상 도시가 아니고, 지방은 더 이상 지방이 아닙니다. 이것은 원인이 무엇이고 이것은 조건이 무엇입니까?"

〔붓 다〕 "브라흐마나여, 지금의 사람들은 법답지 못한 욕망에 물들고 비뚤어진 탐욕에 압도되고 삿된 교리에 빠져 있다. 그들은 법답지 못한 욕망에 물들고 비뚤어진 탐욕에 압도되고 삿된 교리에 빠져서 예리한 칼을 쥐고 서로의 생명을 뺏는다. 그리하여 많은 사람들이 죽어간다.

……

다시 브라흐마나여, 지금의 사람들은 법답지 못한 욕망에 물들고…… 기근이 들었고 농산물은 흉작이 되었고 양이 줄었고 줄기만 남았다. 그리하여 많은 사람들이 굶어죽는다.……

다시 바라문이여, 지금의 사람들은 법답지 못한 욕망에 물들고 약카(yakkha, 夜叉, 惡鬼)가 그들에게 큰 괴물을 보냈다. 그리하여 많은 사람들이 죽었다.

브라흐마나여, 〔그 결과〕 지금의 사람들이 없어지고 줄어들어서, 마을은 더 이상 마을이 아니고, 성읍은 더 이상 성읍이 아니며, 도시는 더 이상 도시가 아니고, 지방은 더 이상 지방이 아닌 것은 바로 이것이 그 원인이고 이것이 그 조건이다."[40]

---

40 A Ⅰ 159; 대림 스님 역(2007), 앞의 책 1권, pp.406-408; (A 3; 56 「*Mahāsāla-sutta*」- 부호경)

여기서 붓다는 부호 거사(mahāsāla)와 더불어 이 사회의 황폐해져 가는 몰락상에 대하여 근심하며 심각한 위기의식을 드러내고 있다. 그리고 그러한 사회적 황폐화의 원인이 법답지 못한 욕망 · 탐욕 · 삿된 교리라고 지적하고 있다. 이러한 붓다의 현실진단과 비판은 기원전 7~5세기 동북 인도에서 실제로 전개되고 있던 사회상과 일치하고 있다. 예리한 칼에 의하여 사람들이 없어지고 줄어들어 도시가 이미 도시가 아니라는 표현은 '앙굴리말라의 살인 사건'을 연상시킨다. 급속한 상업화와 도시화의 번영 와중에서 팽배하던 과도한 이기주의가 사회 자체의 존립기반마저 위협하고 있던 목전의 위기적 상황에 대하여 붓다는 신랄한 사회 비판을 제기하고 있다. 그리고 신진 자산가도 이러한 사회 비판에 전적으로 공감하고 있다. 붓다와 신진 상인들과의 동체적 유대의식은 여기서도 다시 입증되고 있다. 「*Mahāsāla-sutta*」에서 붓다는 폭력 · 빈곤 · 야카(yakkha, 惡鬼)를 인도 사회가 당면한 사회적 위험/사회적 고통으로 문제 삼고 있다. *Nikāya*에서는 붓다의 사회 비판이 보다 구체적이며 보다 현실적인 것으로 확장되고 있다. 예컨대, *Aṅguttara-nikāya*의 「*Attantapa-sutta*」(자기 학대의 경)에서 세 부류의 '학대하는 사람들'에서 이렇게 분류하고 있다.[41]

① 자신을 학대하는 자들 : 나체수행자를 비롯한 고행주의자들

② 남을 학대하는 자들 : 양 도살자, 돼지 도살자, 새 잡는 사람, 사슴 죽이는 사람, 사냥꾼, 물고기 죽이는 사람, 도둑, 도둑 죽이는 집행관, 감옥지기나 다른 잔인한 직업에 종사하는 사람들

③ 자신과 남을 학대하는 자들 : 관정의 대관식을 거행하면서 송아지

---

41 A II 205-207; 대림 스님 역(2007), 앞의 책 2권, pp.473-477; (A 4; 198 「*Attantapa-sutta*」- 자기 학대의 경)

나 황소들, 새끼 낳는 암소들, 염소들, 양들을 잡고 제사에 쓰기 위하여 나무를 베거나 풀을 베게 명령하는 캇띠야들이나 왕들, 브라흐마나들

여기서 붓다는 광범위한 사회 문제들/사회적 모순들에 대하여 신랄하게 비판하고 있다. 학대로 두려워하는 민중들의 고통에 대하여 깊은 연민을 드러내고 있다. 그리고 이러한 붓다의 문제의식은 이 사회의 미래에 대한 위기의식으로 확장되고 있다. *Dīgha-nikāya*의 「*Cakkavatti Sīhanāda-sutta*」(전륜성왕사자후경)에서 붓다는 이 사회가 인간 수명이 열 살이 되는 위기 상황, 곧 '사회의 파멸(lokavināsa)'에 직면할 것이라고 경고하면서, 이러한 '사회의 파멸'이 직면하게 되는 세 가지 고통과 그 원인을 다음과 같이 진단하고 있다.[42]

① 많은 사람들의 탐욕(貪, rāga/라가)으로 인한 빈곤 (기근)
② 많은 사람들의 분노(瞋, dosa/도사)로 인한 폭력 (무기)
③ 많은 사람들의 어리석음(痴, moha/모하)으로 인한 병 (질병)

빈곤 · 폭력 · 질병, 이 세 가지가 초기불교가 문제 삼는 사회적 위험/사회적 고통(苦, dukkha/둑카)의 핵심이다. 카스트와 같은 사회 체제나 희생제의와 같은 사회 관습들도 많은 사람들의 빈곤 · 폭력 · 질병의 원인이 되고 조건이 되기 때문에 비판되는 것이다. 그리고 붓다는 탐욕 · 분노 · 어리석음이 이러한 사회적 고통의 원인이며 조건들이라고 분석하고 있다. 이것은 사회적 고통 – 사회의 파멸이 많은 사람들의 어둔 식

42 D III 74; 각묵 스님 역(2006), 『디가니까야』 3권, p.140 각주-105

〔無明識〕에 의하여, 곧 사람들의 주관적 체험적 행위에 의하여 결정된다는 것을 의미하는 것으로, 「*Mahāsala-sutta*」에서 붓다가 기근을 많은 사람들의 욕망과 탐욕 · 삿된 교리가 그 원인이며 조건이라고 설하는 것도 바로 이 때문이다. 요한슨이 앞에서 '객관적인 세계는 경험된 세계와 다르지 않다.……그리고 식(識)은 세계에 없어서는 안 될 요소이다'라고 논하고 있는 것도 이 때문이다. 요한슨은 다시 이렇게 논하고 있다.

> 주관적인 것과 객관적인 사이에 근본적인 차이는 없다. 모든 색(色)은 우리의 의식 과정에 의해 지속적으로 만들어지는데, 의식 과정이 대상의 일부가 된다. 어떠한 대상도 그것을 구성하는 과정들과 분리되지 않는다.[43]

여기서 초기불교의 사회론이 많은 사람들의 의식(識)의 전환과 창조적 행위, 곧 주체적 책임을 강조하는 행위(kamma/깜마, 業)결정론을[44] 추구하고 있다는 사실이 분명하게 드러난다. '불교에 의하면, 세계는 마음의 전개이며 업(kamma)의 전개이므로, 〔불교가 사회론의 핵심으로서〕 마음의 전환－보다 구체적으로는 심청정(心淸淨)－을 요구하는 것은 지극히 온당할 것이다.'[45] 마음의 전환은 '많은 사람들의 의식과 태도변화를 전제하고 생활양식의 전환을 내포하기 때문에',[46] 행위결정론은

43 Johansson(2006), 『초기불교의 역동적 심리학』, p.58

44 Sn 654 "세상은 행위로 말미암아 존재하며, 사람들도 행위로 말미암아 존재한다. 중생들은 달리는 수레가 축에 연결되듯이, 행위에 매여 있다." 전재성 역(2004), 『숫타니파타』, p.340

45 안옥선(2005), 「불교 생태학에서 존재 평등의 근거」『불교학연구』 제10호, p.229

46 안옥선(2005), 앞의 책, p.229 각주-6

곧 치열한 사회적 실천/사회적 변혁을 의미한다. 따라서 초기불교는 많은 사람들이 탐욕 · 분노 · 어리석음으로 오염된 의식과 태도 · 생활양식의 변화를 통하여 빈곤 · 폭력 · 질병 등 사회적 고통을 치유할 것을 요구하고 있다. 많은 사람들이 먼저 치열한 사회적 실천을 통하여 끊임없이 파괴되고 소멸되는 위험하고 고통스런 이 사회를 벗어나 이 '사회의 끝(lokassa-anta)'에 도달할 것을 적극적으로 요구하고 있는 것이다. *Aṅguttara-nikāya*의 「*Rohitassa-sutta*」(로히땃사 경)에서 신의 아들 로히땃사와 이렇게 문답하고 있다.

〔로히땃사〕 "세존이시여, 참으로 태어남도 없고 늙음도 없고 죽음도 없고 떨어짐도 없고 생겨남도 없는 그런 사회의 끝(lokassa-anta)을 발로 걸어가서 알고 보고 도달할 수가 있습니까?"

〔붓 다〕 "도반이여, 참으로 태어남도 없고 늙음도 없고 죽음도 없고 떨어짐도 없고 생겨남도 없는 그런 사회의 끝을 발로 걸어서 알고 보고 도달할 수 있다고 나는 말하지 않는다. 도반이여, 그러나 나는 사회의 끝에 도달하지 않고서는 괴로움을 끝낸다고 말하지도 않는다. 도반이여, 나는 인식과 마음을 지닌 이 한 길 몸뚱이 안에서 〔이기적 관념으로서의〕 사회와 사회의 일어남과 사회의 소멸과 사회의 소멸로 인도하는 도닦음을 천명하노라.……"[47]

'붓다와 로히땃사와의 문답'을 통해서, 우리는 먼저 '사회의 끝/세상의 끝'에 도달하려는 초기 대중들의 강렬한 '열망/열의(chanda/찬다)'를 발견할 수 있다. 천상의 즐거움을 누리는 신(神)의 아들 로히땃사

---

47 A II 46-9; 대림 스님 역(2007),『앙굿따라니까야』2권, pp.150-153; (A 4; 45「*Rohitassa-sutta*」- 로히땃사 경)

(Rohitassa)마저도 걸어서라도 이 사회의 끝에 도달하기를 갈망하고 있다. 이것은 당시 인도 사회의 극심한 사회적 고통 속에서 새로운 해탈의 출구를 갈망하는 인도 민중들의 변혁적 염원을 대변하고 있는 것으로 들린다. 그리고 붓다는 이 '사회의 끝/세상의 끝'에 도달하지 않고서는 자아와 사회의 고통에서 벗어날 수 없다는 사실을 분명히 각성시키고 있다.

'사회의 끝/세상의 끝'이란 무엇일까?

그것은 이기적 관념으로 조작된 사회적 고통의 소멸을 의미하는 것으로, 곧 '해탈 열반(vimutti-nibbāna/위뭇띠 닙바나)'을 의미한다.[48] 고주석서에서 '형성된 사회의 끝이 참으로 열반이다'라고[49] 정의하는 것이 바로 이것이다. 사회를 잘 이해하고(世間解), 치열한 사회적 실천을 통하여 어둡고 이기적인 의식(識)과 태도 · 삶의 방식을 변혁하는 것이 사회의 끝이다. 탐욕 · 분노 · 어리석음 · 삿된 세계관을 소멸시키고, 궁극적으로 사회적 고통들 – 빈곤 · 폭력 · 질병의 끝에 도달하는 것이 사회의 끝이다. 여기에 이르러 초기불교의 사회론이 추구하는 궁극적인 이상(理想)이 열반이며, 이 열반은 본질적으로 개인의 해탈을 추구하는 개인적 이념이기 이전에 사회적 실천과 사회적 변화를 포괄하는 사회적 이념이라는 사실이 드러나고 있다.

초기불교의 사회적 논의에서 특히 주목되는 것은 'loka/로까' 문제를 규명함에 있어서 초기불교가 '오온 · 십이처 – 십팔계 · 십이연기' 등 일체법의 틀을 동원하여 접근하고 있다는 사실이다. 이것은 사회적 실천의 문제를 추구하는 이론적인 틀을 제시하고 있다는 점에서 매우 유

48 "독립의 성취, 즉 '세계의 멸'은 열반(nibbāna)의 성취와 동일하며, 이는 定(samatha)과 慧(paññā)를 통하여 가능하다."; Johansson(2006), 『초기불교의 역동적 심리학』, p.50

49 AAT. II. 275; 대림 스님 역(2007), 『앙굿따라니까야』 2권, p.50 각주-173

용한 정보라고 생각한다. 따라서 앞으로 본고는 '오온 · 십이처 – 십팔계 · 십이연기'라는 '기초적 담마들'에 입각하여 논의를 전개해 나갈 것이다. '기초적 담마'라고 한 것은 이 담마들이 *Nikāya*에서 일체를 규명하는 가장 기초적인 도구로서 빈번히 동원되고 있기 때문이다.

2. 기초적 교리의 사회적 실천성

1) 오온과 자아의식의 문제

(1) 오온은 존재의 구성요소인가?

'오온의 담마'는 와라나시 사슴 동산에서 꼰단냐(Kondañña) 등 다섯 수행자를 대상으로 설한 가르침 가운데 하나이다. 오온의 담마는 가장 절실하고도 심각한 우리들의 '자아와 사회 문제'를 중심 과제로 설해지고 있다는 측면에서 특히 주목된다. 따라서 이 '오온'을 잘 이해하는 것이 자아와 이 사회의 문제를 잘 이해하고 해탈 열반을 실현하는 관건이 된다.[50]

---

50 SV51 "수행자들이여, 잘 알고 완전히 알아야할 법은 어떠한 법인가? 그것은 오온(오취온)이다. 다섯 가지란 무엇인가? 그것은 곧 색 · 수 · 상 · 행 · 식이다. 수행자들이여, 잘 알고 완전히 알아야 할 법들은 이런 법이다. 수행자들이여, 잘 알고 버려야 할 법은 어떠한 법인가? 수행자들이여, 무명과 존재에 대한 갈애가 있는데, 그것은 잘 알고 버려야 할 법이다. 수행자들이여, 잘 알고 실현되어야 할 법은 어떠한 법인가? 수행자들이여, 지혜와 해탈이 있는데, 그것은 잘 알고 실현되어야 할 법이다. 수행자들이여, 잘 알고 닦아야 법은 어떠한 법인가? 수행자들이여, 멈춤과 관찰이 있는데, 그것은 잘 알고 닦아야 할 법이다." 전재성 역(1999),『쌍윳따니까야』8권, pp.275-276; (S 45; 14; 159「*Āgamtukā-sutta*」– 손님들의 경)

"수행자들이여, 색(色)[51]은 내〔自我〕가 아니다.

수행자들이여, 만약 색이 참된 자아라면, 이 물질에 병이 생기지 않을 것이고, 색에게 '나를 위해 이렇게 되어라, 저렇게 되어라'라고 하면, 뜻대로 되어야 할 것이다. 그러나 수행자들이여, 색은 내가 아니기 때문에 병이 생기고, 색에게 '나를 위해 이렇게 되어라, 저렇게 되어라'라고 해도 뜻대로 되지 않는 것이다.

수행자들아, 수 · 상 · 행 · 식은 내〔自我〕가 아니다.……"[52]

이것이 '와라나시 오온의 담마'의 요지이다. 『잡아함경』의 첫머리 「무상경(無常經)」에서도 동일한 취지로 설해지고 있다.[53] 여기서 우리는 붓다가 '오온(五蘊, pañca-kkhandha/빤짜칸다)'과 '자아(自我, attā/앗따, Skt. ātman, self)'를 동일한 개념으로 사용하고 있다는 중요한 정보를 발견한다. '오온'을 '나, 나의 실체라고 인정할 수 없다'라는 주장은 붓다가 오온으로써 나/자아의 개념을 대체하고 있다는 사실을 의미한다. 실제로 붓다는 "세상 사람들이 자아라고 생각하는 것은 오온이다"[54]라고 분명히 밝히고 있다. 그러나 역사적으로 관찰할 때, 바로 이 부분에서 많은 오해와 전도(顚倒)가 발생하고 있다. 많은 경우, '오온이 곧 자아의 다섯 가지 구성요소'로서 해석되어 왔기 때문이다.[55] 나카무라 하지

51 'rūpa'는 다양한 의미로 해석되기 때문에 앞으로 이 글에서는 때에 따라 '색', '물질', '부딪침' 등으로 쓰게 될 것이다.

52 Vin I 13-14; Horner tr.(2000), *The Book of the Discipline* (*Mahāvagga*) vol. Ⅳ, pp.20-21; (*Vinaya-piṭaka*, 「*Mahāvagga*」I 6. 38-47); S Ⅲ 66; 전재성 역(1999), 『쌍윳따니까야』 4권, p.178; (S 22; 1; 59 「*Pañca-sutta*」- 다섯의 경)

53 동국역경원(1985a), 『한글대장경 雜阿含經』 1, p.1 줄임

54 동국역경원(1985a), 『한글대장경 雜阿含經』 1, pp.359

55 이수창(마성 스님)은 그의 논문 「初期佛敎의 五蘊說에 관한 考察」에서 오온에 관한 학자

메(中村 元)는 이렇게 규정하고 있다.

오온설에 따라서 불교는 인간 존재를 스스로 변화되어 가는 다섯 가지의 구성 요소들(오온)로 분해해 버렸다. 그 다섯이란 물질성〔色〕· 감수작용〔受〕· 식별작용〔識〕 등이다.……그리하여 우리들 각 개인의 존재는 이상의 다섯 가지로 구성되어 있다는 것이 오온설이다. 이 다섯 가지는 우리들 존재의 실상(이것을 '법'이라고 함)인 것이다.……이러한 오온의 집합체를 세속적인 입장에서 본다면, 그것은 '나' '자기(ātman)'라고 할 수 있다.'[56]

여기서 드러나는 바와 같이, 오온이 '자아/존재의 다섯 가지 구성요소'(five factors of existence)로 이해되면서 다음과 같은 견해들이 불교도 사이에 광범하게 전파되어 왔다.

나〔自我〕의 존재는 물질과 정신의 다섯 가지 요소로, 오온으로 구성된 것이다. 그런데 오온 하나하나를 분석해 보면 각각 연기에 의한 일시적 집합체〔假和合〕일 뿐이다. 그 어떤 것도, 물질도 정신도 영원한 것이 없다. 독립적인 것이 없다. 오온은 실체가 없는 것이다. '오온은 자아가 아니다' 따라서 나의 실체는 없는 것이다. 무아(無我, anattā/안앗따), 공(空, suñña, śūyna/순냐)이다.[57]

들의 견해를 다음 3가지 범주로 정리하고 있다. 첫째, 오온을 '有情의 構成要素'로 보는 견해. 둘째, 오온을 '一切存在의 範疇', 혹은 '一切法'으로 보는 견해. 셋째, 오온을 '有情의 構成要素'일 뿐만 아니라 '一切法'으로 보는 견해; 이수창(2009),「初期佛敎의 五蘊說에 관한 考察」『불교문화연구』 제10집, pp.43-46 간추림, 동국대불교사회문화연구원.

56 中村 元(1984),『佛陀의 世界』, p.41

57 中村 元(1984), 앞의 책 p.41의 내용을 간추림

'오온은 자아의 구성 요소이다'라는 이러한 존재 요소론적(要素論的) 접근 방식은 결과적으로 인간 자신/나 자신의 인간적 인격적 가치마저 회의하고 부정해 버릴 수 있는 논리적 위험성을 내포하고 있다. *Milinda Pañha*의 '나가세나(Nagasena)의 수레분해 사례'에서 보듯,[58] 이것은 마치 외과의사가 날카로운 메스를 들고 내 몸을 갈래갈래로 분해하고 분할하는 것을 방불하게 한다. '인간은 단지 육신〔色〕과 정신〔名〕의 집합일 뿐, 그 이상의 아무것도 아닌 것'으로 전락되어 버리는 오류를 야기할 수 있는 것이다. 따라서 '인간이 분할될 수 있는 존재인가? 나의 존재가 과연 몇 개의 요소로, 원소로 분할될 수 있는 존재인가?'라는 의문이 제기될 수 있다. 이것은 인간을 하나의 물질 덩어리로 취급하는 유물론적 발상으로서, 붓다는 스스로 이런 견해를 사견(邪見)으로서 부정하고 있다. 붓다는 ***Nikāya*** 도처에서 요소설(要素說)을 주장하는 일부 유물론자들/외도(外道)들의[59] 이러한 분할론적(分割論的) 사고에 대하여 매우 강경한 어조로 비판하고 있다.

> "무엇을 일곱이라 하는가? 땅의 요소, 물의 요소, 불의 요소, 바람의 요소, 괴로움의 요소, 즐거움의 요소, 목숨의 요소이다.……
> 누구든지 날카로운 칼로 머리를 잘라도 그 목숨을 빼앗을 수 없고, 오로지 그 칼이 일곱 요소의 사이의 간극을 통과할 뿐이다."[60]

---

58 *Milinda Pañha*, SBE. vol. 35, pp.40-5; 딧사나야케(1988),『불교의 정치철학』, pp.42-49

59 초기불교에서는 이들을 흔히 '육사외도(六師外道)들'로 일컫는데, ***Dīgha-nikāya***의 「*Sāamaññaphala-sutta*」에 상세하게 기술되고 있다.; D I 52-60; 각묵 스님 역(2006),『디가니까야』 1권, pp.189-216; (D 2 「*Sāmaññaphala-sutta*」- 사문과경; 3-33); 이중표(1991),『아함의 중도체계』, pp.54-58, 불광출판부.

60 S Ⅲ 211; 전재성 역(1999),『쌍윳따니까야』 4권, p.576; (S 24; 1; 8「*Mahā Diṭṭhena-sutta*」- 큰 의견의 경)

이러한 요소론적 존재론은 자아의 궁극적 실체(ātman)를 주장해 온 브라흐마나들의 정통적인 사상을 거부한다는 점에서는 진일보한 '비판적 각성'으로[61] 평가될 수 있지만, 자칫 도덕부정론(道德否定論, akiriya)을 야기하여 사회적 혼란을 초래한다는 점에서[62] 붓다는 이를 경계하고 있다.[63] 사상사의 맥락에서 관찰할 때, 붓다는 브라흐마나들의 정통적 전변설(轉變說, parinama-vāda)과 신흥 사마나(samaṅa, 沙門, 六師外道)들의 유물론적 집적설(集積說, 積聚說, arambha-vāda)을 모두 '사견(邪見, maccha-diṭṭhi/맛치딧티)'으로 규정하고 이를 정면으로 비판하고 있다. 그러면서 중도적(中道的) 연기법(緣起法, paṭicca-samuppāda)을 보편타당한 정견(正見, sammā-diṭṭhi/삼마딧티)으로 밝혀 보이고 있다.[64] '오온의 담마', '무아(無我)의 담마'도 이러한 입장에서 이해된다. 붓다는 정통적 브라흐마나들과 베단타학파(Vedantist) 등 자아의 실체성을 주장하는 자아주의자들(ātmanist)의 극단론을 혁파하고, 인간 · 자아 · 사회에 대한 정견, 곧 진정한 세계관을 확립하려는 의도에서 이 '오온의 담마'를 설하고 있다. 그러한 불교가 오온설을 내세워 인간 자신을 한갓 존재 요소론적 분할의 대상으로 간주한다면, 이것은 불교를 다시 극단적 존재론으로 몰고

61 이중표(1991),『아함의 중도체계』, p.61

62 D I 53 "대왕이여, 〔자기 손으로 직접〕 행하고 〔명령하여〕 행하게 하고, 〔남의 손 등을〕 자르고 자르게 하고 〔막대기로〕 고문하고 고문하게 하고, 〔재물을 뺏는 등으로〕 슬프게 하고 슬퍼하게 하고, 억압하고 억압하게 하고, 생명을 죽이고, 주지 않는 것을 가지고, 문을 부수어 도둑질하고 약탈하고, 주거침입을 하고 노상강도질을 하고, 남의 아내를 범하고 거짓말을 하더라도, 그 사람은 죄악을 범한 것이 아닙니다." 각묵 스님 역(2006),『디가니까야』 1권, pp.197-199; (D 2「*Sāmaññaphala-sutta*」- 사문과경; 17)

63 이중표(1991),『아함의 중도체계』, pp.61-62

64 "전술한 바와 같이 허구적인 실체를 가정하여 세계와 인간을 설명하는 轉變說과 積聚說에 대하여 無記로써 이를 타파하고 중도에서 설한 법이 緣起法이다." 이중표(1991), 앞의 책, p.127

가는 매우 위험한 시도가 될 것이다. 리스 데이비스는 이렇게 논술하고 있다.

> 시간이 경과하면서, 자아주의자들(ātmanist)과 이러한 최초의 논쟁에서 입장이 갈라져 나왔다. 불교에서는 그것이(분할론, 필자 주) 인간을 인간으로서 인정하지 않으려는 비(非)이성적인 부정이 되었다. 인간은 육신과 정신의 기관들로 억지로 축소되었다. 인간을 이러한 기관들로 분석하는 자들은 그들 또한 이러한 분석의 대상이 되었다. '아기는 목욕탕과 함께(한 꺼풀씩 벗기다 보니, 필자 주) 아무것도 아닌 것으로 텅 비어버렸다.' 자신 속의 존엄성 – 자기 자신의 존엄성을 부정하면서 정신과 육신을 쓰는 인간, 개인, 정신 또한 부정되었다.[65]

'나는 물질과 정신의 다섯 가지 요소로 구성되었다'는 식으로 광범하게 알려져 온 오온요소설(五蘊要素說)은 이제 심각하게 재검토되지 않으면 안 될 것이다.[66] 그것이 외도적 요소설을 반복하고, 교법들에 대한 논의를 다시 무익한 존재론(存在論)으로 환원시키고 있기 때문이다. 교법들에 대한 존재론적 해석은 존재(存在)/유무(有無) 문제에 관하여

---

65 Woodward tr.(1995), *The Book of the Gradual Sayings* (*Aṅguttara-nikāya*) vol. 3, p.Ⅷ, Editorial Note – Rhys Davids

66 그러나 이것이 초기불교가 존재론을 논의하지 않고 있다는 것을 의미하는 것은 아니라고 생각한다. 십이연기 · 사성제 등 초기불교의 담마들이 '인식론 · 존재론 · 가치론 등 철학의 모든 영역을 충족시키는 완벽한 사상체계'라는 논리에〈이중표(1991), 『아함의 중도체계』, pp.73-74〉 동의하기 때문이다. 다만 여기서는 오온을 자아의 분할 가능한 구성요소로 이해할 때 다시 실체적 존재/존재자(存在者)를 상정하는 오류에 휩쓸릴 가능성을 경계하는 것이다. 그런 의미에서 '불교에 존재론은 있어도 존재자론은 없다'라는 일부 주장은 일리 있는 것으로 들린다.

무기(無記)로 일관한 붓다의 기본적 입장과도 어긋나는 것이다. 각묵 스님은 이렇게 논술하고 있다.

말룽카뿟다(Māluṅkaputta)에서 10무기를 설하신 것처럼(M 63 등), 세존께서는 존재론적인 사유가 백해무익함을 당신의 근본입장으로 견지해 오셨다. 세존께서 항상 문제시하신 것은 현실에 대한 인식론적인 접근으로서, 인식의 전환과 그에 바탕한 고(苦)의 해결에 있었다 할 것이다.……이제 우리 한국불교도 존재론적 사유나 가정, 가설, 그리고 거기에 바탕한 수행관에서 과감히 벗어나 세존께서 고구정녕 설하신 고(苦, dukkha)라는 엄연한 실존을 해결하기 위한 인식의 전환(연기법적인 사유)과 거기에 기초한 바른 수행(팔정도)을 찾을 때가 되지 않았는가 하고, 모든 산냐(saññā, 我相)를 극복하라고 거듭거듭 강조하는 한 생각을 일으켜 본다.[67]

⑵ 잠재적 자아의식으로서의 오온

'오온'은 어떻게 해석되어야 할 것인가? 붓다가 '오온의 담마'를 통하여 밝히려는 인간관/세계관은 무엇일까? 어쩌면 '와라나시 오온 법문' 속에 그 단서가 드러나 있을지도 모른다.

"수행자들이여, 어떻게 생각하는가?
물질은 영원한가? 무상한가?……"[68]

67 각묵 스님(2006), 『금강경 강해』, p.396-397, 불광출판부.

68 Vin Ⅰ 14; Horner tr.(2000), *The Book of the Discipline* (*Mahāvagga*) vol. Ⅳ, pp.20-21; (*Vinaya-piṭaka*, 「*Mahāvagga*」Ⅰ 6. pp. 42-43)

여기서 붓다는, "수행자들이여, 어떻게 생각하는가?", 이렇게 말머리를 열고 있다. 시종일관, "'이것은 나의 자아이다'라고 말할 수 있겠는가?", 이렇게 질문하고 있다. 어떤 존재/존재요소의 문제도 전제하지 않고, 첫머리에서부터 자아에 관한 사람들의 생각/의견을 문제 삼고 있다. 곧 사람들의 인식/의식을 문제 삼고 있다. 이것은 붓다가 오온/자아의 문제를 인식의 문제/의식의 문제로서 제기하고 있다는 것을 시사한다. 오온 문제의 본질을 의식의 문제/식(識, viññāṇa/윈냐나)의 문제로서 제기하고 있다는 것을 시사한다. 실제로 *Nikāya*에서 오온이 구성요소로서 설해지는 사례는 거의 발견되지 않는다. 오온에 대한 이러한 붓다의 의도는 *Nikāya* 도처에서 거듭 확인되고 있다. *Saṃyutta-nikāya*의 「*So attā-sutta*」(자아경)에서 붓다는 이렇게 설하고 있다.

> "수행자들이여, 물질이 있을 때, 물질에 집착하고 물질에 탐착하여, 이와 같이 '이것이 나이고, 이것이 세상이고, 죽은 후에 항상하고, 견고하고, 영원하고, 불멸로 존재할 것이다'는 견해를 일으킨다. 수행자들이여, 느낌(생각, 행위, 의식)이 있을 때……견해를 일으킨다."[69]

'집착하고 탐착하고 견해를 일으키고', 이것은 모두 심리작용/의식(識)작용을 의미한다. 우리 식(識)이 물질을 보고 '이것이 나이다, 자아이다', '이것이 사회이다'라고 분별하고, 욕심내고, 집착하면서 '영원한 자아의 존재'(自我, attā)를 만들어 낸다. 물질은 그 자체로서 의미가 있는 것이 아니라 우리 식이 그것을 대상으로 식별하고 작용할 때 비로소 '색온(色蘊)'이 되고, 우리들의 실체적인 자아로 인식된다. 식이 분별

69 S III 204 ; 전재성 역(1999), 『쌍윳따니까야』 4권, p.540 ; (S 24 ; 1 ; 3 「*So attā-sutta*」-자아경)

하고 작용할 때 색 · 수 · 상 · 행 · 식은 비로소 오온이 되고 영원한 자아로서 인식된다.[70] 이것은 식(識)/의식(意識)이 오온을 구성하고 조작해 낸다는 사실을 의미하는 것이다. 이중표는 이렇게 논술하고 있다.

> 색은 중생들이 육체라고 생각하는 것이고, 수 · 상 · 행 · 식은 감정 내지 의식이라고 생각하는 것이다. 이렇게 생각할 때, 오온은 중생들의 생각을 표현한 것이다. 그러나 전술한 바와 같이, 중생들이 존재하고 있다고 생각하고 있는 오온은 식(識)이 대상으로 구성한 관념이다. 오온의 의미를 이해하기 위해서는 우선 오온이 이와 같이 식의 대상으로 구성된 것임을 확실하게 이해해야 한다고 생각한다.[71]

*Nikāya*들은 오온이 식에 의하여 형성되고,[72] 또 식은 오온에 의하여 형성되는 것으로,[73] 오온이 곧 식 작용/의식 작용이라는 사실을 해명하는 많은 정보를 제공하고 있다. *Saṃyutta-nikāya*의 「*Hāliddikāni-sutta*」(할릿디까니 경)에서는 이렇게 설해지고 있다.

"색의 세계[色界]는 식(識)의 집이다. 식이 색의 세계에 대한 탐욕으로

---

70 "그러므로 반드시 하나의 개별적 과정, 곧 예를 들어, 한 송이 꽃을 감지해 내는 하나의 지각행위와 지각 과정 일체를(오온, 필자 주) 가리키는 지각이라는 요소는 구별해야 한다." Johansson(2006), 『초기불교의 역동적 심리학』, p.206

71 이중표(1991), 『아함의 중도체계』, p.167

72 "名色(오온)은 識viññāṇa)에 의해서 緣起(또는 緣生)된다." Johansson(2006), 『초기불교의 역동적 심리학』, p.53

73 S Ⅲ 54 "물질에 집착하면 식(識)은 거기에 집착하고 거기에 머물면서 유지되고 물질을 대상으로 물질을 바탕으로 향락에 의존해서 자라고 성장하고 증대된다.(수 · 상 · 행에 대해서도 마찬가지이다.)" 전재성 역(1999), 『쌍윳따니까야』 4권, p.153 ; (S 22 ; 1 ; 54 「*Bījam-sutta*」-종자경)

묶여있으면, '집에 있다(在家의 삶이다)'라고 말한다. 수 · 상 · 행 · 식에 대해서도 마찬가지이다."[74]

'물질적인 것과 부딪치고〔色, 感觸, rūpa/루빠〕, 느끼고〔受, 感受, Vedanā/웨다나〕, 생각하고〔想, 知覺, saññā/산냐〕, 행위하고〔行, 作爲, saṅkhāra/상카라〕,[75] 식별하고〔識, 識別, viññāṇa/윈냐나〕', 이러한 일련의 인식적 과정에 대하여 식이 작용함으로써 '나의 것', '나', '나의 자아'라는 의식/자아의식(自我意識)이 생겨난다. 그리고 다시 이 자아의식은 이러한 오온을 집(oka)으로 삼고 오온을 먹이〔食, ahara〕 삼아, 거기에 머물고 집착하면서 늘어나고 확대되어 간다.[76] 이것은 오온이 곧 일련의 의식 작용이라는 사실을 거듭 해명하고 있는 것이다. 이와 관련하여 요한슨은 이렇게 논하고 있다.

식도 오온 가운데 특별한 위치를 차지한다. 색계(rūpadāthu), 수계, 상계, 행계는 의식의 근원〔家, oka〕이라 불린다.(S.3.9) 이 구절은 특히 재생의 과정에서 식이 활동하는 부분을 가리키고 있다. 즉 식의 과정은 색 · 수 · 상 · 행을 욕망하고 애착함으로써 새로운 개체를 위해 자리를 잡고, 새로운 개체를 위해 기초를 닦는다. 여기서 식을 "돕는 것〔所緣〕들"이 온(蘊)으로 불리지만, 다른 문맥에서는 명색(名色)으로 불린다.…… 오온은 태어나서 죽을 때까지 진행되는 다섯 가지 다른 유형의 의식

74 S Ⅲ 9; 전재성 역(1999), 앞의 책 4권, p.41; (S 22; 1; 3「*Hāliddikān i-sutta*」- 할릿디까니 경)

75 여기서 '행위하고'로 옮긴 행(saṅkhāra)는 '〔특정〕 행위의 반복을 통한 습관', 혹은 '특정 행위를 반복하려는 힘'으로 해석되고 있다.; 안옥선(2009),「불교덕윤리에서 성품의 중심 개념으로서 '행'(saṅkhāra)」『불교학연구』 제23호, p.231, 불교학연구회.

76 S Ⅲ 55; 전재성 역(1999),『쌍윳따니까야』 4권, pp.159-160; (S 22; 1; 55「*Udāna-sutta*」- 감흥경)

과정이다.[77]

오온은 의식 과정이다. 오온은 자아의식을 형성해 가는 의식 과정이다. 돌이켜 보면, 이러한 메시지는 '와라나시 사슴동산의 오온의 담마' 이후 *Nikāya* 전편을 통하여 반복적으로 설해지고 있다. 이들 담마들/법문들을 통하여 붓다는 오온이 '나의 것', '나', '나의 자아'를 문제삼는 '자아의식(自我意識, self-consciousness)'이라는 사실을 철저하게 해명하고 있다. 이와 관련하여, 케마(Khema) 장로는 꼬삼비 대중들에게 매우 의미심장한 가르침을 설하고 있다.

> "벗들이여, 어떤 고귀한 제자가 끊기 어려운 다섯 가지 번뇌(五下分結)를 끊었다 할지라도, 오온 가운데 섬세하게 발견되는 '나(自我)'라는 자만, '나'라는 욕망, '나'라는 잠재의식을 아직 끊지는 못한 것입니다.
> 그는 나중에 오온 가운데 일어나는 생멸을 이와 같이 관찰해야 합니다. '색은 이와 같고 색의 생성은 이와 같고 색의 소멸은 이와 같습니다. 수 · 상 · 행 · 식도 이와 같습니다.' "[78]

"오온 가운데 섬세하게 발견되는 '자아'라는 자만, '자아'라는 욕망, '자아'라는 잠재의식", 여기서 오온이 자아의식이며, 일련의 자아의식의 작용 과정이라는 것이 드러난다. 오온이란 자아의식이며, 자아관념(自我觀念)/자아개념(自我概念)이라는 사실이 분명히 드러난다.[79] 초기불

77 Johansson(2006), 『초기불교의 역동적 심리학』, p.205

78 S Ⅲ 130; 전재성 역(1999), 『쌍윳따니까야』 4권, pp.310-311; (S 22; 4; 89 「*Khema-sutta*」- 케마 경

79 『금강경』에서 시종일관 치열하게 문제 삼는 '아상(我相, ātman - saṃmjñā, atta- saññā)'과 같

는 것을 감지할 수 있다. 특히 오온의 경우가 그러하다. 이와 관련하여, *Saṃyutta-nikāya*의 「*Khajjan-sutta*」(희생물경)에서 붓다 스스로 분명히 설하고 있다.

> "수행자들이여, 그러면 무엇을 색(色)이라고 말하는 것일까?
> 수행자들이여, 부딪치기 때문에(samphassa/삼팟사, contacted, affected)[85] '색(色)'이라는 명칭을 쓴다. 무엇에 의하여 부딪치는가? 차고 뜨거운 것, 배고픔과 갈증, 각다귀와 모기, 바람과 태양, 뱀들을 접촉함으로써 부딪치는 것이다.
> 수행자들이여, 사람들은 이렇게 감촉을 받는다. 이것이 색(色, rūpa)이라고 말하는 이유이다.[86]

오온이라고 할 때, 색은 단순히 외부의 물질로서 색이 되는 것이 아니다. 우리들의 감각기관에 의하여 부딪치고 심리적으로 집착의 대상이 될 때, 곧 의식화(意識化)될 때, 그 색은 색온(色蘊, rūpa-khandha)으로 성립된다. 머리카락이 색(色)이 아니라 손으로 머리카락을 쓰다듬을 때, 머리카락이 내 감각에 와 닿을 때, 부딪칠 때, 그것을 계기로 의식 작용이 촉발되고 집착이 생겨날 때, 머리카락은 색이 되고 오온이 된다. 그런 까닭에 '색은 단순한 물질이 아니라 유기체적인 감각으로 해석되는 것이다.'[87] 이중표는 이렇게 논하고 있다.

---

85 PED p.693, Samphassa ; contact, reaction. samphassati – 'to touch, to come in contact'

86 S Ⅲ 86 ; 전재성 역(1999), 『쌍윳따니까야』 4권, p.224 ; (S 22 ; 3 ; 79 「*Khajjan-sutta*」– 희생물경) 전재성은 "장애가 되기 때문에"라고 번역하였다.

87 Johansson(2006), 『초기불교의 역동적 심리학』, 각주-21

'색은 사대(四大)와 사대로 만들어진 것'(M. Ⅰ. 185의 규정)이라는 말의 의미는 사대는 감촉됨으로써 사용된 개념(色)이고 이렇게 감촉됨으로써 사용되는 개념을 재료로 하여 만들어진 모든 것이 우리가 물질적 존재라고 말하는 '색'이라는 의미를 함축하고 있다고 할 수 있다.……불타가 오온을 설명하면서 사용한 사대는 6계(六界)의 사대라고 할 수 있으며, 결국 오온이 6계를 질료로 식이 구성한 것임을 알 수 있다.[88]

사대를 색으로 보고 단순히 '물질'이라고 규정한다면 이것은 몸 안팎에 '물질'이라는 어떤 고정불변의 실체적 요소가 있다는 것을 인정하는 것이다. 이것은 곧 유물론적 실재론에 빠지는 오류를 범하는 것이다. 그래서 '색이 고통이다'라고 하면 '이 육신 덩어리가 고통이다'라는 식의 착각이 발생한다, '색을 멸하는 것이 해탈이다' 하면, '육신을 멸하는 것이 해탈이다, 무여열반(無餘涅槃)이다'라고 주장하는 삿된 견해(邪見)가 생겨난다.[89] 이러한 견해는 어떤 고정불변의 실체도 인정하지 않는 붓다의 기본적 담마에 어긋나는 것이다. 그래서 붓다는 색을 감각 작용/의식 작용을 통하여 형성되는 하나의 '개념'으로 해명하고 있는 것이다.[90]

---

88 이중표(1991),『아함의 중도체계』, p.170

89 "有部에서는 이 涅槃에 有餘依와 無餘依의 二種이 有하다고 한다.……만약 여사한 이종 열반의 견지에서 본다면, 유여의는 미완전열반이요, 무여의가 완전열반인 동시에, 여사한 열반에 달하자면 사후가 아니고는 무여의열반을 증득할 수 없는 것이 되며, 따라서 釋尊도 입멸하기까지는 완전한 열반을 증득하지 못하였던 것이다. 요컨대 소승불교의 열반설은 소극적이었다. 즉 심중의 일체 번뇌가 멸하는 동시에 전생업의 所感인 육신까지도 구멸하여야 비로소 완전한 열반에 달하게 되는 것이니, 이를 후세 대승불교에서는 身心都滅 灰身滅智 一向趣寂의 二乘涅槃이라 貶評하였다." 김동화(1980),『佛敎學槪論』, p.456

90 "만일 불타가 四大를 실재하는 요소로 생각하고 있었다면, 이전의 설명처럼 四大로 구성

일반적으로 인도적 전통에서 색이 사대소조(四大所造)의 객관적인 물질로 파악되어 왔고, 불교가 그런 전통적 개념을 쓰고 있는 것은 의심의 여지가 없다. 따라서 오온의 색을 '물질'로 쓰는 것도 이해할 수 있는 일이다. 그러나 오온의 경우, 그 물질(色)은 의식과의 관련 속에서 통찰되지 않으면 안 될 것이다. 오온이라고 할 때 그것은 이미 의식 작용이기 때문이다. 이것은 색이 의식에서 연기된 의식 작용의 하나라는 사실을 의미한다.[91] 보다 정확하게 말하면, 오온의 색은 물질에 대한 부딪침과 거기서 생겨나는 집착이며, 집착의 쌓임(取蘊)이다. '오취온(五取蘊, pañnca upādāna-khandha/빤짜 우빠다나 칸다)'은[92] 이러한 취의를 더욱 분명히 하는 개념으로서 이해된다. 따라서 색은 물질적 부딪침에서 촉발되는 이러한 집착의 쌓임을 즐기면서 식을 형성해 가는, 곧 이기적 자아의식의 형성 과정으로서 작용한다. 붓다는 이렇게 설하고 있다.

> "수행승들이여, 물질에 집착하면 의식은 거기에 머물면서 유지되고 물질을 대상으로 물질을 바탕으로 향락에 의존해서 자라고 성장하고 증

된 것이 색이라고 했을 것이다. 그러나 불타는 이와 같은 색은 어떤 것과의 접촉을 느낄 때, 다시 말해서 외부에 무엇인가가 있다고 느낄 때, 그 느낌에서 비롯된 개념임을 분명히 밝히고 있다. 이것은 우리가 지금까지 고찰한 바와 같이 '촉'을 바탕으로 '색'이라는 관념이 성립되고 있음을 시사하는 것이다." 이중표(1991), 『아함의 중도체계』, p. 169

91 "신체(색)는 관찰된 과정들의 집합이다.(a collection of observed process) 識이 없다면 우리 자신의 신체(색)에 대한 識, 곧 신체적 과정에 대한 識도 전혀 없을 것이다. 다른 모든 것과 마찬 가지로, 신체(색) 역시 연기적인 존재로서 識 속에서 지속적으로 만들어진다." Johansson(2006), 『초기불교의 역동적 심리학』, p.55

92 '오온에 집착하는 것이 오취온'이라고 규정되어 있지만, 이 논문에서는 용어의 혼잡성을 피하여, 특별히 양자를 구분해야 할 경우를 제외하고는 '오온'으로 통일해서 쓴다. ; "수행자들이여, 五蘊이 곧 五取蘊은 아니다. 그러나 오온과 오취온이 다른 것도 아니다. 오온에 욕탐이 있으면 오취온이다." (『雜阿含經』 58經) 이중표(1991), 『아함의 중도체계』, p.179

대된 것이고, 느낌(생각 · 행위 · 의식)도 마찬가지이다."[93]

(4) 오온무아(五蘊無我) – 자아의식의 치유

무엇 때문에 오온이 이렇게 강조되는 것일까?

왜 붓다는 *Nikāya* 전편을 통하여 끊임없이 오온을 문제 삼고 있는 것일까?

우리는 '와라나시 오온의 담마'로 다시 돌아가 본다. '오온의 담마'는 이렇게 계속되고 있다.

"수행자들이여, 어떻게 생각하는가? 부딪침은 영원한가? 무상한가?"

"세존이시여, 부딪침은 무상합니다."

"무상한 것은 괴로움인가? 즐거움인가?"

"세존이시여, 무상한 것은 괴로움입니다."

"무상하고 괴롭고 반드시 변하고 마는 것을 두고, '이것은 나의 것이다', '이것은 나이다. 이것은 나의 자아이다'라고 할 수 있겠는가?"

"세존이시여, 그럴 수는 없습니다."……

"수행자들이여, 그런 까닭에 어떤 부딪침에 대해서도……바른 지혜에 의하여, 그 모든 부딪침은 나의 것이 아니고 내가 아니고 나의 자아(自我)가 아니라고 있는 그대로 보아야 한다. (수 · 상 · 행 · 식도 마찬가지이다)

……

수행자들이여, 들은 것이 많은 나의 성스러운 제자라면, 그것들을 무아(無我)로 보는 까닭에, 부딪침도 싫어하고 느낌도 싫어하고 생각도 싫어하고 행위도 싫어하고 의식도 싫어한다. 싫어하는 까닭에 평정해

93 S Ⅲ 55; 전재성 역(1999), 『쌍윳따니까야』 4권, pp.159-160; (S 22; 1; 55 「*Udāna-sutta*」 – 감흥경)

지고 평정해짐으로써 해탈한다.……"[94]

여기서 붓다는 처음부터 "〔물질적인〕 부딪침은 무상하고, 괴롭고, 〔따라서〕 내가 아니다"라고 시작하고 있다. 그리고 "오온을 무아(無我)로 보는 까닭에 싫어하고 싫어하는 까닭에 평정해지고 해탈한다", 이렇게 결론내리고 있다. 붓다는 지금 '무상(無常) – 고(苦) – 무아(無我)'로 이어지는 '무아(無我)의 담마'를 전개하고 있다. 시종일관 '오온무아(五蘊無我, pañcakkhandha-anattā)의 담마'를 전개하고 있는 것이다. *Nikāya*에서는 대개 이런 논리로 자아(自我)의 실체성(實體性) · 자성(自性, sabhāva, Skt. svabhāva)을 부정하는 '무아법문(無我法門, anattā-dhamma)'을 시설하고 있다. 와라나시에서 설해지는 '오온무아의 담마'는 '무아법문'의 한 형태를 이루고 있고, 이 '무아법문'은 곧 '해탈법문'으로서, '오온 · 십이처 – 십팔계 · 십이연기' 등의 담마들을 대상으로 끊임없이, 어떻게 보면 가장 빈번하게 반복적으로 설해지고 있다. 무아(無我, anattā)가 불교의 가장 기본적이며 특징적인 법인(法印)으로서 평가되고 있는 것도[95] 이런 경전적 사실에 근거하고 있는 것이다.[96]

왜 "색은 내〔自我〕가 아니다. 수 · 상 · 행 · 식은 내가 아니다."라고 설해지는 것일까? 왜 "무아이다. 그런 까닭에 오온을 싫어하고 버리고

---

94 Vin Ⅰ 14; Horner tr.(2000), *The Book of the Discipline* (*Mahāvagga*) vol. Ⅳ, pp.20-21; (*Vinaya-piṭaka*, 「*Mahāvagga*」Ⅰ 6. 42-46)

95 제법무아(諸法無我, sabbe dhammā anattā); Dh 278 "모든 담마에서 자아가 없다고 내적 관찰의 지혜로서 이렇게 보는 사람은 고통에 대하여 싫어하느니 오직 이것이 청정에 이르는 길이다." 거해 스님 역(1992), 『법구경』 2권, pp.171-172

96 "특히 禪의 경지가 없이 오온이나 십이처나 십팔계의 무상 · 고 · 무아의 통찰을 통한 염오-이욕-소멸-해탈을 설한 경은 아주 많다. 그리고 연기의 통찰을 통한 해탈 · 열반을 설한 경도 있다." 각묵 스님 역(2006), 『디가니까야』 1권, p.31

떠나가라", 이렇게 거듭거듭 설해지는 것일까? 붓다는 지금 나의 존재를 부정하고 있는 것일까? 내가 없다면 어찌 되는 것일까?……이렇게 계속되어 온 오랜 의문들에 대하여 *Saṃyutta-nikāya*의 「*Aghamūla-sutta*」(고통의 뿌리경)에서 붓다는 이렇게 설하고 있다.

"수행자들이여, 나는 고통과 고통의 뿌리에 관하여 설하리라. 잘 들어라.
수행자들이여, 무엇이 고통인가?
부딪침이 곧 고통이다. 느낌(생각, 행위, 의식)이 곧 고통이다.
수행자들이여, 무엇이 고통의 뿌리인가?
환희와 탐욕을 수반하여 여기저기 즐기며 다시 태어남으로 이끄는 갈애(渴愛, taṅhā/딴하)가 바로 그것이다. 거기에는 감각적 쾌락에 대한 갈애, 존재(存在, 有)에 대한 갈애, 비존재(非存在, 非有)에 대한 갈애가 있다.
수행자들이여, 이것이 고통의 뿌리이다."[97]

여기서 '오온무아'의 의도가 명료하게 드러나고 있다. 많은 사람들의 고통을 치유하기 위하여, 고통의 근원을 치유하기 위하여, 지금 붓다는 이렇게 오온무아를 설하고 있다. 오온이 고통이기 때문에, 오온에 집착하고 즐겨하는 것이 탐욕과 갈애를 낳고, 이 탐욕과 갈애가 모든 고통의 뿌리이며 윤회의 근본 조건이 되기 때문에, "오온을 싫어하고 버리고 떠나가라", 이렇게 붓다는 거듭 설하고 있다. 개인적인 고통과 사회적인 고통 – 모든 고통의 원인이 되고 조건이 되는 것이 탐욕(貪慾, rāga)이다.[98] 이 탐욕은 '이것이 나이다', '이것이 나의 것이다'

---

97 S Ⅲ 32; 전재성 역(1999), 『쌍윳따니까야』 4권, p.100; (S 22; 3; 31 「*Aghamūla-sutta*」 – 고통의 뿌리경)

98 초기불교에서는 탐욕과 유사한 개념들이 많이 쓰이고 있는 것이 사실이다. 첫 번째

라고 자아의 영속을 갈망하고 집착하는 어둔 자아의식, 곧 오온 때문에 생겨나고 확장되고 증대된다.[99] 그 탐욕의 뿌리를 근절하기 위하여, "색 · 수 · 상 · 행 · 식을 싫어하고 버리고 떠나가라", 이렇게 붓다는 끊임없이 경각시키고 있다.

문제의 핵심은 바로 이 어둔 자아의식이다. 부딪치고 느끼고 생각하고 행위하고 식별하고, 이런 과정을 반복하면서 '이것이 나의 것이다', '이것이 나다', '이것이 나의 자아이다'라고 생각하는 어둔 자아의식들이 생겨난다. 이런 자아의식들이 쌓여서〔蘊, khandha〕 나 자신을 영원한 실체적 개체라고 믿는 강력한 고정관념〔我相, attā-saññā/앗따 산냐〕을 조작해 낸다. 이렇게 형성된 자아의식이 강력한 자기중심적 사유와 행위를 촉발한다. 이 자아중심적 자아의식이 나와 남들의 차이를 식별하고, 자아를 즐겨하고 집착하는 한편으로 남들을 배척하고 갈등하는 탐욕을 조작한다. 이 탐욕이 많은 사람들의 집단적 이기주의를 양산(量産)한다. 이 이기주의가 모든 개인적 사회적 고통의 뿌리가 된다. '어

로 바람 · 욕망 · 쾌락 · 탐욕 · 애욕 · 성욕 등 감각적 욕망을 나타내는 '까마(kāma)', 두 번째로 욕구 · 의욕 · 자극 · 의도 · 의지 · 욕망 · 집착 등의 의미를 나타내는 '찬다(chanda)', 세 번째는 욕망을 나타내는 '라가(rāga, lodha)', 네 번째로 갈애 · 갈망 · 욕망 · 집착 등을 나타내는 '땅하(taṅhā)' 등이 그것이다.; 정준영(2008),「초기불교의 욕망의 이해 – 욕망의 다양한 의미」『욕망, 삶의 동력인가, 괴로움의 뿌리인가』, pp.55-58 간추림, 운주사. 이 논문에서는 특별한 경우 이외에는 '탐욕 – rāga'라는 용어를 포괄적으로 쓸 것이다. rāga가 탐진치 3독의 탐에 해당하기 때문이다.

99 S III 218 "수행자들이여, 무엇이 있을 때 무엇에 집착하고 무엇에 탐착하여, 이와 같이, '이것이 나(attā)이고, 이것이 사회(loka)이고, 죽은 후에 항상하고 견고하고 영구불변으로 존재할 것이다'라는 견해를 일으키는가?……수행자들이여, 부딪침〔色〕이 있을 때 부딪침에 집착하고 부딪침에 탐착하여, 이와 같이, '이것이 나〔自我〕이고, 이것이 세상이고, 죽은 후에 항상하고 견고하고 영구불변으로 존재할 것이다'라는 견해를 일으킨다. 수행자들이여, 느낌(생각, 행위, 의식)이 있을 때……견해를 일으킨다." 전재성 역(1999), 『쌍윳따니까야』 5권, p.34; (S 24; 1; 21「*So attā-sutta*」– 자아경)

둔 자아의식(오온) – 탐욕 – 이기주의 – 고통'의 과정은 십이연기에서도 그 주류를 형성하고 있다. 그리고 이러한 연기과정은 근본적으로 바로 '무아의 담마'에 대한 무지에서 생겨난다. 곧 무명(無明, avijjā/아위자)에서 생겨난다. 권오민은 이렇게 논하고 있다.

> 자아란 다만 자아관념(自我觀念)의 대상일 뿐 객관적으로 실재하는 것이 아니다. '나'라고 하는 관념은 세계(곧 5온)에 대한 이기적 욕구의 결과로서, 세계에 대한 지각과 동일한 공간에서 일어난다. 그럼에도 '나'라고 하는 개체의 현실태는 이기적 욕구에 의해 자기 개체성을 고집하기 때문에, 그러한 폐쇄된 개체성이 자아를 세계로부터 분리 독립시켜 지각에 선행하는 영속적인 실체로 간주한다. 이것이 바로 불교에서 말하는 무지(無知, 無明)의 정체이다. 무지란 곧 단일한 자아가 실재한다는 그릇된 믿음이다.[100]

오온은 자아의 영속적 실체/자기 개체성을 믿는 무지이다. 그래서 오온은 흔히 '망념(妄念)'[101] '망식(妄識)'으로 일컬어지기도 한다.[102] 오온은 뿌리 깊고 섬세한 잠재의식으로서, 무의식(無意識) · 본능(本能)과 맥락을 같이하는 것으로 보인다.[103] 따라서 오온은 본질적으로 어둡고 이기적이며 공격적이다. 자아의 존재를 맹신하는 이런 본능, 이런 어둡고 이기적인 자아의식이 개인과 사회의 모든 문제, 곧 고통의 원천

100 권오민(2003), 『아비달마불교』, pp.54-55

101 고익진(2002), 『아함법상의 체계성 연구』, p.100, 동국대출판부.

102 이중표(1991), 『아함의 중도체계』, p.178

103 "五蘊은 번역하기 어렵다. 문자 그대로 현생과 전생의 옛 습관을 통해 형성된 '윤곽', '내면의 경향', '성향' 등을 의미한다. 근대의 개념에서 대체로 가장 가까운 것을 찾는다면, '본능'과 '무의식'이 취합된 것이라고 볼 수 있다." 노스(1988), 『世界宗敎史』 하, p.661

이 된다.[104] 초기불교에서 이런 심리적 성향은 흔히 'āsava/아사와', 곧 '루(漏)', '번뇌(煩惱)'로 규정되는데, 자신 속에서 자아(ego)를 보고자 하고 자아 확산을 추구하는 어둡고 탐욕스런 자기중심적 환상으로, 인격의 중심을 이루는 이기적 열망으로 분석되고 있다.[105] 요한슨은 이렇게 논하고 있다.

> 다양한 漏들은 자아에 대한 환상의 배후에 있는 주요한 힘들이다. 이기적 열망이 인격(5온)에 중심을 두고 있는 한, 재생할 수 있는 통일성이 존재할 것이다. ('그 漏는 後有, ponobhāva를 일으킨다.'; M 1.250) 이 인위적인 통일성, 거짓 통일성을 파괴하기 위해서는 漏가 반드시 해소되어야 한다.[106]

(5) 오온무아(五蘊無我) – 자비의 실천

지금까지의 논의를 통하여, '무아의 담마'가 이러한 이기적 자아의식의 치유와 관련되어 있다는 사실이 드러나고 있다. 무아가 오온의 극복, 곧 이기적 자아의식의 치유, 고통의 치유, 곧 해탈의 문제와 깊이 관련되어 있다는 사실이 드러나고 있다. 이러한 취지는 '해탈법문'에서 다음과 같은 정형구로서 표명되고 있다.

> 오온은 무상하고(無常, anicca/아니짜)
> 무상한 것은 고통이고(苦, dukkha/둑카)
> 고통인 것은 실체가 없고(無實體, 空, suñña/순냐)

104 "일상적 자아를 긍정하는 주된 본능이야말로 정신적인 모든 악(惡)의 숨은 뿌리가 된다." 라다크리슈난(2000), 『인도철학사』 II, p.185

105 Johansson(2006), 『초기불교의 역동적 심리학』, pp.274-276

106 Johansson(2006), 앞의 책, p.276

실체가 없는 것은 무아이고(無我, anattā/안앗따)

무아이기 때문에 자아(오온)를 싫어하고(厭離, 厭惡, nibbidā/닙비다)

싫어하면 탐욕이 빛바래지고(소멸하고)(離慾, virāga/위가라)

탐욕이 빛바래지면 고통에서 해탈하고(解脫, vimutti/위뭇띠)

해탈하면 해탈지혜가 생겨나고(解脫知見, vimutti-ñāṅa namadassana/위뭇띠냐나 나마닷사나)[107]

'무상(無常, anicca) – 고(苦, dukkha) – 무아(無我, anattā) – 염오(厭惡, nibbidā) – 이욕(離慾, virāga) – 해탈(解脫, vimutti) 열반(涅槃, nibbāna)'

이것은 초기불교에서 거의 정형화된 해탈법문으로, *Nikāya*에서 반복적으로 설해지고 있다.(M74 M109 M147 등)[108] 이것은 '무아 – 해탈의 담마', '무아 – 해탈의 과정'으로 규정되어도 좋을 것이다. 무아가 핵심고리이기 때문이다.

이 '무아 – 해탈의 과정'은 기본적으로 실체적 체험을 통해서, 일상적인 삶의 부딪침을 통해서 체험되는 것이다. '오온은 연기하는 것이므로 무상한 것이고 고통스런 것이고 어떤 실체도 없는 것이다.' 흔히 이렇게 해설되고 있다. '오온 무아의 담마'가 연기법이라는 이론의 틀을 전제로 해설되고 있다. 이것은 결론적으로 '무아 – 해탈의 담마' 자체를 이론적인 교설로, 곧 비(非)실제적인 관념론으로 몰아가고 있는 것이다. 그러나 이것은 붓다의 법문 의도와는 거리가 먼 것으로 보인다. 권오민은 이렇게 논하고 있다.

107 S Ⅲ 22; 전재성 역(1999), 『쌍윳따니까야』 4권, pp.73-74; (S 22; 2; 15 「*Yad anicca-sutta*」- 무상경)

108 각묵 스님 역(2006), 『디가니까야』 1권, p.479 각주-519

그들은 대개 "제법은 개별적인 것이든 전체적인 것이든 상의상관한다는 점에서 상주불변의 실체로서 존재하지 않을뿐더러, 연기된 것은 유위로서 무상하며, 무상한 것은 괴로운 것이다. 따라서 무아(無我) · 무위(無爲) · 고(苦)와 연기설은 다같이 불타의 근본사상을 나타낸 것으로, 12연기의 근본 취의(趣意)는 실로 불타의 근본사상이라고 할 수 있다." 고 말한다. 그러나 이는 공(空)은 연기의 이론적 귀결(연기-무자성-공)이라는 『중론』의 논리를 차용한 것으로, '연기하기 때문에 무상하다'거나 '무상하기 때문에 무아이다'라고 하는 말은 초기불전 어디에도 없다. 무상과 무아는 다만 경험적 사실이지 추론을 통해 도출되는 이론적 귀결이 아니다.[109]

'와라나시 무아의 담마' 이래, '무아(無我, anattā)'가 기본적으로 오온과 연계되어 설해지는 것은 그것이 오온으로부터 벗어나려는 실체적 실천적 체험의 과정이기 때문이다. 무아가 오온으로 형성된 뿌리 깊은 자아의식으로부터, 곧 탐욕/이기주의로부터 벗어나는[110] 해탈의 필수적 과정이기 때문이다. 무아는 이기적 자아의식, 곧 '자기 만들기', '자기 세상 만들기'의 이기적 탐욕으로부터 벗어나 비(非)이기적인 삶으로 나아가려는 사회적 실천을 지향하고 있다. 무아로, 자아라는 생각에서 벗어나, 자아를 개입시키지 않고, 자기투사(自己投射)/자아투영(自我投影) 없이 이 세상을 보고 이 세상 많은 사람들에게로 향하여 나아가는 것이야말

---

109 권오민(2007), 「緣起法이 불타 內證이라는 經證 검토」『보조사상』 제27집, pp.442-443, 보조사상연구원

110 S III 5 "색(色)에 관한 탐욕을 떠나고 욕망을 떠나고 갈증 · 갈애를 떠난다면, 그에게는 색(色)이 변화하고 달라지는 것 때문에 우울 · 슬픔 · 고통 · 불쾌 · 절망이 생겨나지 않습니다.……" 전재성 역(1999), 『쌍윳따니까야』 4권, p.38; (S 22; 1; 2 「*Devadaha-sutta*」-데와다하 경)

로 사회적 실천의 가장 순수한 출발점이 될 것이다. 월폴라 라훌라는 이렇게 논하고 있다.

> 그러므로 깨달은 사람은 자아투영 없이 가장 순수한 상태에서 사물을 평가하고 향유한다.……그는 모든 이기적인 탐욕, 증오, 무지, 속임수, 교만을 비롯한 모든 더러움에서 벗어나 있기 때문에, 순수하고(pure) 부드러우며(gentle), 우주적인 사랑(universal love), 자비(compassion), 친절(kindness), 동정(sympathy), 이해(understanding)와 관용(tolerance) 등으로 가득 차 있다. 자아라는 생각을 갖고 있지 않기 때문에 다른 사람들에 대한 봉사가 순수하다. 자아라는 환상에서 벗어나 있고, 무엇인가 되려고 하는 탐욕에서 벗어나 있기 때문에, 아무것도 – 심지어 정신적인 것까지도 – 소유하거나 축적하려 하지 않는다.[111]

'우주적인 사랑 · 자비……', 여기서 무아는 이미 적극적인 사회적 실천으로 전환되고 있다. 오온적 자아의식은 비(非)이기적 사회의식으로 전환되고, 탐욕/이기주의는 역동적인 변혁 에너지로, 원력(願力, chanda/찬다)으로 전환되고 있다. 오온적 자아의식에서 생성된 탐욕/이기주의가 무아의 자각을 통하여 사회적 실천의 동력이 되고 있다.[112]

무아(無我)는 어둔 이기적 자아의식을 벗어나려는 자각적 행위이다. 무아가 어떤 실체적 자아(自我, attā)/자성(自性, sabhāva)도 인정하지 않는

---

111 Rahula(1978), *What the Buddha taught*, p.43

112 "여기서 특이한 것은 갈애라는 욕망으로 또 다른 갈애라는 욕망을 제거한다는 것이다. 다시 말해, 욕망은 불교 안에서 제거해야 할 대상인 동시에, 제거할 수 있도록 이끌어 주는 동력이 된다는 것이다." 정준영(2008),「초기불교의 욕망의 이해 – 욕망의 다양한 의미」『욕망, 삶의 동력인가, 괴로움의 뿌리인가』, p.54

다는 입장에서 존재 문제와 관련되는 측면도 분명 있는 것이지만, 붓다는 '무아의 담마'가 본질적으로 존재의 문제가 아니라 존재의식의 문제라는 사실을 분명히 해명하고 있다. '내가 존재하느냐, 않느냐?'의 문제가 아니라 '나에 대한 집착에서 벗어나는가, 벗어나지 못하는가?' 하는 자아의식 · 자기투사를 문제 삼고 있다는 사실을 분명히 하고 있다.[113] 이러한 취지는 '무상 – 고 – 무아 – 염리 – 이욕 – 해탈'의 과정에서도 잘 드러나고 있다.[114] 여기서 '탐욕의 빛바램(離欲, virāga) – 소멸(消滅, nirodha)'이 해탈의 전제 조건이 되어 있다는 사실이 특히 주목된다.

'이욕(離欲, virāga/위라가)'이란 무엇일까? '탐욕의 빛바램'이란 무엇일까?

'탐욕을 떠난다, 탐욕을 떠나라'라고 흔히 말하는데, 이것은 실제로 어떻게 하는 것일까?

그것은 곧 자비의 실천일 것이다. 그것은 곧 '비폭력 · 사랑 · 나눔' 등과 같은 윤리적 실천이며 사회적 실천일 것이다.[115] 탐욕이 빛바래지고 소멸될 때, '인간이 자기 자신에 대해 그러하듯이, 그 밖의 모든 존재에 대하여 그러하라'는 동체적 자비심이 본능적으로 발로한다. 이

---

113 "무아에 관한 올바른 입장은 어떤 견해나 관점을 가지는 것이 아니라 정신적인 투영 없이 객관적으로 사물을 보려는 노력하는 것이다." Rahula(1978), *What the Buddha taught*, p.66

114 "이 과정에서 무아가 공(空)으로 표현되는 경우도 있다."('無我者 卽是空'; 『增壹阿含經』 卷30-10, 大正藏 2. p.715c) 고익진(2002), 『아함법상의 체계성 연구』, p.127

115 "정사유란 모든 존재로 확산되어 갈 수 있는 무아적인 포기, 또는 이욕, 사랑과 비폭력의 생각들을 뜻한다. 그런데 정사유는 지혜에 속하므로 무아적인 이욕 · 사랑 · 비폭력에 대한 생각이 지혜의 측면을 이루고 있다는 것은 매우 흥미롭고 중요한 사실이다." Rahula(1978), *What the Buddha taught*, p. 49

렇게 해서 자비(慈悲, 慈愛, mettā/멧따, metta-karuṅā/멧따 까루나)의 실천이 비로소 가능해진다. 자신과 사회의 변화/사회 변혁의 추구가 가능해지고, 개인적 사회적 고통의 소멸/해탈이 가능해진다. 이것이 무아-해탈이 추구하는 기본적 구조이다. 이렇게 '비폭력 · 사랑 · 나눔' 등 스스로 자신을 버리고 '많은 사람들의 이익과 행복'을 위하여 헌신하는 사회적 실천이 해탈의 전제 조건이 되는 '무아-해탈의 담마'는 초기불교의 실천성을 담보해 내는 매우 중요한 기제로서 작동하고 있다. '비폭력 · 사랑 · 나눔', 이것이 바로 불교가 추구하는 '청정한 삶의 방식'(brahma-cariya/브라흐마 짜리야)이다.

험한 들판과 물길을 달려 세상 끝까지 담마를 전파하고 이 사회를 개혁하려는 초기불교의 야성(野性)/야생적(野生的) 개척정신이 바로 이러한 무아적 사회의식과 관련되는 것이다. '야성(野性)/야생적(野生的) 개척정신'이란 '야생적 마음(savage mind)'을 일컫는 것이고, 이 '야성/야생적 마음'이 불교도 고유의 감성으로서 분석되고 있다.[116] 이것은 불교도의 자비, 곧 사회적 실천이 필요적 동기에 의하여 작위적으로 추구되는 것이 아니라는 사실을 의미한다. 무아를 통하여 인간 본연의 심성(本性)으로 돌아갈 때, 곧 심해탈(心解脫)로 돌아갈 때, 사회적 실천/사회변혁운동은 자연 발로하는 자생적 물결로서 분출하는 것이다. 그

---

116 "흔히 불교는 논리적 사유를 초탈하였다고 말한다. 그러나 논리를 초탈한 사유는 철학적으로 불가능하다. 논리를 초탈하는 것이라고 해서 논리가 없는 것이 아니다. 서양의 논리가 개념적이고 원자론적이며 지능적인 일직선의 사유임에 반하여, 불교의 논리는 반개념적이고 卍자처럼 쌍방의 얽힘을 동시에 바라보는 야생적 사유를 기본으로 한다. 야생적 사유(la pensee, savage = savage mind)는 인류학적 용어로서 레비스트로스(Levi-Strauss)가 말한 신석기 시대 인간의 기본적 사유에 해당한다. 즉 대대법적(待對法的) 사유로서 인류가 모든 것을 대칭적 관계로서 보았던 사고방식을 일컫는다." 김형호(2010), 「한국사회와 불교의 철학적 중요성」『불교평론』 44호, pp.23-24

래서 불교도의 사회적 실천운동을 '야성/야생적'이라고 규정하는 것이다. 나카무라 하지메(中村 元)는 이렇게 논하고 있다.

> 불교철학의 근본사상은 '무아(無我)'의 실천인데, 무아의 관념이 현실에서 실천되고 실현되는 경우에만 그것은 '자비행'이 된다. 불교도는 자비를 구현하는 자가 아니면 안 된다. 자비의 실천은 강권에 의하지 않고 행해지는 것을 이상으로 한다. '자비의 실천'이라는 명목 하에 어떠한 강권에 호소하려고 한다면, 그것은 오히려 행동 목적인 자비 그 자체를 해(害)하는 게 된다. 이 같은 견지에서 초기불교의 불교도는 강권에 의하지 않은 이상적 사회(상가)의 건설을 지향하여, 국가를 벗어나 자기들만의 정신적 노력에 의하여 이것을 실현하려 했던 것이다.…… 원시불교에서는 '사회개혁'이라고 하는 말은 사용하지 않았으나, 내용적으로는 그것과 상응하는 것을 지향하였다. 이 같은 이상주의적 노력은 당시의 인도 사회에서 어느 정도 실현 가능하였다.[117]

2) 십이처-십팔계와 사회적 조건의 문제

(1) 십이처-십팔계와 식(識)의 형성

오온과 더불어 초기사회론의 한 중심을 이루고 있는 것이 '십이처-십팔계의 담마'이다. 이 법문이 처음 설해진 곳은 가야(Gayā)산(伽倻山) 이다. '와라나시 사슴동산의 전도선언' 직후, 붓다는 자신이 약속한 대로 고행의 땅 우루웰라(Uruvelā)로 돌아갔다. 거기서 붓다는 깟사빠(Kassapa) 삼형제를 비롯한 천 명의 배화교도(拜火教徒, 結髮外道, jātila)를

117 中村 元/ 석오진 역(1999),『宗教와 社會倫理』, p.165, 경서원.

개종시키는 극적인 성공을 거두었다. 붓다는 이들과 함께 가야(Gayā, 伽倻)로 가서 가야산에 올랐다. 마침 그때 가야성 안에서 희생제의(yañña)의 불길이 거세게 타오르며 하늘을 붉게 물들이고 있었다. 거기서 붓다는 천 명의 대중들을 향하여 이렇게 설하고 있다.

"수행자들이여, 모든 것이 불타고 있다.

수행자들이여, 무엇이 모두 불타고 있는가?

눈이 불타고 색(色)이 불타고 안식(眼識)이 불타고 안촉(眼觸)이 불타고 있다. 다른 말로 하면, 안촉으로 인하여 생겨난 느낌, 즐겁거나 괴롭거나 괴롭지도 즐겁지도 않거나 하는 느낌이 불타고 있다.

무엇으로 인하여 느낌이 불타고 있는가?

말하노니, 탐욕의 불로 타고 화냄의 불로 타고 어리석음의 불로 타고 있다. 태어남과 늙음 · 죽음으로 타고 있다. 슬픔 · 근심 · 고통 · 탄식, 그리고 절망으로 타고 있다.

귀(코, 혀, 몸, 의식)가 불타고 있다.……"[118]

이것이 유명한 '가야산의 불타는 담마(āditta-dhamma)'이다. 배화교도 출신의 대중들을 앞에 놓고 타오르는 제화(祭火)의 불길을 바라보면서 이뤄졌다는 상황을 고려할 때, 이 법문의 상징성은 실로 미묘하다. 이 법문은 십이처(十二處, dvadasa-āyatana)와 십팔계(十八界, astadasa-dhātu)를 중심과제로 설해지고 있기 때문에, '십이처 – 십팔계의 담마'로, 또는 '처(處) – 계(界)의 담마'로 일컬어도 좋을 것이다. 오온이 그러했던 것과 같이, 이 십이처 – 십팔계도 식(識, viññāṇa)을 주제로 추구하고 있다. 십

118 S IV 19; 전재성 역(1999),『쌍윳따니까야』6권, pp.81-84; (S 35; 3; 28「*āditta-sutta*」– 불탐경)

이처는 의처(意處)에 의하여, 십팔계는 의식계(意識界)에 의하여 그 인식 작용이 성립되기 때문이다.[119] 그리고 이 식은 육내처(六內處)와 육외처(六外處)의 접촉에 의하여 발생한다.[120] *Saṃyutta-nikāya*의 「*Dvaya-sutta*」(이원성의 경)에서 이렇게 설하고 있다.

> "눈(眼)과 형상(色)을 조건으로 눈의 식(眼識)이 생겨난다.……
> 수행자들이여, 이 세 가지 법이 만나고 모여서 화합하면 그것을 눈의 접촉(眼觸)이라고 한다. …
> 수행자들이여, 접촉하면 느끼고(感受), 접촉하면 의도하고(形成), 접촉하면 지각(知覺)한다.……"[121]

여기서 식(識)이 눈 · 귀 등 육내처(육내입)와 형상 · 소리 등 육외처(육외입)의 상호작용에 의하여 형성된다는 사실이 밝혀지고 있다. '눈 → 눈의 식 ← 형상', 이것이 '식(識) 형성의 메커니즘(mechanism)'이다. 뿐만 아니라 여기서 형성되는 식이 곧 오온이라는 사실도 밝혀지고 있다.[122] 여섯 감각기관(六內處, 六內入, sal-ajjhattika āyatana)과 여섯 감각대상

---

119 미산 스님(2009), 「변화무상한 마음을 어떻게 바로 잡아야하는가」『마음, 어떻게 움직이는가』, p.46

120 "윈냐나(viññāṇa)는 대상을 접했을 때 대상이 있음을 아는(mere awareness) 알음알이로서 육내처와 육외처가 매 순간순간 맞닿을 때마다 생겼다가는 사라지고 생겼다가는 사라지고 하는 순간적인 현상이라 하겠다." 각묵 스님(2006), 『금강경강해』, p.444

121 S IV 67-69; 전재성 역(1999), 『쌍윳따니까야』 6권, p.272-276 간추림; (S 35; 4; 93 「*Dvaya-sutta*」- 이원성의 경)

122 눈 등 감각기관과 형상 등 감각대상 - 육입(六入)은 서로 부딪치는 것이기 때문에 색(色)이 되고, 부딪침에서 나오는 알아차림은 식(識)이 되고, 6입과 식의 상호작용 - 접촉에 의해서 느낌(受) · 생각(想) · 의도(行)가 생겨난다. 이것이 오온의 형성이다.; 전재성 역(1999) 앞의 책 6권, p.273 각주-168

〔六外處, 六外入, sal-bahira āyatana〕, 곧 십이처(十二處)의 상호작용을 인연하여 육식(六識, sal-viññāṅa)이 형성되고, 십이처와 육식으로 십팔계(十八界, astadasa-dhātu)가 성립되고, 이 영역 안에서 여섯 감각기관 · 여섯 감각대상 · 여섯 식이[123] 상호작용〔三事和合〕하여 접촉〔六觸, sal-phassa〕 작용을 일으키고, 이 접촉 작용을 통하여 오온의 어둡고 이기적인 자아의식을 형성하게 된다. 이렇게 해서 인간(자아) · 사회라는 유위(有爲)의 존재를 조작해낼 다섯 가지 자아의식의 질료〔五蘊〕가 모두 생겨난 것이다. 따라서 '십이처 – 십팔계의 담마'는 '오온 형성과 소멸의 담마', '오온 작동의 메커니즘'으로 규정되어도 좋을 것이다.[124] 『잡아함경』에서는 이렇게 설해지고 있다.

"두 가지 법이 있다. 어떤 것을 두 가지라고 하는가? 눈과 형상이다.……눈과 형상을 인연하여 안식이 생기는데, 세 가지가 화합한 것이 촉이다. 촉은 수(受) · 상(想) · 사(思)를 함께 낳으니, 이 네 가지는 무색(無色)의 온(蘊)이며, 안과 색은 색온(色蘊)이다. 곧 이러한 법들을 일컬어 인간이라고 이름할뿐, 〔자아나 영혼과 같은 인간으로서의 고유한 실체인〕 중생(sattva) · 나라(nara) · 마누자(manuja) · 마나바(manava) · 뿌루사(puruṣa) · 뿌

---

123 "이 셋을 '根 · 境 · 識'으로 약칭하는 경우도 있으나, (감각작용의 과정에서 작동하는, 필자 주) 여섯 감각기관을 根으로 일컫는 것은 적절치 못한 것으로 보인다. 십이처의 여섯 감각기관〔六入〕은 sal-āyatana를 옮긴 것이고, 육근(六根)은 sal-indriya를 옮긴 것인데, āyatana는 집착의 場으로서 극복의 대상이 되는 것이고, indriya는 강력한 향상의 힘으로서 증대시켜 가야 할 대상인 것이다." 각묵 스님(2006), 『금강경강해』, pp.91-92 간추림.

124 "南傳 尼柯耶는 한 걸음 더 나아가 오온의 '受 · 想 · 行'에 해당되는 것뿐만 아니라 '識'에 해당한 것까지도 모두 觸(三事和合, 필자 주)을 연하여 일어났다고 말하고 있는 것이다." 고익진(2002), 『아함법상의 체계성 연구』, p.50

드갈라(pudgala) · 잔투(jantu) · 지바(jiva)는 존재하지 않는다."[125]

(2) 십이처와 이원성의 원리

'오온 · 십이처 – 십팔계'는 모두 식(識)/자아의식을 중심으로 자아 · 사회 등 일체(sabba) 문제를 규명하려는 접근 방식이다. 곧 일체법(一切法, sabbe-dhammā)이다. 오온이 색 · 수 · 상 · 행 · 식 등 식(識)의 차별적 인식기능을 중심으로 접근하는 방식인 데 대하여, 십이처 – 십팔계는 감각기관과 감각대상의 작동 과정, 곧 감각기능을 중심으로 식의 형성 과정을 총체적으로 규명하려는 접근 방식이다. '가야산의 법문'을 중심으로 '십이처 – 십팔계'에서 전개되는 감각기능의 작동 과정을 정리해 보면 이러하다.

〔표 2〕 십이처 – 십팔계의 작동과정표

〈6내처〉	〈6식〉	〈6외처〉	〈18계〉	
눈(眼)	→ 눈의 식(眼識)	← 형상(色)	⇒ 안식계(眼識界) ↘	
귀(耳)	→ 귀의 식(耳識)	← 소리(聲)	⇒ 이식계(耳識界) ↘	
코(鼻)	→ 코의 식(鼻識)	← 냄새(香)	⇒ 비식계(鼻識界) ↘	하나의 세계
혀(舌)	→ 혀의 식(舌識)	← 맛(味)	⇒ 설식계(舌識界) ↗	(意識界)
몸(身)	→ 몸의 식(身識)	← 접촉(觸)	⇒ 신식계(身識界) ↗	
생각(意)	→ 생각의 식(意識)	← 사물/현상(法)	⇒ 의식계(意識界) ↗	

계(界)는 안식계 등 육계의 세계로 분석되지만, 실제로는 하나의 세계, 곧 의식계(意識界)로 통합된다. 이 하나의 세계 속에서 중생(衆生, satta/

125 동국역경원(1985a), 『한글대장경 雜阿含經』 1, p.359; 권오민(2003), 『아비달마불교』, pp.52-53

삿따)은 생(生, jāti) · 노(老, jarā) · 사(死, marana)하고[126] 사회는 생(生, jāti) · 주(住, thiti) · 이(異, annathatta) · 멸(滅, aniccata)하며 끝없는 고통 속에서 유전(流轉)한다. 이것이 유위적 존재들〔有爲法, saṅkhata-dhamma/상카따 담마〕의 속성이며, 중생들과 이 사회의 삶의 모습이다.[127] 그래서 '불타는 법문'에서, "모든 것이 불타고 있다. 태어남과 늙음 · 죽음으로 타고 있다. 슬픔 · 근심 · 고통 · 탄식, 그리고 절망으로 타고 있다", 이렇게 설해지고 있는 것이다.

여기서 특히 주목되는 것은 이 모든 식의 형성이 십이처에서 벌어진다는 사실이다. 이 모든 식의 형성과 소멸이 육내처와 육외처 사이에서 벌어지고 있다는 사실이다. 그런 의미에서 십이처(十二處, dvadasa-āyatana)는 일종의 공간/장(場, field)이라고 할 수 있을 것이다. āyatana가 바로 그런 의미이다.[128]

처(處) – 계(界)는 의식 활동의 한마당이다. 십이처 – 십팔계의 장(場)에서는 지금 복합적인 의식 작용들이 한마당으로 벌어지고 있다. 이 한마당에서 여러 갈래 의식들이 발생하고 증장한다. 여러 갈래 의식들이 집적되고 잠재되고 오염되고 변질된다. 여러 갈래 의식들이 감각적 쾌락을 추구하고 존재를 조작해 내고 거기에 결박된다. 처 – 계에서는

126 전재성(1999), 『初期佛敎의 緣起思想』, pp.298-303

127 이것을 '有爲四相'이라고 한다.; 고익진(2002), 『아함법상의 체계성 연구』, p.57

128 "āyatana(處)는 이런 뜻을 잘 나타내고 있다. āyatana는 'ayat'라는 동사에서 파생된 中性抽象名詞인데, 'ayat'가 '들어간다(to enter in, abide in)'라는 뜻을 갖고 있으므로 āyatana는 '들어감'이라는 뜻을 갖게 된다. 한역경전에서 āyatana를 '入'으로 번역한 것은 이 뜻을 취한 것이다. āyatana는 '들어간다'는 뜻에서 '장소(place, abode)'라는 뜻을 갖게 되는데, āyatana를 '處'나 '入處'로 한역한 것은 이 뜻을 취했음이 분명하다. 따라서 일체는 십이처라고 할 때는 '일체는 열둘에 들어간다, 분류된다, 포섭된다'는 뜻이 저절로 성립되는 것이다." 고익진(2002), 앞의 책, p.37

이렇게 안팎의 여러 질료들/조건들이 모이고 한데 어울려 돌아가면서 우리들의 의식 활동이 끊임없이 벌어지고 있다. 그렇게 해서 '자아' 가 생겨나고 소멸되고, '중생'[129] '사회'[130] '고통'[131] '악마'[132]가 생겨나고 소멸된다. 십이처－십팔계는 이렇게 전개되는 하나의 광활하고 복잡한 의식의 세계, 연기의 장(緣起場)이다.[133] 이 십이처는 실로 우리 삶의 고통스런 현장인 것이다.[134] '십이처'라 하고 '십팔계'라 해서 복잡하게 분류되지만, 실제로는 하나의 장(場)이 아니겠는가? '의식계(意識界)'라는 하나의 통일장(統一場)이며 한마당이 아니겠는가?[135]

여기서 특히 지적되어야 할 것은 이 한마당의 장(場, 處, āyatana)이 육

---

129 S IV 39 "사밋디여, 눈이 있고 형상이 있고 눈의 식이 있다면, 눈의 식에 의해 의식된 사물들이 있는 곳에 중생(satta), 또는 중생이라고 불리는 것이 있다." 전재성 역(1999), 『쌍윳따니까야』 6권, p.188; (S 35; 2; 66 「*Samiddhi-sutta*」－사밋디 경)

130 S IV 39 "사밋디여, 눈이 있고 형상이 있고 눈의 식이 있다면, 눈의 식에 의해 의식된 사물들이 있는 곳에 사회(loka), 또는 사회라고 불리는 것이 있다." 전재성 역(1999) 앞의 책 6권, p.191; (S 35; 2; 68 「*Samiddhi-sutta*」－사밋디 경)

131 S IV 39 "사밋디여, 눈이 있고 형상이 있고 눈의 식이 있다면, 눈의 식에 의해 의식된 사물들이 있는 곳에 고통(dukha), 또는 고통이라고 불리는 것이 있다." 전재성 역(1999) 앞의 책 6권, p.189; (S 35; 2; 67 「*Samiddhi-sutta*」－사밋디 경)

132 S IV 38 "사밋다여, 눈이 있고 형상이 있고 눈의 식이 있다면, 눈의 식에 의해 의식된 사물들이 있는 곳에 악마(māra), 또는 악마라고 불리는 것이 있다." 전재성 역(1999) 앞의 책 6권, p.187; (S 35; 2; 65 「*Samiddhi-sutta*」－사밋디 경)

133 "십이처는 이와 같이 이 세상에 있는 일체를 가리키고 있지만, 단순히 그런 뜻만을 나타내는 것이 아니다. 그것은 또 일종의 緣起說임을 알아야 한다." 고익진(2002), 『아함법상의 체계성 연구』, p.38

134 "내적인 아야따나(내입처)와 외부의 아야따나(외입처)가 서로 얽혀드는 게 윤회의 장(āyatana)이고 사바세계의 현주소이다." 각묵 스님(2006), 『금강경강해』, p.92

135 "六入은 감각기관이 아니라 내적 감각능력과 외적 감각대상이 활동하는 통일된 장(場, āyatana)이란 의미이다. 따라서 십이처를 포괄한다." 전재성(1999), 『初期佛敎의 緣起思想』, p.506, 한국빠알리성전협회.

내처와 육외처의 두 가지 조건에 의해서 만들어진다는 사실이다. 이와 관련하여 붓다는 *Saṃyutta-nikāya*의 「*Dvaya-sutta*」(이원성의 경)에서 이렇게 설하고 있다.

"수행자들이여, 그대들에게 이원성(二元性)에 관해서 설하겠다. 잘 들어라.
수행자들이여, 이원성이란 무엇인가?
눈과 형상 · 귀와 소리 · 코와 냄새 · 혀와 맛 · 몸과 부딪침 · 생각과 사물(현상) – 수행자들이여, 이것을 이원성이라고 한다.……
수행자들이여 이원성을 조건으로 의식이 생겨난다.
수행자들이여, 어떻게 이원성을 조건으로 의식이 생겨나는가?
눈(眼)과 형상(色)을 조건으로 시각의식(識)이 생겨난다. 이 세 가지 법이 만나고 모여서 화합하면 시각 접촉(觸)이 생겨나고, 접촉이 생겨나므로 느낌(受)이 생겨나고, 접촉이 생겨나므로 의도(行)가 생겨나고, 접촉이 생겨나므로 생각(想)이 생겨난다.……"[136]

눈 ↔ 형상　귀 ↔ 소리　코 ↔ 냄새
혀 ↔ 맛　몸 ↔ 접촉　생각 ↔ 사물/현상

안으로(ajjhatta/앗잣따) ↔ 밖으로(bahidda/바힛따)

안으로 눈 · 귀 등 여섯 감각기관이 작용하고, 밖으로 형상 · 소리 등 여섯 감각대상이 작용하고, 안팎으로 함께 어우러져 작용한다. 이

136 S IV 67; 전재성 역(1999), 『쌍윳따니까야』 6권, pp.272-276 간추림; (S 35; 4; 93 「*Dvaya-sutta*」 – 이원성의 경)

것이 이원성(二元性)이다. '이원성(二元性, dvaya/드와야)의 원리'이다. 자아와 세계/사회의 형성 과정에서 주체적 조건이 되는 식(識)은 눈 · 귀 등 육내입처와 형상 · 소리 등 육외입처라는 두 가지 요소, 두 가지 조건을 질료로 하여 형성된다. 붓다는 이 두 가지 조건/원인을 '이원성(二元性, dvaya)'이라고 규정하고 있다. 붓다에 의하면, '십이처 - 십팔계'는 이렇게 '안으로 - 밖으로' 이원성이 작용하는 의식 활동의 광장이다. 의식은 십이처의 광장에서 이런 안팎(內外)의 이원성의 원리에 의해서 형성된다.[137] '이원성의 원리'에 의하면, 우리 의식이 반드시 감각기관과 감각대상의 상호작용에 의하여 발생한다. 자아와 사회는 감관과 대상의 상호작용에 의하여 발생하고 또 소멸한다.[138] 이것은 곧 주관과 객관에 의하여 발생한다는 것을 의미한다. 붓다가 해명한 '이원성의 원리'란 바로 '주관과 객관의 원리'로 파악되는 것이다. 고익진은 이렇게 논하고 있다.

> 십이처의 내외관계를 구체적으로 말하면, 주관과 객관의 인식상의 관계라고 말할 수 있다(云何爲六 眼視色 耳聞聲 鼻臭香 舌嘗味 身覺觸 意知法).[139]
> 다시 말하면, 內入處는 認識主觀이고 外入處는 客觀對象인 것이다. 아

137 "여섯 감역(六入)의 내용은 내적(內; ajjhatta) · 외적(外; bahirā)으로 나뉘어 내적 감역(六內處)과 외적 감역(六外處)으로 구분될 수 있으며, 도합 열두 가지의 감역(十二處)을 구성할 수 있지만, 여섯 가지의 내외 통일장을 형성하고 있는 것이다." 전재성(1999),『初期佛教의 緣起思想』, p.277

138 "초기불교 이래 불교에 있어 세계란 알려진(의식화된, 필자 주) 세계, 경험된 세계이다. 그럴 때 인식의 조건은 무엇인가? 의식인가? 그러나 불교에 있어 의식이나 의식작용은 그 자체 단독으로는 일어나지 않으며, 반드시 감관과 대상을 조건으로 삼아야 한다." 권오민(2003),『아비달마불교』, p.59

139 大正藏 1, p.636b;『中阿含經』卷33 (대품경) cut. 고익진(2002),『아함법상의 체계성 연구』, p.39

함에는 內入處 · 外入處를 內根 · 外境이라고도 하는데, 이 根(indriya/인드리야)과 境(aṭṭha, 또는 visaya)은 그러한 인식상의 주관과 객관을 나타내는 술어로 생각된다. 왜냐하면, indriya에는 'sense-organ'(감각기관)이란 뜻이 있고, aṭṭha에는 'object'(인식대상)란 뜻이 있기 때문이다.[140]

(3) 안팎/주관과 객관의 상호작용

이원성이란 무엇일까? 내부적 조건과 외부적 조건이란 무엇일까?

눈 · 귀 등 내부적 조건과 형상 · 소리 등 외부적 조건이란 실제로 무엇일까?

이 문제를 규명하기 위해서는 먼저 이 '안으로(內的, ajjhatta/앗잣따), 밖으로(外的, bahiddhā/바힛다)'라는 이원성이 초기불교의 교설에서 광범하게 통용되고 있는 하나의 보편적 원리라는 사실에 주목할 필요가 있다. '안으로 밖으로'의 문제는 기본적으로 이런 맥락에서 접근돼야 할 것이다. 전재성은 이렇게 논하고 있다.

> 초기불교에서 내외(內外)라고 할 때는 미시적으로 안 · 이 · 비 · 설 · 신 · 의의 내적 감역(六內處)과 색 · 성 · 향 · 미 · 촉 · 법의 외적 감역(六外處)을 지칭하지만, 거시적으로는 자신(自身)과 타자(他者)를 뜻한다. ……[141]

여기서 초기불교에서 쓰이는 '안으로(內的, ajjhatta), 밖으로(外的, bahiddhā)'의 의미가 명료하게 드러난다. '안으로(內的, ajjhatta)'는 자기 자신을 가리키고 '밖으로(外的, bahhiddhā))는 타인들/많은 사람들을 가리킨

140 고익진(2002), 앞의 책, pp.39-40

141 전재성(1999),『初期佛敎의 緣起思想』, p.252

다.[142] 이러한 해석은 십이처의 이원성, 곧 인식주관과 인식대상의 문제에서도 그대로 적용되고 있다. 전재성은 초기불교의 '여섯 내외적 감역의 법(內外處法, cha ajjhattikababāhirā āyatanadhamma)에 대한 관찰'에서 다음과 같이 이 점을 분명히 하고 있다.

> 이것은 정신물리적 존재의 다발(名色=五蘊)에 대한 관찰에 수반되는 감각의 장(六入=十二處)에 대한 관찰이다.
>
> "수행승들이여, 여기 한 수행승이 있어 눈을 분명히 알고 형상을 분명히 알며 양자를 조건으로 결합이 생겨나면 그것을 분명히 아는 것이다.……." (MN 1, p.61)
>
> (위의) 경전은 시각(眼)과 형상(色)과 그 결합뿐 아니라, 청각(耳)과 소리(聲)와 그 결합……정신(意)과 대상(法)과 그 결합에 관해서도 동일하게 진술하고 있다. 이들 감각의 장들에 대한 관찰도 내적으로 자신에 대해, 외적으로 타자에 대해, 그리고 생성과 소멸의 차원에서 이루어지며 궁극적으로 감각의 장의 소멸을 지향한다.[143]

'육내처 – 안으로(內的, ajjhatta) – 자기 자신에 대하여',
'육외처 – 밖으로(外的, bahiddhā) – 타인들에 대하여.'

이것은 이미 오래전에 확립되어 온 십이처에 관한 해석이다. '타자(他者)들'은 단순히 '타인(他人)'이 아니라 본질적으로 감각기관에 의하

142 이 점에서 전재성은 고익진의 견해를 상당 부분 보완한 것으로 보인다. 고익진은 "십이처의 내외관계는 좀 더 깊이 생각해 보면, 중생(satta)과 자연(事物, vatthu)의 관계라고 할 수 있다."(고익진, 2002, p.41-42)라고 규정하여, 인식대상/육외처를 자연·사물로 한정시키는 듯한 견해를 보이고 있다.; 고익진(2002), 『아함법상의 체계성 연구』, pp.41-42

143 전재성(1999), 『初期佛敎의 緣起思想』, pp.460-461

여 인식되는 인식대상 전체를 포괄하는 개념으로 봐야 한다. 형상 · 소리 · 냄새 · 맛 · 접촉 · 사물 등 여섯 개의 감각통로를 통하여 들어오는 일체의 정신물리적 사회적 존재/현상들이 모두 감각기관의 인식대상이 된다. 이러한 대상들은 사람들과만 관련되는 것이 아니다. 귀 ↔ 소리의 경우, 귀로 들을 수 있는 것은 사람들의 목소리뿐만 아니라, 물소리 · 천둥소리 · 피아노 소리, 가난한 민중들의 탄식의 소리, 심지어 귀신의 소리 등 모든 소리들이 들음의 대상이 되는 것이다.[144] 이와 같이 육외처로 분류되는 인식대상은 인간과 자연생태계를 포함한 모든 외부적 존재/존재 현상들을 포섭하는 것이다. 이 사회/세계, 곧 loka의 모든 외부적 존재와 현상들이 포섭되는 것이다. 이와 같이 우리 감각기관들은 이 사회/세계의 모든 정신물리적 사회적 존재/존재 현상들과 교섭한다. 단순히 작용－반작용으로 교섭하는 것이 아니라,[145] 서로 주고받으며 적극적으로 상호교섭/상호작용하는 것이다.[146] 붓다는 *Saṃyutta-nikāya*의 「*Rūuparāma-sutta*」(형상에 대한 즐거움의 경)에서 이렇게 논하고 있다.

"수행자들이여, 신(神)들과 인간들은 형상에 대하여 즐거워하며 형상에

---

144 권오민(2003),『아비달마불교』, pp.64-65

145 고익진은 대상을 자연물(vatthu)로 규정하고, 이렇게 논하고 있다. "이렇게 볼 때 내입처와 외입처는 놀랄 정도로 뚜렷한 속성의 차이를 드러낸다. 즉, 중생은 자연에 대해서 의지적인 작용을 가할 수 있는 데 반해서 자연에는 그럴 능력이 없다. 자연은 중생의 의지적인 작용에 대해서 다만 반응을 나타낼 뿐이며, 의지가 없기 때문에 그 반응은 항상 필연적인 것이 될 수밖에 없는 것이다." 고익진(2002),『아함법상의 체계성 연구』, p.42

146 "시각기관〔眼〕과 시각대상〔色〕이 시각영역〔眼入, 眼處〕의 통일장 속에 상호의존적 관계로 있는 것처럼 주어져 있다. 그들 사이의 관계는 약무차즉무피(若無此卽無彼)의 관계에 있다." 전재성(1999),『初期佛敎의 緣起思想』, p.279

자극받으며 형상이 변하고 사라져 소멸하면 신(神)들과 인간들은 고통 받는다.
수행자들이여, 신(神)들과 인간들은 소리(냄새, 맛, 접촉, 사물)에 대하여 즐거워하며 소리(냄새, 맛, 접촉, 사물)에 자극받으며 소리(냄새, 맛, 접촉, 사물)가 변하고 소멸하면 신(神)들과 인간들은 고통 받는다.……"[147]

"형상에 자극 받고 인간이 고통 받는다"는 것은 주관과 객관, 곧 인간과 사회가 상호작용하고 있다는 사실을 말한다. 외부의 객관적 조건/원인들이 내부의 주관적 조건/원인과 더불어 보다 능동적으로 작용하고 있는 것이다. 내적 주관(마음)과 외적 객관(사회)은 상호작용하고 상호조작하고 있는 것이다. 바로 이것이 '십이처-십팔계의 담마'가 말하는 이원성의 원리이다. 안옥선은 이렇게 논하고 있다.

세계는 마음과 함께 발생하고 만들어지면서 마음에 영향을 미치고 마음을 조작한다. 요컨대 세계와 마음은 상호적으로 발생하고 있다는 것이다. 마음이 수반되지 않고 존재하는 세계/대상은 있을 수 없듯이, 마음 또한 세계/대상 없이 있을 수 없다.……마음과 세계의 발생과 전개에 대한 이와 같은 상호의존성은 붓다의 근본교설인 18계설이 의미하는 바이기도 하다.[148]

(4) 산냐(相)/심상(心相)의 문제

내부적 · 외부적 조건/원인들과 관련하여 주목되는 것이 의처(意處)

147 S IV 126; 전재성 역(1999), 『쌍윳따니까야』 6권, p.442; (S 35; 4; 135 「*Rūuparāma-sutta*」-형상에 대한 즐거움의 경)

148 안옥선(2008), 『불교와 인권』, p.50

와 법처(法處), 곧 '생각(意, mano)과 사물(法, dhamma)'의 관계이다. 흔히 '뜻(意)'으로 옮겨지는 'mano'는 생각(思量)하는 작용이기 때문에 여기서는 '생각'으로 옮겨 쓴다. 따라서 '의처(意處, mano-āyatana)'는 '생각하는 기관', '생각하는 공간/場' 곧 '생각하는 기능/생각기능'이다. '법처(法處, dhamma-āyatana)'는 '생각하는 대상', 곧 '사물/현상'으로 옮겨 쓴다. 십이처-십팔계의 장에서 생각기관과 사물/현상은 주도적 역할을 담당하고 있다. 내부의 여섯 감각기관(六內處)은 궁극적으로 생각기관/생각기능(意處, mano-āyatana)을 근거로 작용하고, 외부의 여섯 감각대상(六外處)은 생각의 대상인 사물/현상(法處, dhamma-āyatana)으로 포섭되고, 여섯 의식(六識)은 의식(意識, mano-viññāṇa)으로 포괄된다.[149] 따라서 이 생각의 대상인 사물/현상(法, dhamma)에는 물질적 존재나 현상뿐만 아니라, 개념/관념 등 정신적 현상이나 종교적 갈등이나 체제 문제 등 사회적 현상까지도 포섭된다. 생각할 수 있는 모든 것들, 생각에 영향을 끼칠 수 있는 모든 것들이 사물-법의 범주 속에 포섭되는 것이다. 권오민은 이렇게 논하고 있다.

> 즉 앞의 다섯 가지 감관(五根)은 오로지 그것과 동시에 존재하는 현재의 물질적 대상만을 취하지만, 여섯 번째의 의근(意根)은 언어적 개념이나 과거 미래의 대상, 그리고 시간적 공간적 제약을 떠난 무위법까지도 취하며, 그래서 일체를 12가지 범주로 분석하였던 것이다.[150]

우리가 감각기관을 통하여 경험하는 모든 물질적 현상과 정신적 사

149 "의근(意根)은 앞의 5식의 근거가 되기도 하고, 제6 의식의 근거도 되어 여섯 종류의 대상을 전체적으로 취할 수 있는 것이다." 권오민(2003), 『아비달마불교』, p.68

150 권오민(2003), 앞의 책, pp.50-51

회적 현상들〔法, dhamma〕 곧 일체법(一切法)은 실로 이 생각〔意, mano〕의 대상이 되고 생각 작용/인식 작용의 질료가 된다. 여기서 주목되는 것이 '산냐(saññā, Skt. samjñā)', 곧 '상(想, 相)'의 문제이다. saññā란 인식 작용이고 인식 작용에 의하여 형성된 고정관념으로,[151] 이것이 생각〔意, mano〕의 대상이 되고 의식화하면서 우리들의 의식 작용은 유전(流轉)의 세계로 끝없이 전도되어 간다. 각묵은 이렇게 논하고 있다.

> 그리고 문제는 이렇게 끝나지 않는다는 것도 알아야 한다. 일단 이렇게 인식(saññā)을 하면(saññā가 발생하면, 필자 주), 이 인식은 즉시에 마노(mano, 意處)의 대상이 되어서 즐겁다(sukha), 괴롭다(dukkha), 괴롭지도 즐겁지도 않다(adukkham-asukha)는 느낌(Vedanā)을 수반하게 되고, 그 느낌은 즉시에 갈애(taṅhā)를 일으키고, 갈애는 취착(取, sampadāna)[152]을 일으키고, 그래서 존재(有, bhava)는 굴러가며, 그래서 생 · 노 · 사 · 우 · 비 · 고뇌가 전개되는 것이다.[153]

이념 · 이상 · 사상 · 관념 · 고정관념 · 경계〔구분〕, 이것들은 모두 산냐(saññā, /想/相/知覺)의 산물이다. 산냐는 오온의 과정에서 세 번째에 해당되는 의식작용인데, *Nikāya* 전편에서 이 오온의 'saññā/산냐'가

---

151 "단순히 인식하고 생각하고 상상하고 마음을 궁글리고 하는 차원을 넘어서서, 마음에 어떤 모양(相)을 굳게 그리고 만들어 가지고 있는 상태를 산냐로 파악하는 것이다. 그 마음에 굳게 그리거나 만들어 가지고 있는 것을 우리는 다름 아닌 이념, 이상, 관념, 고정관념, 경계 등으로 부를 수 있다. 사실 초기경에서도 이런 의미로 산냐가 쓰이는 경우가 많다. 특히 합성어로 나타나는 경우는 대부분 그렇다." 각묵 스님(2006),『금강경강해』, p.77

152 각묵 스님은 '취착'을 'sampadāna'로 표기하고 있지만, 'upādāna'로 표기하는 것이 일반적이다.

153 각묵 스님(2006),『금강경강해』, p.248

3,500번씩이나 반복적으로 설해지고 있다.[154] 이것은 이 산냐가 오온, 곧 자아의식의 형성과 그 소멸/해탈 열반에 있어서 결정적 요인이 되고 있다는 사실을 의미하는 것이다. 산냐는 흔히 '상(想, 相)'으로 옮기고 '지각(知覺)'이라고 풀이한다. 『금강경』의 주제가 되고 있는 아상(我相, atto-saññā, ātma-sṃajñā) 등 사상(四相)의 상이 곧 이 산냐이다.[155] 요컨대 산냐는 사물에 대한 인식 작용이고 그 결과로 형성된 강력한 이미지, 또는 고정관념이라고 할 수 있다.[156] 보다 정확하게 표현하면, 산냐는 어떤 사물/현상에 대하여 마음속에 그려진 단단한 그림/이미지 곧 '고정관념'이다. 사람들의 인식은 대개 시각적 지각(visual perception)의 형태로, 그림/이미지로 나타난다. 장미꽃을 보면 우리 머릿속에 장미꽃이 붉은 색깔을 띤 아름다운 하나의 시각적 모습으로 나타난다. 산냐를 '상(相)'이라고 할 때, 상(相)은 곧 이런 의미일 것이다. 산냐는 여섯 감각기관을 통해서 형상되는데, 여섯 번째의 생각기능〔意, mano〕의 경우는 그 지각의 의미가 크게 달라진다. 요한슨은 이렇게 논하고 있다.

> 그러나 相에는 시각적 지각 이상의 것이 포함되어 있다. 『장부경전』 2.309는 "色相 · 聲相 · 香相 · 味相 · 觸相 · 法相(心相, mental image)"을 열거하고 있는데, 모든 감각 양식에 의한 심적 표상(心的表相, mental representation)이 相이다. 그 마지막 유형, 곧 法相이 가장 중요한 것 같은데, 그것은 기억과 상상력, 영어에서는 지각(perceive)이라고 불리지 않

---

154 각묵 스님(2006), 앞의 책, p.77, 442

155 각묵 스님(2006), 앞의 책, pp.76-84

156 ssaññā는 동사 sañjānāti의 명사형인데, 이것은 가장 일반적으로 '지각하다(知覺, perceive)'로 풀이된다. 또는 '관념화(觀念化, ideation)' '이미지화(imagination)' 등으로 풀이되기도 한다. ; Johansson(2006), 『초기불교의 역동적 심리학』, pp.148-149

는 표상을 가리키기 때문이다. 法相은 내부 감각(mano, 意)에 의해 산출된 심적 과정(mental process, dhamma)이다.[157]

앞에서 관찰했던 개념 · 관념 · 사상 등 정신적 현상이나 종교 · 체제 등 사회적 현상이 육외처의 법(法)에, 곧 외부의 사물/현상에 포섭되고, 이 법에 대한 지각, 곧 정신적 · 사회적 현상/사물에 대한 산냐, 곧 사람/사람들의 고정관념이 바로 이 법상(法相, 心相)이다. 관념 · 사상 · 종교 · 체제 등에 대한 사람/사람들의 강력한 신념/고정관념이 이 법상에 포함된다.

이 법상이 표상(表相, the realm of representation)과 구분되는 것은 표상은 다섯 감각작용(前五識)에 의하여 형성된 것인 데 대하여 법상은 다섯 감각기관에 의하지 않고 '내부 감각', 곧 생각 작용(意, mano, Skt. manas, 생각식)에 의하여 형성된 주관적인 산냐라는 점이다. 주관적인 생각, 곧 마음에 의해서 형성된 것이기 때문에 '심상(心相, mental image)이라고도 한다.[158] 정확하게 말하면, 여섯 감각기관에 의하여 형성된 모든 산냐/고정관념이 궁극적으로 이 법상에 포섭되고 마노(mano, 意處)의 대상이 되어 집착(執着/取, upaddāna/우빠다나)과 고통(苦痛/苦, dukkha/둑카)의 원인이 된

157 Johansson(2006), *Ibid.*, p.150

158 "세 가지 지각방식에는 지각, 추론, 잘못된 지각이 있다. 직접적인 지각은 생각식(manas識)과 저장식(ālaya識)의 영향을 받지 않고 다섯 가지 감각기관과 감각대상의 접촉으로 이루어지는 순수직관을 말한다. 이때 지각되는 내용은 있는 그대로의 실상(實相)이다. 추론은 생각식의 영향으로 의식의 변별작용이 개입하면서 개념화된 것이다. 추론에 의해서 지각된 내용은 실상이 왜곡된 표상(表相)이다. 잘못된 지각은 생각식이 저장식의 기억과 경험을 근거로 마음으로 해석하고 상상해서 그것이 마치 외부에 실제로 존재하는 것으로 지각하는 것을 말한다. 이때 지각되는 내용은 심상(心相)이다." 서광 스님(2007), 『유식삼십송』 pp.52-53, 불광출판사.

다. 진달래를 보고 처음에는, '진달래꽃은 붉다', 이런 단순한 지각이 일어나지만(表相), 이런 지각이 관념화되고 사회화되면서 어느새, '붉은 진달래는 혁명의 상징이다, 전사들이여, 혁명의 붉은 피를 흘려라', 이렇게 관념 · 이념 · 주의(主義, ism), 곧 심상이 되어 많은 사람들의 삶을 지배하는 강력한 힘으로 작용하게 된다.

여기서 특별히 심상(心相)을 문제 삼으려는 것은 이것이 순전히 생각 작용에 의하여, 기억과 상상에 의하여, 외부적 사물과의 접촉 없이, 또는 사물과의 접촉을 왜곡하고 주관적으로 변조하여 형성되는 산냐/고정관념이기 때문이다.[159] 이때의 산냐를 '심상(心相, mental image)'이라고 일컫는 것도 이 산냐가 순전히 생각 작용/마음 작용에 의하여 형성된 것이기 때문이다. 초기불교에서는 이 심상(心相)을 보다 심각하게 문제 삼는다. 이 심상이 견해(diṭṭhi) – 삿된 견해(邪見, maccha-diṭṭhi)를 형성하기 때문이다.[160] 삿된 견해가 고정관념이 되고 편견이 되고 삿된 세계관/가치관이 된다. 그래서 어떤 대상에 대하여 '좋아한다' '싫어한다'라는 모순된 양변(兩邊)의 대립 갈등구조가 형성된다. 이로 인하여 투쟁/논쟁이 벌어지는 것이다. *Suttanipāta*의 「*Kalahavivāda-sutta*」(투쟁/논쟁의 경)에서, "투쟁 · 논쟁 · 비탄 · 슬픔과 인색, 자만과 오만, 그리고 중상(中傷)은 좋아하는 대상에서 일어납니다",[161] 이렇게 설하고 있는 것도 이런 이치를 해명하고 있다.

---

159 "心相에 비하여, 앞 다섯 감각기관에 의하여 구체적 사물을 대상으로 형성된 ssaññā는 '표상(表相)'으로 구분된다." 서광 스님(2007), 앞의 책, p.103

160 Sn 790 "ssaññā에 붙들린 자가 여러 가지 견해를 가질 뿐이다." 전재성 역(2002), 『숫타니파타』, p.403; 각묵 스님(2006), 『금강경강해』, p.437

161 Sn 862-863; 전재성 역(2002), 『숫타니파타』, p.428

(5) 십이처-십팔계와 사회적 조건

이와 같이, 투쟁과 논쟁, 그리고 비탄 · 슬픔 등 모든 사회적 불의(不義)와 갈등 · 고통은 이 이기적이고 공격적인 자아의식 작용, 곧 심상 때문에 생겨난다. 이 심상이 삿된 견해를 형성하고, 삿된 견해가 관념 · 이념 · 신념 · 이상 · 사상 · 종교 · 주의 등 사회적 이데올로기들/삿된 세계관을 형성된다. 이 사회적 이데올로기들이 제도 · 관습 · 지배구조 · 법률 등 사회체제를 결정하며, 이것으로써 이 사회를 지배한다. 그 결과 수많은 사람들을 비탄 · 슬픔, 끝없는 고통의 악순환으로 몰아넣고 있는 것이다. 관념 · 사상 · 신념 등 심상 속에는 무수한 각자의 이해(利害)와 탐욕이 깔려 있다. 그래서 서로 좋아하고 싫어하면서 끝없이 대립하고 투쟁한다. 서광 스님은 이렇게 논술하고 있다.

> 심상은 다른 말로 하면 생각의 모양, 즉 사상(思想)이다. 사상은 제각기 다르게 느끼고 이해된 것이다.……그런데 사상 · 관념을 믿고 집착하는 것이 사람이나 사물의 이미지를 믿고 집착하는 것보다 훨씬 위험하다. 왜냐하면, 사상이나 관념은 그 대상이 외부 세계에 실제로 존재하는 것이 아니라, 각자의 마음속에서 상상된 주관적인 인식이고 앎이기 때문에, 그것에 대한 믿음의 진위를 가리기 위한 객관적 근거나 준거가 없다.……그래서 사상의 대립은 반드시 극단적 투쟁으로 발전하고 상대방이 무너짐으로써 자기도 무너지는 것이다.[162]

관념 · 이념 · 신념 · 이상 · 사상 · 종교 · 주의(ism) 등 심상들은 단순한 개인의 내면적 생각이 아니다. 이 심상들은 이미 많은 사람들의 사

162 서광 스님(2007), 『유식삼십송』, pp.104-105

고와 삶의 형태, 심지어 정서 · 마음까지도 지배하는 사회적 이데올로기로 작동하고 있다. 곧 삿된 세계관으로서 강력하게 작동하고 있다. 이 사회적 이데올로기, 곧 삿된 세계관이 사회체제 · 제도 · 법률 · 관습 · 문화 양식 등 사회적 지배구조를 만들어 낸다. 그렇게 해서 개인의 주관으로는 도저히 거역할 수 없는 거대한 사회적 세력을 형성하고 많은 사람들의 실제적 삶을 지배하고 있는 것이다. 이 논의에 의하면, 권력 · 부(富) · 명예 등 사회적 가치들도 이런 사회적 이데올로기와 사회적 지배구조로부터 파생되고 있다. 많은 사람들은 이러한 사회적 가치를 탐욕하고 집착하면서, 서로를 해치는 갈등 · 투쟁으로 내몰리고 있다. 끝없는 고통의 삶을 유전하는 것이다. 월폴라 라훌라는 이렇게 논하고 있다.

> 여기서 말하는 '탐욕'(또는 갈애, thirst)이라는 용어는 감각적 쾌락 · 부(富)와 권력에 대한 욕망이나 집착뿐만 아니라 관념(觀念)과 이상(理想), 관점(觀點)과 견해, 이론과 개념, 신앙 등에 대한 욕망이나 집착, 곧 법(法, dhamma)에 대한 집착을 포함한다.[163]

부(富) · 권력 · 관념 · 이상 · 관점 · 견해 · 이론 · 개념 · 신앙, 이런 사회적 행태들은 모두 법(法, dhamma)에 포섭된다. 그것들은 주관적인 지각-산냐에 의해서 형성되지만, 그것들이 사회적 행태가 되고, 사회적 현상이 되고, 세력화되어 많은 사람들의 삶에 객관적으로 작용할 때 이미 그것은 제6처(第六處)의 법(dhamma, 法處)이 되고 생각 작용(mano, 意處)의 대상이 된다. 이런 사회적 행태들이, 십이처-십팔계의 장에서, 보다 정

163 Rahula(1978), *What the Buddha taught*, p.30

확하게 말하면 의식계(意識界)의 장에서, 강력한 외부적 조건/원인으로서 작용한다. 이런 사회적 행태들이 '생각(mano)↔의식(mano-viññāṇa)↔사물/현상(dhamma)'의 상호작용을 통하여(표 3 참조), 이기적 자아의식의 형성에 강력한 외부적 조건으로서 지속적으로 작동하고 있다. 그리고 이러한 외부적 조건/원인들은, 그것이 사회적 세력을 형성하고 많은 사람들을 대상으로 사회적으로 작용하면서 고통을 산출하고 있다는 점에서, '사회적 조건', '사회적 원인'으로 규정되어도 좋을 것이다.

- 이론과 개념 · 관념 · 이념 · 관습 · 신념 · 이상 · 사상 · 종교 · 주의
- 정치체제 · 경제구조 · 사회제도 · 교육제도 · 도덕성 · 언어 · 문화
- 가정 · 학교 · 사찰(교회) · 지역사회 · 국가 · 국제사회 · 자연생태계
- 권력 · 부(富), 사회적 모순과 갈등 · 투쟁 · 전쟁과 평화 ……

이 수많은 중층의 사회적 행태들(saṅkhata-dhamma, 有爲法)들이, 십이처-십팔계의 장에서 법(dhamma)으로서 작용한다. 하나의 강력하고도 지속적인 사회적 조건/원인으로 작용한다. 십이처-십팔계의 장〔處界〕에서는 이런 수많은 중층의 사회적 조건/사회적 원인들이 인식주관들과 연기적으로 상호작용하면서 많은 사람들의 오온적 자아의식을 형성한다. 곧 집단 이기주의를 조작한다. 이렇게 형성된 어둔 이기적 자아의식-집단이기주의가 탐욕/집착을 증대시킴으로써 자아 · 사회를 작위하고 개인적 사회적 고통을 유전시켜 가고 있다.

따라서 십이처-십팔계의 의식 작용은 개인적 의식화(意識化)의 과정이기 이전에 이미 거대한 사회적 의식화의 과정이다. 의식(意識), 곧 우리들의 마음은 사회적 조건/원인들에 의하여 결정적으로 조작(操作, 造作)된다. 그런 의미에서 우리들의 의식은 곧 사회적 의식이고, 십이

처 – 십팔계는 사회적 의식화의 장(場)이고, 사회적 의식화 시스템이다. 따라서 우리들의 의식/마음은 개인의 의지와 관련 없이 이미 거대한 사회적 조건/원인들에 의하여 훈련되고 학습되면서 어둔 이기적 집단 무의식으로 형성되어 간다.[164] 자본주의 체제와 사회주의 체제에서 사람들의 의식구조가 서로 크게 다른 것도 이 때문이다. '파동 치는 바다의 거품이 바다 그 자체로부터 분리되어 있지 않은 것보다 더, 그리고 살아 있는 유기체의 한 세포가 그것(세포)이 한 부분을 이루고 있는 유기체 그 자체로부터 분리되어 있지 않은 것보다 더, 사람들은 실로 그들 자신이 세상으로부터 분리되어 있지 않다'라는[165] 리스 데이비스의 분석에 귀 기울여 보는 것도 의미 있는 일이 될 것이다. 식(識), 곧 우리들의 마음(一心)은 이렇게 수많은 안팎의 조건/원인들이 한마당으로 어우러져 작동하는 복잡하고 거대한 정신물리적 사회적 흐름(sota)이다. 십이처가 '경험의 통일장(統一場)'으로서[166] 규정되는 것도 이런 맥락에서 이해된다. 각묵 스님은 이렇게 논하고 있다.

> 거듭 정리해서 말하자면, 불교의 큰 특징 중의 하나가 마음 – 마음뿐만 아니라 물질세계까지도 이처럼 흐름으로, 거대한 용틀임으로 파악하고 있다는 것이다. 그래서 물심(物心)의 모든 현상은 서로 서로 깊은 관계 속에서 매 순간 매 순간 생겼다가는 사라지고 또 다른 조건에서 다시

164 "스스로 결정할 능력이 없는 아이들은 그들이 속해 있는 사회의 정신적 신조들을 받아들이도록 조직적으로 주입되어 왔다. 어떤 경우에는 아이의 가정이 그러한 주입을 맡아 왔고, 다른 경우에는 전통적으로 공동체가 맡는다." cit. 딧사나야케(1988), 『불교의 정치철학』, p.62

165 cit. Upreti(1997), *The Early Buddhist World Outlook in Historical Perspective*, pp.24-25

166 "감역(感域, 6입)이 접촉(接觸, 경험)을 구성하는 본질적인 경험의 통일장으로서 접촉에 수반되어 있다." 전재성 역(1999), 『쌍윳따니까야』 6권, p.277

생겼다가 사라지고를 거듭하면서〔緣起〕 천류(遷流)해 가는 과정(process)인 것이다.[167]

(6) 처계무아(處界無我)와 실천의식

"수행자들이여, 일체가 불타고 있다.
수행자들이여, 어떻게 일체가 불타고 있는가?
눈이 불타고 색(色)이 불타고 안식(眼識)이 불타고 안촉(眼觸)이 불타고 있다.……" (Vin 1 34 ; S IV 18)

붓다는 우루웰라의 가야산에서 '불타는 법문(āditta-dhamma)'을 이렇게 시작하고 있다. 가야에서 타오르는 거대한 제화(祭火)의 불길을 바라보면서 이렇게 설하고 있다. 이 '불타는 법문'은 '십이처-십팔계의 담마'가 사회적 행태들과 밀접히 관련되어 있다는 사실을 시사하고 있다. 삿된 견해/삿된 세계관에 입각한 종교적 행위, 곧 희생제의가 일체(一切, sabba)를 불태우는 강력한 조건/원인으로 작용하고 있다는 사실을 시사하고 있는 것이다. 이 불길은 우리 자신의 의식세계와 삶을 태울 뿐만 아니라 이 사회와 수많은 사람들의 의식세계와 그 삶을 불태우고 있다. 이 불길에는 삿된 세계관 · 삿된 종교행위라는 사회적 조건/원인이 치열하게 작동하고 있는 것이다.

이 불길을 끄는 길은 없을까?

자아와 사회-많은 사람들을 불태우는 이 거대한 고통의 불길을 끄는 길은 대체 무엇일까?

167 각묵 스님(2006),『금강경강해』, p.343

우리는 다시 '가야산의 불타는 법문'으로 돌아간다. 붓다는 이렇게 설하고 있다.

"수행자들이여, 많이 배운 성스러운 제자들은 이것을 보고, 눈도 싫어하고 색(色)도 싫어하고 안식(眼識)도 싫어하고 안촉(眼觸)도 싫어한다. 다른 말로 하면, 안촉으로 인하여 생긴 느낌, 즐겁거나 괴롭거나 괴롭지도 즐겁지도 않거나 하는 느낌을 싫어한다. 귀(코 · 혀 · 몸 · 의식)도 싫어한다.
이렇게 싫어하기 때문에, 사람들의 탐욕이 빛바래지고, 탐욕이 빛바래짐으로써 해탈한다.……"
이 설법이 진행되는 동안, 천 명 대중들의 마음이 집착 없이 번뇌에서 해탈되었다.…… (Vin I 34 ; S IV 19)

"싫어하고 탐욕이 빛바래지고 해탈하고-", 돌이켜 보면, 지금 붓다는 '무아(無我)의 담마'를 설하고 있다. '오온무아의 담마'에서 설했던 해탈법문을 설하고 있다. 이 사회-많은 사람들의 삶을 불태우는 사회적 고통의 현장에서, 붓다는 '무아해탈의 담마'를 다시 설하고 있는 것이다. 이러한 붓다의 의도는 *Nikāya* 도처에서 발견되고 있다. *Saṃyutta-nikāya*의 「*Sappāya-sutta*」(도움경)에서는 이렇게 설해지고 있다.

〔붓 다〕"수행자들이여, 그대들은 어떻게 생각하는가? 눈 · 형상 · 눈의 식 · 눈의 접촉이나, 눈의 접촉을 조건으로 생겨나는 즐겁거나 괴롭거나 즐겁지도 괴롭지도 않은 느낌은 영원한가, 무상한가?"
〔수행자〕"세존이시여, 무상합니다."

〔붓 다〕“무상한 것은 괴로운 것인가, 즐거운 것인가?”

〔수행자〕“세존이시여, 괴로운 것입니다.”

〔붓 다〕“무상하고 괴롭고 변화하는 법을 ‘이것은 내 것이다, 이것이야말로 나이다, 이것은 나의 자아이다’라고 하는 것은 옳은 것인가?”

〔수행자〕“세존이시여, 그렇지 않습니다.”……(귀 · 코 · 혀 · 몸 · 생각의 경우도 마찬가지이다.)

〔붓 다〕“수행자들이여, 이와 같이 보아서 잘 배운 고귀한 제자들은 눈도 싫어하여 떠나고 형상도 싫어하여 떠나고 눈의 식도 싫어하여 떠나고 눈의 접촉도 싫어하여 떠나고 눈의 접촉을 조건으로 생겨나는 즐겁거나 괴롭거나 즐겁지도 괴롭지도 않은 느낌도 싫어하여 떠나고……(귀 · 코 · 혀 · 몸 · 생각도 마찬가지이다.) 싫어하여 떠나서 사라지고 사라져서 해탈한다. 해탈하면 ‘나는 해탈했다’는 지혜가 생겨나서 …[168]

‘무상 – 고 – 무아 – 염리 – 이욕 – 해탈’, 지금 붓다는 십이처 – 십팔계를 대상으로 이렇게 ‘무아해탈의 담마’를 설하고 있다. 오온을 대상으로 한 법문이 ‘오온무아(五蘊無我)의 담마’로서 규정된 것과 같이, 십이처 – 십팔계를 대상으로 하는 이 법문은 ‘처계무아(處界無我)의 담마’로서 규정돼도 좋을 것이다. 이미 관찰한 바와 같이, ‘오온 · 십이처 – 십팔계’를 대상으로 하는 이러한 무아 통찰은 초기불교에서는 보편적인 수행법으로 널리 인정되고 있다.[169] 이 ‘처계무아’를 설하는 의도는, 이

168 S IV 24-25; 전재성 역(1999), 『쌍윳따니까야』 6권, pp.97-101 간추림; (S 35; 3; 32 「*Sappāya-sutta*」 – 도움경)

169 특히 선의 경지가 없이 오온이나 십이처, 십팔계의 무상 · 고 · 무아의 통찰을 통한 해탈 · 열반을 실현한 경우도 있다.; 각묵 스님 역(2006), 『디가니까야』 1권, p.31; 藤田宏

미 '오온무아'에서 관찰한 바와 같이, 이욕(離欲, virāga)에 있다. 탐욕을 여의고 사회적 헌신으로 나아가는 데 있다. 이것은 이 사회/많은 사람들의 이익과 행복을 위하여 헌신하는 사회적 실천들, '비폭력 · 사랑 · 나눔' 등, 곧 자비를 추구하는 것이다. 특히 여기서 주목되는 것은, 이 '처계무아(處界無我)의 담마'가 원론 수준에 머물지 않고 사회적 실천의 역동적인 에너지로 작동하고 있다는 사실이다. 이런 맥락에서 '뿐나(Puṅṅa) 비구의 전법헌신 사건'은 무아 실천의 장에서 하나의 절정을 드러내고 있다. '이 사건'과 관련하여, *Saṃyutta-nikāya*의 「*Puṅṅa-sutta*」(뿐나 경)에서는 이렇게 설해지고 있다.

이와 같이 나는 들었다.

어느 때 세존께서 제타 숲 아나따삔디카 절에 계셨다. 그때 장로 뿐나가 세존 계신 곳으로 찾아와 세존께 인사드리고 한쪽으로 앉았다. 장로 뿐나가 세존께 여쭈었다.

〔뿐 나〕 "세존이시여, 저를 위하여 간략하게 담마를 설하여 주소서."

〔붓 다〕 "뿐나여, 눈에 의해 인식되는 형상〔色〕들이 있고, 그 형상들이 기분 좋고 사랑스럽고 마음에 들고 아름답고 감각적 쾌락을 유발하고 흥분을 야기한다고 하자. 만약 수행자들이 그것을 기뻐하고 찬양하고 탐욕을 내어 집착하면, 기뻐하고 찬양하고 탐욕을 내여 집착하므로 환락이 생겨난다. 뿐나여, 환락이 생겨나면 고통이 생겨난다고 나는 말한다. (귀 · 코 · 혀 · 몸 · 생각에 대해서도 마찬가지이다.) 뿐나여, 눈에 의해 인식되는 형상〔色〕들이 있고 그 형상들이 기분 좋고 사랑스럽고 마음에 들고 아름답고

達(1989), 『초기부파불교의 역사』, p.41, 민족사.

감각적 쾌락을 유발하고 흥분을 야기한다고 하자. 만약 수행자들이 그것을 기뻐하지 않고 찬양하지 않고 탐욕을 내어 집착하지 않으면, 기뻐하고 탐욕을 내여 집착하지 않으므로 환락이 소멸한다. 뿐나여, 환락이 소멸하면 고통이 소멸한다고 나는 말한다.……(귀 · 코 · 혀 · 몸 · 생각에 대해서도 마찬가지이다.) 뿐나여, 나는 이 간략한 담마로 그대를 가르쳤다. 뿐나여, 그대는 어느 지방으로 가려 하는가?"

〔뿐 나〕"세존이시여, 저는 수나빠란따라는 지방으로 가려고 합니다."

〔붓 다〕"뿐나여, 수나빠란따 사람들은 포악하다. 수나빠란따 사람들은 잔인하다. 뿐나여, 만약 수나빠란따 사람들이 그대를 욕하고 비난한다면, 그대는 어찌하겠느냐?"

〔뿐 나〕"세존이시여, 만약 수나빠란따 사람들이 저를 욕하고 비난한다면, 그때 저는 이와 같이 말하겠습니다. '나를 손으로 때리지 않으니 수나빠란따 사람들은 매우 친절하고 아주 친절하다.'"

……장로 뿐나는 발우와 가사를 들고 쑤나빠란따 지방으로 유행을 떠났다. 차츰 유행하면서 쑤나빠란따 지방에 이르러 머물게 되었다. 장로 뿐나는 그 우기 중에 5백 명의 헌신자들을 확보하였다. 그 우기 중에 세 가지 지혜를 통달하였고 그 우기 중에 완전한 열반에 들었다.……[170]

이것이 '뿐나 비구의 전법헌신 사건'이다. 주석가들에 의하면, 뿐나(Puṅṅa, Skt. Pūrṅajit, 富樓那) 비구는 인도 서해안 수나빠란따(Sunāparanta)의 수빠라까 항(Suppāraka 港, 현재 뭄바이 북쪽의 소팔라) 출신의 상인으로서,

---

170 S Ⅳ 60-62; 전재성 역(1999),『쌍윳따니까야』6권, pp.251-257 간추림; (S 35; 4; 88「*Puṅṅa-sutta*(뿐나경)

대상(隊商)의 일원으로 사왓티로 장사하러 왔다가 붓다 앞에서 전향하고 출가한 인물이다. 붓다와의 대화는 그가 전법하기 위하여 자기 고향인 수나빠란따(지금의 Mahāashtra)로 돌아갈 때의 상황을 반영하고 있다.[171]

'뿐나 비구 사건'에서 가장 주목되는 것은 뿐나 비구의 전법 헌신이 십이처에 대한 통찰 과정에서 추구되고 있다는 사실이다. 십이처에 대한 '무아-이욕'의 통찰이 자연스럽게 몸을 던지는 사회적 실천의 동력으로 작용하고 있는 것이다. 이것은 '무아(無我)의 담마'가 곧 '사회적 실천의 담마'로서 작동하고 있다는 사실을 하나의 현장으로서 드러내는 것이다. 십이처-십팔계를 대상으로 하는 무아 통찰은 곧 치열한 사회적 실천의 통찰과 관련된다. 무아 통찰은 '연기'를 찾고 '중도'를 논하는 건조한 인식론적 논리이기 이전에, 불타오르는 사회적 고통/사회적 재난으로부터 많은 사람들을 구출하려는 긴박하고 역동적인 사회적 실천의식으로 작동하고 있다. 처계무아(處界無我)의 통찰은 삿된 견해/삿된 세계관의 변혁을 일차적인 목표로 추구한다. 사회적 이데올로기/사회적 시스템/사회적 갈등 등 사회적 행태들의 변혁을 일차적인 목표로 추구한다. '십이처-십팔계의 담마'가 의식작용의 이원성(二元性)을 규명하고 의식 형성의 사회적 조건/원인을 해명하는 접근방식이기 때문이다. 전법을 통하여 삿된 세계관을 변화시키고 사회적 행태들을 변혁하는 것이 가장 핵심적인 사회적 실천의 과제로서 평가되고 있다.[172] 뿐나 비구가 십이처에 대한 통찰지혜를 몸을 던지는 전

171 Srp. II 374; 전재성 역(1999), 앞의 책 6권, p.251 각주-152; 전재성 역(2002), 『맛지마니니까야』 5권, p.396 각주-477; 中村 元(1984), 『佛陀의 世界』, p.269; Lamotte(1988), *History of Indian Buddhism* p.21

172 "세계와 인간에 대한 이해와 관점을 변화시켜 주는 실천운동이야말로 인간과 사회 변

법개척으로서 실천하고 있는 것도 이 때문이고, 수많은 출가 빠리사들이 탁발 유행하고 수많은 재가 빠리사들이 험한 벌판과 격류를 달려 전법의 길을 개척하는 것도 이 때문이다.

욕설을 들으면서도, 돌팔매 · 몽둥이로 맞으면서도, 칼로 해침을 당하면서도[173] 뿐나 비구는 전법 개척의 길로 가고 있다. 이것은 초기불교의 무아 통찰이 얼마나 절실하고 역동적인 사회적 실천의지로 작동하고 있었는가를 보여 주는 하나의 좋은 사례이다. 이 '뿐나 비구 사건'은 *Majjhima-nikāya*의 「*Puṅṅoovāda-sutta*」(뿐나경)에도 그대로 기록되어 있을 정도로[174] 초기불교사에 널리 알려진 사건이다. 이것은 이러한 전법 헌신이 초기 대중들에게 널리 인정되고 고취되고 있었다는 것을 의미한다. 또 뿐나 비구는 대상(隊商) 출신이었다. 이런 사실들을 상기하면, 무아 통찰이 수레와 배를 몰아 거친 벌판과 야만의 변방으로 달려가 담마를 전파하는 상인(商人, vessa)들의 야성/야생적 개척정신과도 무관하지 않는 것으로 생각된다.

3) 십이연기와 사회 변혁의 원리

(1) 연기법에 대한 논의들

아비담마 불교에서 십이연기는 일체법에 포함되지 않지만, *Nikāya*

혁의 핵심 과제라고 할 수 있으며, 세계관에 따른 모든 인간 사회의 고통과 질곡을 좀 더 본질적으로 뿌리 뽑는 데 목표를 두었다." 조준호(2002a),「초기불교의 사회적 실천운동」『실천불교의 이념과 역사』, p.19

173 "He wemt to Sunāparanta and was killed." Woodward(1995), *The Book of the Gradual Sayings* (*Aṅguttara-nikāya*) vol. 1, p.17 note-3

174 M Ⅲ 267-270; 전재성 역(2002),『맛지마니까야』5권, pp.396-403; (M 145「*Puṅṅoovāda-suttaa*」- 뿐나 경)

들은 흔히 일체법과 십이연기(十二緣起, dvadasa paṭicca-samuppāda)를 아울러 논하고 있다. 십이연기가 자아 · 사회 문제를 해명하는 중요한 접근 도구로 활용되고 있다. 따라서 이 연구에서는 십이연기도 일체법과 더불어 논의한다.

연기법(緣起法, paṭicca-samuppāda/빠띳까 사뭅빠다)에 관해서는 다양한 논의가 진행되어 왔다. 일부 분석가들은 연기법이 붓다의 자내증(自內證)이라는 종래의 주장에 대하여 강력한 비판을 전개하고 있다. 그들은 연기법이 초기불교의 모든 담마들을 관철하는 '불교의 제1 철학'이라는 주장에 대하여 의문을 제기하고 있다.[175] 그들은 이러한 비판이 연기법의 중요성을 부정하려는 것이 아니라 연기법에 대한 과도한 도그마화(dogma化)를 경계하려는 취지라고 주장하고 있다.[176] 따라서 이런 비판은 경청할 의미가 있는 것이라고 생각한다. 연기법을 무아 등 기초적 가르침들에 대한 이론적 틀로서 과도하게 추론하려는 종래의 일부 경향은 경계할 필요가 있는 것이다.[177] 그럼에도 불구하고 이 연기법이 기초적 가르침의 하나이며 불교사상의 정체성을 담보하는 하나의 귀중한 자산이라는 사실은 인정되어야 할 것이다.[178] 또 연기법이

---

175 권오민(2007), 「緣起法이 불타 自內證이라는 經證 검토」『普照思想』 제27집, pp.411-445

176 "필자(권오민)는 연기법의 진리성을 의심하려는 것이 아니다. 다만 아무런 비판적 반성 없이 불타의 깨달음을 한결같이 연기법이라고 되뇌이면서, 세상만사에 적용시켜 도그마(우상)화함으로써 연기의 진리성을 도리어 화석화시키는 오늘의 현실에 대해 고전적인 경전 해석의 한 단면을 보여주려는 것이다." 권오민(2007), 앞의 책, p.418

177 "그러나…… '연기이기 때문에 무상하다'거나 '연기이기 때문에 무아이다'라고 하는 말은 초기불전 어디에도 없다. 무상과 무아는 다만 경험적 사실이며 추론을 통해 도출되는 이론적 귀결이 아니다." 권오민(2007), 앞의 책, pp.442-443

178 "불교에서 이러한 인과의 원리는 연기(緣起; paṭicca-samuppāda)라고 하는 붓다의 가르침 속에 포함된다. 이 용어는 대 · 소승을 막론하고 불교의 모든 학파에서는 물론 인도의 비(非)불교학파에서조차 정통성과 역사성을 갖는 인과성에 관한 불교의 가르침으로

*Nikāya*에서 외도들의 삿된 견해/삿된 세계관을 논파하는 '비판의 틀'로서 중요한 기능을 담당하고 있다는 사실도 인정되어야 할 것이다.[179] *Saṃyutta-nikāya*의 「*Nidana-Saṃyutta*」(인연상응)를 비롯하여 니까야 전편을 통하여 연기법이 빈번히 설해지고 있는 사실을 고려할 때, 십이연기설이 후대의 삽입이라는 주장 또한 신중한 접근이 필요한 것으로 보인다.[180]

연기법과 관련하여 또 하나 검토되어야 할 것은 '차유고피유(此有故彼有)'를 중심으로 하는 십이연기의 해석에 관한 문제이다. 연기법이 논의될 때는 대개 연기법을 상의상관성(相依相關性)의 원리라고 보는 입장에서 접근하는 것이 일반적인 경향이 되어 왔다. 특히 존재들 간의 공간적 상의관계를 중시함으로써 '하나의 존재는 모든 존재에 의존해 있고 모든 존재는 하나의 존재에 의존해 있다'라는 식으로 인식하려는 경향이 강했던 측면이 있다.[181] 이와 관련하여 박경준은 이렇게 비판하고 있다.

인식되어 왔다." Das Gupta(1963), *A History of Indian Philosophy*, p.421, Cambridge.

179 조준호(2002b),「초기불교의 실천사상」『한국불교학』 제32집, pp.249-252

180 "그러나 이번에는 십이연기설을 단순히 논리적 또는 존재론적 연기관으로 해석하려는 경향을 나타내고 있다. 뿐만 아니라 어떤 학자는 소위 후대 성립설을 주장하고도 있다. 이러한 해석들은 우리가 그대로 받아들일 수 없을 것 같다. 앞에서 상당히 자세하게 십이연기설을 고찰하였는데, 그런 입장에서 볼 때 십이연기설을 도저히 그렇게 만은 볼 수 없기 때문이다." 고익진(2007), 『불교의 체계적 이해』, p.52, 광록선원.

181 "이상과 같이 상호관계성으로 이해되는 연기 개념은……각각의 개별 존재가 다른 존재들을 존재 가능케 하는 조건이면서 동시에 각각의 존재가 다른 존재들을 조건으로 하여 존재한다. 하나의 존재는 모든 존재에 의존해 있고 모든 존재는 하나의 존재에 의존해 있다. 이는 연기 개념이 의미하는 상호관계성의 형태에는 '하나 대 하나'의 형태뿐만 아니라 '하나 대 다수'의 형태가 있으며, 불교적 상호관계의 진수가 후자에서 찾아져야 함을 의미한다." 안옥선(2005),「불교 생태학에서 존재 평등의 근거」『불교학연구』, 제10호, p.244

'연기→차유고피유(此有故彼有)→상의상관'이라고 하는 근거 없는 사변적 논리는 자칫하면 불교인에게 협력의 자세만을 강조한 나머지, 현실 사회의 구조적 모순과 문제점들에 대한 방관자적 자세와 기존 질서에의 무비판적 순응만을 은연중에 강요할 수도 있고, 그리하여 타성과 안일, 현실 외면 속으로 빠져들게 할 수도 있다.[182]

⑵ 십이연기를 통한 변화/변혁의 희망

사회적 실천 문제와 관련해서 볼 때, 이 십이연기법은 이 사회의 생성과 소멸, 곧 많은 사람들의 고통의 발생과 치유에 관하여 중요한 실제적 접근법을 제시하고 있다. *Saṃyutta-nikāya*의 「*Loka-sutta*」(사회경)에서 이렇게 설해지고 있다.

"수행자들이여, 무엇이 사회의 소멸인가?
눈(眼)과 형상(色)을 조건으로 눈의 식(眼識)이 생겨난다. 이 세 가지가 화합하여 접촉(觸)이 생겨난다. 접촉을 조건으로 느낌(受)이 생겨나고, 느낌을 조건으로 갈애(愛)가 생겨난다. 갈애가 남김없이 사라지고 소멸하면 집착(取)이 소멸한다. 집착이 소멸하면 존재(有)가 소멸한다. 존재가 소멸하면 태어남(生)이 소멸한다. 태어남이 소멸하면 늙음과 죽음 · 근심 · 슬픔 · 고뇌 · 불쾌 · 절망이 소멸한다. 이와 같이 해서 이 모든 고통의 소멸이 이루어진다.
수행자들이여, 이것이 이 사회의 소멸이다.(귀 · 소리 · 귀의 식, 코 · 냄새 · 코의 식, 혀 · 맛 · 혀의 식, 몸 · 접촉 · 몸의 식, 생각 · 사물 · 의식도 마찬가지이다.)"[183]

---

182 박경준(1989),「初期佛敎의 緣起相依說」『한국불교학』 제14집, p.140

183 S II 73; 전재성 역(1999),『쌍윳따니까야』 2권, pp.232-234; (S 12; 5; 44 「*Loka-sutta*」- 사회경)

이것은 '사회(loka)의 생성과 소멸의 담마' 중에서 '소멸의 담마' 부분이다. 이것은 십이연기법의 한 형태로서 앞의 지(支)들이 생략되어 있다. 붓다의 십이연기법이 십이처-십팔계의 경험적인 세계를 중심으로 이 사회의 소멸, 곧 고통의 소멸을 추구하는 해탈법문이라는 특성을 잘 드러내는 중요한 자료이다.[184]

「*Loka-sutta*」에서 붓다는 '눈-형상-의식'이라는 구체적으로 경험 가능한 토대 위에 서서 사회의 생성-소멸을 논한다. 붓다는 지금 경험 가능한, 실천 가능한 범주 안에서 십이연기법을 대상으로 이기주의로 조작된 사회의 소멸/고통의 소멸을 통찰하고 있다. 고통 소멸을 위한 사회적 실천-사회적 변혁을 문제 삼고 있는 것이다. 이와 관련하여 *Saṃyutta-nikāya*의 「*Paccaya-sutta*」(조건의 경)에서 이렇게 설해지고 있다.

"수행자들이여, 연생의 법은 무엇인가?
수행자들이여, 늙고 죽음은 무상한 것이고 만들어진 것이고
조건지어진 것이고 쇠망하는 것이고
사라지는 현상이며 소멸하는 현상으로 연생이다.
(태어남, 존재, 집착, 갈애, 느낌, 접촉, 육입, 명색, 의식, 행, 무명도 마찬가지이다.)"[185]

붓다는 지금 '무상의 담마'를 설하고 있다. '오온·십이처-팔계'에서 그러하듯이, 십이연기법에서도 '무상-고-무아'의 통찰을 설하고

---

184 "이 경은 緣起法이 특히 경험적인 세계의 발생에 관해 설하고 있다는 사실을 비교적 분명히 하고 있다." 전재성 역(1999), 앞의 책 2권, p.230 각주-201

185 S II 26; 전재성 역(1999), 앞의 책 2권, pp.111-114 간추림; (S 12; 2; 20 「*Paccaya-sutta*」-조건의 경)

있다. 십이지에 대한 '무상 - 고 - 무아'의 통찰을 통하여 집착/갈애, 곧 탐욕이 빛바래지고(virāga) 소멸하고(niridha)[186] 해탈하는 과정을 설하고 있다. 여기서 주목되는 것은 이러한 '무상 - 고 - 무아'의 통찰이 늙고 죽음의 지분에 대한 통찰로부터 십이지의 역순으로, 역관(逆觀)으로 진행되고 있다는 사실이다. 이것은 십이연기법이 많은 사람들이 생사 고뇌하고 절망하는 절실한 현실적 고통의 현장에서 추구되고 있다는 사실을 의미한다. 연기법은 관념적 사유나 논리적 체계화의 대상이 되기에 앞서, 이렇게 체험의 과정으로써 시설된다. 연기법은 이렇게 고통의 현장에서 작동되는 긴박한 '무상 - 무아 - 해탈의 담마'로써 시설된다. '오온무아' '처계무아'에 이어서, '십이연기무아', 곧 '연기무아'가 여기서 그 모습을 드러내고 있다. 고익진은 이렇게 논하고 있다.

> 이러한 순 · 역 두 관찰에서 부처님들이 깨달음을 이루는 데에는 먼저 역관에 의한다고 학자들은 보고 있다. 경전에도 그러한 견해를 뒷받침하는 자료가 있다.〈『雜阿含經』 권12〉 불교의 종교적 사색은 현실(생사의 문제)의 관찰로부터 시작하여 차츰 심화되고 있어, 신이나 우주의 원리로부터 설해 내려오는 권위주의적 종교와는 전혀 방향이 다르다. 역관은 불교의 이러한 추리적 사색의 방향과 일치하는 것이다. 순관은 깨달음에 입각해서 생사의 발생 과정을 밝혀 주는 설명적 교설이라고 보아도 좋다.[187]

---

186 "virāgadhammā'는 '이탐(離貪)' '탐욕을 떠남'으로가 아니라 '탐욕의 빛바램', '탐욕이 빛바래지다'로, 'nirodhadhamma'는 '탐욕이 소멸하다'로 해석되어야 한다."; 전재성 역(1999), 앞의 책 2권, p.111. 각주-96

187 고익진(2007),『불교의 체계적 이해』, p.48

'연기무아(緣起無我)'에서 더욱 주목되는 것은 이 과정에서 무상에 대한 통찰이 더욱 긴박하게 나타난다는 사실이다. 지금 바야흐로 무상이라는 폭류, 또는 불길 속에서 자아와 사회, 곧 모든 것〔一切法, sabbe-dhammā〕이 변화하고 사라지고 소멸해 가고 있는 것이다.

> "〔존재는〕 무상한 것이고 만들어진 것이고 조건지어진 것이고
> 쇠망하는 것이고 사라지는 것이고 소멸하는 것……" (S II 25)

여기서 우리는 이 십이연기법이 무상이라는 기본적인 시각에서 생멸(生滅)의 문제에 긴박하게 접근하고 있다는 사실을 발견한다. 이렇게 십이연기법은 시간적 통찰의 기제를 내포하고 있다. '십이처 - 십팔계의 담마'는, 처계(處界)라는 용어가 시사하는 바와 같이, 기본적으로 주관 ↔ 객관의 공간적 개념, 곧 장(場)의 개념을 전제로 하는 접근법이다. 이에 대하여, 십이연기법은 무상을 강조함으로써 시간적 개념, 곧 생멸의 개념을 중심으로 접근한다. 무상(無常, anicca)은 '연기의 인과연속성을 규정하는 속성으로 작용'하는 것으로,[188] 논리적으로는 무시간성(無時間性) - 즉시성(卽時性, akālika)으로 규정되기도 한다.[189] 그러나 무

---

188 "생멸의 관점에서 볼 때 무상은 곧 연기의 직접적인 속성으로 나타난다. 그 뿐만 아니라 무상은 연생의 속성으로서 원인과 결과의 연속성을 지탱시키는 역할을 하므로 연기의 인과연속성을 규정하는 속성으로 작용한다. 물론 이러한 속성은 모든 정신물리적인 존재의 다발〔五蘊, pañca - kkhandha〕에 적용된다." 전재성(1999), 『初期佛敎의 緣起思想』, p.115

189 "보통 시간을 포함하지 않는 '무시간적'(akālika) 관계는 논리적이고 개념적이다.…… 이러한 무시간적 관계의 경전적 근거로서 애마다는 'sandiṭṭhiko, akāliko, ehipassiko, opanayiko, paccattaṃ veditabbo viññūhi'(실제적이며, 무시간적이며, 와서 보라는 것으로서의 열반으로 이끄는 가르침)이라는 구문에서의 'akāliko'를 지적한다." 안옥선(2005), 「불교생태학에서 존재 평등의 근거」『불교학연구』 제10호, p.230

상이 우리가 체험할 수 있는 경험의 범주로 들어올 때, 무상에는 일반적으로 시간 개념이 포함된다. 그것이 실천적 행위와 관계될 때는 더욱 시간적인 체험이 강화된다.[190] 따라서 무상의 무시간성과 시간성은 서로 모순되는 것이 아니라고 할 수 있을 것이다. 많은 사람들은 세상의 〔시간적〕 무상함을 느끼고 그 무상감을 통하여 무상의 본질을 자각하게 되기 때문이다.

"수행자들이여, 이것이 이 사회의 형성이다.……
수행자들이여, 이것이 이 사회의 소멸이다." (S II 73)

붓다는 지금 십이연기법의 통찰을 통하여 이 세상/사회의 생멸을 해명하고 있다. 어둔 이기적 탐욕에 의하여 자아와 사회가 생멸하는 과정을 해명하고 있다. 여기서 우리는 이 사회의 부조리한 사회적 행태〔諸行, saṅkhālra〕들과 고통이 이기적 자아의식 – 이기주의에 의하여 조건적으로 작위된 것임을 발견한다. 우리는 또 이 모든 행태들/고통들이 순간순간 소멸하고 새로운 양상으로 변화해 가는 생멸의 과정임을 발견한다. 따라서 십이연기법은 이 모든 행태들/고통들이 변화될 수 있고 극복될 수 있음을 일깨우는 변화와 희망의 가르침으로 들린다. 십이연기법은 인생과 세상의 무상한 변화를 한탄하는 한갓 감상의 발로가 아니다. 십이연기법은 새로운 변화를 추구하는 역동적인 변혁의 원리로서 만인 앞에 제기된다. 개인적 사회적 고통과 행태, 그 어떤 것이든, 그것은 존우(尊祐)의 화작(化作)이 아니다. 또 그것들은 요소적 적

190 "인과관계는 일반적으로 시간지연이 포함되며 공간상의 원격 작용이 배제되지 않는다." 전재성(1999), 『初期佛敎의 緣起思想』, p.114

취도 아니며 필연도 아니고 우연도 아니다.[191] 그것은 사람들의 의지/의지적 행위에 의하여 반드시 극복되고 변혁되는 하나의 창조적 과제이다. 따라서 십이연기의 환멸문(還滅門)은 사람들의 의지적 행위를 동력으로 추구되는 역동적인 변혁의 문으로서 많은 사람 앞에 열려 온다. 조준호는 이렇게 논하고 있다.

> 이처럼 초기불교에서 시간적 생멸로서 연기를 강조하는 이유는 끊임없이 역동적으로 변화하고 있는 법을 보여 주기 위한 것이다. 다시 말해, 연기법 자체가 '변혁의 법'이나 '변혁의 원리', 또는 '변혁의 윤리'라고도 할 수 있다.……이처럼 유전연기(流轉緣起)는 고통의 질곡에 갇혀 생멸하는, 환멸연기(還滅緣起)는 생멸의 순환으로부터 이탈하는 구조이다.……변화하기 때문에 반대로 '삶의 고질적인 악순환도 역전'시킬 수 있다는 역동적인 가르침인 것이다.[192]

연기법/십이연기법은 물론 존재현상에 대한 '있는 그대로'의 관찰이다. 그러나 단순한 사실 관찰에 머물지 않고 이것을 사회적인 실천의 원리로 추동시키는 곳에 담마의 의도가 빛나고 있다. 그런 의미에서 연기법은 곧 '변혁의 원리'이다. 삶의 고통과 사회적 질곡을 변화시킬 수 있는 '역동적인 변혁 원리'이다. 이 연기법은 단순히 개개인의 고통을 치유하는 처방이 아니다. 연기법은 일체법의 구조 속에서, 개인과 이 사회의 문제들, 곧 개인적 고통과 사회적 고통을 동시적 동반적으로 추구하는 사회적인 통찰의 틀이다.[193] *Saṃyutta-nikāya*의 「*Loka-*

---

191 전재성(1999), 앞의 책, pp.27-60

192 조준호(2002b),「초기불교의 실천사상」『한국불교학』 제32집, p.248

193 "이러한 緣起說의 精神은 個人的 · 心理的 · 實存的 현실(苦)만이 아니라, 社會的 · 歷史

sutta」에서 "이것이 사회의 형성이다, 이것이 사회의 소멸이다"(S II 73) 라고 설해지는 것도 이런 맥락이다. 따라서 십이연기법은 현실의 긴박한 위기상황을 경각시키는 '위기의식의 담마'인 동시에, 많은 사람들로 하여금 이 고통들의 조건성과 무실체성을 깨닫고 분발하여 시급히 변혁의 현장으로 달려가도록 촉구하는 '변혁의식의 담마'로서 작동하고 있다.[194]

'오온 · 십이처－십팔계 · 십이연기의 담마들'은 한결같이 고통의 현실을 비판하고 새로운 변화/변혁을 추구하는 사회적 실천의 담마로서 작동한다. '오온 · 십이처－십팔계 · 십이연기'를 대상으로 '무상－고－무아'를 통찰함으로써 탐욕을 극복하고 지혜와 자비의 사회적 실천을 추구한다.

여기서 보다 중요하게 생각되는 것은 이러한 기초적 담마들이 역동적이며 즉시적인 행위/실천의 동력으로 전환되고 있다는 사실이다. '와라나시의 오온의 담마' 직후 붓다는 60명의 출가대중을 대상으로 "전법하러 떠나가라"고 선언하고, 대중들은 저마다 무소의 뿔처럼 온갖 장애를 대면하며 홀로 유행 전법의 길로 떠나갔다. '가야산의 십이처－십팔계 법문' 직후 붓다는 천 명의 대중과 더불어 라자가하로 향

的 현실에도 적용될 수 있다고 본다. 우리의 삶은 '정신과 육체'라든가, '개인과 사회'로 兩分할 수 없는, 有機的 · 總體的 · 力動的인 것이기 때문이다.……따라서 연기설은 불교인의 비판적 사회의식을 위한 충분한 이론적 근거를 제공해 주고 있다 할 것이다." 박경준(1989),「初期佛敎의 緣起相依說」『한국불교학』 제14집, p.139

194 연기법에 대한 이러한 통찰이 연기법의 화엄법계적 상의상관성을 부정하는 것은 아니라고 생각한다. 일즉다 다즉일(一卽多 多卽一)의 무진상관성은 불교사상사가 발전시켜온 인류 정신사의 귀중한 자산이다. 엄밀히 관찰하면, 십이처－십팔계 등 초기 담마들 속에도 공간적 상의상관성의 가능성은 내포되어 있는 것으로 보인다. 다만 법계적 상관성의 원리를 과도하게 확장하고 관념화함으로써 연기법 본연의 소박한 인과성과 체험적 실천성을 증발시킬 수 있는 위험성은 경계되어야 할 것으로 생각한다.

하여 대행진을 시작하였다. 또 뿐나 비구는 '십이처-십팔계의 법문'을 듣고 멀리 야만의 변방으로 가 전도하다 몸을 마쳤다. 「상인경(商人經)」에서 보듯, 상인들은 수레를 몰고 황량한 땅으로 나아가 사나운 도둑들과 대결하며 십이연기의 담마를 전파하였다.[195]

이렇게 초기 담마들은 고요한 마음통찰의 과정이거나 형이상학적 사변의 과정, 또는 학문적 분석의 과정이기 이전에, 사회현장에서 이 사회를 비판하고 역동적으로 변화시켜 가는 사회적 실천의 과정으로써 추구되고 있다. 거친 벌판을 달리며 몸을 던지는 사회적 변혁과 개척의 과정으로써 추구되고 있다. 바로 여기에 초기 담마들이 지니는 본질적 특성이 있다고 할 것이다.

3. 초기 수행법의 사회적 실천성

1) 사띠(sati)의 기능과 초기 수행법에서의 역할

(1) 사띠, 중생구제의 '에까야나(ekāyana)'

오온 등 일체법을 대상으로 '무상-고-무아'를 통찰함으로써 탐욕-탐진치(貪瞋癡)를 원력으로 전환하여 사회적 실천의 삶으로 나아가는 것이 초기불교의 교리적 체계이다. 여기서 제기되는 것이 통찰법의 문제이다. '어떻게 일체법을 대상으로 무아를 통찰하는가?' 하는 실제적인 수행법의 문제이다. 이와 관련하여 미산 스님은 이렇게 논하고 있다.

---

195 동국역경원(1985b),『한글대장경 雜阿含經』2, pp.122-124,『雜阿含經』2, 590-「商人經」

초기불교의 수행 요체는 팔정도이며, 지혜의 발현은 팔정도의 수행을 통해서 가능하다. 팔정도는 사성제의 지단증수(知斷證修)라는 분명한 실천적 체계를 근거로 하고 있다. 괴로움의 현실을 바르게 알고〔知, pariññeyya〕, 그 원인을 단절〔斷, pahātabba〕해야 한다. 그래야 괴로움이 소멸된 열반을 성취〔證, sacchikātabba〕할 수 있으며, 그 방법으로써 팔정도의 실천〔修, bhāvetabba〕이 있는 것이다. 초기불교의 대표적 수행법은 사념처관이며 불교의 공통 수행 원리에 그 이론적 기반을 두고 있음을 살펴보았다.[196]

미산 스님이 규명하고 있는 바와 같이, 초기 수행법의 기본은 팔정도이고 그 핵심은 사념처관, 곧 사띠(sati)이다. 이제 우리는 사띠를 중심으로 사회적 실천의 수행적 기초에 관하여 논의할 것이다. 사띠와 관련하여 *Dīgha-nikāya*의 「*Mahāsatipaṭṭhāna-sutta*」(대념처경)에서는 이렇게 설해지고 있다.

이와 같이 나는 들었다.
한때 세존께서 꾸루의 깜맛사담마라는 꾸루들의 성읍에 머무셨다. 그곳에서 세존께서는 "비구들이여"라고 부르셨다. "세존이시여", 비구들은 세존께 대답하였다.
"비구들이여, 이 도(道)는 유일한 길이니, 중생들의 청정을 위하고, 근심과 탄식을 건너기 위한 것이며, 육체적 고통과 정신적 고통을 사라지게 하고, 옳은 방법을 터득하고, 열반을 실현하기 위한 것이다. 그것

196 미산 스님(2003), 「대념처경을 중심으로 본 초기불교 수행법」『불교평론』 14호, p.109, 만해사상실천선양회.

은 바로 '네 가지 마음챙김의 확립(四念處)'이다.……"[197]

「대념처경(大念處經)」으로 한역되는 이 경은 초기 수행법의 경전들 가운데서 가장 잘 알려지고 가장 높이 평가되고 있다.[198] *Majjhima-nikāya*의 「*Satipaṭṭhāna-sutta*」(염처경)와 『아함경』에서도[199] 거의 그대로 반복되고 있다. 또 *Saṃyutta-nikāya*에서도 「*47 Satipaṭṭhāna Saṃyutta*」를 비롯하여 도처에서 같은 내용이 설해지고 있다.[200] 이것은 '네 가지 대상에 대한 sati(사띠)', 곧 '사념처(四念處)'가 초기 수행법의 근간으로서 그 중요성이 널리 인정되고 있다는 사실을 의미한다.

"비구들이여, 이 도(道)는 유일한 길이니, 중생들의 청정을 위하고, 근심과 탄식을 건너기 위한 것이며……" (D II 290)

「*Mahāsatipaṭṭhāna-sutta*」의 서두와 결구에서 붓다는 이렇게 설하고 있다. 사띠의 확립을[201] 중생제도와 열반 실현의 'ekāyana/에까야나'라고 설하고 있다. 'ekāyana'는 흔히 '유일한 길', '일승도(一乘道)'로 옮겨지는데, '유일한 길'보다는 '하나의 길', '목표로 향하여 곧장 가는 길',

197 D II 290-314; 각묵 스님 역(2006), 『디가니까야』 2권, pp.491-544 간추림; (D 22 「*Mahāsatipaṭṭhāna-sutta*」- 대념처경; 1-22)

198 Maurice Walshe tr.(1995), *The Long Discourses of the Buddha(Dīgha-nikāya)*, p.60

199 동국역경원(1985d), 『한글대장경 雜阿含經』 2, pp.83-91; 『中阿含』 98, 「念處經」

200 S V 141-191; 전재성 역(1999), 『쌍윳따니까야』 9권, pp.217이하; (S 47; 1; 1 「*Ambapāli-sutta*」- 암바빨리 경)

201 'satipaṭṭhāna'의 'paṭṭhāna'는 'paṭṭhānati' - '일으켜 세우다', '일으키다', '건너다', '앞으로 가다', '펼치다', '(대상을) 기억하다' 등으로, 'satipaṭṭhāna'는 곧 'sati의 확립'이다. '사념처'는 곧 'sati의 확립'이다.; 각묵 스님 역(2006), 『디가니까야』 2권, p.493 각주-506

'뛰어난 길'로 볼 수 있다.[202] 팔정도도 'ekāyana'로[203] 규정하고 있어서, 붓다가 사띠의 중요성을 팔정도와 같이 특별히 강조하고 있다는 사실이 거듭 분명해지고 있다.[204]

'sati/사띠'에 해당되는 산스끄리뜨 'smṛrti'는 어근 smṛ(to remember)에서 파생된 추상명사로 그 사전적인 의미는 '기억' '억념(憶念)' 등이다.[205] 사띠가 수행용어로 쓰인 사례는 불교 이외에는 거의 없는 것으

---

202 주석서에서는 ekāyana의 뜻에 대해서 다음 다섯 가지로 해석하고 있다. 1) '비구들이여, 이것은 유일한 것이어서 둘로 갈라지지 않는다.' 2) '혼자서 간다(ekena ayitabbo)'. 3) '한 사람의(ekassa)의 길'. 이것은 가장 수승한 한 사람이신 '세존의 길'이다. 4) '가다, 나아가다'의 뜻이다. 5) '하나를 향해 간다(akaṃ ayati)' (DA Ⅲ 743) 각묵 스님 역(2006), 앞의 책 2권, p.492 각주-502; 각묵 스님 역(2004),『네 가지 마음 챙기는 공부』(개정판 1쇄) 〈『대념처경과 주석서』(붓다고사)〉, pp.80-82, 초기불전연구원; 영역본에서 Walshe는 'the only way'(Soma) 'the sole way'(Nyanaponika)로 옮긴 것은 뜻을 제대로 드러내지 못하는 것이라고 지적하고, 목표로 향하여 '곧장 가는 길(one-going way)'이라고 옮겼다.; Maurice Walshe tr.(1995), *The Long Discourses of the Buddha (Dīgha-nikāya)*, p.589 Note-626; 본론에서는 '일승도(一乘道)'의 뜻을 살려 '하나의 뛰어난 길'이란 뜻으로 쓸 것이다.

203 Dh 273 "길로서는 팔정도가 최상이요, 진리로서는 사성제가 가장 성스럽고, 욕망을 다스리는 담마가 으뜸이요, 인간과 천상을 통틀어 두 발 가진 생명 가운데 붓다야말로 최고의 성자이시다. 오직 이 길뿐이다.……" 거해 스님 역(1992),『법구경』 2권, p.169

204 "초기붊교에서 탐진치를 지멸시켜 열반에 이르는 왕도로서 제시하고 있는 가장 포괄적인 개념은 당연히 (사제) 팔정도이다. 좁혀서 말하자면, 왕도이면서 수행론적 개념은 사념처이다. 팔정도를 '하나의 길(ekāyana)'이라고도 하고, 사념처를 '하나의 길로서의 방법(ekāyana maggo)'이라고도 한다. 팔정도나 사념처, 이 어느 것이든지 탐진치를 지멸하는 '하나의 길'로서 제시되고 있는 것이다." 안옥선(2010),「불교덕윤리에서 부정적 성향의 제거」『불교학연구』, p.268, 불교학연구회.

205 PED(1986) p.672, Sati; Vedic smṛti; memory, recognition, consciousness. D Ⅰ 180; Ⅱ 292 Milin 77-80 intentness of mind, wakefulness of mind, mindfulness, alertness, lucidity of mind self-possession, conscience, self-consciousness. D Ⅰ. 19; Ⅲ 31, 49, 213, 230, 270; A Ⅰ 95; Dhs Ⅰ 4

로 밝혀지고 있다.[206] 그러나 일승의 길 사띠에 대한 해석은 다양하고, 우리말 옮김 또한 논자들에 따라서 여러 가지로 달라지는데, 다음 몇 가지로 정리해볼 수 있다.[207]

① 마음집중[208]
② 알아차림[209]
③ 주목 · 주시[210]
④ 마음새김[211]
⑤ 마음챙김[212]
⑥ 수동적 주의집중[213]
⑦ 마음지킴[214]

---

206 각묵 스님 역(2004),『네 가지 마음 챙기는 공부』(개정판 1쇄) 〈『대념처경과 주석서』(붓다고사)〉, pp.14-15

207 임승택(2001),「사띠(sati)의 의미와 쓰임에 관한 고찰」『普照思想』 제16집, p.15, 보조사상연구회,; 조준호(2004),「사띠(sati/smṛti; 念) 이해에 대한 비판적 검토」『한국불교학』 제36집, pp.150-162, 한국불교학회.

208 거해 스님 역(1991),『깨달음의 길』 1권, p.95, 서울, 도서출판 산방; 김열권(1993),『위빠사나』 2, p.114, 143, 불광출판부.

209 김열권(1993), 앞의 책, p.142; 인경 스님(2001),「初期佛敎의 止觀과 四禪」『普照思想』 제16집 p.95, 보조사상연구원.

210 인경 스님(2001), 앞의 책, p.95; 정준영(2009),「『大念處經(Mahāsatipaṭṭhāna-Sutta)』에서 나타나는 心念處에 대한 연구」『한국불교학』 제53집, p.223, 한국불교학회.

211 전재성 역(1999),『쌍윳따니까야』 9권, p.217

212 각묵 스님 역(2004),『네 가지 마음 챙기는 공부』(개정판 1쇄) 〈『대념처경과 주석서』(붓다고사)〉 외 다수

213 조준호(2000),「초기불교에 있어 止 · 觀의 문제」『韓國禪學』 제1호, p.337, 한국선학회.

214 임승택(2001),「사띠(sati)의 의미와 쓰임에 관한 고찰」『普照思想』 제16집, p.21

이렇게 사띠의 옮긴 말이 다양하고 그 사이에 이견과 논쟁이 많다. 이것은 사띠 수행법이 어느 한 단어로 규정할 수 없을 정도로 다양한 수행적 함의를 지니고 있다는 사실을 반증하는 것이다. '마음챙김', '수동적 주의집중', '마음지킴' 등이 주목되지만, 사띠의 수행 본질을 드러내는 데는 한계가 있는 것으로 보인다. 따라서 다양한 아이디어를 제시하고 그 법상을 고찰하는 것은 매우 고무적인 일이지만, 아직 어떤 특정한 용어를 고집할 단계는 아니라고 생각한다. 학계 · 수행계 대중들의 자연스런 추세를 기다리는 것이 좋을 것이다. 이 글에서는 '사띠'를 그대로 쓰면서 필요에 따라 '정념(수행)', '염처(수행)', '사념처(수행)', '마음통찰', '붓다의 마음통찰법', '마음 지켜보기' 등 여러 용어들을 함께 쓸 것이다.

⑵ 사띠의 실제적 기능–지켜보기

사띠 수행에 있어서 보다 본질적인 문제는 사띠의 실제적 기능과 수행법들 속의 역할을 명료하게 이해하는 일이다. 먼저 실제적 기능이라고 할 때, 그것은 '사띠를 닦아 가는 데 있어서 강조되는 핵심은 무엇인가?' 하는 것과 관련된 문제이다. 여기서 또 하나 고려할 사항은 사띠의 용례에는 대개 두 가지 범주가 함께 포괄되고 있다는 사실이다. 하나는 넓은 의미의 경우로, 사띠는 몸(느낌 · 마음 · 법)에서 몸(느낌 · 마음 · 법)을 관찰하며, 세상에 대한 욕심과 싫어하는 마음을 버리면서, 근면하게, 분명히 알아차리고 마음 살피는 마음통찰의 전 과정으로서 기능하는 것이다. 다른 하나는 좁은 의미의 경우로, 사띠는 대상에 마음집중/주의집중하여 대상을 철저히 파악하고 담담하게 지켜보는 것으로, 이것은 곧 마음통찰의 한 핵심적 과정으로서 기능하는 것이다.[215] 여기서는 마음통찰의 전 과정이라는 입장에서, 또 많은 사람들의 일상적 통찰이라는 입장에서, 사띠의 주요기능을 다음 두 가지로 정리해 본다.[216]

① 사띠는 대상에 대하여 확고하게 마음집중/주의집중하는 것이다.

"비구들이여, 어떻게 비구는 몸에서 몸을 관찰하며 머무는가?
비구들이여, 여기 비구는 숲 속에 들어가 나무 아래에 가거나 외진 처소에 가서 가부좌를 틀고 몸을 곧추세우고 전면에 마음챙김을 확립하여 앉는다. 그는 마음챙겨 숨을 들이쉬고, 마음챙겨 숨을 내쉰다.……"[217]

「*Mahāsatipaṭṭhāna-sutta*」에서 붓다는 이렇게 계속 설하고 있다. 이것은 대상에 대하여 '마음집중' 하는 것이다. '대상에 깊이 들어가는 것'(apilāpana), '대상을 거머쥐는 것'(pariggahaka, 把持), '마음을 보호하는 것'(ārakkha)이다. 이 마음집중/주의집중이야말로 사띠의 가장 고유한 수행적 기능이라고 할 것이다. '마음챙김', '마음지킴', '마음새김', '주의집중' 등의 표현이 바로 사띠의 이러한 집중 기능을 표현하고 있다. 이것을 한역(漢譯)에서는 '정념(正念)'이라고 한다.

---

215 임승택(2004), 「*Mahāsatipaṭṭhāna-Sutta*」(大念處經)의 수행관 고찰」『한국불교학』 제37집, p.51, 한국불교학회.

216 조준호(2000), 「초기불교에 있어 止 · 觀의 문제」『韓國禪學』 제1호, pp.338-345 ; 임승택(2004), 앞의 책, pp.44-55 ; 정준영(2005), 「사마타(止)와 위빠사나(觀)의 의미와 쓰임에 대한 고찰」『불교학연구』 제12호, pp.540-549, 불교학연구회 ; 미산 스님(2009), 「변화무상한 마음을 어떻게 바로 잡아야 하는가」『마음, 어떻게 움직이는가』, pp.51-58

217 D II 291; 각묵 스님 역(2006), 『디가니까야』 2권, pp.497-498; (D 22 「*Mahāsatipaṭṭhāna-sutt*」- 대념처경; 2)

수행자는 몸을 단정히 하고, 마음속에서 세상에 대한 욕심과 싫어하고 좋아하는 분별심을 벗어나(vineya loke abhijjhādomanassam), 우리 마음을 끊임없이 지배하는 탐착(abhijhā)과 혐오(domanassa)의 에너지를 제어하고 평정을 유지한다. 그러면서 마치 송아지 길들이는 자가 송아지를 기둥에 묶듯이, 자신의 마음을 대상에 집중하여 대상의 기둥에 단단히 묶는 것이고,[218] 도시의 문지기(dovārika)같이 부정한 것〔不善法〕으로부터 마음을 굳게 지키는 것이다. '전면에 마음챙김을 확립한다' (parimukkhaṃ-sati)는 것은 대상을 눈앞에 대면하듯이 몰입하여 오로지 그 대상만을 보는 것이고, 여기에는 대상을 객관적으로, 주관을 개입시키지 않고 있는 그대로 관찰한다는 의미가 포함된다. 마음집중하기, 대상에 마음집중하여 흔들림 없이 지키는 것이 정념(正念)이고, 이것이 사띠의 가장 기본적 기능이고, 좁은 의미의 사띠이다. 이것이 해탈 열반을 실현하는 가장 뛰어난 수행법이다. 이것을 상실할 때 죽게 되는 것이다. *Nikāya*에서는 혼란에 빠져 마음을 집중하지 못하는 자들, 주의집중을 놓친 자는 비록 천상의 신(神)일지라도 죽게 된다고 설하고 있다.

---

218 주석서에서는 이렇게 논하고 있다. "비구의 마음은 (출가하기 이전에) 실로 오랜 세월 형상 등의 대상들에 산만해져 있어서 명상 주제를 챙기는 과정으로 들어가려 하지 않는다. 그것은 마치 사나운 황소에 멍에를 맨 달구지가 길을 벗어나서 달려가는 것과 같다.……이 비구도 오랜 세월을 형상 등의 대상들이라는 맛난 것을 마시면서 자란 사나운 마음을 길들이고자 하면, 형상 등의 대상으로부터 떨어져 나와 숲이나 나무 아래나 빈 방으로 들어가서 거기서 마음챙김을 확립하는 대상이라 불리는 그 기둥에 마음챙김의 고삐를 매어 묶어야 한다.……그래서 옛 스승들은 말씀하셨다. 여기서 마치 송아지 길들이는 자가 기둥에 묶는 것처럼 자신의 마음을 마음챙김으로써 대상에 굳게 묶어야 한다.……" DA. Ⅲ 762 ; 각묵 스님(2006),『디가니까야』 2권, pp.497-498, 각주-517 ; 각묵 스님 역(2004),『네 가지 마음 챙기는 공부』(개정판 1쇄) 〈『대념처경과 주석서』(붓다고사)〉, pp.119-120

"비구들이여, '유희로 타락해 버린 자들'이라는 신들이 있다. 그들은 오랜 세월 웃고 유희하는 데 빠져 지냈기 때문에 마음통찰(sati)을 놓아 버렸다. 마음통찰을 놓아 버렸기 때문에 그 신들은 그 무리에서 죽게 되었다."[219]

② 사띠는 대상에 대하여 있는 그대로 지켜보는 것이다.

"비구들이여, 어떻게 비구는 몸에서 몸을 관찰하며 머무는가? 비구들이여, 여기 비구는 숲 속에 거거나 나무 아래로 가거나 외진 처소에 가서, 가부좌를 틀고 몸을 곧추세우고 전면에 마음챙김을 확립하여 앉는다. 그는 마음챙겨 숨을 들이쉬고 마음챙겨 숨을 내쉰다. 길게 들이쉬면서 '길게 들이쉰다'고 꿰뚫어 알고, 길게 내쉬면서 '길게 내쉰다'고 꿰뚫어 안다.……이와 같이 안으로 몸에 관련하여 몸을 따라가며 보면서 머문다. 혹은 밖으로 몸에 관련하여 몸을 따라가며 보면서 머문다. 혹은 안팎으로 몸에 관련하여 몸을 따라가며 보면서 머문다. 혹은 몸에서 일어나는 법(法)을 따라가며 보면서 머문다. 혹은 몸에서 사라지는 법을 따라가며 보면서 머문다. 혹은 몸에서 일어나고 사라지는 법을 따라가며 보면서 머문다. 혹은 다시, 그에게 〔이와 같이〕 '몸이 있다'고 하는 마음지킴(念)이 분명해지는데, 〔그것은〕 곧 통찰하는 만큼에 한하며, 주의하는 만큼에 한한다.[220] 또한 그는 의존하는 것이 없이 머물

219 D Ⅰ 21 ; 각묵 스님 역(2006),『디가니까야』1권, p.121 ; (D 1「*Brahmajāla-sutta*」- 범망경 ; 2,7)

220 "그에게 〔이와 같이〕 '몸이 있다'고 하는 마음지킴(念)이 분명해지는데, '〔그것은〕 곧 통찰하는 만큼에 한하며, 주의하는 만큼에 한한다'는 본 문구는 '마음지킴의 확립'(satipaṭṭhāna)이라는 경전 전체의 성격과 관련하여 매우 중요한 대목이다. 따라서 번역에 있어 세심한 주의가 요구된다. 이 대목의 원문은 Atthikāyo'ti vā panassa sati paccupatthitā hoti, yāvadeva nanāmattāya patissatimattāya이다. 여기에서 문장의 후미

고, 어떠한 세간적인 것에 대해서도 집착하지 않는다. 비구들이여, 이와 같이 한 비구가 있어, 몸에 관련하여 몸을 따라가며 보면서 머문다."[221]

붓다는 계속 이렇게 설하고 있다. 이것은 대상을 있는 그대로 '지켜보기'이다. 염처확립(saṭṭpatthāna)에서 핵심적인 키워드는 'sati/사띠'와 'sampajañña/삼빠잔냐'이다. 'sati'는 대상에 마음을 집중하는 것이다. 곧 정념(正念)이다. 경에서 '전면에 마음챙김을 확립하여 머문다'는 것이 이 좁은 의미의 sati에 해당한다. 'sampajañña'는 대상의 변화를 있는 그대로 아는 것/알아차리는 것이다. 몸 · 느낌 · 마음 · 법의 변화를 따라가며 보고[222] 꿰뚫어 아는 것이다. 대상의 변화 과정/생멸(生滅) 과정을 있는 그대로 보고 꿰뚫어 바르게 아는 것이다. 경에서 "〔호흡을〕 길게 들이쉬면서 '길게 들이쉰다'고 꿰뚫어서 알고, 길게 내쉬면서 '길게 내쉰다'고 꿰뚫어 안다.……이와 같이 안으로 몸에 관련하여 몸을 따라가며 보면서 머문다. 혹은 밖으로 몸에 관련하여 몸을 따라

에 등장하는 'yāvadeva nanamattāya patissatimattāya'는 맨 앞의 관계부사 'yāvad(-한만큼)'에 의해 유도되는 종속절이다. 따라서 'yāvad'는 '통찰의 정도(量)만큼'(nānapattāya)과 '주의의 정도만큼'(patissatimattāya)이라는 부사구를 이끌면서, 문장 전체의 주어에 해당하는 '마음지킴'(sati)의 '분명해짐'(paccupaṭṭhita)을 부언하는 역할을 한다." 임승택(2002),『불교원전연구』(대념처경) 제3호, p.21, 동국대학교 불교문화연구원.

221 D II 292; 각묵 스님 역(2006),『디가니까야』 2권, pp.497-501; ((D 22「*Mahāsatipaṭṭhāna-sutta*」- 대념처경; 2) '이와 같이 안으로', 이 부분의 번역은 임승택(2002),『불교원전연구』(대념처경) 제3호, pp.20-21를 옮겨 실었다.

222 이것을 '따라가며 봄〔隨觀, anupassi〕'이라고 한다. anupassa는 sati의 여러 요소 중 하나로 분류되기도 하지만, 이 논문에서는 이것을 sampajañña의 한 과정으로 보고 여기에 포함시킨다.; 미산 스님(2009),「변화무상한 마음을 어떻게 바로 잡아야 하는가」『마음, 어떻게 움직이는가』, pp.53-54

가며 보면서 머문다. 혹은 안팎으로 몸에 관련하여 몸을 따라가며 보면서 머문다.……그는 의존하는 것이 없이 머물고, 어떠한 세간적인 것에 대해서도 집착하지 않는다"[223]는 것이 sampajañña에 해당한다. 'sampajañña'는 '정지(正知)'로 번역되고 흔히 '알아차림'으로 옮겨지고 있지만, '앎', '바르게 앎', '꿰뚫어 앎〔洞察〕'이 바른 해석일 것이다.[224] '지켜봄', '마음살핌', '주의집중' 등이 이 두 번째 기능에 어울리는 표현이다.

삼빠잔냐, 곧 '바르게 앎'〔正知〕은 대상에서 일어나는 변화를 놓치거나 집착하지 않고 있는 그대로 보는 것이다. '있는 그대로 본다'는 것은 관찰자의 감정이나 선입관 등을 배제하고 대상의 변화를 '단지 알아차리기만 하고 단지 주의집중만 하는 것'이다.[225] 이것은 곧 대상의 변화를 '무상 - 고 - 무아'로 보는 것이다.[226] 정확하게 표현하면, 다만 주의집중해서 보면 '무상 - 고 - 무아'가 드러나 보이는 것이다. 몸 · 느낌 등 대상에 마음집중하여〔sati, 正念〕 그 변화하는 과정을 단지 알아차리면, 찰나찰나 생멸하는 '무상 - 고 - 무아'의 제법 실상이 그대로 드러나고 그대로 본다. 이것이 '바르게 앎'〔正知, sampajañña〕이고 '있는 그대로 봄'〔如實智見, yathābhūtaṃ-ñādassana/야타부땀 나닷사나〕이다.[227] 이렇게 해서

---

223 D II 291-292 ; 각묵 스님 역(2006), 『디가니까야』 2권, pp.497-501 ; (D 22 「*Mahāsatipaṭṭhāna-sutta*」- 대념처경 ; 2)

224 조준호는 '알아차림'이란 해석을 비판하면서 '뚜렷이 깨어 있음'이라고 풀이하고 있다.' ; 조준호(2004), 「사띠(sati/smṛti ; 念) 이해에 대한 비판적 검토」 『한국불교학』 제36집, p.162

225 "yāvad eva ñāna-mattāya patissati-mattāya" 조준호(2000), 「초기불교에 있어 止 · 觀의 문제」 『韓國禪學』 제1호, p.341

226 DA III 756-757 ; 각묵 스님(2004), 『네 가지 마음 챙기는 공부』(개정판 1쇄) 〈『대념처경과 주석서』(붓다고사)〉, pp.107-108

227 조준호(2000), 「초기불교에 있어 止 · 觀의 문제」 『韓國禪學』 제1호, p.343

"의존하는 것이 없이 머물고, 어떠한 세간적인 것에 대해서도 집착하지 않는다."[228] 곧 고통에서 벗어나 해탈 열반을 실현하는 것이다.

'대상에 대하여 마음집중하여 지키는 것'〔正念〕

'대상의 변화를 따라가 보며 꿰뚫어 알고 있는 그대로 보는 것'〔正知〕

이것이 사띠의 두 가지 기본적 기능이다. '지키기'와 '보기'가 마음 통찰의 두 가지 기본적 기능이다. 그래서 사띠는 '지켜보기'(to watch)이다. '마음 지켜보기'이다. 정념(正念)과 정지(正知)를 따로 구분하여 논하기도 하지만, 이 둘은 따로 분리될 수 없는 연속적인 통찰 과정이다. 그래서 예로부터 '정념정지(正念正知)', 'sati-sampajañña/사띠 삼빠잔냐', 이렇게 복합어로 쓰여 온 것이다.[229] 지관(止觀)이 함께 논해지는 것도 이 때문이다.[230] 이것이 넓은 의미의 사띠이다. 팔정도의 '정념(正念, sammā-sati/삼마사띠)'과 '정정(正定, sammā-samādhi/삼마 사마디)'을 따로 논하고 '사념처(四念處')'와 '사선(四禪)'을 차제에 따라 별도로 논할 수도 있겠지만, 실제로 이것은 하나의 수행 과정이다. '지켜보기'는 분리될 수 없는 하나의 수행 과정이다. 「*Mahāsatipaṭṭhāna-sutta*」에서, "여기 비구는 가부좌를 틀고 몸을 곧추세우고 전면에 마음챙김을 확립하여 앉는다. 그는 마음챙겨 숨을 들이쉬고 마음챙겨 숨을 내쉰다. 길게 들이쉬면서 '길게 들이쉰다'고 꿰뚫어 알고, 길게 내쉬면서 '길게 내쉰다'고 꿰뚫어 안다.……이제 그는 〔갈애와 견해에〕 의지하지 않고 머문다, 그는

---

228 "'어떠한 세간적인 것에 대해서도 집착하지 않는다'는 것은 '이것은 나의 자아라거나 자아에 속하는 것'이라고 집착하지 않는다는 것이다" 각묵 스님(2006), 『금강경강해』, p.501 각주-529

229 조준호(2000), 「초기불교에 있어 止 · 觀의 문제」『韓國禪學』 제1호, p.343

230 조준호는 전통적인 '지관쌍수(止觀雙修)'를 비판하고 '止 · 觀'의 차제수행을 주장하고 있다. ; 조준호(2000), 앞의 책, p.354

세상에서 아무것도 움켜쥐지(집착하지) 않는다"[231], 이렇게 일련의 지속적인 연속 과정으로써 사념처가 설해지고 있는 것도 이러한 사띠의 총체적 연속적 수행상을 새삼 분명히 하는 것이다. 지킴〔止〕이 없으면 봄〔觀〕이 불가능하고, 봄이 없이 지킴만 있으면 여실지견이 불가능한 것이다. 임승택이 '〔사띠는〕 특정한 대상을 지속적으로 관찰하거나 따라가는 것으로서, 마음의 방황을 멈추게 하는 것'[232]이라고 규정하고 있는 것도 사띠의 이러한 총체적 연속적 수행상을 거듭 천명하고 있는 것이다.

'지켜보기'·'담담하게 지켜보기', 이것이 사띠이다. '대상에 대하여 마음집중하고 담담하게 지켜보기', 이것이 사띠이다. 안팎의 현상들에 관하여, 이것을 무시하거나 집착하지 않고, 그 대상에 대하여 마음집중하고, 정신 차려서, 그 현상의 변화를 눈앞에 보듯 대상화하고, 그 변화가 발생하고 지속되고 소멸되는 흐름을 드러나는 그대로 담담하게 지켜보고, '무상 – 고 – 무아' 그대로 보고 꿰뚫어 알고, 이것이 사띠 수행의 전 과정이다.[233] 이러한 통찰을 통하여 모든 고통의 원인이 되

---

231 D II 291-292; 각묵 스님 역(2006), 『디가니까야』 2권, pp.497-500 간추림; (D 22 「*Mahāsatipaṭṭhāna-sutta*」 – 대념처경; 2)

232 임승택(2001), 「사띠(sati)의 의미와 쓰임에 관한 고찰」 『普照思想』 제16집, p.25

233 Visuddhimagga(『청정도론』)에서는 이렇게 논하고 있다. "각각의 대상들에 내려가고 들어가서 확립되기 때문에 확립(paṭṭhāna)이라 한다. 마음챙김 그 자체가 확립이기 때문에(sati yeva paṭṭhānam) 마음챙김의 확립〔念處〕이라고 한다. 몸과 느낌과 마음과 법에서 그들을 더러움〔不淨, asubha〕·괴로움·무상·무아라고 파악하면서, 또 깨끗함·행복·항상함·자아라는 인식(saññāa)을 버리는 역할을 성취하면서 일어나기 때문에 네 가지로 분류된다. 그러므로 네 가지 마음챙김의 확립〔四念處〕이라 한다." Vis. XXII 34 cit. 각묵 스님 역(2004), 『네 가지 마음 챙기는 공부』(개정판 1쇄) 〈『대념처경과 주석서』(붓다고사)〉, p.21

는 어둔 자아의식/탐욕/이기주의를 치유하고 지혜와 자비의 창조적인 사회적 실천 능력을 드러내는 것, 바로 이것이 사띠/사념처의 확립이다. 미산 스님은 이렇게 논하고 있다.

> 모든 불교수행의 목적은 우리의 의식 속에 깊게 뿌리내린 '자아'라는 강한 철옹벽을 녹여 없애는 데 있으며, 자아중심의 분별심에서 생긴 좋음과 싫음의 두 극단을 지양하여 지혜의 발현과 자비의 실천을 꾀하는 데 있는 것이다.[234]

(3) 선정만이 견성/해탈의 길인가?

2000년 조준호가 「초기불교에 있어 止 · 觀의 문제」에서 '지(止, samatha)는 곧 사선(四禪)이고 관(觀, vipassanā)은 사념처(四念處)'라고 주장한 이후,[235] 초기 수행법에 관한 다양한 논의/논쟁이 전개되었다. 사띠 문제도 주요한 주제의 하나로서 추구되고 있다. 이 과정에서 대개 사띠는 사마타(samatha, 止)와 위빳사나(vipassanā, 觀)를 위한 예비적 수단으로서, 위빳사나의 한 요소로서[236] 규정되어 왔다. 일부 분석가들은 위빳사나를 초기 수행법의 중심으로 전제하고 사띠를 수반적인 수단으로 보거나 혹은 위빳사나와 동일시하는 견해를 보였다.[237] 이러한 견해는 부파불교 이래 남방 상좌부(Theravādā)에서 위빳사나를 수행의 중심으로 숭상해 왔다는 주장과도 관련 있는 것으로 보인다.

---

234 미산 스님(2009), 「변화무상한 마음을 어떻게 바로 잡아야 하는가」『마음, 어떻게 움직이는가』, p.58

235 조준호(2000), 「초기불교에 있어 止 · 觀의 문제」『韓國禪學』 제1호, p.323

236 임승택(2004), 「*Mahāsatipaṭṭhāna-Sutta*(大念處經)의 수행관 고찰」『한국불교학』 제37집, p.51

237 임승택(2004), 앞의 책, p.51

그러나 *Nikāya* 전편을 통하여 볼 때, '위빳사나'가 극히 제한적으로 쓰이는 데 대하여 '사띠'는 가장 빈번히 쓰이는 용어 가운데 하나이다. 또 최근 학계에서 위빳사나가 상좌부의 전통적 수행법이라는 주장에 대해서도 이를 비판하는 논의들이 진행되고 있다. 황순일은 미얀마에서 위빳사나가 성행하게 된 것은 20세기 초 미얀마의 군사정권이 정치적 의도로 국가적 차원에서 장려한 데서 비롯되었다는 호우트만(Houtman, 1997)의 분석을 소개하면서,[238] "초기경전 자체만을 놓고 보자면, 초기경전에 묘사된 붓다의 명상에는 위빳사나적 요소보다는 사마타적 요소가 많다고 볼 수 있다"고 주장하고 있다.[239] 이러한 사실들을 고려할 때, 이 문제는 거듭 진지하게 검토되어야 할 것이다. 각묵 스님은 이렇게 논하고 있다.

> 북방불교, 즉 대승불교에서 초기불교 술어들을 이해할 때 가장 잘못 이해하거나 소홀히 다룬 술어가 바로 이 sati(Skt. smṛti)라 하겠다. 어원이 √smṛ(to remember)라서 이 중요한 술어를 단순히 '기억'이나 '생각' 정도로 이해했던 것 같다. 그래서 초기불교 수행에서 가장 중요하게, 아니 불교 수행의 전부라고 해도 과언이 아닐 이 용어를 오해 내지는 쉽게, 아니면 간단하게 취급해 버린 것 같다. 그래서 팔정도의 핵심이라 할 수 있는 정념(正念, 바른 마음챙김, sammā-sati)이 대승불교의 실천도인 육바라밀에서는 상실되어 버리고 ……
> 북방에서 이 사띠를 잊어버렸다면 남방은 어떤가?……남방에서는 위빳사나(vipassanā)라는 테크닉을 지나치게 강조하여서 위빳사나가 다름

238 황순일(2011),「위빠사나는 초기불교 수행법인가」『불교평론』46호, pp.270-272, 만해사상실천선양회.

239 황순일(2011), 앞의 책, p.281

아닌 이 사띠라고 역설하다 보니, 정작 이 사띠를 잊어버리게 되었다고 역자는 보고 있다. 북방에서 화두라는 테크닉, 남방에서는 위빳사나라는 테크닉을 중시한 테크니션들이 테크닉을 넘어서 근본 수행법으로 제시한 이 사띠의 의미를 바로 이해하고 테크닉으로서가 아닌 도(道)-저 팔정도로서 수행을 파악할 때, 근본 불교의 수행은 전개된다고 생각한다.[240]

돌이켜 보면, 초기 수행법에 관한 논의는 뿌리가 깊고 내용이 복잡하다. 우이 하쿠주(宇井伯壽)는 15종의 이설들을 소개하였고, 후지타 히로시다츠(藤田宏達)은 이를 다시 네 종의 수행법으로 분류하였다.[241] 최근 Schmithausen과 Vetter 등 일부 서구 학자들은 초기 수행법을 연원을 달리하는 세 가지 유형으로 분석하고 있다. 임승택은 이들의 연구결과를 이렇게 간략하게 소개하고 있다.

① 사선(四禪)을 성취하여 삼명(三明)을 깨닫거나, 혹은 최소한 그 중의 하나인 사성제(四聖諦)에 대한 앎〔漏盡明〕을 얻어 모든 번뇌로부터 벗어나 재생과 고통으로부터 해탈하는 유형
② 물질 영역의 사선〔色界四禪〕과 비물질 영역의 사선〔四無色定〕을 거쳐 멸진정을 성취함으로써 모든 번뇌로부터 벗어나 재생과 고통으로부터 해탈하는 유형
③ 선정을 배제한 지혜(paññā)의 성취에 의해 무상함과 고통을 직시

240 각묵 스님 역(2004),『네 가지 마음 챙기는 공부』(개정판 1쇄) 〈『대념처경과 주석서』(붓다고사)〉, p.38

241 임승택(2008),「초기경전에 나타나는 궁극 목표에 대한 고찰」『불교학연구』 19호, p.54, 불교학연구회.

하고 나아가 모든 갈망으로부터 벗어나 재생과 고통으로부터 해탈하는 유형[242]

이러한 분류는 과도한 획일적 체계화를 지양하고 다원적 관점에서 초기불교의 수행법에 접근하고 있다는 점에서 주목된다.[243] 그리고 이러한 다양한 분류 방식은 이미 다른 분석가들에 의해서도 제기된 바 있다.[244] 이들의 연구에서 보다 주목되는 것은 이러한 다양한 깨달음의 담마들이 근기에 따른 차이라기보다 연원적으로 기원과 배경을 달리하는 이질적인 가르침들이 *Nikāya* 편집 과정에서 집성되고 있다는 사실이다. 이들의 분석에 의하면, 위의 세 유형 중에서 ①의 경우–사선(四禪)은 붓다 자신의 깨달음에, ②의 경우–구차제정(九次第定)은 후대에 편입된 것으로 멸진정에 의하여 해탈을 성취하는 자이나교를 비롯한 외도들의 선정 수행자들(jhāyin)에, ③의 경우–무상 · 고 · 무아에 대한 통찰은 사유에 익숙한 일반 제자(savaka)에 각각 배대되고 있다.[245] *Nikāya*에서도 이런 상황이 반영되고 있고, 선정 수행자들(jhāyin)과 교법 수행자들(dhammayogin) 사이의 긴장관계도 감지되고 있는 것으로 분석되고 있다.[246] *Saṃyutta-nikāya*의 「*Pavāranā-sutta*」(자자自恣의 경)에서

242 cit. 임승택(2008), 앞의 책, p.58

243 임승택(2008), 앞의 책, p.58 각주-20

244 藤田宏達(1989),『초기부파불교의 역사』, p.41

245 이영진(2005),「초기불교 텍스트에 나타난 상수멸의 불일치와 모순」『인도철학』 19집, p.96; recit. 임승택(2008),「초기경전에 나타나는 궁극 목표에 대한 고찰」『불교학연구』 19호, p.59 각주-21; 각묵 스님은 사무색정(四無色定 · 滅盡定)이 외도선에 빠진 자들을 구제하기 위한 방편으로 설해진 것이라고 분석하고 있다.; 각묵 스님(2006),『금강경강해』, p.78

246 이영진(2005) pp.94-96; recit. 임승택(2008),「초기경전에 나타나는 궁극 목표에 대한 고찰」『불교학연구』 19호, p.59

이렇게 설해지고 있다.

"사리뿟따여, 내가 볼 때 저들 오백 명의 수행승들이 몸이나 말로 행한 것에도 아무런 비난할 것이 없다. 사리뿟따여, 저들 오백 명의 수행승 가운데, 육십 명의 수행승들은 세 가지의 초월적 지혜〔三明〕에 정통하며, 육십 명의 수행승들은 여섯 가지의 신통력〔六神通〕을 갖고 있으며, 육십 명의 수행승들은 지혜와 마음 양자에 의해서 해탈하고〔俱分解脫〕, 또한 다른 사람들은 지혜에 의해서 해탈하고 있다."[247]

사마타 행자들(samatha-yānika) · 위빳사나 행자들(vipassanā-yānika)

선정 수행자들(jhāyin) · 교법 수행자들(dhammayogin) · 일반 제자들(savaka)

이렇게 초기불교의 수행법은 사람들의 수행 배경, 나아가 사회적 배경에 따라 다양하게 시설되어 있다. 삼매수행(samādhi-bhāvana)과 지혜수행(paññā-bhāvana)이 주류를 이루고 있으며, 양자간의 긴장과 절충이 진행되고 있다. 또 앞서 인용된 '오백 명의 해탈자들' 사례에서 보듯(500명 중에 320명이 지혜수행자들), 지혜수행이 초기 수행법의 주류를 이루고 있다. 특히 일반 제자들의 경우 더욱 그러하다. *Nikāya* 도처에서 "나는 철저히 사유한 뒤에 지혜로써 깨달았다"라는 말이 빈번히 나오는 것도 이런 사실을 입증하는 것이다. 여기서 특히 주목되는 것은 이러한 지혜 통찰이 '오온 · 십이처 – 십팔계 · 십이연기'와 '무상 – 고 – 무아' 등 기초적 담마들과 관련되고, 따라서 이러한 지혜수행이 사띠/사념처를 전제로 하고 있다는 사실이다. 사념처의 법념처(法念處)에서 이런 기초적 담마들을 통찰 대상으로 삼고 있기 때문이다. 각묵 스님은

---

247 S I 191; 전재성 역(1999), 『쌍윳따니까야』 1권, p.430; (S 8; 7 「*Pavāranā-sutta*」 - 자자自恣의 경)

이렇게 논하고 있다.

그런데 여기서 고찰해 보고 넘어가야 할 것은 '사선－팔통만이 부처님의 정설인가?' 하는 점이다.……특히 禪의 경지가 없이 오온이나 십이처나 십팔계의 무상 · 고 · 무아의 통찰을 통한 염오－이욕－소멸－해탈을 설하는 경은 아주 많다. 그리고 연기의 통찰을 통한 해탈 열반을 설한 경도 있다.
불교의 깨달음은 혹은 해탈열반은 오온의 무상 · 고 · 무아나 사성제의 통찰이나 연기의 통찰이라는 통찰지(반야), 혹은 지혜가 없이는 불가능하다. 禪은 사문이 누리는 중요한 결실이기는 하지만, 해탈 · 열반 · 깨달음이 없는 禪은 그 자체만으로는 완성된 경지라고 할 수 없다.[248]

(4) 사띠－초기 수행법의 중심축

사띠는 이미 '초기불교 수행의 전부', 또는 '팔정도의 핵심'으로서 규정된 바 있다. 이것은 사띠가 지혜수행에 있어서뿐만 아니라 삼매수행에 있어서도 전제가 된다는 사실을 의미한다. 사띠가 모든 불교수행의 전제가 되고 근본수행이 된다는 사실을 의미한다. 미산 스님은 매우 유연하고 다양한 시각으로 이 문제에 접근하고 있다. 미산 스님은 「*Mahāsatipaṭṭhāna-sutta*」(大念處經) 「*Kāyagatāsati-sutta*」(念身經) 「*Ānāpānāsati-sutta*」(入出息念經) 등 초기의 삼대 수행경에 공통으로 사띠가 들어가 기능하고 있는 점에 주목하여 이렇게 논하고 있다.

위의 모든 경들은 사띠를 중심축으로 하여 수관(隨觀)과 내관(內觀)의 행

248 각묵 스님 역(2006),『디가니까야』 1권, pp.31-32

법이나 사마타의 행법을 가르친다. 여기서 사띠를 중심으로 지혜수행을 하는 것을 위빳사나(vipassanā, insight, 內觀), 즉 내관 혹은 줄여서 관(觀)이라 한다. 역시 사띠를 중심으로 삼매 수행하는 것을 사마타(samatha, 止)라 한다. 이 둘의 중요한 차이점은 전자는 지혜의 계발에 초점이 맞추어져 있고 후자는 마음의 고요와 평안에 역점을 두고 있다.……지와 관을 균등하게 혹은 선정과 지혜를 조화롭게 닦아가기 위해서 접시저울의 중심축과 같은 사띠, 즉 염처수행이 선정과 지혜의 양쪽의 접시에 끊임없이 힘을 전달해야 한다. 초기불교의 전형적인 실천 체계로서 사념처(四念處)를 중요하게 다루는 이유가 바로 여기 있다.[249]

사띠는 단순히 다른 수행법의 예비단계이거나 준비 과정이 아니다. 사띠 그 자체로서 초기불교의 대표적이고 독자적인 수행법이다. 따라서 사띠가 모든 초기 수행법들의 중심축 역할을 하고 있다는 사실이 분명해지고 있다. *Nikāya*에서는 팔정도와 더불어 사띠가 'ekāyana-magga', '하나의 길', '뛰어난 길'이라고 규정되고 있다. 이것은 사띠가 팔정도 전체를 견인하는 으뜸가는 길이라는 사실을 의미하는 것이다. 다양한 수행법들은 곧 팔정도로 환원되고, 팔정도는 곧 사띠로 환원된다. *Saṃyutta-nikāya*의 「*Viraddha-sutta*」(잃어버림의 경)에서 이렇게 설해지고 있다.

"수행자들이여, 누구든지 네 가지 사띠의 토대(사념처의 확립)를 잃어버리면 그는 괴로움의 소멸에 이르는 올바른 길(팔정도)을 잃는다.
수행자들이여, 누구든지 네 가지 사띠의 토대를 얻으면 그는 괴로움의

249 미산 스님(2003),「대념처경을 중심으로 본 초기불교 수행법」『불교평론』14호, p.102-103

소멸에 이르는 올바른 길〔팔정도〕을 얻는다."[250]

사띠가 팔정도를 견인하는 으뜸가는 길이라는 것은 사띠가 곧 계·정·혜 삼학(三學)으로 요약되는 초기 수행 체계 전 과정을 이끌어 가는 최선의 길이라는 사실을 의미한다. 사띠의 이러한 견인 역할은 팔정도로 끝나지 않는다. 팔정도와 더불어 초기 수행법의 주요과정으로 인정되는 칠각지(七覺支, satta-bojjhaṅga/삿따 보장가)에서도 사띠는 그러한 역할을 담당하고 있다. 사띠는 사띠 보장가(sati-bojjhaṅga, 念覺支)로서 칠각지의 첫머리에 서서 칠각지 수행 전 과정을 이끌어 해탈 열반을 향하여 가고 있다.[251]

이렇게 사띠는 붓다 수행법의 근간으로서 역할하고 있다. 사띠는 팔정도·칠각지로 대표되는 초기 수행법의 체계 속에서 그 토대가 되고 중심축이 되고 있다. 이 사띠를 토대로 하여 보다 전문적인 많은 수행법들이 시설되고 심화되고 있는 것이다. 지(止)·관(觀)수행의 경우도 이러한 범주에 포함된다. 사띠를 '지켜보기'로 규정할 때, 지킴〔집중, 止〕 기능이 보다 전문적으로 추구되면 samatha(止) 수행으로 가는 것이고, 보기〔관찰, 觀〕의 기능이 보다 전문적으로 심화되면 vipassanā(觀) 수행으로 가는 것이다. 사띠는 하나의 독자적인 등불로서 사마타와 위빳사나에서 이 수행들을 밝히고 향도하면서 동반해 간다.[252]

---

250 S V179; 전재성 역(1999),『쌍윳따니까야』9권, p.292; (S 47; 4; 33「*Viraddha-sutta*」- 잃어버림의 경)

251 〔꾼달리야〕 "세존이신 고따마여, 어떠한 가르침을 닦고 익히면 칠각지를 성취합니까?" 〔붓　다〕 "꾼달리야여, 사념처를 닦고 익히면 칠각지를 성취한다." SV73; 전재성 역(1999), 앞의 책 8권, pp.403-404; (S 46; 1; 6「*Kundaliya-sutta*」- 꾼달리야 경)

252 "『대념처경』은 사띠를 중심으로 하여 수관(隨觀, anupassanā)과 내관의 행법이나 사마타 행법을 가르친다. 여기서 사띠를 중심으로 지혜수행(무상-고-무아의 관찰, 필자 주)을

제사선(第四禪)에서 사띠가 실현되는 것도 이 때문이다. 제사선에서 현전하는 'upekkhā-sati-pārisuddhi/우뻭카 사띠 빠리숫디', 곧 '사념청정(捨念淸淨)'이란 것이[253] 바로 사띠/'담담하게 지켜보기'이다. '평정(平靜)한 사띠를 청정히 한다'라는 것이 곧 주관적 느낌과 욕심을 떠나서 안팎의 대상에 대하여 담담하게 지켜보는 것이다. 이렇게 담담하게 지켜봄으로써〔捨念, upekkhā-sati〕 사띠가 깨끗해지고〔淸淨, pārisuddhi〕 몸과 마음이 깨끗해지고 고요해지고(samādhi) 있는 그대로 보고(vipassanā) 놀라운 창조적 지혜(iddhi-ñāṅa/잇디 냐냐)와 능력(iddhi-pāda/잇디 빠다)을 발휘하여 자기 자신과 많은 사람들/이 사회를 정의롭게 변화시켜나가는 것이다. 이것이 이른바 '신통변화(神通變化, iddhi-vidha/잇디 위다)'이다.[254] 이렇게 해서 사띠는 단순한 내면적 수행을 넘어 사회적 실천의 통찰/사회적 통찰로서 기능하는 것이다. 이러한 변화가 제사선(第四禪)에 이르러서 드러나는 것으로 주장하는 경우도 있지만, 실로는 사띠의 첫 과정에서부터 일어나고 있다. 따라서 사선의 과도한 구분도 별 의미 없다고 할 것이다. 초선(初禪)~사선(四禪), 그것은 담담히 지켜보는 한 연속과정이다. 이렇게 담담하게 지켜보기 속에는 집중과 통찰의 기능이 함께 작동하고 있다. 앞의 「*Pavāranā-sutta*」(자자自恣의 경)에서 가장 많은 제자들이 선정을 전제하지 않는 지혜수행으로서 해탈 열반을 실현

하는 것을 위빳사나(vipassanā, 內觀), 즉 줄여서 관(觀)이라 한다. 역시 사띠를 중심으로 삼매 수행을 하는 것을 사마타(samatha, 止)라 한다." 미산 스님(2009),「변화무상한 마음을 어떻게 바로 잡아야 하는가」『마음, 어떻게 움직이는가』, p.52

253 M III 252 "adukkhaṃ asukhaṃ upekkhāsatipārisuddhiṃ carutthaṃ jhanaṃ upasampajja viharati"; S V 9-10; D II 313; cit. 임승택(2003),「첫 번째 선정(初禪)의 의의와 위상에 대한 고찰」『불교학연구』 제6호, p.193, 불교학연구회.

254 D I 75-86; 각묵 스님 역(2006),『디가니까야』 1권, pp.245-262; (D 2「*Sāmaññaphala-sutta*」- 사문과경; 81-102)

하는 것도 이것이 지킴〔止, 定〕과 보기〔觀, 慧〕의 동시적 작동 과정인 사띠에 의해서 추구되기 때문이다.

사띠가 기능함으로써 사마타는 불교의 선정, 곧 바른 선정(正定, sammā-samādhi)/사선(四禪)이 되고[255] 위빳사나는 불교의 관법(觀法), 곧 바른 통찰수행이 되는 것이다. 사마타와 위빳사나가 서로 궤(軌)를 달리하는 별도의 수행인 양 그 우열과 선후, 또는 쌍수(雙修)가 논의 논쟁되는 것은 이것이 모두 사띠에 의하여 추구되고 관철되는 한 흐름의 수행이라는 사실, '지켜보기'가 한 마당의 수행이라는 사실을 잠시 잊은 데서 나오는 번거로운 결과로 생각된다. 이러한 논쟁은 수행의 현장/삶의 현장을 떠나서 개념적으로 담마를 파악하려는 오랜 타성에서 오는 혼란인 것이다.

2) '안으로 밖으로 안팎으로'

(1) '안팎'의 다양한 해석들

"비구들이여, 마치 숙련된 도공이나 도공의 도제가 길게 돌리면서 '길게 돌린다'고 꿰뚫어 알고, 짧게 돌리면서 '짧게 돌린다'고 꿰뚫어 아는 것처럼, 그와 같이 비구는 길게 들이쉬면서 '길게 들이쉰다'고 꿰뚫어 알고……'신행을 편안히 하면서 내쉬리라'며 공부 짓는다.
이와 같이 안으로 몸에서 몸을 관찰하며〔身隨觀〕 머문다. 혹은 밖으로 몸에서 몸을 관찰하며 머문다. 혹은 안팎으로 몸에서 몸을 관찰하며

---

255 "정념이 없는 선정(사마디)은 삼마사마디(sammā-samādhi), 즉 정정(正定)이 아니다. 정념이 있는 사마디야말로 바른 사마디라고 역설하는 것이 불교수행의 핵심이라 생각한다." 각묵 스님(2006), 『금강경강해』, p.39

머문다.……

이와 같이 안으로 느낌에서(마음에서, 법에서)……혹은 밖으로……혹은 안팎으로 관찰하며 머문다.……"[256]

「*Mahāsatipaṭṭhāna-sutta*」에서 붓다는 이렇게 계속 설하고 있다. 여기서 특히 주목되는 것이 "안으로, 밖으로, 안팎으로 살핀다"라는 가르침이다. 이러한 가르침은 몸 · 느낌 · 마음 · 법 등에 관해서 동일하게 반복되고 있다. 따라서, '안으로, 밖으로, 안팎으로'라는 것은 붓다가 확립한 사띠의 기본적 실천원리라고 이해해도 좋을 것이다. 마음통찰의 수행지침으로 규정해도 좋을 것이다.

'안으로, 밖으로, 안팎으로', '내적(內的, 內部的)으로, 외적(外的, 外部的)으로, 내외적(內外的, 內外部的)으로'(ajjhatta/앗잣따, bahiddhā/바힛다, ajjhittabahiddhā/앗잣따바힛다), 이러한 수행 원리의 해석과 관련해서 다양한 견해들이 제기되어 왔다. 주석서의 고전적 해석을 비롯하여 최근의 정신분석학적 추론들에 이르기까지 여러 다양한 해석과 견해들이 제기되어 왔다. '안팎의 통찰수행'에 관한 가장 고전적인 해석은 5세기 인도의 논사(論師) 붓다고사(Buddhagosha, 佛音)에 의하여 정립되었다. 붓다고사는 빨리 사부(四部)의 주석서를 모두 저술하였는데, '안팎'의 해석 문제와 관련해서는 *Dīgha-nikāya*의 주석서 「*Dīgha-nikāya Aṭṭhakathā*」(DA, 장부주석서)와 *Majjhima-nikāya*의 주석서 「*Majjhima-nikāya Aṭṭhakathā*」(MA, 중부주석서)가 주목된다. 「*Dīgha-nikāya Aṭṭhakathā*」에서 붓다고사는 '안 · 밖 · 안팎'(D II 292)의 내용을 이렇게 해석하고 있다.

256 D II 292-301; 각묵 스님 역(2006), 『디가니까야』 2권, pp.499-519 간추림; (D 22 「*Mahāsatipaṭṭhāna-sutta*」- 대념처경; 2-13)

안으로(iti ajjhattaṃ vā)라는 것은 이와 같이 자신의 들숨과 날숨이라는 몸에 대해서 몸을 관찰하며 머무는 것을 말한다.
혹은 밖으로(bahiddhā vā)라는 것은 남(他人)의 들숨과 날숨이라는 몸에 대해서이다.
혹은 안팎으로(ajjhatta-bahiddhā vā)라는 것은 때로는 자신의 들숨과 날숨, 때로는 남(他人)의 들숨과 날숨이라는 몸에 대해서이다.[257]

① 안(ajjhatta) : 자신의 몸(ajjhattam kāye)
② 밖(bahiddhā) : 다른 사람의 몸(bahiddhāā kāye)
③ 안팎(ajjhattabahiddhā) : 때로는 자신의 몸을, 때로는 다른 사람들의 몸을 더불어

이러한 해석은 「*Papañcasūdanī*」(Pps, 중부주석서)에서도 반복되고 있다.[258] 이러한 고주석서의 해석은 상좌부와 대승의 논서(論書)에서도 다시 확인되고 있다. *Abhidhamma-piṭaka*(논장)의 결정판인 『대비바사론(大毘婆沙論)』과 대승 논사 나가르주나(Nagārjuna, 龍樹, a150-250)의 논술을 해석한 『대지도론석(大智度論釋)』에서도 같은 취지로 각각 기술되고 있다.[259] 또 이러

257 DA Ⅲ 765; 각묵 스님 역(2006), 앞의 책 2권, p.499, 각주-520-522; 각묵 스님 역(2004), 『네 가지 마음 챙기는 공부』(개정판 1쇄) 〈『대념처경과 주석서』(붓다고사)〉, p.127
258 Pps Ⅰ 249; 전재성 역(2002), 『맛지마니까야』 1권, p.242, 각주-227
259 "如契經說 於內身住循身觀 於外身住徇身觀 於內外身住循身觀 乃至廣說 問此中何者名內身等 何者名外身等 答自相續所攝色名內身 他相續所攝色 及非有情數色名外身 內法外法說亦爾 自相續所攝受名內受 他相續所攝受名外身 內心外心說亦爾……"; 『大毘婆沙論』- T 27. 940上29-中10 "問日, 何等爲內身 何等爲外身 如內身外身皆己攝盡 何以復說內外身觀 答日,, 內名自身 外名他身……"; 『大智度論釋』 初品中 三十七品 第三十一(卷第十九); T 25 202上5-9

한 해석은 많은 영역(英譯) 학자들에 의해서도 대개 그대로 채택되고 있다.[260] 파옥(Pa-Auk)과[261] 마하시 계통의 실라난다(Silananda)[262] 등 많은 학자나 수행자 등도 이런 전통적인 해석에 동의하고 있다.

그러나 문제가 그렇게 단순한 것은 아니다. '안팎의 해석 문제'와 관련하여 그동안 여러 논자들에 의하여 다양한 견해가 전개되어 온 것이 사실이기 때문이다. 미산 스님은 '바깥 경계와 그것이 반연된 내면의식, 또한 바깥 경계가 차단된 상태의 순수한 내면의식까지도 철저히 대상화하여 관찰하라는 포괄성을 나타내는 말로 이해해야 할 것'이라고 주장하고 있고,[263] 일부 논자들은 보다 포괄적인 견해를 제시하기도 한다. 그러나 일부 분석가들은 이런 전통적 해석을 비판하면서 새로운 견해를 제시하고 있고 그 선두에 고엔카(Goenka)가 있다. 고엔카는 '안으로(ajjhattam)'을 '몸 안으로(inside the body)'라고 해석했고, '밖으로(bahiddhā)'를 '몸의 밖, 즉 몸의 표면으로(the surface of the body)'라고 해석했다.[264] 최근 정준영은 사념처에 관한 계속적인 연구발표

---

260 Maurice Walshe(1995), *The Long Discourses of the Buddha*(*Dīgha-nikāya*) p.591, note-642; Nanamoli and Bodhi(1995), *The Middle Length Discourses of The Buddha* (*Majjhima-nikāya*), p.1190, note-143

261 파옥(Pa-Auk)은 몸에 관한 부분을 예로 들어, 우리는 흔히 나 자신의 몸에만 집착하는 것이 아니라 자식이나 아내와 남편 등 가까운 친족에 대한 강한 애착을 가지고 살기 때문에, 다른 이의 몸도 역시 무상함을 관해야 한다고 설명한다. (Pa-Auk, *The Exposition pn the Mahāsatipaṭṭhāna Sutta*, 2002); 미산 스님(2005), 「『대념처경』의 주석서에 대한 이해」 『대념처경의 수행이론과 실제』, p.76, 홍원사

262 살라난다(silananda)도 주석서의 해석을 받아들인다. 다른 사람의 몸을 고의로 직접 보면서 관찰하는 것이 아니라, 마치 내 호흡이나 몸의 움직임을 관찰하는 것처럼, 그냥 생각으로 다른 사람에게 일어나는 현상도 무상한 것으로 관찰하는 것이라고 한다. (Silananda, *The Four Foundation of Mundfulness*, 1990); 미산 스님(2005), 앞의 책, p.76

263 미산 스님(2005), 앞의 책, p.74-6

264 일중 스님(2005), 「고엔카 수행법과 『대념처경』」『대념처경의 수행이론과 실제』, p.120,

를 통하여, '안팎 문제'에 대한 종래의 주석서 중심의 해석에 대한 이론을 제기하면서 주목할 만한 견해를 제시하고 있다. 그는 「『大念處經(*Mahāsatipaṭṭhāna-sutta*)』에서 보이는 受念處의 실천과 이해」에서 이 문제에 대한 새로운 견해를 제시했다.[265] 또 최근 「『大念處經(*Mahāsatipaṭṭhāna-sutta*)』에서 나타나는 心念處에 대한 연구」에서는 보다 진전된 견해를 제시했다. 정준영은 이렇게 논하고 있다.

> '외적으로'를 주석서의 설명에 따라 '타인의 마음'으로 해석하는 것은 적절하다고 보기 어렵다는 것이다. 그것이 내적이든 외적이든, 수행자 자신에게 나타나는 직접관찰의 대상으로 봐야 한다는 것이다.[266]

(2) 사띠의 실제적 사례들

주석서의 전통적 권위는 의당 존중돼야 한다.[267] 또 주석서에 대한

원명사

265 "첫 번째로 '내적인 느낌과 외적인 느낌'을 모두 수행자 자신의 것으로 볼 때, '내적인(ajjhatta) 느낌'은 수행자의 '정신적 느낌'들로 '정신적으로 즐거운 느낌(somanassa Vedanā)', '정신적으로 괴로운 느낌(domanassa Vedanā)', 그리고 '정신적으로 괴롭지도 즐겁지도 않은 느낌(upekkhā)"을 얘기하고, '외적인(bahiddhā) 느낌'은 수행자의 '육체적인 느낌'들로, '육체적으로 즐거운 느낌(sukha Vedanā)', '육체적으로 괴로운 느낌(dukkha Vedanā)', 그리고 '육체적으로 괴롭지도 즐겁지도 않은 느낌(samisa adukkhaṃasukha)'을 의미한다고 할 수 있다." 정준영(2003), 「대념처경에서 보는 수념처(受念處)의 실천과 이해」『불교학연구』 제7호, p.223, 불교학연구회.

266 정준영(2009), 「『大念處經(Mahāsatipaṭṭhāna-Sutta)』에서 나타나는 心念處에 대한 연구」『한국불교학』 제53집, pp.242-243

267 "그러면 왜 주석서인가? 주석서는 초기 경을 이해하는 가장 오래되고 가장 진지한 체계이기 때문이다. 초기 부처님의 가르침(법, Dhamma)과 계율(율, Vinaya)을 고스란히 담고 있는 빨리 삼장은 역사적으로 모두 주석서들과 함께 전승되어 왔다. 이러한 주석서들은 대부분 대주석가 붓다고사 스님이 5세기 초반에 엮은 것인데, 붓다고사는

끊임없는 비판과 새로운 견해는 반드시 필요한 것이다.[268] 그리고 그 초점은 초기경전의 실제적인 의미/실제적 상황을 보다 여실하게 조명해내는 데 맞춰져야 한다. 또 '일체법을 중심으로 하는 기본적 담마의 틀/체계 속에서 총체적으로 규명되어야 한다. 여기서 한 가지 주목해야 할 사실은, 초기경전들에 의하면, 사띠 수행이 대중들의 실제적인 삶/일상적인 삶의 문제들과 관련하여 흔히 일어나고 있다는 사실이다. 사띠 수행이 숲속의 전문적인 수행의 장에서뿐만 아니라, 일상적인 삶의 현장에서도 흔히 일어나고 있다는 사실이다. 그 몇 가지 사례를 제시하면 다음과 같다.

① 〔아난다〕 "세존이시여, 저희들은 어떻게 여인을 대처해야 합니까?"
〔붓 다〕 "아난다여, 쳐다보지 말라."
〔아난다〕 "세존이시여, 쳐다보면 어떻게 대처해야 합니까?"
〔붓 다〕 "아난다여, 말하지 말라."
〔아난다〕 "세존이시여, 말을 하게 되면 어떻게 대처해야 합니까?"

그 연원이 부처님 직계제자까지로 거슬러 올라가는, 이전에 있었던 많은 고본 주석서들과 여러 대가 스님들의 견해를 모두 참고하고 빨리어로 주석서를 편찬하였다." 각묵 스님(2004), 『네 가지 마음 챙기는 공부』(개정판 1쇄)〈『대념처경과 주석서』(붓다고사)〉, p.13

268 "수행법에 대한 주석문헌의 해석은 이런 정견이라는 잣대로 가늠해 보아 어긋남이 없을 때, 실수행에 적용해 검증을 거쳐야 한다. 만약 지혜와 자비의 실천에 근거한 팔정도의 수행 원리에 벗어나 있거나 부합되지 않을 때, 그 해석은 시대와 지역적인 특성 때문에 입혀진 문화적인 옷이라고 생각해 일단 세심한 주의를 기울일 필요가 있다. 주석문헌에서 이런 옛 시대의 거품을 걷어내고 선인들의 견해를 참조하는 일은 옛 것을 배워 지금 여기에 새롭게 계승 발전시키기 위함이다. 이것은 창조적 작업이며 한국 불교의 수행이론과 실제를 재정립하는 데 토대를 마련해 줄 수 있으리라 생각한다." 미산 스님(2005), 「『대념처경』의 주석서에 대한 이해」『대념처경의 수행이론과 실제』, p.81

〔붓 다〕 "아난다여, 사띠를 확립해야 한다."[269]

② 〔마할리〕 "자신을 보호하는 자가 아무도 없으면 어리석은 자들은 더욱 화를 내리. 그러므로 강력한 처벌로 현자는 어리석은 자를 방어해야 하리."

〔제석천〕 "다른 사람이 화내는 것을 보고 사띠로 고요함에 이르면 그것이야말로 내가 생각하건대 어리석은 자를 방어하는 것이네."[270]

③ 때에 장자(長者) 시리왓다(Sirivaḍḍha)는 병이 들어 괴로워했는데, 중병이었다.……존자 아난다는 옷을 입고 발우와 가사를 들고 장자 시리왓다가 있는 곳을 찾았다. 자리에 앉자 존자 아난다는 장자 시리왓다에게 이와 같이 말했다.

〔아 난 다〕 "장자여, 그대는 참고 견뎌낼 만합니까? 그대의 고통은 증가하고 줄어들지는 않습니까? 줄어들어 증가하지 않는 것을 알지 못합니까?"

〔시리왓다〕 "존자여, 참을 수 없고 견딜 수 없습니다. 제게 고통의 느낌이 너무 커서 증가하고 줄어들지 않습니다. 줄어들어 증가하지 않는 것을 알지 못합니다."

〔아 난 다〕 "장자여, 그렇다면 그대는 이와 같이 배워야 합니다. '나는 열심히 노력하고 올바로 알고 깊이 새겨 세상의 탐욕과 근심을 제거하고 몸에 대하여 몸을 관찰하며, 열심히 노력하고 올바로 알고 깊이 새겨 세상의 탐욕과 근심을 제거하고……' "

〔시리왓다〕 "존자여, 세존께서 설하신 네 가지 사띠의 토대라는 가르

---

269 D II 141; 각묵 스님 역(2006),『디가니까야』2권, p.268; (D 16「*Mahāparinibbāna-sutta* – 대반열반경; 5,9)

270 S I 221; 전재성 역(1999),『쌍윳따니까야』1권, p.500; (S 11; 1; 4「*Vepacitti-sutta*」– 웨빠찟띠 경)

침을 제가 지니고 있으며, 저는 그 가르침에 일치합니다.… ”

〔아 난 다〕 “장자여, 그대에게 매우 유익합니다. 장자여, 그대에게 매우 유익합니다. 장자여, 그대는 돌아오지 않는 자의 지위를 선언한 것입니다.”[271]

④ “악기웨사나여, 그러한 나에게 이와 같은 생각이 떠올랐습니다. ‘나의 아버지 석가족의 왕이 농경제 행사를 하는 중에, 나는 장미사과나무의 서늘한 그늘에 앉아 감각적 쾌락의 욕망을 버리고 악하고 불건전한 상태를 떠나서, 사유를 갖추고 숙고를 갖추고, 멀리 떠남에서 생겨난 희열과 행복을 갖춘 첫 번째 선정을 성취했는데, 이것이 깨달음에 이르는 길일까?’ 악기웨사나여, 그러한 나에게 이 길은 깨달음에 이르는 길이라고 사띠에 따른 의식이 생겼습니다.”[272]

⑤ 그때 세존께서는 안거를 하시는 도중에 혹독한 병에 걸려서 죽음에 다다르는 극심한 고통이 생기셨다. 거기서 세존께서는 사띠하고 알아차리면서 흔들림 없이 그것을 감내하셨다. 그때 세존께서 이런 생각이 드셨다.

‘내가 재가의 대중들에게 아무런 말도 하지 않고 비구 승가에게 알리지도 않고 반열반에 드는 것은 어울리지 않는다. 그러니 나는 이 병을 정진으로 다스리고 생명의 상카라를 굳세게 하여 머물리라.’[273]

⑥ 세존께서 반열반하시자 반열반과 함께 애정을 버리지 못한 비구들

---

271 S V 176-1777; 전재성 역(1999), 앞의 책 9권, pp.283-286; (S 47; 3; 29 「*Sirivaḍḍha-sutta*」- 시리왓다 경)

272 M I 246; 전재성 역(2002), 『맛지마니까야』 2권, p.129; (M 36 「*Mahāsaccaka-sutta*」- 큰 사짜까 경)

273 D II 99; 각묵 스님 역(2006), 『디가니까야』 2권, p.202; (D 16 「*Mahāparinibbāna-sutta*」- 대반열반경; 2,23)

> 은 손을 마구 흔들면서 울부짖고 다리가 잘린 듯이 넘어지고, 이리 뒹굴고 저리 뒹굴면서, "세존께서는 너무 빨리 반열반하시는구나. 너무 빨리 선서께서는 반열반하시는구나. 너무 빨리 눈을 가진 분이 세상에서 사라지시는구나"라고 하였다.
>
> 그러나 애정을 벗어난 비구들은 사띠하고 알아차리면서, "형성된 것들은 무상하다. 그러니 여기서 〔슬퍼함이〕 무슨 소용이 있겠는가?"라고 하였다.[274]

사례 ①은 일반 출가대중들의 일상적인 처신/마음가짐의 문제와 관련되어 있다. 여기서 사띠는 여인들과의 관계라는 조건 속에서 닦아질 것이 요구되고 있다. 사례 ②는 세상 사람들의 가장 일상적인 삶의 문제와 관련되어 있다. 여기서 사띠는 사람들의 분노라는 누구나 흔히 직면하는 세속적 상황 속에서 닦아질 것이 요구되고 있다. 사례 ③ 또한 세상 사람들의 가장 일상적인 삶의 문제와 관련되어 있다. 여기서 사띠는 병들었을 때, 병들어 고통과 공포에 휘말리는 절망적 상황 속에서 닦아질 것이 요구되고 있다. 사례 ④ ⑤는 붓다 자신의 경우이다. 사례 ④는 열두 살의 소년 고따마가 농경제 행사에서 목격하는 여러 충격적인 상황들과 관련되어 있다. 노동에 허덕이는 천한 농민들, 허리가 잘려나가는 벌레들……이들의 고통을 보고 마음 아파하면서 고뇌하는 어린 왕자, 여기서 사띠는 많은 사람들/많은 생명들에 대한 연민과 관련되어 제기되고, 마침내 초선의 단계로까지 나아간다. 사례 ⑤는 붓다 스스로 죽음의 고통을 극복해 가는 과정이다. 여기서 사띠는 단지 붓다 자신의 죽음뿐만 아니라 붓다를 기다리는 많은 사람들/

---

274 D II 157-158; 각묵 스님 역(2006), 앞의 책, p.292; (D 16「*Mahāparinibbāna-sutta*」- 대반열반경 ; 6,10)

세상 사람들의 고통까지 대면하고 있는 것이다. 사례 ⑥은 붓다의 죽음을 앞에 놓고 절망하며 탄식하고 슬퍼하는 대중들-말라족 민중들을 앞에 둔 상황이다.

(3) '사회적 통찰'의 확고한 수행원리

이러한 사례분석을 통하여 확인되는 가장 두드러진 특징은 사띠가 외부적인 상황과 관련 깊다는 사실이다. 사띠가 외부의 사람들, 외부적 조건과 깊이 연계되어 있다는 사실이다. 사례 ①의 경우 외부의 여성들, 사례 ②의 경우 화 잘 내는 일반인들, 사례 ④는 고통 받는 농민들-짐승들, 사례 ⑤는 많은 재가-출가의 대중들, 사례 ⑥은 붓다의 죽음 앞에 울부짖는 수많은 민중들, 이렇게 사띠는 밖으로 외부의 상황들-외부의 사람들과 관련 깊다. 곧 타인(他人)들과의 관련 속에서 추구되고 있다. 사례 ③의 경우도 질병이라는 스스로 어떻게 할 수 없는 외부적 조건과 관련되고 있는 것이다. 경전에서는 사띠가 외부적 조건 없이, 외부적 조건을 뛰어넘어 통찰되는 사례들도 나타난다. 사띠가 사고와 숙고라는 언어적 사유 작용마저 소멸시킨 삼매/선정의 상태에서 더욱 심화되어 가는 많은 사례들이 나타나고 있다.[275] 그와 더불어 지금까지 우리가 관찰한 바와 같이, 외부적 상황들 · 외부의 타인들/이 세상 많은 사람들과의 관련 · 관계라는 조건 속에서 추구되는 많은 사례들도 나타나고 있다. '안으로, 밖으로, 안팎으로'는 이런 모든 실제적 상황을 포괄하고 있는 것으로 파악되어야 할 것이다.

또 '일체법을 중심으로 하는 기본적 담마의 틀(체계)'이라는 측면에서 볼 때, '안팎의 문제'는 생소한 것이 결코 아니다. 우리는 앞에서 '초

275 조준호(2000),「초기불교에 있어 止 · 觀의 문제」『韓國禪學』 제1호, pp.326-330

기불교의 사회론'을 고찰할 때, 이 안팎 문제를 논의한 바 있다. '안으로 자아(atta)와 밖으로 사회(loka)는 한 흐름의 유위법(有爲法)이며 가장 우선적으로 추구되어야 할 문제'라는 사실을 규명한 바 있다. 그리고 '십이처－십팔계'를 고찰할 때 '이원성(二元性, dvaya)의 원리'에 관하여 이미 규명한 바 있다.[276] 여기서 내 · 외라고 할 때, '미시적으로는 육내입(六內入) · 육외입(六外入)이고, 거시적으로는 자신(自身)과 타자(他者)를 뜻한다'라고 분명히 규명한 바 있다. '오온 · 십이처－십팔계 · 십이연기'의 일체법을 대상으로 '무상－고－무아'를 통찰함으로써 어둔 이기적 자아의식/탐욕을 치유하고(virāga, 離欲) 일체의 육체적 정신적 사회적 고통으로부터 해탈(vimutti)하는 것이 사띠의 기능이다. 따라서 '안팎 문제'도 이런 일체법의 전체적 맥락에서 접근되어야 할 것이다. 이것은 사띠의 '안팎 문제'가 불교의 보편적인 '안팎 문제'와 연계되어 있으며, 구체적으로는 십이처의 육내 · 외입과 연계되어 있다는 사실을 의미한다. 이러한 사실은 「*Mahāsatipaṭṭhāna-sutta*」의 법념처(法念處)에서 오온 · 십이처를 사띠의 대상으로 중요하게 설함으로써 분명히 드러나고 있는 것이다.[277]

안으로－자기 자신을 대상으로, 자기 자신의 문제/고통을 대상으로
밖으로－많은 사람들을 대상으로, 사회 많은 사람들의 문제/고통을 대상으로
안팎으로－자기 자신과 이 사회의 많은 사람들을 대상으로, 자기 자신과 많은 사람들의 문제/고통을 한 흐름으로

---

276 전재성(1999), 『初期佛敎의 緣起思想』, p.252

277 D II 302-303; 각묵 스님 역(2006), 『디가니까야』 2권, pp.519-521; (D 22 「*Mahāsatipaṭṭhāna-sutta*」－대념처경; 14-15)

이것이 안팎수행의 원리이고, 사띠의 수행지침이다. 그리고 이런 용례는 *Nikāya* 전편을 통하여 하나의 정형구로서 널리 쓰이고 있다.[278] 자기 자신의 문제/고통과 이 사회 많은 사람들의 문제/고통을 한 흐름으로 통찰하는 것이 사띠의 수행 원리이다. 자신과 많은 사람들/사회를 동체적 문제의식으로 접근하려는 '안팎의 통찰'이 사띠를 중심축으로 삼는 초기 수행법의 보편적 원리로서 확립되어 있다. 일부 분석가들은 이러한 '안팎의 통찰 원리'를 '중도적 통찰'로 규정하고 있지만,[279] '중도적'이란 용어의 애매성을 고려하여, 이 글에서는 '사회적 통찰' '사회적 통찰 원리'로 규정하려고 한다. 여기서 '사회적'이란 '자아'와 '사회', 곧 자기 자신과 많은 사람들을 한 흐름으로 보는 것이다. '사회적'이란 많은 사람들의 문제/고통 속에서 자기 자신의 문제/고통을 추구하고, 또 자기 자신의 문제를 통하여 많은 사람들의 문제를 추구하려는 '동체적 문제의식'을 나타내는 것이다. '사회적 통찰'이라고 하지만, 자기 자신의 사념처를 통하여 관찰하는 것이기 때문에 사회적 통찰은 본질적으로 자신의 직접통찰이 되는 것이다. 따라서 이 '사회적 통찰'은 '내 안에서(ajjhatta)' 이뤄지는 내적 통찰과 모순되지 않는다. 안팎의 통찰이 기본적으로 나 자신의 내적 통찰로 수렴되는 것이다.[280] '내적 통찰'이란 말이 '나 자신의 내면적 문제만'이라는 식으로 해석되는 것은 이러한 통찰의 본질을 왜곡하는 것이다. "중생들의 청정을 위

---

278 S V 101-102; 전재성 역(1999), 『쌍윳따니까야』 8권, pp.475-478; (S 46; 5; 49, 50 「*Aṅga-sutta*」- 요인의 경)

279 "이 마음살핌(sati)은 중도(中道)를 구체적으로 실천하여 각각의 극단적 유형에 부촉한 것을 보충하는 데 그 형식이 모두 적당하고 이해하기 쉬운 것이다." 냐나포니카(1999), 『불교 선수행의 핵심』, p.68, 시공사.

280 각묵 스님 역(2004), 『네 가지 마음 챙기는 공부』(개정판 1쇄) 〈『대념처경과 주석서』(붓다고사)〉, p.34

하고, 근심과 탄식을 건너기 위한 것이며, 육체적 고통과 정신적 고통을 사라지게 하고……" (D II 290), 돌이켜 보면, 사띠가 본질적으로 많은 사람들/민중들/중생들의 고통을 치유하는 '사회적 통찰'이란 사실은 「*Mahāsatipaṭṭhāna-sutta*」의 첫머리와 말미에서 이미 이렇게 명료하게 선포되고 있는 것이다.

(4) 사랑과 연민 – 사띠의 전제/토대

*Saṃyutta-nikāya*의 「*Desaka-sutta*」(데사까 경)는, '사회적 통찰의 원리'와 관련하여, 매우 긴요한 정보를 제공하고 있다. 스승 데사까(Desaka)와 더불어 장대타기를 하는 곡예사 메다까탈리까(Medakathālikā)를 보고 붓다는 이렇게 설하고 있다.

> "수행자들이여, 제자인 메다까탈리까가 스승에게 말했듯이, '나는 나 자신을 수호할 것이다'라며 사띠의 토대를 닦고, '나는 남을 수호할 것이다'라며 사띠의 토대를 닦아야 한다.
> 수행자들이여, 자신을 수호하면 남을 수호하고 남을 수호하면 자신을 수호하느니라.
> 수행자들이여, 어떻게 자신을 수호하면 남을 수호하는 것인가?
> 닦고 익히고 수행함으로써 가능하다. 수행자들이여, 이와 같이 자신을 수호하면 남을 수호하는 것이니라.
> 수행자들아, 어떻게 남을 수호하면 자신을 수호하는 것인가?
> 수행자들아, 인내하고 해치지 않고 사랑하고 연민함으로써 가능하다.
> 수행자들이여, 이와 같이 남을 수호하면 자신을 수호하느니라.
> 수행자들이여, '나는 나 자신을 수호할 것이다'라며 사띠의 토대를 닦고, '나는 남을 수호할 것이다'라며 사띠의 토대를 닦아야 한다.

수행자들이여, 자신을 수호하면 남을 수호하고 남을 수호하면 자신을 수호하는 것이다."[281]

"나 자신을 수호할 것이다"라며 사띠의 토대를 닦고, "남을 수호할 것이다"라며 사띠의 토대를 닦고, 붓다는 지금 자기 자신을 잘 돌보는 것(수호하는 것)이 사띠의 토대를 닦는 것이고 남을 잘 돌보는 것(수호하는 것)이 사띠의 토대를 닦는 것이라고 설하고 있다. 그리고 자신의 능력을 계발하고 향상시켜 가는 것이 자기 자신을 수호하는 것이고, 남들/타인들에 대하여 인내하고(khantiyā) 해치지 않고(ahiṃsā) 사랑하고(mettayā) 연민하는(anuddayatāya) 것이 타인들을 수호하는 것이라고 설하고 있다.[282] 붓다는 지금 자기계발과 사회적 실천이 사띠의 토대라고 선언하고 있다. 그리고, "자신을 수호하면 남을 수호하고 남을 수호하면 자신을 수호하는 것이다", 이렇게 자기 계발과 사회적 실천이 전혀 다른 것이 아니며 동체적인 한 흐름이라고 선언하고 있다. 지금 붓다는 사띠가 자기 계발은 물론이고 사회적 실천과 깊이 관련되어 있다는 사실을 해명하고 있다. 안으로 자기 자신을 계발하고 밖으로 많은 사람들/사회를 위하여 헌신하는 것이 사띠의 토대며 전제조건이라고 명료하게 드러내 보이고 있다. 따라서 밖으로 많은 사람들을 대상으로 그들의 문제와 고통을 관찰하는 것이 사띠 수행의 한 본질적 영역으로서 규정되는 것은 매우 자연스런 일이다. 붓다는 한 수행자와 이렇게 문답하고 있다.

281 S V 168; 전재성 역(1999), 『쌍윳따니까야』 9권, pp.269-270; (S 47; 2; 19 「*Desaka-sutta*」- 데사까 경)

282 S V 168; 전재성 역(1999), 앞의 책 9권, p.269; (S 47; 2; 19 「*Desaka-sutta*」- 데사까 경)

〔수행자〕 "세존이시여, 저를 위하여 담마를 간략하게 설하여 주소서. 그러시면 그 가르침을 듣고 저는 멀리 떨어져 진지하게 열성으로 일념으로 정진하겠습니다. 또 어떤 깨닫지 못한 사람들이 나를 찾아와 담마를 물을 때 제가 그 가르침대로 설하면 그들은 저를 따라 할 가치가 있다고 생각할 것입니다.……"

〔붓 다〕 "수행자여, 그렇다면 그대는 담마의 근본을 청정히 하라. 담마의 근본이란 무엇인가? 그것은 곧 참으로 청정한 계율과 바른 견해〔正見〕이다. 수행자여, 그대의 계율과 견해가 참으로 청정해지면, 그 계율에 의지해서, 그 계율에 확고히 서서, 그대는 사념처를 세 가지 방식으로 (안으로 밖으로 안팎으로) 계발할 수 있다. 사념처란 무엇인가?……"[283]

이 문답을 통하여, 청정한 계율/계행(戒行)과 바른 견해〔正見〕가 '담마의 근본'이며 '마음통찰의 대전제(大前提)'란 사실이 새삼 확인되고 있다. 특히 계행의 중요성이 강조되고 있다. 계율에 의지해서, 청정한 계행 위에 확고히 설 때, 사띠 수행이 실현될 수 있다는 '담마의 근본'을 붓다는 새삼 분명히 드러내고 있다. 이러한 담마의 근본은 '칠불통계(七佛通誡)'로써 널리 선포되어 왔고,[284] 또 '계 · 정 · 혜 삼학(三學)'과[285] '오분법신(五分法身)'의 정형화로써 교학적 체계로[286] 확립되어 있다.

---

283 S V142; 전재성 역(1999), 앞의책 9권, pp.220-221 간추림; (S 47; 1; 3「*Bhikkhu-sutta*」- 비구경)

284 Dh 183 "악(惡)은 어떤 것이든 짓지 말고 선(善)은 어떤 것이든 실천하라. 이렇게 함으로써 마음을 깨끗이 하라. 이것이 모든 부처님들의 가르침이다." 거해 스님(1992),『법구경』2권, p.25

285 각묵 스님 역(2006),『디가니까야』1권, pp.30-32; 이중표(1991),『아함의 중도체계』, pp.270-201

286 이중표(1991), 앞의 책, pp.312-323

'계율/청정한 계행', '악은 어떤 것이든 짓지 말고 선은 어떤 것이든 실천하고', 계행이란 바로 이렇게 '모든 생명들에 대한 우주적 사랑과 연민(universal love and compassion for all living beings)'으로 규정된다.[287] 청정한 계행이란 스스로 남을 해치지 않을 뿐만 아니라 다른 사람들이 해치는 것을 묵인하거나 동의하지 않는 것이다.[288] 따라서 청정한 계행은 자기 몸을 던져 많은 사람들을 지켜내는 적극적인 사랑이며 사회적 정의의 실현이다. 사띠는 이러한 우주적 사랑과 사회적 헌신을 우선적 전제로 하고 있다. '비폭력 · 사랑 · 나눔'의 자비를 전제로 하고 있다. 마음통찰은 바로 이러한 계행의 토대/자비의 토대에 기초하고 있는 것이다. 그래서 붓다는, "그 계율에 의지해서, 그 계율에 확고히 서서, 안으로 밖으로 안팎으로 사념처를 닦으라. 그것이 담마의 근본이다"라고 설하고 있다. 자비(慈悲)/자애(慈愛, mettā), 곧 사회적 실천이 사띠 수행자들(satimā/사띠마)의 토대가 되고 이것이 해탈 열반의 정도가 되는 것이다. 자비와 사띠, 자애와 지켜봄의 이러한 일치성과 상관성은 초기불교의 하나의 뚜렷한 경향으로 확립되고 있다 *Aṅguttara-nikāya*의 「*Mettā-sutta*」(자애경)에서는 이렇게 설해지고 있다.

"수행자들이여, 자애를 통한 마음의 해탈〔慈心解脫, mettā ceto-vimutti/멧따 째또 위뭇띠〕을 개발하고, 닦고, 많이 〔공부〕 하고, 수레로 삼고, 기초로 삼고, 확립하고, 굳건히 하고, 부지런히 닦으면, 여덟 가지 이익이 기

287 "Ethical Conduct(Sīla) is built on the vast conception of universal love and compassion for all living beings, on which the Buddha's teaching is based." Rahula(1978), *What the Buddha taught*, p.46

288 Sn 394 "산 것을 죽이거나 남을 시켜 죽여서도 안 된다. 그리고 죽이는 것을 동의해도(묵인해도) 안 된다. 식물이건 동물이건, 폭력을 두려워하는 모든 존재에 대해서 폭력을 거두어야 한다." 전재성 역(2004), 『숫타니파타』, p.243

대된다.……

무량한 자애를 닦는 마음챙기는 자(satimā)는
족쇄들이 엷어지고 재생의 근거가 파괴됨을 보노라.
단 하나의 생명일지라도 타락하지 않는 마음으로
자애를 보내면 유익함이 있으니
모든 생명들에게 광대한 연민의 마음을 가진
성스러운 자는 공덕을 짓노라.……"[289]

(5) 사띠 – 일상적인 삶의 방식으로서

'무량한 자애를 닦는 마음챙기는 자(satimā)는……
단 하나의 생명일지라도 타락하지 않는 마음으로……'

사띠는 이렇게 단 하나의 생명일지라도 사랑하고 섬기는 사회적 실천을 그 궁극적 목표로 추구하고 있다. 사회적 실천은 사띠하는 사람들의 토대가 되고 그 궁극적인 목표가 된다. '사띠하는 사람들(satimā)'은 곧 '나누고 섬기는 사람들'이다. 여기서 보다 중요하게 생각되는 것은, 초기불교에서 이러한 사띠가 일상적인 삶의 길로서 추구되고 있다는 사실이다. 초기불전들은 사띠가 지향하는 '사회적 통찰의 원리'가 한갓 수행이론이 아니라 실제적인 삶의 방식이었다는 사실을 기록하고 있다. 거기서 사띠는 많은 평범한 사람들의 일상의 삶의 방식으로서 진지하게 추구되고 있다. 우리는 *Nikāya*와 주석서에서 사띠가 일상적인 수행법으로, 많은 사람들의 보편적인 삶의 방법으로 추구되고 있는 사례들을 흔히 발견하고 있다. 붓다 자신이 일상적으로 이 사띠

---

289 A IV 150-151; 대림 스님 역(2007),『앙굿따라니까야』5권, 58-59; (A 8; 1「*Mettā-sutta*」-자애경)

로써 많은 사람들을 제도하고,[290] 구시나가라 언덕에서 입멸할 때도 이 사띠에 들어 죽음을 맞이했다.[291] 출가제자들도 일상에서 여인들을 만나 혼란에 빠질 때 이 사띠로써 제어했다.[292] 재가대중들도, 장자 시리왓다(Sirivaḍḍha)와 장자 마나딘나(Mānadinna)의 사례에서 보듯,[293] 이 사띠로써 질병을 극복하였고, 타인으로 인하여 화가 날 때도 이 사띠로써 이겨냈다.

붓다고사의 주석서는 붓다가 「*Mahāsatipaṭṭhāna-sutta*」를 설한 꾸루 지방 사람들은 가정부부들과 남의 시중을 드는 하인들도 사띠의 확립에 관해서 일상적으로 대화를 나누고 있다는 사실을 기록하고 있다.[294] 뿐

---

290 M I pp.181-182; 전재성 역(2002), 『맛지마니까야』 1권, p.547; (M 27 「*Cūlatthipadopama-sutta*」- 코끼리 자취 비유 작은 경)

291 DAT II 239; 각묵 스님 역(2006), 『디가니까야』 2권, p.288 각주-310

292 D II 141; 각묵 스님 역(2006), 앞의 책 2권, p.268; (D 16 「*Mahāparinibbāna-sutta*」- 대반열반경; 5,9)

293 S V 176, V 178; 전재성 역(1999), 『쌍윳따니까야』 9권, pp.283-288; (S 47; 3; 29 「*Sirivaḍḍha-sutta*」- 시리왓다 경)

294 DA. III 741 "더욱이 그 지방 사부대중들에게 마음챙김을 확립하는 수행은 자연스런 일이었다. 남의 일을 시중드는 하인들 또한 마음챙김의 확립과 관계된 이야기를 했다. 물 긷는 곳과 물레를 젓는 곳들에서도 쓸데없는 이야기는 하지 않았다. 만일 어떤 아낙이, '아주머니, 아주머니는 어떤 것을 마음에 잡도리하면서 마음챙기는 공부를 하세요?'라고 물었을 때, '나는 아무 공부도 하지 않아요'라고 대답하면, '너무나 안타까운 삶을 살아가시는군요. 그렇게 사시면 살아 있지만 죽은 것과 같아요'라고 그를 질책했다. 그녀는 '지금부터라도 그렇게 살지 마세요'라고 다시 경책한 뒤 어떤 것이든 마음챙김의 확립을 익히도록 그를 도와준다. 만일 누구든, '나는 이런 것을 마음에 잡도리하면서 마음챙기는 공부를 하고 있지요'라고 대답하면, '좋은 일입니다. 참으로 장하십니다'라고 치사한 뒤, '정말 가치 있는 삶이로군요. 아주머니는 진정 인간으로 태어난 보람이 있습니다. 아주머니 같은 분을 위해 정등각께서 이 세상에 오신 것입니다'라는 등으로 칭송했다." 각묵 스님 역(2004), 『네 가지 마음 챙기는 공부』(개정판 1쇄) 〈『대념처경과 주석서』(붓다고사)〉, p.77

만 아니라 천상의 신(神)들이나 아수라들(asura) · 짐승들에[295] 의해서도 추구되고 있었다는 사실을 기록하고 있다. 이러한 사띠의 전통은 시간의 흐름과 더불어 더욱 확산되고 더욱 민중화되어 갔다. 이 사띠는 지금도 남방 불교도들의 삶 속에서 살아 숨 쉬고 있다.[296] 이러한 사띠 수행은 한갓 세속적인 수행에 머물지 않는다. 사띠 수행은, 거대한 강가(Gaṅgā) 강물이 바다로 흘러들어가듯, 해탈 열반으로 도도히 흘러들어간다.[297]

따라서 사띠 행법에 대한 깊은 통찰과 연구는 필요한 것이지만, 그것이 아비담마의 늪에 빠져서는 안 될 것이다. 많은 사람들의 일상적인 삶의 방법이며 사회적 실천이라는 초기불교의 소박한 담마를 넘어, '위빳사나다', '사마타다' 하며 사띠가 과도하게 분석되고 전문화되는 것은 경계하지 않으면 안 될 것이다. 이것은 결과적으로 일상의 많은 대중들을 가로막는 장애가 될 것이기 때문이다. 많은 사람들을 이 사띠로부터, 가장 보편적이며 탁월한 행복의 길로부터 멀어지게 하는 일이 될 것이기 때문이다.

---

295 DA Ⅲ 741; 각묵 스님 역(2004), 앞의 책, pp.78-79

296 "정신의 계발(참선, 명상)에 관하여 지금까지 붓다에 의하여 주어진 가장 중요한 설법은 「*Satipaṭṭhāna-sutta*」로 일컬어진다. 이 가르침은 전통적으로 너무도 높이 존중되었기 때문에, 사찰에서만 규칙적으로 낭송될 뿐만 아니라 불교도의 가정에서도 가족들이 둘러앉아서 깊은 믿음으로 경청하는 정도가 되었다. 죽어가는 사람의 침대 곁에서 그의 마지막 생각을 정화하기 위하여 비구들이 이 경을 독송하는 것은 너무도 흔한 일상적인 일이다." Rahula(1978), *What the Buddha taugh*, p.69

297 S V 190 "수행자들이여, 예를 들어 갠지스 강은 동쪽으로 향하고 동쪽으로 기울고 동쪽으로 임한다. 수행자들이여, 이와 같이 수행자들은 열반으로 향하고 열반으로 기울고 열반으로 임하는 네 가지 sati의 토대를 닦는다." 전재성 역(1999), 『쌍윳따니까야』 9권, p.314; (S 47; 6; 51 「*Pācina-sutta*」- 동쪽의 경)

"자신을 계발하고
능력을 향상시키며
남에 대하여 인내하고 해치지 않고
사랑하고 연민하고
안팎으로 일어나는 상황들을 담담하게 지켜보고 - " (SV 168)

이것이 불교도들이 추구하는 일상의 삶의 방식이다. 살아가면서 개인적으로, 또는 사회적으로 어떤 문제나 상황에 부딪힐 때, 이것을 통찰대상으로 삼아 눈앞에 대면하듯 객관적으로 대면하며, 고요히 호흡을 헤아리며, 안팎으로 담담하게 지켜보는 것, 몸과 마음의 흐름을 순간순간 따라가며 '무상 - 고 - 무아' 그대로 지켜보는 것, 탐욕과 분노를 소멸하고 지혜 - 자비의 창조적 실천능력(iddhi-pāda)을 발휘하고 열의와 원력(chanda)을 가지고 이 사회의 변화를 추구해 가는 것, 이것을 통하여 많은 사람들과 자기 자신을 함께 이익되게 하는 것, 이것이 불교도들이 추구하는 일상의 삶의 방식이다. *Saṃyutta-nikāya*의 「*Vepacitti-sutta*」(웨빠찟띠 경)에서는 이렇게 설해지고 있다.

"다른 사람이 화내는 것을 보고
사띠로 고요함에 이르면
자신을 위하고 또 남을 위하는
둘 다의 유익한 것이네.

자기 자신과 다른 사람
모두를 치료하는 사람을
가르침을 모르는 자들은

어리석은 사람이라고 생각하네."[298]

3) 왜 사회적 실천인가?

(1) 세상이 마음을 만들어 낸다

'모든 생명에 대한 우주적 사랑과 연민', '인내하고 해치지 않고 사랑하고 연민하고', '비폭력 · 사랑 · 나눔', '단 하나의 생명일지라도 타락하지 않기를 염원하는 마음으로-', 이렇게 사회적 실천이 요구되는 것은 무엇 때문일까? '오온 · 십이처-십팔계 · 십이연기'를 통하여, '사띠/마음통찰'을 통하여, 이렇게 사회적 실천이 우선적 전제로서 끊임없이 추구되는 것은 무엇 때문일까? 이 문제와 관련하여 *Saṃyutta-nikāya*의 「*Āsīvisa-sutta*」(뱀의 독 경)에서는 매우 긴요한 정보를 제공하고 있다. 이 경에서 붓다는 '네 마리의 뱀, 다섯 명의 살인자와 여섯 번째의 살인강도, 여섯 명의 약탈자'에 관하여 경각시키며,[299] '빈 마을을 약탈하는 여섯 명의 도둑'에 관하여 이렇게 설하고 있다.

"수행자들이여, 빈 마을이란 육내입처(六內入處)를 말한다.

수행자들이여, 현명하고 유능하고 지혜로운 자가 눈(眼)에 관하여 관찰하면 오로지 텅 빈 것만 본다. 수행자들아, 현명하고 유능하고 지혜로운 자가 귀(코 · 혀 · 몸 · 생각)에 관하여 관찰하면 오로지 텅 빈 것만 본다.

수행자들이여, 마을을 약탈하는 도둑이란 육외입처(六外入處)를 말한다.

---

298 S Ⅰ 221; 전재성 역(1999), 앞의 책 1권, pp.501-502; (S 11; 1; 4「*Vepacitti-sutta*」- 웨빠찟띠 경)

299 S Ⅳ 172-174; 전재성 역(1999), 앞의 책 6권, pp.581-586; (S 35; 4; 238「*Āsīvisa-sutta*」- 뱀의 독 경)

수행자들이여, 눈(眼)은 좋아하고 좋아하지 않는-마음에 들고 들지 않는 형상적인 것들(色) 때문에 파괴된다. 수행자들이여, 귀(코 · 혀 · 몸 · 생각)는 좋아하고 좋아하지 않는-마음에 들고 들지 않는 소리들(냄새, 맛, 몸, 사물들) 때문에 파괴된다."[300]

'눈 ↔ 형상, 귀 ↔ 소리, 코 ↔ 냄새, 혀 ↔ 맛, 몸 ↔ 접촉, 생각 ↔ 사물/현상'

어느새 우리는 십이처의 현장으로 다시 돌아와 있다. '오온 · 십이처-십팔계 · 십이연기', '무상-고-무아'로 환원되는 기초적 담마의 현장으로, 일체법(一切法, sabbe-dhammā)의 현장으로 다시 돌아와 있다. 이것은 지금까지 그렇게 치열하게 추구해온 불교의 사회적 실천이 바로 이 기초적 담마 그 자체에 입각하고 있다는 사실을 의미한다. 사띠의 토대가 되고 우선적 전제가 되는 사회적 실천은 바로 이 기초적 담마/일체법 그 자체의 본질적 요소로서 드러나고 있다는 사실을 의미하는 것이다.

사람들의 삶을 어둡게 지배하는 고통, 곧 육체적 · 정신적 · 사회적 고통은 사람들의 집단화된 이기주의에서 온다. 이 이기주의는 감각적 쾌락 등에 대한 탐욕(kāma, rāga, taṅhā)에서 오는 것이고,[301] 이 탐욕은 오온으로 분석되는 어둔 자아의식(無明識)에서 온다.[302] 그리고 이 어둔 자아의식은 십이처-십팔계의 광장에서 수많은 안팎의 조건들/원

---

300 S V 174; 전재성(역1999), 앞의 책 6권, p.585; (S 35; 4; 238 「*Āsīvisa-sutta*」- 뱀의 독 경)

301 S V 174 "수행자들이여, 여섯 번째의 칼을 빼든 살인강도는 환락과 탐욕이다." 전재성 역(1999), 앞의 책 6권, p.584; (S 35; 4; 238 「*Āsīvisa-sutta*」- 뱀의 독 경)

302 S V 174 "수행자들이여, 다섯 명의 살인자인 원수는 오취온(색 · 수 · 상 · 행 · 식)을 말한다." 전재성 역(1999), 앞의 책 6권, p.584; (S 35; 4; 238 「*Āsīvisa-sutta*」- 뱀의 독 경)

인들에 의하여 생겨난다. 수많은 주관적 · 객관적인 조건들/원인들, 자기 자신과 외부의 많은 사람들의 사회적 조건들/원인들의 상호작용에 의하여 어둔 자아의식은 형성된다. 그런데 지금 붓다는 이 상호작용의 과정에서 형상 · 소리……법(法) 등 육외처(六外處)로 환원되는 외부의 조건들/원인들이 우선적으로 작용하고 있다고 설하고 있다. 곧 사회적 조건들/원인들이 우선적으로 작용하고 있다는 사실을 해명해 보이고 있다.[303]

정치 · 경제 · 사회 · 문화 · 이데올로기 · 사회체제……이 거대한 사회적 행태의 폭류(ogha) 속에서, 개인들의 의식〔識, viññāṇa〕은 지배당하고 있다. 어둡고 이기적인 이 집단무의식의 불길(adita)에 의하여 개인들의 의식/심식(心識), 곧 마음은 끊임없이 압도적으로 영향받고 조작되고 있다. 그래서 붓다는 「*Āsīvisa-sutta*」(뱀의 독 경)에서, "빈 마을인 육내입처는 여섯 명의 도적인 육외입처에 의하여 유린당하고 있다", 이렇게 경각시키고 있다. 육내입처는 곧 우리 내면의 주관적 조건들이다. 의식작용의 주체, 생각〔意, mano〕이다. 곧 우리들의 마음이라고 할 수 있다. 이 마음이 육외입처에 의하여 유린당한다는 것은 우리들의 의식작용/생각/마음이 외부의 조건들, 곧 사회적인 조건들/원인들에 의하여 조작되고 지배되고 유린되고 있다는 사실을 의미한다. 우리 마음은 실로 실체가 없는 빈 마을이다. 우리 마음은 사회적인 조건들/원인들, 사회적 역사적 조건들/원인들, 곧 사회적 구조 · 체제 · 사상 등

303 "다섯 갈래로 분류되는 일체의 존재 가운데 색법(色法)을 가장 먼저 열거하는 것은 무엇인가? 앞서 '法'을 설명하면서 '인식을 낳게 하는 것'이라고 하였는데, 인식의 주체인 의식은 반드시 감관과 대상에 수반되어서만 나타나기 때문이다. 말하자면, 대승에서처럼 대상이 의식에 의해 규정되는 것이 아니라, 의식이 대상에 의해 규정되기 때문에, 이 같은 객관우선주의는 아비달마 불교의 현저한 특징 중 하나이다." 권오민(2003), 『아비달마불교』, p.57

에 의하여 보다 결정적으로 지배당하고 조작되고 있다. 정확하게 표현하면, 우리 마음[一心]/생각/의식은 이미 본질적으로 수많은 사회적 조건들/원인들에 의하여 조작되는 '사회적인 마음'/'사회적인 의식'이다. 따라서 이 사회적 조건들/원인들을 변화시키려는 사회적 통찰/사회적 책임 없이 우리 마음/생각/의식을 정화시키고 이 세상의 고통을 치유하는 것은 불가능한 일이다. 안옥선은 이렇게 논하고 있다.

> 불교가 문제의 모든 원인을 마음에서만 찾고 오직 마음에 의해서만 해결하라고 말하는 것은 아니다. 또 불교가 사회적 책임, 사회적 변화, 제도적 변화를 무시하거나 소홀히 하는 것도 아니다. 오히려 불교는 개인의 책임보다는 사회의 책임을 강조한다. 한 개인의 잘못도 그 사람 자신보다는 사회의 구조나 사회 전체에서 책임을 찾고자 한다. 사회제도나 사회 전체가 개인을 형성하고 변화시키는 데 지대한 영향을 미친다고 보기 때문이다. 역사적 현실과 맥락을 떠난 개인은 없다고 보기 때문이다.[304]

(2) 사회적 변혁이 마음청정의 전제/토대

수행의 목적은 우리들의 탐욕/이기주의를 지멸(止滅)하고 치유하는 것이다. 곧 우리들의 마음/생각/의식을 정화하는 것이다. 이렇게 해서 많은 사람들의 이익과 행복, 곧 열반을 실현하는 것이다.[305] 그러나 이

304 안옥선(2008), 『불교와 인권』, p.49

305 "붓다는 '나는 탐진치의 절멸을 말한다(ucchedaṃ vadāmi rāgassa dosassa muhassa)'(Vin I 235)라고 하는데, 이는 탐진치 지멸이 모든 가르침 혹은 모든 수행의 목적임을 직접적으로 표현한 것이다. 이처럼 탐진치 지멸은 도덕과 열반(혹은 수행이나 불교의 목적 등)의 요체이다." 안옥선(2010), 「불교덕윤리에서 부정적 성향의 제거」 『불교학연구』 제26호, p.251

탐욕/이기주의의 치유가 '마음 한번 돌려 먹으면' 될 정도로 그리 간단치가 않다는 데 문제의 심각성이 있다. 오온적 자아의식, 오온적 자아의식에서 발로되는 감각적 쾌락 – 탐욕 – 이기주의, 이것은 이미 뿌리 깊이 집단화되어 있고, 구조화되어 있다. 이것은 이미 이데올로기화되어 있고, 체제화되어 있고, 제도화되어 있다. 사회란 이름으로, 문화란 이름으로 의식화되어 있다. 국가 · 인종 · 민족 · 역사 · 자본주의 · 시장경제 · 세계화……란 이름으로 의식화되어 있다. 이기주의는 이렇게 중층적으로 집단화되어 있고 구조화되어 있다. 거대한 인드라(Indra, 因陀羅)의 그물같이 네트워크화(net-work)되어 있다. 이렇게 중층적으로 끊임없이 확대 재생산되어 보급되는 '감각적 쾌락 – 탐욕 – 이기주의'는 이미 많은 사람들의 관계 속에서 얽혀 있다. 이기주의는 이미 얽혀 있는 사회적 장애이며, 사회적 해독(害毒)이다. 폭류처럼 흐르고 불길처럼 타오르고 있다. 이 거대한 흐름으로부터 사회적 불의와 부조리가 생겨나고 갈등과 투쟁이 생겨난다. 이 거대한 불길로부터 고통과 결핍, 부자유와 불평등이 생겨난다. 이것이 곧 나 자신과 이 사회의 현상이다.

붓다에 의하면, 지금 많은 사람들은 이 중첩적인 이기주의 – 사회적 행태들에 의하여 쫓기고 있다. 칼 든 살인자에게 쫓기듯 쫓기고 있다. 무엇이든 조치를 취해야 할 긴박한 위기상황으로 내몰리고 있다. 갖가지 투쟁과 크나큰 고통의 덩어리 속으로 내몰리고 있는 것이다. 바로 이것이 '뱀의 독'으로 표현되는 탐욕의 현실적 재난이다. 이러한 세상의 재난에 관하여 *Majjhima-nikāya*의 「*MahādukkhakhAndha-sutta*」(고통의 큰 덩어리 경)에서는 이렇게 경고하고 있다.

"탐욕이[306] 원인이 되어, 탐욕이 출처가 되어, 탐욕에 입각하여, 단순히 탐욕 때문에 왕과 왕들이 싸우고, 귀족과 귀족들이 싸우고, 브라흐마나와 브라흐마나들이 싸우고, 가장과 가장들이 싸우고, 어머니와 아이들이 싸우고, 아이들이 어머니들과 싸우고, 아버지가 아이들과 싸우고, 아이들이 아버지들과 싸우고, 형제끼리 싸우고, 자매끼리 싸우고, 자매와 형제가 싸우고, 친구와 친구들이 싸운다. 그리고 투쟁과 말다툼, 분쟁 속에서 그들은 주먹으로, 흙덩이로, 막대기로, 칼로 서로를 공격하고, 그렇게 해서 그들은 죽음이나 죽을 것 같은 고통에 빠진다. 수행자들이여, 이것이 감각적 쾌락으로 인한 현존의 위험이다.……
수행자들이여, 이러한 탐욕으로부터 벗어나는 길은 무엇인가?
수행자들이여, 감각적 쾌락에 대한 탐욕과 집착은 무엇이든 자제하는 것, 탐욕과 집착을 제거하는 것, 이것이 탐욕으로부터 벗어나는 길이다.……"[307]

붓다의 분석에 의하면, 많은 사람들의 외부적 조건과 원인들/사회적 조건과 원인들을 변화시키지 않고 내 마음을 변화시키고 자기 확립을 추구하는 것은 거의 불가능하다. 내 마음(一心)이 본질적으로 수많은 사회적 조건/원인들에 의하여 조작되는 '사회적 의식'이기 때문이다. 밖에서 침입해 오는 살인강도를 제어하지 않고서는 마음이라는 빈 마을을 수호할 수 없다. 감각기관의 문을 굳게 닫는 것으로 외부의 침

---

306 한글본에서는 kāma를 '감각적 쾌락'으로 옮기고 있으나, kāma도 본질적으로 '탐욕' '욕망'에 속하기 때문에, 여기서는 '탐욕'으로 폭넓게 해석하였다.; 정준영(2008), 「초기불교의 욕망의 이해 – 욕망의 다양한 의미」『욕망, 삶의 동력인가, 괴로움의 뿌리인가』, p.37

307 M Ⅰ 86-87; 전재성 역(2002), 『맛지마니까야』 1권, pp.315-319; (M 13 「*Mahādukkhakkhandha-sitta*」 – 고통의 큰 덩어리 경)

입자들을 물리칠 수 없다. 눈감고 앉아서 '모든 것은 마음에 의해서 지어진다'라고 명상하는 것으로 문제가 해결되는 것이 아니다. '모든 것은 내 마음에 의하여 결정된다', '일심이 청정하면 국토가 청정하다' 하고 관하는 것만으로 마음은 정화되지 않는다.[308] 사회적 체제/사회적 이데올로기 등 사회적 조건과 원인들을 변화시키려고 전심전력하지 않고서는 마음의 정화가 거의 불가능하다. 구조화된 이기주의를 치유하기 위하여 분발 헌신하지 않고서는 깨달음 해탈 열반은 거의 불가능하다. 붓다가 사회적 실천/사회적 변혁을 사띠의 우선적 전제로 확립한 것은 이런 이치 때문이다. 청정한 계행, 곧 모든 생명에 대한 우주적 사랑과 연민, 곧 자비(慈悲, mettā-karuṅā/멧따 까루나)를 '담마의 근본'으로 확립한 것은 이런 이치 때문이다.

사회적 변혁이란 무엇일까?

붓다에 의하면, 그것은 비(非)이기적인 사회의 실현이다. 그것은 이기적이고 불의(不義)한 사회체제와 제도 · 이데올로기 · 사고방식 · 문화 등 사회적 행태들을 비판하고 변화시킴으로써 이 사회를 이타적인 것으로 정의롭게 추구해 가는 사회적 실천이다.[309] 그것은 모든 생명에 대한 우주적 사랑과 연민, '비폭력 · 사랑 · 나눔', 곧 자비(慈悲, mettā-karuṅā)를 '담마의 근본'으로 확립하는 것이다. '인내 · 불해(不害) · 사

308 "자기원인설은 괴로움이나 즐거움뿐만 아니라 자아와 세계도 자기가 만들어낸 것이라는 것으로, 타자 또는 외부 원인에 대한 완전한 부정에 입각해 있다. 이러한 태도는 대상과 관련해서는 인식론적 주관주의를 지지하고 자신의 행위와 관련해서는 자신이 모든 괴로움에 책임져야 한다는 윤리적 주관주의를 지지한다. 그러나 이러한 사상은 모든 죄악이 단지 생각만으로 제거될 수 있다는 매우 위험한 견해를 대변한다." 전재성(1999), 『初期佛教의 緣起思想』, p.142

309 딧사나야케(1988), 『불교의 정치철학』, pp.71-72

랑 · 연민'으로써 자기 확립의 전제로 삼는 것이다. 불교의 사회적 실천/변혁운동은 현실적으로 사회적 불의를 비판하고 대결하고 극복하는 것이다. 사회적 모순과 고통으로부터 많은 사람들/민중/중생들을 구출해 내는 것이다. 이러한 과정을 통하여 궁극적으로 오온적 자아의식을 극복하고 탐욕/이기주의/고통을 치유하며 자기 자신과 많은 사람들/중생들의 해탈 열반을 추구해 가는 것이다. 사띠는 이러한 변혁운동의 출발점이며 원점이 되는 것이다. 'ekāyana/에까야나', '하나의 길이며 뛰어난 길'이다.(D II 290)

초기불교에서 사회적 실천은 *Nikāya* 전편에 걸쳐서 줄기차게 추구되고 있다. 사회적 실천/사회적 변혁은 초기불교의 가장 핵심적인 과제로서 추구되고 있다. 그리고 이것은 시대적 상황과 밀접히 관련되어 있다. 초기불교의 사회적 실천은 변질된 개인주의, 곧 이기주의에 의해서 위협받고 있는 인도 사회의 구원이라는 긴급한 시대적 요구에 의해서 추구되고 있는 것이다. 우프레티는 이렇게 논하고 있다.

> 활용 가능한 증거들에 의하면, 사실 초기불교는, 소문난 프랑켄슈타인의 괴물과 같이, 그것이(개인주의) 산출해 낸 바로 그 사회의 사회경제적 존립 자체를 위기로 몰아넣는 부정적 이기주의를 대신하여 적극적인 내용(선행 등, 필자 주)을 부여함으로써 개인주의에게 '인간적인 얼굴(human face)'을 주려고 시도하였다…….
>
> 선행(virtues)이 도덕주의로 이끌기 위하여 계발된 것도 아니고, 신비주의나, 현대의 많은 학자들이 오해하는 것과 같이, 추상적인 철학적 합리화로 이끌기 위하여 계발된 것도 아니다. 그것은 고통의 근본 원인인 이기주의로부터 〔사람들을〕 구제하려는 통합적 세계관으로 이끌기

위하여 계발되었다는 것은 너무도 분명한 사실이다.[310]

4. 소결

제3장에서는 담마의 문제, 곧 초기 실천운동의 교리적 근거에 관하여 고찰하였다.

초기불교에서 사회는 'loka/로까'로써 규정되었다. 그리고 loka는 '오온 · 십이처－십팔계 · 십이연기'의 일체법(sabbe dhammā)에 의하여 규명되었다. 이 과정에서 식(識, viññāṇa)의 생멸이 핵심적 과제로서 제기되고 있다. 모든 개인적 사회적 고통은 어둔 식(無明識)이 그 근본적 원인이다. 오온은 어둡고 이기적인 자아의식의 문제와 관련되어 있다. 십이처－십팔계는 식의 사회적 형성 과정과 관련되어 있다. 십이연기는 식(識)의 시간적 생멸 과정과 관련되어 있다. 이 과정에서 관념 · 종교 · 이데올로기 · 사회체제 등 사회적 행태들이 식(識)의 생멸, 곧 이기주의의 생멸에 결정적 조건/원인으로서 작용하고 있다는 사실이 규명되었다.

따라서 일체법을 대상으로 '무상－고－무아－이욕－해탈'을 통찰함으로써 어둔 자아의식－탐욕－이기주의를 치유하는 것이 초기불교 수행법의 기본 체계이다. 그리고 이 과정에서 사띠(sati)가 가장 기본적인 수행법으로서 확립되었다. 사띠는 곧 '지켜보기'이다. '담담하게 지켜보기'이다. 마음집중(止)과 관찰(觀)이 한 흐름으로, 한마당으로 어우러지는 연속적이며 총체적인 통찰 과정이다. 따라서 사마타(samatha)도

---

310 Upreti(1997), *The Early Buddhist World Outlook in Historical Perspective*, p.130

위빳사나(vipassanā)도 이 사띠에 기초하여 추구되는 것이다. 사띠는 자신의 문제와 많은 사람들의 문제, 곧 사회적 문제들을 한 흐름으로 관찰하는 사회적 통찰이다. 초기불교에서 사띠는 여인들이 모여 서로 문답하고 하인들이 화두를 삼을 정도로 많은 사람들/대중/민중들의 일상적인 삶의 방식으로서 추구되었다.

사띠는 자기 계발과 사회적 실천이라는 두 가지 전제 위에서 추구된다. 많은 사람들에 대한 '비폭력 · 사랑 · 나눔'으로 포괄되는 사회적 실천은 초기 수행법의 전제적 조건으로서 제기되고 있다. 보다 정확하게 표현하면, 시띠는 자비/자애 등 사회적 실천을 토대로 삼고 사회적 실천을 궁극적 목표로 추구한다. '사띠하는 자들(satimā)'은 곧 단 하나의 생명이라도 사랑하고 섬기는 자들이다. 이렇게 사띠 그 자체가 사회적 실천을 내포한다. 이것은 이데올로기 · 사회체제 등 사회적 조건/원인들이 모든 개인적 사회적 고통의 원인이 되기 때문이다. 우리들의 마음(一心)/생각/의식은 본질적으로 수많은 사회적 조건들/원인들에 의하여 결정적으로 조작되는 '사회적 의식'이기 때문이다. 사회적 의식은 사회적 행위/사회적 실천에 의해서 변화/정화될 수 있기 때문이다.

따라서 이러한 사회적 조건/원인들을 극복하지 않고서는 모든 고통의 에이전트(agent)가 되는 어둡고 이기적인 오온적 자아의식/탐욕/이기주의를 치유하는 것이 불가능하다. '깨달음', '한소식', '마음청정'이라고들 하지만, 이러한 사회적 실천 없이, 사회적 헌신 없이 이런 변화는 불가능하다. 그런 까닭에 사회적 조건들/원인들의 변혁을 추구하는 사회적 실천은 '깨달음 해탈 열반'을 실현하는 전제적 조건이며 본질적 과정이 된다. 보다 정확하게 말하면, '비폭력 · 사랑 · 나눔' 등 사회적 실천이 '깨달음 해탈 열반' 그 자체이다. 곧 '사회청정', '국토청정'

이 '심청정(心淸淨)' 그 자체이다. 해탈 열반이 '모든 불교 수행자들이 도달해야 될 목표'로서[311] 제기되는 것도 이런 맥락에서 그 사회적 정당성을 확보한다. 아나가리까 다르마빨라(Anagarika Dharmapala) 비구는 이렇게 논하고 있다.

> 열반이란 무엇인가? 그것은 비(非)탐욕 · 비(非)분노 · 비(非)무지의 삶이다. 열반은, 적극적으로 표현하면, 자기 헌신의 자비 · 살아 있는 모든 것을 끌어안는 사랑, 그리고 깨달음의 지혜이다.[312]

사띠를 통하여 일체법을 대상으로 '무상-고-무아'를 통찰함으로써 '비폭력 · 사랑 · 나눔', 곧 자비의 삶으로 나아가는 것, 이것이 초기불교가 추구하는 사회적 실천의 교리적 기초이다. 그리고 이것은 사제 팔정도로 환원된다. 따라서 초기불교의 사회적 실천은 사제 팔정도의 바탕 위에서 추구되는 것이다. 여기서 보다 중요하게 생각되는 것은, 붓다가 이런 담마를 긴박하고 절실한 현실적 과제로서 촉구하고 있다는 사실이다. '불타는 세상', '폭류', '홍수', '뱀의 독', '칼을 들고 쫓아오는 살인자', '빈 마을을 유린하는 약탈자 · 도둑'……붓다는 사용 가능한 모든 비유를 동원하여 많은 사람들이 사회적 실천으로 나서도록 독려하고 있다. '비폭력 · 사랑 · 나눔'을 통하여 사회적 행태들을 변혁함으로써 이기주의를 치유할 것을 긴급히 촉구하고 있다. 그리고 붓다

---

311 황순일(2005), 「멸진정과 두 가지 열반이론」『불교학연구』 제11호, p.345

312 "What then is Nirvāṅa? It is the life of non-covetouness, non-hatred and non-ignorance, which in its positive form is a life of self-sacrificing charity, all embracing love to all living beings, and enlightened wisdom." Dharmapala(1891)/Ahir ed(1995), "Message of the Buddha" *A Panorama of Indian Buddhosm*, p.13, Delhi, Sri Sataguru Pub

스스로 낡은 수레같이[313] 이 길을 가고 있다. 수많은 초기 빠리사들, 출가 · 재가의 대중들이 탁발 유행하고 거친 발판으로 내달리며 이 길을 가고 있다.

따라서 사제 팔정도 · 일체법 · 사띠 등 초기불교의 기본적 담마들이 위기적 상황을 극복하려는 치열한 시대정신으로서 보다 역동적으로 해석되고 추구될 것이 요구된다. 보다 정확하게 표현하면, '오온 · 십이처 – 십이처 · 십이연기', '무상 – 고 – 무아', '사띠' 등 이 모든 초기 담마들은 이미 본질적으로 사회적 실천/변혁의 담마들이다. 따라서 초기불교의 사회적 실천운동/변혁운동은 이러한 기초적 담마들의 자연스런 발로이고, 깨달음 해탈 열반의 본질적 과정 그 자체로서, 기원전 7~5세기 동북 인도 사회의 민중적 염원과 시대적 요구를 반영하고 있는 것이다.

313 D II 100 "아난다야, 이제 나는 늙어서 나이 들고 노쇠하고, 긴 세월을 보냈고 노쇠하여, 내 나이 여든 살이 되었다. 아난다야, 마치 낡은 수레가 가죽 끈에 묶여서 겨우 움직이는 것처럼, 여래의 몸도 가죽 끈에 묶여서 겨우 〔살아〕 간다고 여겨진다." 각묵 스님 역(2006), 『디가니까야』 2권, p.204 ; (D 16 「*Mahāparinibbāna-sutta*」 – 대반열반경 ; 2,25)

4장 사회적 실천의 실제적 전개 과정

1. 전법 개척의 실천 – 세계관의 변혁으로

1) 초기불교의 영역 개척과 지리적 확장

(1) 마가다 대행진

기원전 589년(혹은 588년)[1]은 인류 정신운동의 역사상 기념비적인 해로 생각된다. 이 해 붓다 석가모니가 보드가야에서 큰 깨달음을 성취하였다. 와라나시에서 첫 설법에 성공하였고, 우루웰라로 돌아가 천 명의 깟사빠 무리를 개종시켰다. 그리고 이제 다시 붓다는 마가다의 서울 라자가하를 향하여 행진을 시작하였다. '마가다 대행진'으로 일컬을 만한 이 전법륜 역사는 초기불교의 향방을 가름할 만한 중대한 사건이었다. *Vinaya-piṭaka*의 「*Mahāvagga*」(대품) · *Jātaka* (본생담) 등에 기록된 이 행진의 과정을 간략하게 정리해 본다.

---

1 '마가다 대행진'은 기원전 589년 마지막 달과 588년 첫 몇 달 동안의 사건으로 추정된다.; Schumann(1989), *The Historical Buddha*, p.92

붓다와 천 명의 대중들은 대로를 따라 행진하였다. 붓다와 대중들은 수도 라자가하 가까이 이르러 근교의 랏티 동산(Latthivana) 야자나무 숲 수프라티스타 사당(Supratistha-caitya)에 머물렀다. 그때 빔비사라(Seniya-Bimbisāra) 왕은 12만 명의 바라문 · 거사 · 장자 · 관리 · 군인 · 숲 관리인들 등 시민들을 이끌고 라티 숲 동산으로 달려갔다. 붓다는 왕과 12만 명의 시민들에게 담마를 설하였다.

"보시를 실천하고 계를 지키면
하늘에 태어나리.
여러 탐욕에는 환난과 공허함과 번뇌가 있느니라.
탐욕에서 벗어나면, 큰 공덕이 있으리."

붓다는 왕과 시민들에게 고 · 집 · 멸 · 도의 사성제를 설하였다. 왕과 12만 명의 시민들은 그 자리에서 먼지와 때를 멀리 여읜 법의 눈〔法眼〕을 얻었다. 곧 '생겨난 것은 모두 소멸한다'라고 깨달았다. 그러자 1만 명의 시민들은, "우리는 붓다의 재가제자들이다", 이렇게 선언하였다. 빔비사라 왕은 그 자리에서 담마를 보고, 담마를 얻고, 담마를 이해하고, 담마 속으로 빠져들었다. 의심에서 벗어났고, 망설임을 제거했고, 두려움이 없었고, 스승의 가르침 외에 다른 것은 필요 없게 되었다. 왕은 붓다 앞에 나아가 삼귀의를 행하였다.

"거룩하셔라 세존이시여, 거룩하셔라 세존이시여
마치 넘어진 것을 일으켜 세우듯이
덮인 것을 열어 보이듯이
눈 어둔 이에게 길을 알려 주듯이

어둠 속에 등불을 밝히고, 눈 있는 자에게 모습을 보여 주듯이
이렇게 세존께서는 갖가지 방법으로 담마를 드러내 보이셨습니다.
저는 이제 부처님께 귀의합니다.
저는 이제 담마에 귀의합니다.
저는 이제 상가에 귀의합니다.
세존이시여, 저를 우바이로 받아들여 주소서. 오늘부터 목숨이 다하는 날까지 귀의하겠습니다."

날이 밝아 아침이 오자, 라자가하의 수많은 민중들이 붓다를 한 번만이라도 친견하려고 아침 일찍부터 라티 동산 야자나무숲으로 앞 다투어 몰려들었다. 그런 까닭에 3가우티 폭의 매우 넓은 도로마저 좁을 지경이었다. 라티 동산은 발 디딜 틈도 없이 사람들로 꽉 메워져 마치 나뭇잎이 숲에 가득 차 있는 것 같았다. 수많은 민중들이 위없는 위엄에 도달하고 열 가지 힘을 갖춘 여래의 모습을 보고 예배하고 찬탄하였다. 그리하여 이 숲을 '찬탄의 땅'이라고 불렀다.
빔비사라 왕은 붓다와 대중들을 궁으로 초대하였다. 왕은 손수 시중들고 봉사하였다. 공양이 끝나자 왕은 붓다를 머리로 삼는 승단에 웰루와나 동산(Veḷuvana, 竹林)을 기증하였다.[2]

마가다 행진에서 세계 종교사상 초유의 사건이 일어났다. 빔비사라 왕과 수많은 시민/민중들이 이 새로운 종교로 집단적으로 개종하고 전향하였다. 이로써 35세의 청년 붓다는 큰 승리를 실현하였고, 수많은 시민/민중들이 단 한 번의 설법을 듣고 법의 눈을 떴다. '생겨난 것

2 Vin Ⅰ 35-39; Horner tr.(2000), *The Book of the Discipline*(*Mahāvagga*) vol. Ⅳ, pp.46-52 abridged; (*Vinaya-piṭaka*,「*Mahāvagga*」Ⅰ 22. 1-18)

〔集〕은 모두 소멸하는〔滅〕 법'이라고 깨달았다. 붓다가 줄기차게 추구해 가는 '많은 사람들의 깨달음', 곧 '대중견성(大衆見性)'이라는 이상(理想)이 역사적 현실로 실현되었다. 많은 사람들이 어둔 탐욕/이기주의로 물든 뿌리 깊은 낡은 세계관의 속박에서 벗어났다. 먼지와 때를 멀리 여읜 법의 눈〔法眼〕을 얻었다. '눈 어둔 이에게 길을 알려 주듯이, 어둠 속에 등불을 밝히고, 눈 있는 자에게 모습을 보여 주듯이-', 빔비사라 왕의 삼귀의가 이러한 사실을 입증하고 있다.

그러나 이러한 성과들로 인하여 '마가다 대행진'의 성공이 과도하게 신비화되거나 우상화된다면, 그것은 붓다의 본의와 어긋나는 곤란한 일이 될 것이다. 이 성공의 원인 또한 사회적 상황 속에서 검토되어야 한다. 여기서 중요한 것은 청년 붓다의 가르침이 민중들에 의하여 수용되었다는 사실이다. 붓다의 가르침이 많은 사람들의 이익과 행복을 위하여 실제적으로 받아들여졌다는 현실적 상황이다. 이와 관련하여, 슈만은 이렇게 논하고 있다.

> 빔비사라 왕의 전향이 붓다의 전도 성공에서 차지하는 의미는 대단한 것이다. 수많은 마가다의 시민들이 그들 왕의 모범을 따라서 담마를 그들의 지침으로 받아들였다. 많은 사람들은 빔비사라 왕의 환심을 사기 위하여 전향하였을 것이다. 그러나 대부분의 사람들은 확신에 의하여 전향하였다. 실제로 이 새로운 가르침은 모든 사람-모든 계층(caste)의 사람들에게 무엇인가 의미 있는 것을 주었다. 붓다의 가르침은 캇띠야들에게는 국가에 대한 그들의 봉사와 어울리는 고귀한 목소리로 와 닿았다. 브라흐마나들에게는 합리성과 정확성으로 와 닿았다. 붓다의 가르침은 상인들에게는 상업적 성공을 보증하는 것으로 주장되는 값비싼 희생제의를 거부함으로써, 그리고 중상적(重商的) 사고를

이해함으로써 인상을 남겼고, 기능공들과 카스트 밖의 하층민(casteless) 들에게는 세습적인 특권 체제를 비판함으로써 관심을 끌었다.……
빔비사라 왕의 전향과 더불어, 붓다의 가르침은 사회적으로 받아들여지게(socially acceptable) 되었고, 그리고 모든 사람들의 입에서 논의의 주제가 되었다. 붓다의 가르침이 인도 세계로 확산되는 길이 열린 것이다.[3]

⑵ 불교세계의 확장

슈만이 지적하고 있는 것과 같이, '마가다 대행진'이 가져온 실제적인 성과는 매우 큰 것이었다. 이 '마가다 대행진'이 기폭제가 되어, 붓다의 전법운동이 놀라운 동력을 확보하고 광범한 지역으로 확산되어 갔다. 붓다의 가르침이 모든 계층의 민중들 속으로 새로운 '희망의 빛'으로 확장되어 갔다. 머지않아 붓다는 대상인 수닷따(Sudatta) 장자를 통하여 꼬살라국의 사왓티로 진출하였다. 이후 초기불교의 전법운동은 라자가하-사왓티를 중심축으로 하여 역동적으로 전개되어 갔다. 그리고 이러한 전법행위는 그 지리적 영역 개척에 있어서 놀랄 만한 성공을 거둔 것으로 평가된다. 이러한 성과는 일차적으로 불교중국(佛敎中國, Majjhimadeśa)의 개척으로 나타났다. 불교중국은 불교의 중심국가들로서 마가다(Māgadhā) · 꼬살라(Kosalā) · 왐사((Vamsā) 등 강가 강 유역의 주요 국가들이 여기에 포함된다. 이와 관련하여 라모뜨는 이렇게 논하고 있다.

이 모든 나라들 가운데서 불교도들은 두 종류의 영역으로 구분하였

---

3 Schumann(1989), *The Historical Buddha*, p.93

다. 불교교리가 왕성하게 실천되고 있는 '중국(中國, madhyadeśa, Pāli, majjhimadeśa)'과 방종한 무리들로부터 영향을 받고 있는 몇몇 '변방(邊方, pratyantajanapada)'이 그것이다. 고대 아리안 국가들과 거의 일치하는 중국의 경계는, 동쪽으로는 뿐드라와르다나(Puṇḍravardhana, 북 Bengal)와 까찬갈라(Kacaṅgalā), 남쪽으로는 사라와띠(Śarāvatī) 강, 서쪽으로는 스뚜노빠스투나까(Stūṅopasthūṅaka)의 브라흐마나 마을들, 그리고 북쪽으로는 우시라기리(Uśīragiri)이다.[4]

불교중국은 강가 강 유역의 녹색 평원으로 일찍 벼농사를 중심으로 농업이 발달하였다. 기원전 7~5세기 경 철 생산을 계기로 상공업이 발전하면서 이 지역에는 육로와 수상을 통한 교역이 활성화되었다. 그 결과 사왓티 · 사께다 · 짬빠 · 와라나시 · 웨살리 · 라자가하 · 꼬삼비 · 웃제니 등 14개의 대도시(mahānagara)를 비롯하여 많은 도시들이 번영을 누리고 있었다. 이미 관찰한 바와 같이, 이 도시들의 신진 세력들, 특히 거사, 장자 등 상인 · 자산가 그룹들이 참여함으로써 초기 불교운동은 광범한 민중적 지지와 물적(物的) 기초를 확보할 수 있었다.[5] 바로 이것이 초기불교가 경쟁력의 우위를 선점하고 전법운동에서 폭발적 성공을 가져올 수 있었던 결정적 원인이 된 것이다. 붓다와 전법사들은 이 도시들을 전법운동의 전진기지로 삼아 인접한 꾸루 · 빤짤라 등 '브라흐만교중국'에 대하여 과감한 도전적 공세를 취할 수 있었다. 한편으로 그들은 강가 강 유역을 넘어 멀리 변방으로 전법 루트를

4 Lamotte(1988), *History of Indian Buddhism*, pp.8-9

5 "거사들이 상가의 탁월한 기증자가 될 수 있었던 것은 〔그들이〕 이러한 자산을 소유했기 때문이었다는 사실을 기록하는 것이 중요하다." Chakravarti(1996), *The Social Dimensions of Early Buddhism*, p.96

개척함으로써 인도불교의 거대한 흐름을 터놓는 데 성공할 수 있었다.

인더스 강 방면으로 향하는 서북 인도의 전법 개척에 앞장선 것은 붓다 자신이었다. 붓다는 수라세나(Śūrasena) 국의 수도인 마두라(Madura, Mathurā)를 방문하여, 길에서 민중들에게 직접 가르침을 전파하였다. *Aṅguttara-nikāya*의 「*Saṃvāsa-sutta*」(함께 삶의 경)에서는 이렇게 기록하고 있다.

> 한때 세존께서는 마두라와 웨란자 사이에 난 대로를 따라 걷고 계셨다. 그때 많은 장자들과 장자들의 부인들도 마두라 웨란자 사이에 난 대로를 따라 걷고 있었다.
> 그때 세존께서는 길을 벗어나 어떤 나무 아래에 〔가셔서〕 가부좌를 틀고 몸을 곧추세우고 전면에 사띠를 확립하여 앉으셨다. 장자들과 장자들의 부인들은 세존께서 어떤 나무 아래 앉으신 것을 보고 세존께 다가갔다. 가서는 세존께 절을 올린 뒤 한 곁에 앉았다. 한 곁에 앉은 장자들과 그들의 부인들에게 세존께서는 이렇게 말씀하셨다.……[6]

붓다와 대중들은 서북쪽으로 더욱 나아가 웨란자(Verañjā, 현재 바이란티) 마을까지 진출하였다. 기근으로 인하여 붓다와 대중들이 공양을 얻지 못하고 말먹이용 거친 보리〔馬麥〕를 먹지 않으면 안 되었던 것도 바로 이때 생긴 사건이다.[7] 궁핍 가운데서도 거리의 민중들을 찾아나서는 붓다의 직접적인 전도활동의 결과, 마두라는 간다라 방면으로 담마를 전파하는 주요 전진기지로 자리 잡았다. 이렇게 해서, 지도에서

---

6 A II 57; 대림 스님 역(2007), 『앙굿따라니까야』 2권, p.169; (A 4; 53 「*Saṃvāsa-sutta*」- 함께 삶의 경)

7 Thomas(1997), *The Life of Buddha*, pp,117-118

보는 바와 같이, 머지않아 담마는 오늘의 델리를 훨씬 뛰어넘어 인더스 강 유역의 딱까실라(Takkasilā) 지방까지 확장되어 갔다.[8] 간다라 불교의 초석이 놓인 것이고, 실크－로드(silk-road) 전도 개척의 통로가 열린 것이다.

동인도 변방 개척에서는 한 재가여성의 활동이 특히 주목된다. *Dhammapada Aṭṭhakathā*(『법구경주석서』)에 의하면,[9] 수닷따(Sudatta) 장자의 딸 쭐라 수밧다(Cullā-Subhaddā)는 동쪽 변경 앙가국(Aṅga國, 현재 벵골 지방)의 유력한 니간타(Nīgaṇṭha, 자이나교도)인 욱가(Ugga) 장자 집안으로 출가하여, 개종을 강요당했다. 그러나 쭐라 수밧다는 붓다에 대한 믿음을 굳게 지니고 가문과 시민들의 강요와 위협에도 불구하고 목숨을 걸고 외도들과 대결하였다. 나아가 그는 붓다를 초청하여 가르침을 전파함으로써 마침내 욱가 장자와 시민들을 불교로 개종시키는 데 성공하였다. 이때 설한 붓다의 게송에서도 "착한 것은 멀리서도 나타나 보인다. 마치 히말라야 흰 산이 그러하듯이"[10]라고 표현함으로써 원방 개척의 강인하고 장대한 의지를 드러내고 있다.

동쪽－짬빠와 앙가	서북쪽－마두라와 웨란자
남서쪽－아완띠	동북쪽－가빌라[11]

지금까지의 고찰 결과 붓다와 사부대중의 주역들이 개척한 초기불

---

8 Rhys Davids(1981), *Buddhist India*, p.36

9 DhA Ⅲ 465-471; Burlingame tr.(1999), *Buddhist Legends* (*Dhammapada Aṭṭhakathā*) vol. 3, pp.185-187; 거해 스님 역(1992), 『법구경』 2권, pp.226-230

10 Dh 304; Burlingame tr.(1999), *Ibid.*, vol.3, p.187; 거해 스님 역(1992), 앞의 책 2권, pp.229- 230

11 가빌라의 빨리 표기는 'Kapilavatthu', 'Kapila'로 '까삘라왓투', '까삘라'로 읽어야 하지만, 여기서는 오랜 관행에 따라 '가빌라'로 쓴다. '구시나가라', '석가족'도 같은 경우이다.

교의 영역은 대개 이와 같이 드러나고 있다.[12] 여기서 문제로 제기되는 것이 남방 영역에 관한 것이다. 지금까지의 논의에 의하면, 남방 전도의 최전선(最前線)은 북위 23도인 아완띠(Avanti) 지역이고, 그 이남의 데칸(Dekkan) 지방은 전혀 언급되지 않고 있다.[13] 그러나 *Pāli Nikāya*의 최고(最古) 경전 가운데 하나로 인정되는 *Suttanipāta*에서 우리는 초기 불교의 남방 전선과 관련되는 매우 주목할 만한 정보를 발견할 수 있다. 경의 마지막 품(品)인 「*Pārāyana-vagga*」(피안도품, 彼岸道品)에 의하면, 남방 변경에 사는 브라흐마나 바와린(Bhāvarin)의 제자들 열여섯 명이 스승의 부탁을 받고 붓다를 친견하기 위하여 멀리 북방으로 유행하는 과정을 기술하고 있다. 「*Pārāyana-vagga*」에서는 이렇게 기록하고 있다,

> 성전에 통달한 한 브라흐마나(바와린)가 아무것도 없는 상태에 도달하고자 꼬살라 국의 아름다운 도시에서 남로(南路, Dakkhiṅāpatha/닥키나빠타)로 내려왔다.(Sn 976)
>
> 그는 앗싸까 지방과 알라까 지방의 경계에 있는 고다바리 강변에서 이삭을 줍고 열매를 거두며 살았다.(Sn 977)……
>
> 바와린의 말을 듣고 제자인 열여섯 명의 브라흐마나들은(아지따……뻥기야 등(1006~1008) 모두 결발하고 사슴가죽 옷을 걸친 그들은 모두 바와린에게 절하고 그를 오른쪽으로 돌아 북쪽으로 향해서 그곳을 떠났다.(Sn 1010)

---

12 슈만은 붓다의 유행 경계를 다음과 같이 획정하고 있다. 서쪽－야무나 강의 꼬삼비(현재 알라바드의 남서 25km) 동쪽－짬빠(바가푸르 동쪽 40km) 북쪽－가빌라왓투(고라크푸르 북서족 95km) 남쪽－우루웰라(가야 남쪽) 초기불교 영역은 남북 600km 동서 300km의 크기; H. Schumann(1989), *The Historical Buddha* p.231. 서북쪽은 마두라의 웨란자까지 붓다가 직접 유행하고 전도하였다.

13 Rhys Davids(1981), *Buddhist India*, p.29

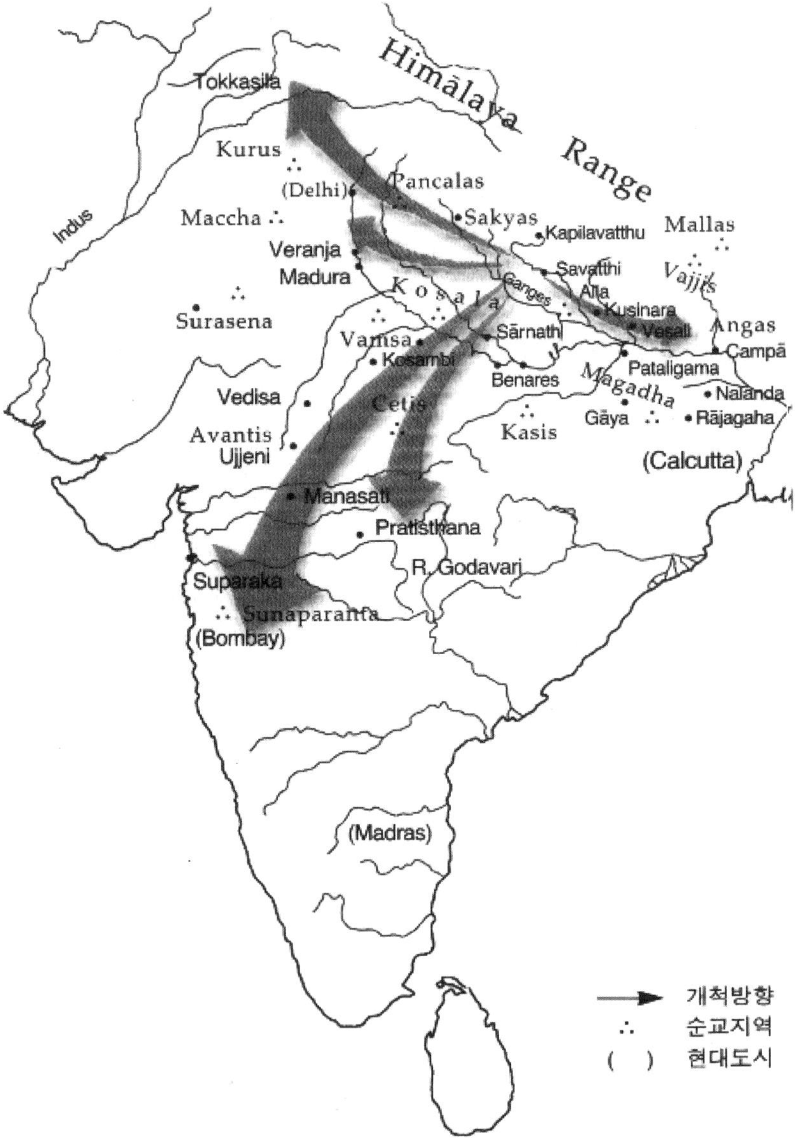

〈cf. DN 18. I 200〉

〔지도〕 붓다와 초기 민중들의 개척 · 순교도

알라까 국의 수도 빠띳타나로, 그리고 마힛싸띠를 비롯해서 또한 웃제니, 고낫다, 베디싸, 바나싸라는 도시로(Sn 1011), 꼬삼비, 또한 싸께다, 그리고 가장 큰 도시인 사왓티, 쎄다비야, 가빌라, 구시나가라 국으로 들어갔다.(Sn 1012) 그리고 빠와, 보가나가라, 웨살리, 마가다의 도시로 아름답고 마음에 드는 돌로 만든 탑묘에 이르렀다.(Sn 1013)……[14]

여기 나오는 '남로(南路, Dakkhiṅāpatha)'란 곧 '데칸 남로'이다. *Suttanipāta* 의 「*Pārāyana-vagga*」에서 'Dakkhiṅāpatha'를 발견한 것은 초기 전도운동의 지리적 영역의 획정에서 매우 중요한 의미를 가진다. 초기불교의 남방전선(南方前線)이 북위 23도의 아완띠에서 북위 20도의 고다바리(Godavari) 강변으로까지 확장된 것은 지리적 영역 확장 이상의 중요성을 지니는 것이다. 그것이 순례자들의 생애를 건 구도와 전법 헌신의 결실이었다는 의미에서 특히 그러하다. 초기불교의 개척운동은, 지금까지 알려진 것과 같이, 강가 강 유역의 녹색지대로 한정되는 것이 아니다.[15] 그것은 서북으로 딱까실라까지, 남으로 데칸고원을 지나 고다바리 강 언덕까지, 험한 산과 폭류를 뛰어넘어 광막한 인도 대륙으로 끝없이 전개되는 강인한 도전의 연속이었다.

2) 대상(隊商)의 길, 전법의 길

⑴ 거친 벌판을 달려가는 상인/전법사들

'와라나시의 전도선언' 이후, 빠리사의 사부대중들은 험로를 개척하며 담마를 전파하였다. 비구 · 비구니 출가 빠리사들은 수행자들의 오

---

14 Sn 976-1013; 전재성 역(2004), 『숫타니파타』, pp.465-474

15 Schumann(1989), *The Historical Buddha*, p.231

랜 전통인 숲 속의 은둔과 침묵, 곧 무니(muni)적 삶을 극복하고[16] 탁발과 유행을 통하여 적극적인 전도 전법의 길을 선택하였다. 우바새 · 우바이 재가 빠리사들은 험한 벌판과 대하(大河)를 달려 전도 전법의 길로 매진하였다. 이렇게 해서 초기 대중들은 '전도의 종교(a religion of mission)'로서의[17] 불교운동의 방향을 분명히 결정지었다. 초기불교의 전법운동에서 가장 주목되는 것은 장자 · 거사 등 도시 상인(商人, vessa) 그룹이 선도적 역할을 담당하였고, '불교가 교역로를 따라 전파되어 갔다'는 사실이다.[18]

지도를 통하여, 당시 상인들이 주로 사용했던 교역로(trade-route)를 추적해 보면,[19] 인더스 강 넘어 인도 서북쪽의 딱까실라(Takkasilā)로부터 사왓티에 이르러 교역로는 북-남-서 루트와 북-남-동 루트의 양대 루트로 갈라진다.

북-남-서 루트는 사왓티(Sāvatthī)에서 갈라져서 남쪽으로 사께따(Sāketa)와 꼬삼비(Kosambī)로 이어진다. 거기서 루트는 남서쪽으로 방향을 잡아, 웨디사(Vedisa, 지금의 Bhopal 북동 30km 지점)와 고낫다(Gonaddha)를 거쳐 아완띠(Avanti)의 웃제니(Ujjenī)에 도착한다. 거기서 나르마다(Narmada) 강으로 연결되고, 다시 아라비아 해의 캄바이 만(Cambai Gulf)에 있는 바루깟차(Bharukaccha) 항(지금의 Broach)에 도달한다.

북-남-동 루트는 사왓티에서 갈라져서 동쪽으로 세다비야와 가빌라(Kapila)로 나간다. 거기서 남동향하여 구시나가라(Kusinagara) · 빠

---

16 딧사나야케(1988),『불교의 정치철학』, pp.77-78

17 Ling(1979), *Buddha, Marx And God* p.42, New York, St. Martin's Press, Inc.

18 Hajime(1987), *Indian Buddhism*, p.15

19 Schumann(1989), *The Historical Buddha* p.232; Rhys Davids(1981), *Buddhist India*, pp.103-104; Lamote(1988), *History of Indian Buddhism*, pp.9-10; 김재영(2000b), pp.420-423,『초기불교 개척사』, pp.420-423

와(Pāvā) · 반다가마(Bhandagāma)를 지나 웨살리(Vesāli)에 이른다. 빠딸리가마(Pāṭaligāma)에서 강가 강을 건너 루트는 날란다(Nālandā) · 라자가하(Rājagaha)로 연결된다. 라자가하는 구리〔銅〕상품의 주요 수출지였다.

동-서로 이어지는 교역로는 주로 큰 강을 따라가는 하천 루트이다. 상류 쪽으로는 강가 강을 따라 서쪽으로 사하쟈띠(Sahajati)로 가서 줌마(Jumma) 강을 따라 꼬삼비(Kosambi)까지 진출한다. 거기서 북-남-서 루트로 이어지고, 마차를 이용하여 남-서, 북-서 방향으로 진출한다. 하류 쪽으로는, 초기경전에 의하면, 마가다(Magadha)까지만 언급되어 있는데, 짬빠(Champa)가 마지막 기착지이다. 여기서 해안으로 나가 미얀마까지 연결되었다. 하천 루트에서는 고용선들이 이용되기도 하였다.

대상(隊商, satha/사타)/상인(商人, vessaa/웻사)들은 소들이 끄는 수레를 몰고, 또는 배를 끌고, 거대한 자연재해와 흉포한 도적들의 위협을 무릅쓰고[20] 고투(苦鬪)를 벌이며 이들 루트를 개척해 갔다. 초기 문헌들에 의하면, 대상들은 사막을 횡단할 때는 야간을 이용하였는데, 별을 보고 길을 안내하는 선도사(先導士, land-pilot)들의 도움을 받았다. 리스 데이비스는 이렇게 묘사하고 있다.

> 라쥐뿌따나(Rajputana)의 서쪽 사막을 통과할 때, 대상들은 오로지 밤에만 여행하였고, 바다에서 별을 관찰함으로써 바른 길을 유지하는 선도사(先導士, land-pilot)에 의하여 안내 받은 것으로 전해지고 있다. 이 여로

20 『한글대장경 雜阿含經』 2, pp.122-124 『商人經』 "먼 옛날 꼬살라 국에 여러 상인들이 있었다. 그들은 500대의 수레를 타고 장사하러 함께 가다가 넓은 벌판에 이르렀다. 그 벌판에는 500명의 도둑들이 있어 그들의 뒤를 따르면서 틈을 보아 물건을 빼앗으려 하였다.……" 동국역경원(1985b), 『한글대장경 雜阿含經』 2, pp.122-124 -『商人經』

(旅路)에 관한 전체적인 서술은 너무도 선명하고 정확하기 때문에 그것을 하나의 창작품으로 볼 수 없다. 따라서 우리는 그것을 사막을 가로지르는 교역로가 있었을 뿐만 아니라 오로지 별들에 의하여 배와 대상들을 인도하는 선도사들이 잘 알려져 있었다는 증거로 받아들이는 것이다.[21]

초기경전에 의하면, 이 대상들의 장사길, 곧 교역로가 빠리사들의 전법의 길로 활용되고 있었다. '붓다와 그 제자들이 삐거덕거리는 우마차(ox-carts) 대상 교역로와 같은 길을 이용했기' 때문이다.[22] 대상의 길이 전법의 길이 된 것이다. 실크로드(silk-road)가 담마로드(dhamma-road)가 된 것이다. 이 과정에서 상인/대상 그룹이 선두에서 길을 여는 개척의 역할을 담당하였고, 붓다는 이들과 밀접히 연대하였다. 초기불교의 전법 개척운동은 이렇게 상인/대상들과 초기 빠리사들의 연대와 참여에 의하여 추구된 것이다. 성열 스님은 이렇게 논하고 있다.

상인들이 대상로를 따라 오가는 과정에서 강도나 맹수를 만나거나 식수나 식량부족으로 많은 어려움을 겪기도 했겠지만(Jat. vol. 1. p.5), 물건을 싣고 갈 때마다 두 배, 세 배의 값을 받고 물건을 팔 수 있었으니(Jat. vol.1. p.8) 부를 꿈꾸는 상인들의 왕래가 잦았을 것이다.
붓다를 '사타와하(sathavāha)'라고 했는데(Ut.P.191), 이는 '대상(隊商, satha)의 선도자(先導者, vāha)'란 뜻이다. '무상상주(無上商主)'라거나 (별역잡아함경 제12; 228경) '무상상인주(無上商人主)'라고 부르기도 했다.(청정경〈1-60〉 이하, S. 1. p.243) 붓다의 이런 호칭은 붓다가 상인들과 함께 여행하면서 가르침

21 Rhys Davids(1981), *Buddhist India*, p.104

22 Schumann(1989), *The Historical Buddha*, p.232

을 주는 일이 빈번했다는 것을 암시하고 있다. 따라서 내륙의 대상로들은 상인들의 무역로(貿易路)였을 뿐만 아니라, 출가자들의 전법로(傳法路)였으며, 정복자들의 군대가 오가는 원정로(遠征路)이기도 했다.[23]

당시 대상의 길, 곧 교역로가 곧 전법의 길/전법로였다는 것은 *Pāli Nikāya* 이전의 문헌에서는 교역로에 관한 기록이 발견되지 않고 있다는 사실에 의해서도 입증되고 있다. 리스 데이비스는 이렇게 논하고 있다.

> 불교 이전의 문헌에는 이런 루트에 관한 기록이 아무것도 없다. 가장 오래된 빨리니까야에서, 우리는 유행(遊行)하는 전법사들의 여로에 관하여, 그리고 특히 보다 긴 여로에 관하여 많은 설명을 확보하고 있다. 그들 전법사들은 일반적으로 이미 만들어진 루트를 따랐을 것이다. 이것은 그 당시 상인들에 의하여 이용된 것과 같은 증거이다. 후기에 와서, 우리는 상인들이 배나 소들이 끄는 수레들을 실제로 이용한 루트에 관한 설명들을 갖고 있다.[24]

(2) 담마를 통한 세계/세계관의 변혁

*Nikāya*들에 의하면, 전법의 길을 열어 가는 과정에서 대중들은 많은 고통과 희생에 직면하였다. 붓다와 초기 대중들은 수많은 장애와 박해에 직면하며 이 길을 개척해 갔다. 어느 때 투나(Thūṇa) 시민들이 "까까머리 사마나들에게는 우물물을 줄 수 없다"며 쓰레기로 우물을

23 성열 스님(2008), 『고따마 붓다』, p.42

24 Rhys Davids(1981), *Buddhist India*, p.102

막아 버렸다.[25] 웨살리 시민들은 "게으른 자들이여, 노동하라"라고 비난하며 공양을 거부하였다.[26] 웨란자에서는 공양을 거부당하고 붓다가 말먹이용 거친 보리〔馬麥〕를 먹었다.[27] 꼬삼비 왕궁의 하녀 쿳줏따라(Khujjuttarā)와 왕비 우데나(Udena)를 비롯한 500명의 궁녀는 반대자들의 불길 속에서 죽어갔다.[28] 심지어 목갈라나(Moggallāna) 비구가 외도 니간타((Nīgaṅṭha, 泥乾子, 자이나교도)에게 맞아 뼈가 부서져 죽었고,[29] 붓다 자신이 데와닷따(Devadatta)의 공격을 받아 몸에 피를 흘리는 일까지 발생하였다.[30]

황량한 사막, 험준한 산악, 폭류 · 폭염과 장마 · 맹수 · 질병 · 기갈 · 도적들, 국왕들의 횡포, 내부적 갈등과 이탈자, 시민들의 냉대와 공양거부, 정통 브라만들의 반발과 도전, 외도들의 음모와 박해 · 모욕……지금까지 검토한 *Nikāya*와 주석서 자료들은 붓다와 초기 빠리

---

25 U Ⅶ 9; Peter Masefield tr.(1997), *The Udāna*, pp.157-158

26 Thig 273에 근거하여. 비슷한 내용이 *Suttanipāta*의 「*Kāsī-Bhāradvāja-sutta*」에도 기록되어 있다. 전법 11년(기원전 579년) 붓다가 마가다의 에까날라(Ekānāla) 마을에 가서 공양을 구할 때, 농장주인 브라만 까시－바라드바자가 이렇게 말하였다. "수행자여, 나는 갈고 뿌립니다. 갈고 뿌린 다음에 먹습니다. 그대 수행자들도 갈고 뿌린 다음에 먹으시오." 전재성 역(2004),『숫타니파타』, pp.101-102; S Ⅰ 172; 전재성 역(1999),『쌍윳따니까야』 1권, pp.386-387; (S 7; 2; 1「Kas-sutta」－까시 경)

27 Thomas(1997), *The Life of Buddha*, pp.117-118 abridged

28 A Ⅰ 26; 대림 스님 역(2007),『앙굿따라니까야』 1권, pp.142-143 각주-155, 156 DhA Ⅰ 161-231; Burlingame tr.(1999), *Buddhist Legends* (*Dhammapada Aṭṭhakathā*) vol. 1, pp.247-293; 거해 스님 역(1992),『법구경』 1권, pp.97-113

29 DhA Ⅲ 65-71; Burlingame tr.(1999), *Buddhist Legends (Dhammapada Aṭṭhakathā)* vol. 2, pp.305-308; 거해 스님 역(1992),『법구경』, pp.408-412; Thomas(1997), *The Life of Buddha*, pp.141-142

30 Vin Ⅱ 188-193 Horner(1997a), *The Book of the Discipline (Cullavagga)* vol. 5, pp.264-270; (*Vinaya-piṭaka*,「*Cullavagga*」Ⅶ 3. 1-7); Schumann(1989), *The Historical Buddha*, pp.232-238; 김재영(2001b),『초기불교 개척사』, pp.401-403

사의 사부대중들이 이러한 중첩된 장애/난관들과 마주치면서 전법의 길을 개척해 가고 있었다는 사실들을 드러내고 있다. 초기 대중들의 이러한 대결정신은 안팎의 변화들/대상(對象)들을 전면에 마음집중하여 담담하게 지켜보는 사띠(parimukkhaṃ-sati)의 통찰정신을 연상시킨다. 안으로 마음의 대상들〔四念處〕을 대면하여 담담하게 지켜보고, 밖으로 일체의 사회적 장애들을 대면하여 굳건하게 극복해 가며, 이렇게 안으로 밖으로 안팎으로 끊임없이 대면하고 극복해 가는 것이 초기 불교도들의 일상적인 삶의 방식이라고 할 것이다. '하녀 쿳줏따라와 500궁녀들의 죽음 사건'에서 시민들의 모욕과 비난에 직면한 붓다는 이렇게 선언하고 있다.

> "아난다여, 나는 싸움터로 나가는 코끼리 같으니라. 마치 사방에서 날라오는 화살들에 맞으며 싸움터로 나가는 것이 코끼리의 임무이듯이, 사악한 자들의 모욕을 참고 견디는 것이 나의 임무이니라."[31]

여기서는 붓다의 캇띠야적 승자의식(勝者意識)이 감지되고 있다. 또 목숨을 걸고 달려가는 상인들의 도전의식이 엿보인다. 붓다의 승자의식/평정의식과 상인들의 도전의식이 초기불교의 거친 야성/야생적 개척정신과 투철한 마음통찰/사띠의 한 요인으로서 치열하게 작동하고 있다는 사실이 새삼 감지되고 있다. 이것은 초기 불교도의 치열한 사회의식이 안팎으로 그들의 삶을 견인하는 결정적 조건/요인으로서 작동하고 있다는 사실을 거듭 확인시켜 주는 것이다.

이런 과정에서 많은 대중들이 삼보에 헌신하는 데 몸을 던졌다. 이

---

31 Burlingame tr.(1999), *Buddhist Legends* (*Dhammapada Aṭṭhakathā*) vol. 1, p.283; 김재영(2001b), 『초기불교 개척사』, pp.406-408

러한 곤경과 희생을 무릅쓰고 초기 빠리사의 대중들이 전도 전법의 길을 개척해 간 것은 많은 사람들에게 붓다 담마를 전파함으로써 그들의 삿된 견해/삿된 세계관을 변혁하려는 사회적 실천의식 때문이었다. 붓다와 초기 대중들은 연기법의 틀 위에서[32] 개인들의 자유로운 사고와 체험에 근거하지 않는 권위적 세계관과 이기적 가치관들/이데올로기들을 비판하였다.[33] 그리고 붓다 담마를 통하여 '자비 · 자유의 중도적 세계관'과 윤리적 실천의 삶을 널리 전파하고 실증해 보였다. 이러한 세계관의 변혁은 전법의 전 과정을 통하여 매우 효과적으로 추구되었다.

"담마를 보고, 담마를 얻고, 담마를 이해하고, 담마 속으로 빠져들었다. 의심에서 벗어났고, 망설임을 제거했고, 두려움이 없었고, 스승의 가르침 외에 다른 것은 필요 없게 되었다."[34]

빔비사라 왕에 대한 이러한 경전의 정형화된 서술은 초기불교가 추구한 세계관의 변혁이 그 벽두에서부터 사람들을 얼마나 본질적으로 변화시키고 있었는가를 극명하게 보여 주고 있다. 이러한 세계관의 전파와 변혁은 초기불교가 추구하는 사회적 실천에서 가장 핵심적 과업으로서 인식되었다. 이 과업을 실현하기 위하여 붓다와 초기 대중들은 온갖 장애들과 대면하며 전법의 길을 개척해 갔다. 그리고 이러한 '전법 개척의 과업'은 불교사를 통하여 줄기차게 계승되어 왔다. 아소까

---

32 조준호(2002b), 「초기불교의 실천사상」『한국불교학』 제32집, p.249

33 조준호(2002a), 「초기불교의 사회적 실천운동」『실천불교의 이념과 역사』, pp.22-27

34 Vin Ⅰ 37; Horner tr.(2000), *The Book of the Discipline* (*Mahāvagga*) vol. Ⅳ p.49; (*Vinaya-piṭaka*, 「*Mahāvagga*」Ⅰ 22. 8)

(Asoka) 대왕의 담마칙령에 의하면, 왕은 16개 나라에 두따(duta, 사절단)를 파견하여 담마를 전파하였다. 16개 나라 가운데는 에피루스 · 마케도니아 · 키레네 · 이집트 · 시리아 등 중동과 유럽권의 나라들도 포함되어 있다.[35] 담마를 통한 세계관의 변혁, 이것이 초기불교 이래 가장 치열하게 추구되어 온 불교운동의 제일 화두였다. 조준호는 이렇게 논하고 있다.

> 초기불교에 있어 사회적 실천운동의 중심은 인간과 사회의 세계관, 인간관을 변화시켜 주는 것과 같은 근본적인 문제에 초점이 맞추어져 있다. 왜냐하면 세계관, 인간관의 문제는 바로 사회관, 또는 사회사상과 직결되어 인간 행위의 실천이라고 하는 구체적인 삶의 현장이 형성되기 때문이다.……따라서 연기 중도에 따른 세계와 인간에 대한 비판적인 실천운동이야말로 바로 인간과 사회변혁의 핵심문제라고 할 수 있다.[36]

2. 비폭력(非暴力, ahiṃsā) 자비의 실천
- 윤리적 변혁으로

1) 비폭력의 가치

(1) 비폭력의 역사적 현장

붓다는 만년에 매우 비극적인 사건을 만나게 되었다. 그의 모국 가빌라가 꼬살라 국 위두다바(Viḍūdabha) 왕의 침략을 받아 석가족이 잔

35 일아 스님(2009),『아소까』, p.241

36 조준호(2002a),「초기불교의 사회적 실천운동」『실천불교의 이념과 역사』, p.57

인하게 학살당한 것이다. 이 사건은 전쟁 · 폭력에 대한 붓다와 대중들의 행위를 가늠해 볼 수 있다는 점에서 특히 주목된다. *Dhammapada Aṭṭhakathā*(『법구경주석서』)에서는 이때의 상황과 관련해서 이렇게 기록하고 있다.

> 그런 까닭에 위두다바(Viḍūdabha) 왕은 큰 군대를 이끌고 나아가며 말했다.
> "나는 석가족을 멸살시킬 것이다."
> 그러나 붓다의 종족들(석가족)은 그들의 적을 살해하지 않았다. 남의 생명을 빼앗기보다는 그들 스스로 죽기를 원했다. 석가족들은 서로 말했다.
> "우리는 잘 훈련 받았고 또 기술이 있다. 우리는 노련한 궁수(弓手)들이고 긴 활에 익숙하다. 그러나 우리가 타인의 목숨을 뺏는 것은 가르침에 어긋나는 것이기 때문에, 우리들의 기술을 보여 주기 위해서 다만 화살을 날리자."
> 위두다바 왕은 등을 돌리며 그의 병사들에게 명했다.
> "'나는 석가족이다'라고 말하는 자는 다 죽여라. 그러나 마하나마(Mahānāma, 왕의 외조부)의 추종자들은 살려두라."
> 위두다바는 남은 석가족을 모두 살육했다. 어머니의 품에 안긴 아기들도 살려두지 않았다. 위두다바는 피의 강물을 흘려 보내면서 석가족의 목의 피로 그의 자리(그가 이전에 모욕당했던 자리)를 씻었다. 이렇게 해서 석가족이라는 나무는 뿌리채 뽑혔다.……
> 밤이 되자 위두다바는 아찌라와띠(Aciravatī) 강에 이르러 캠프를 쳤다. 밤중에 갑자기 폭풍이 몰려와서 끊임없이 비를 퍼부었다. 홍수가 강바닥을 가득 메워 위두다바와 그의 군대를 바다로 휩쓸고 갔다.
> 이 이야기들을 듣고 부처님께서 설하셨다.

"아름다운 꽃들을 찾아 헤매며
마음이 쾌락에 빠져 있는 자들에게
죽음은 순식간에 휩쓸어 온다.
마치 거대한 홍수가 잠든 마을을 휩쓸고 가듯." (Dh 47)[37]

'가빌라 석가족의 비폭력 사건'을 두고 그 사실성 여부에 관하여 의문을 제기하는 사람들이 있을지 모른다. 하나의 전설 정도로 생각하는 사람들이 있을지도 모른다. 그만큼 이 사건은 충격적이기 때문이다. 그러나 이 사건과 관련된 많은 문헌의 기록이 남아 있고 유적들도 발굴되고 있다. 당(唐)의 현장(玄奘) 법사도 『대당서역기(大唐西域記)』의 '가빌라바스투국'에서 이 사건을 이렇게 기록하고 있다.

> 대성(가빌라城) 서북쪽에 수백 개의 스투파가 있다. 석씨 일가들이 주살당한 곳이다. 위두다바 왕은 이미 석씨 일가를 이겨 일족 9천 9백 90만 명을 잡아 몰살시켜 버렸다. 시체는 풀더미같이 쌓이고 피는 흘러 연못이 되었다. 하늘은 인심을 경계하고 시체를 거두어 매장하였다.……[38]

이러한 기록들로 미뤄볼 때, 기원전 543년(또는 544년), 붓다 입멸 직전에 꼬살라 국의 침략에 의한 석가족 대학살 사건이 있었던 것은 분명한 사실로 보인다. 대홍수 사건과 관련된 붓다의 게송(*Dhammapada* 47)이 남아 있는 것도 이러한 사실을 더욱 확고히 입증하는 것이다. 강대국에 의한 잔인한 정복전쟁이 빈번했던 기원전 7~5세기의 동북 인도

---

37 DhA I 337-361; Burlingame tr.(1999), *Buddhist Legends* (*Dhammapada Aṭṭhakathā*) vol. 2, pp.44-46 abridged; 거해 스님 역(1992), 『법구경』 1권, pp.172-184

38 玄奘(1990), 『大唐西域記』, p.172

의 정치적 정세를 고려할 때, '가빌라 살육 사건'은 그 가능성이 충분한 것이다.

가빌라의 현재 위치에 대해서는 많은 주장이 제기되어 왔으나, 네팔 국경 지대 틸라우라코트(Tilaurakot)와 인도 국경 근처 피프라바(Piprava)로 보는 두 견해가 가장 유력하다. 틸라우라코트가 '구(舊) 가빌라'로, 피프라바가 '신(新) 가빌라'로 구분되기도 한다. 슈만은 '가빌라 석가족의 비폭력 사건'에 관하여 다음과 같이 합리적인 해석을 개진하고 있다.

> 우리는 싯닷타(Siddhattha)의 젊은 시절 무대였던 구(舊) 가빌라(Old Kapilavatthu)와 신(新) 가빌라(New Kapilavatthu)를 구분하지 않으면 안 될 것이다. 붓다의 생존 기간 중에 꼬살라의 왕 위두다바가 구(舊) 가빌라(Tilaurakot)를 정복하고 파괴하였기 때문에, 구 가빌라로부터 탈출하여 살아남은 석가족들이 이후에 현재의 피프라바에 정착하고 거기에 하나의 새로운 가빌라(또는 대가빌라, Great Kapilavatthu)를 건설한 것이다. 붓다의 입멸 후 그들은 그의 사리를 그곳에 매장하였다.[39]

(2) 비폭력(非暴力, ahiṃsā)의 기치

틸라우라코트와 피프라바, 2개의 가빌라가 발굴되고, 거기서 항아리들과 수많은 뼈 조각들이 출토되고 있다. 이것들은 '비폭력(非暴力, ahiṃsā)의 담마'가 불교도들에 의하여 얼마나 진지하게 준수되었던가를 가늠해 볼 수 있는 하나의 자료로 생각된다. 강대국 꼬살라의 정복군주 위두다바의 침략을 받았을 때, 가빌라의 석가족들은 철저하게 비폭

39 Schumann(1989), *The Historical Buddha*, p.17

력으로 일관했다. 살육의 피가 내를 이루고 어머니 품속의 어린 아기들까지 죽임을 당하는 극한 상황에서 그들은 저항을 스스로 포기하였다. 그들은 스스로 죽임을 당하면서도, 마지막 순간까지 살육을 포기하고 있다. '죽이지 말라(不殺生)', '해치지 말라(不害)'라는 붓다의 가르침이 실천되고 있는 것이다. 그래서 그들은 "우리가 타인의 목숨을 뺏는 것은 가르침에 어긋나는 것"이라고 서로 경각하고 있다. 적에게 항전한 동료를, "우리 석가족은 전륜왕의 혈통을 이어받은 법왕(法王, 釋尊)의 동족이다. 흉포한 행동으로 사람을 죽인 일을 어찌 용서할 수 있겠는가?"[40] 이렇게 질책하며 추방하였다. 이것은 비폭력이 얼마나 철저하게 불교도들·민중들의 정신 속에 각인되고 삶의 윤리로서 존중되고 있는가를 보여 주는 하나의 역사적 사례이다.

'죽이지 말라, 해치지 말라', 이것은 붓다가 확립한 오계(五戒, pañca-sīla/빤짜실라)의 제1조이다. 단순히 오계의 첫 번째 조목이라기보다는 붓다 담마를 포괄하는 제1의 행동윤리이다. *Suttanipāta*의 「*Dhammika-sutta*」(담미까 경)에서 붓다는 '깨달음의 가르침'을 묻는 담미까(Dhammika)라는 재가 수행자와 500명의 대중들에게, 그 첫머리에서 이렇게 설하고 있다.

> "산 것을 죽이거나 남을 시켜 죽여서는 안 된다.
> 그리고 죽이는 것을 묵인(동의)해도 안 된다.
> 어떤 생명이건, 폭력을 두려워하는 모든 존재에 대해서
> 폭력을 거두어야 한다."[41]

40 玄奘(1990),『大唐西域記』, p.172

41 Sn 394; 전재성 역(2004),『숫타니파타』, p.243

비폭력(非暴力)은 'ahiṃsā(아힝사)'를 옮긴 말이다. ahiṃsā는 '불해(不害, not hurting)', '인간성(humanity)', '친절(kindness)'을 의미하고,[42] 상해(傷害)를 가하는 일체의 폭력을 배제하는 비폭력(非暴力, non-violence)을 의미한다. 그리고 이 아힝사는 붓다 자신에 의하여 오계의 제1조로서 선포되고, 불교도들에 의하여 엄중히 준수되었다. 이른바 '불살생(不殺生)의 계'이다. 그런 의미에서 불교는 근본적으로 비폭력의 길이고, 비폭력은 '붓다의 기치(旗幟)', '불교의 기치'라고 할 수 있다. 불교가 전파하는 우주적 메시지라고 할 수 있다. 가빌라의 석가족뿐만 아니라 수많은 시민들/민중들이 붓다 담마로 모여든 것은 그 큰 이유의 하나가 바로 이 '아힝사/일체중생들의 기치', 곧 '비폭력의 메시지' 때문인 것으로 고찰되고 있다. 월폴라 라훌라는 이렇게 논술하고 있다.

> 붓다는 정치나 전쟁, 평화에서도 선명하고 공정하다. 불교가 비폭력과 평화를 우주적 메시지로 주장하고 있다는 것, 그리고 어떤 종류의 폭력이나 생명에 대한 파괴를 인정하지 않는 것은 여기서 반복할 필요가 없을 정도로 잘 알려져 있다.……비폭력(ahiṃsā)은 누구도 해쳐서는 안 된다는 것을 의미할 뿐만 아니라 또한 전쟁과 폭력, 폭력과 생명의 파괴를 포함하는 모든 것들을 회피하거나 예방해야 한다는 것을 의미하는 것이다.[43]

월폴라 라훌라가 지적하고 있는 바와 같이, 붓다와 초기 대중들은 전쟁을 거부할 뿐만 아니라 전쟁을 예방하는 일에서도 열성적이었다. 전법 초기, '로히니(Rohiṇī) 강 물싸움 사건'으로 석가(Sakkā)족과 꼴리족

---

42 PED(1986) p.92

43 Rahula(1978), *What the Buddha taugh*, pp.84-85

(Koli)족 사이에 전쟁 위기가 고조되었을 때, 붓다는 몸소 강변으로 달려갔다. 붓다는 왕과 장군들 · 관리들과 농민들을 설득하여 그들이 모두 무기를 버리고 화해하게 하였다. (Dh vs.137-139)[44] '가빌라 석가족의 비폭력 사건' 때도 위두다바의 침략을 막기 위하여 붓다는 세 번씩이나 국경의 마른 나무 밑에서 기다렸다.[45] 또 마지막 유행을 떠나기 앞서 '칠불쇠법(七不衰法)'을 설하여 마가다 국의 왓지(Vajjī)족 침략을 저지한 것은 잘 알려진 일이다.[46]

"어떤 생명이건, 폭력을 두려워하는 모든 존재에 대해서 폭력을 거두어야 한다." (Sn 394)

여기에는 어떤 유보적 조건도 없다. 어떤 예외도 인정되지 않는다. 다함없는 실천만이 요구되고 있다. 그것이 불교인 한, 어떤 이름의 불교라 할지라도, 이 비폭력은 영원한 기치이며 가치로서 존중되어 왔다. 영원한 진리로서 선포되어 왔다. 대승불교도 이 가치에서 일탈할 때, 담마로서의 정당성을 비판받게 될 것이다. 힌두교의 성전(聖典) *Bhagavadgītā*에 나타난 '정의의 전쟁(dharma yuddha, dharmya sangrama)' 같은 그런 '정당한 전쟁(just war)'이란 개념은 불교에서 있을 수 없다.[47] '정당한 전쟁' 또한

---

44 DhA III 254-277; Burlingame tr.(1999), *Buddhist Legends (Dhammapada Aṭṭhakathā)* vol. 3, pp.70-72; 거해 스님 역(1992), 『법구경』 2권, pp.45-47 김재영(2001b), 『초기불교 개척사』, pp.190-194

45 거해 스님 역(1992), 『법구경』 1권, pp.172-184; Thomas(1997), *The Life of Buddha*, pp.139-140

46 D II 72-76; 각묵 스님 역(2006), 『디가니까야』 2권, pp.162-168; (D 16 「*Mahāparinibbāna-sutta*」 - 대반열반경; 1,1-1,5)

47 "'정당한 전쟁'이란 증오, 잔인, 폭력, 대학살을 정당화하고 변명하기 위해 만들어져 유포된 거짓된 용어에 불과하다. 정당한지 정당하지 못한 것인지 누가 결정짓는가? 힘 있는 자와 이긴 자는 '정당'하고 약자와 패자는 '부당'한 것인가? 우리 전쟁은 항상 '정

폭력이고 증오이며 원한이기 때문이다. 이것이 비폭력의 본질로서 규정돼도 좋을 것이다. 이와 관련하여, *Vinaya-piṭaka*의 「*Mahāvagga*」에서는 매우 유용한 정보를 제공하고 있다. '꼬삼비 교단의 분쟁 사건' 때,[48] 붓다는 폭력을 행사하려는 두 편의 비구들을 향하여 유명한 '디가우(Dīghāvu)의 비폭력'을 인용하며 이렇게 설하고 있다.

"그는 나를 욕했고 나를 때렸다.
그는 나를 굴복시켰고 내 것을 빼앗았다.
이렇게 증오를 품고 있으면
증오는 없어지지 않는다.……

여기 어느 때라도
원한은 원한에 의하여 끝나지 않는다.
원한은 원한 아닌 것에 의해서 끝난다.
이것은 영원한 진리이다.……"[49]

폭력과 성전(聖戰)의 완전한 포기, 오랜 불교의 역사에 의하면 이것은 결코 논리의 문제가 아니다. 논리로써, 교리 분석으로써 입증될 성질의 것이 아니다. 논리 이전에 이것은 분명한 역사적 진실이며 수많은 사람들이 신명을 바쳐 실천해 온 유구한 삶의 태도이다. 가빌라의

당'하고 너희들의 전쟁은 항상 '부당'한 것인가? 불교는 이런 입장을 받아들일 수가 없는 것이다." Rahula(1978), *What the Buddha taugh*, p.84

48 Vin Ⅰ 337-359; Horne tr.(2000), *The Book of the Discipline* (*Mahāvagga*) pp.483-513; (*Vinaya-piṭaka*, 「*Mahāvagga*」 X 1,1-6,3)

49 Vin Ⅰ 349; Horner tr.(2000), *Ibid.*, p.499; (*Vinaya-piṭaka*, 「*Mahāvagga*」 X 3,1)

민중들이 이것을 입증하고 있다. 틸라우라코트와 파프라바, 구(舊) 가빌라와 대(大)가빌라가 이것을 입증하고 있다. 그리고 이 '비폭력의 기치', '비폭력 불살생의 기치'는 역사적으로 많은 불교도들에 의하여 불교정신의 제1조로서 계승되고 준수되었다. '비폭력 불살생'은 아소까 대왕(기원전 304~233)의 담마칙령에서 가장 빈번히 언급되는 담마의 하나로서 바위 · 돌 각문 등에서 아홉 차례나 발견되고 있다.[50] '나의 영토 안에서는 생명 있는 것들을 제물로 바치기 위해 죽여서는 안 된다',[51] '바위 각문 3'에서 아소까 대왕은 이렇게 선포하고 있다. 그리고 그 기치는 우리 시대에서도 살아 있는 담마로서 계승되고 있다. 달라이 라마(Dalai Lama)는『나의 조국 티베트』에서 이렇게 기록하고 있다.

> 이들(티베트인들)이 〔중공군에 의하여〕 죽임을 당한 방법 또한 인간의 상상을 초월하는 참혹한 것이었다. 총살로부터 시작해서 두들겨 죽이기, 사지를 찢어 죽이기, 산 사람을 그대로 태워 죽이기, 물에 빠뜨려 죽이기, 산 사람의 배를 가르고, 굶겨 죽이고, 목졸라 죽이고, 목을 매어 죽이고, 열탕에 삶아 죽이고, 생매장해서 죽이고, 내장을 빼내 죽이고, 또 목을 잘라 죽이기도 했다는 것이다.……
> 과거를 돌아볼 때, 나는 최후까지 비폭력 정책을 고수했던 것을 조금도 유감으로 생각하지 않고 있다. 우리가 신봉하는 종교의 여러 가지 중요한 관점에서 볼 때, 그러한 정책만이 유일하게 가능한 정책이었다.……우리는 우리를 괴롭힌 자들에 대한 복수는 결코 하지 않을 것이다. 까르마(karma, 因果應報)의 법칙에 따라 비천하고 불행한 생(生)을 살아나가게 될 그들에 대한 우리의 의무는 "삶을 살고 있는 모든 것이

50 일아 스님(2009),『아소까』, p.338

51 일아 스님(2009), 앞의 책, pp.341-342

그러한 것처럼, 그들이 죽어서 저급한 계급으로 환생하기보다는 니르바나(nirvāṇa)로 나아갈 수 있도록 도와주는 것이다"라고 우리는 반성해야 할 것이다.……[52]

2) 비폭력 자비운동의 윤리적 변혁으로

(1) 살아 있는 모든 것들을 위하여

'살생하지 말라', '생명을 해치지 말라'에 해당되는 오계의 용어는 'pāṇātipātā/빠나띠빠따'이다. 'pāna(Skt. prana)는 전통적인 의미에서 볼 때 살아 있는 모든 것/유정(有情)/중생(衆生, satta, a certain being)을 의미한다.'[53] 따라서 이 불살생/비폭력의 계는 '그 크기에 상관없이 모든 생물에 적용된다. 그것은 베다의 제물(yañña)로서 동물을 죽이는 행위나 다른 몇몇 종교의 계율에서 허용하는 여타의 살생도 〔불교도에게는〕 그 예외가 될 수 없다.'[54]

*Saṃyutta-nikāya*의 「*Yañña-sutta*」(제사경)에 의하면, 한때 꼬살라 국의 빠세나디(Pasenadi) 왕이 사왓티에서 대규모의 희생제의를 준비하고 있었다. 500마리의 큰 황소와 500마리의 수소, 500마리의 암소, 500마리의 산양, 500마리의 양들이 제의를 위해서 기둥에 묶여 있었다. 또 왕의 노예들과 하인들, 기능공들이 동물들을 도살하는 것을 두려워하여 공포에 떨며 얼굴 가득 눈물을 뿌리며 준비를 하고 있었다. 탁발에서 돌아온 수행승들로부터 이 소식을 들은 붓다는 이렇게 설하였다.

---

52 달라이 라마(1987), 『나의 조국 티베트』, pp.177-189 간추림, 예지각.

53 사다티사(1997), 『根本佛敎倫理』, p.114

54 사다티사(1997), 앞의 책, p.114

"말을 희생하고 사람을 희생하는 제사
나무 막대기로 제단을 쌓고
승리의 축배를 들고
차별 없이 널리 베풀어도
그 결과는 빈약한 것이라네.
산양과 양, 소들을 살육하는 곳
온전한 길을 가는 성스러운 수행자들은
결코 그런 곳에 가지 않는다네.……"

(이 설법을 전해 들은 빠세나디 왕은 어리석음을 깨닫고 이 희생제의를 중단하였다.)[55]

이 '빠세나디 왕의 희생제의 사건'은 희생제의(yajña)를 통하여 자행되는 대량 살육의 현장을 여실히 드러내고 있다. 그리고 살육을 막기 위하여 나서는 붓다와 초기 대중들의 현실적 노력을 잘 드러내고 있다. 보다 중요하게 생각되는 것은, 이 '빠세나디 왕의 희생제의 사건'을 통하여 초기불교의 '비폭력 운동'이 시대적 상황과 긴밀히 관련되어 있다는 사실이다. 초기불교는 소 · 양 등 동물의 생명까지를 비폭력의 대상으로 강경하게 주장하고 있다. 이것은 기원전 7~5세기 동북 인도의 희생제의가 동물은 물론 사람의 생명까지 위협하고 있는 비상한 위기적 상황과 관련 깊은 것이다. *Suttanipāta*의 「*BrāhmaṇaDhammika-sutta*」(브라흐마나의 삶에 대한 경)에서는 제의(祭儀)에 관하여 언급하면서 '말(馬)의 희생제의(assamedhaṃ), 인간의 희생제의(purisamedhaṃ)'라고 분명히 기록하고 있고,[56] 또 '빠세나디 왕 사건'의

55 S Ⅰ 75; 전재성 역(1999),『쌍윳따니까야』1권, pp.182-185; (S 3; 1; 9「*Yañña-sutta*」- 제사의 경)

56 Sn 303; 전재성 역(2004),『숫타니파타』, p.208, 각주-839

경우에서도 실제로 인명의 살육까지 준비되고 있었다. 그래서 붓다는 "말을 희생하는 제사, 사람을 희생하는 제사"[57]라고 지적하고 있는 것이다. 이것은 비폭력 운동이 단순히 윤리적인 도덕률의 문제로서가 아니라 대량 살육의 공포를 막아내려는 절실한 시대적 요구에 대한 응답이란 사실을 의미한다. 따라서 비폭력은 반(反)생명적인 위기상황에 대한 경고로서 추구되었다. 이와 관련하여 에드워드 콘즈는 이렇게 논하고 있다.

> 기원전 500년 경 인도에는 '불해(不害, no harming, ahiṃsā)'를 그들 교의의 핵심에 내세우는 두 개의 종교가 전면에 등장하는데, 하나는 자이나교이고 다른 하나는 불교였다. 어떤 생명에 대한 해침도 금지할 것을 이렇게 특별히 강조하는 것은 청동과 철을 발명한 결과 인간관계를 특징짓게 된 폭력의 증가에 대한 대응이었을 것이다. 인도에서, 그것은 종족전쟁으로 나타나는 대량 학살을 겨냥할 뿐만 아니라, 또한 베다의 희생의식(yajña)을 행할 때 수반되는 거대한 동물 살육을 겨냥하는 것이며, 또 어느 정도는 동물들에 대한 농부들의 잔인한 태도를 겨냥하는 것이기도 하였다.[58]

초기불전들에 의하면, 비폭력의 대상은 소(牛)나 양(羊) 등 가축으로 한정되지 않고 한 마리 뱀이나[59] 물고기로까지[60] 확장된다. 그러나 불교도가 문제 삼는 생명은 이들 미약한 동물로 한정되지 않는다. 그 생

57 Srp I 141-2; 전재성 역(1999), 『쌍윳따니까야』 1권, p.183 각주-445

58 Conze(1969), *Buddhism ; its essence and development* p.61, New York, Harper Torchbooks

59 U II 3; Peter Masefield tr.(1997), *The Udāna*, p.21

60 U V 4; Peter Masefield tr.(1997), *Ibid.*, p.92

명은 땅 · 풀이나 물속에 있는 눈에 보이지 않는 미미한 곤충들까지를 포괄한다. *Vinaya-piṭaka*에서는 "만약 어떠한 비구라도 손수 땅을 파거나 다른 사람을 시켜 땅을 파게 하면 그것이 곧 빠찟띠야(pācittiya, 波逸提, 바일제)[61]이다"[62]라고 규정하고 있다.(掘地戒) 또 "만약 어떠한 비구라도 생명체가 들어 있는 물로써 짚과 진흙을 개거나 또는 그렇게 하도록 시키면 그것이 곧 빠찟띠야이다"[63]라고 규정하고 있다.(用蟲水戒) 흙속 · 물속의 미미한 곤충이나 박테리아 · 바이러스까지도 하나의 존엄한 생명체로서 인정되고 있는 것이다. 뿐만 아니라 비폭력의 대상은 한갓 이름 없는 식물(植物)에게까지 확장되고 있다. *Saṃyutta-nikāya*의 「*Pāṭaliya-sutta*」(빠딸리야 경)에서 붓다는 빠딸리야(Pāṭaliya)라는 꼴리야(Koliya)인 촌장에게 이렇게 설하고 있다.

"촌장이여, 이 세상의 고귀한 제자는 살아 있는 생명을 죽이는 것을 포기하고 살아 있는 생명을 죽이는 것을 삼갑니다.……
촌장이여, 고귀한 제자는 이와 같이 탐욕을 떠나고 분노를 떠나고 어리석음을 떠나 바로 알고 마음에 새겨 자애로운 마음으로 한쪽 방향을 충만시키고 (마찬가지로 두 번째, 세 번째, 네 번째 방향을 충만시키고), 마찬가

---

61 빠찟띠야(pācittiya, 波逸提-바일제, expiation)는 '사타(捨墮)'라고 한역하는데, '참회하지 않으면 악도(惡道)에 떨어진다'라는 의미이다. 초기 율장에서 이 빠찟띠야는 경죄(輕罪)로 구분되는데, 여기에 해당하는 죄를 지으면 한 사람의 비구 앞에서 참회해야 한다.; 平川彰(2003), 『원시불교의 연구』, pp.281-289; 목정배(2001), 『계율학개론』, pp.246-251

62 Vin IV 32-33 "비구가 땅을 파거나 땅을 파게 하면 그것은 빠찟띠야를 범하는 것이다." (빠찟띠야 제10조); Horner tr.(1997b), *The Book of the Discipline* (*Suttavibhaṅga*) vol. II, pp.223-225; (*Vinaya-piṭaka*,「*Suttavibhaṅga*」X 1, 1-2, 3)

63 Vin IV 48-49 "비구가 생물이 들어 있는 것을 알면서 그 물을 뿌려서 풀이나 진흙을 개면 빠찟띠야를 범하는 것이다."(빠찟띠야 제20조); Horner tr.(1997b), *The Book of the Discipline* (*Suttavibhaṅga*) vol. II, pp.261-262 ; (*Vinaya-piṭaka*,「*Suttavibhaṅga*」XX 1,1-2,3)

지로 위로 아래로 옆으로 모든 경우 모든 곳에 일체의 세계를 광대하고 멀리 미치고 무량하고 원한 없는 자애로운 마음으로 충만시킵니다. 〔고귀한 제자는〕 이와 같이 생각합니다.……

'나는 식물이건 동물이건 어떠한 것도 해치지 않고 그 양자에게 행복을 기원한다. 나는 실로 몸으로 절제하고 입으로 절제하고 생각으로 절제한다. 그렇게 하면 나는 몸이 파괴되고 죽은 뒤에 좋은 곳, 천상에 태어날 것이다.'……"[64]

(2) '모든 생명들이여, 부디 행복하소서'

사람 · 황소 · 수소 · 암소 · 산양 · 양 · 뱀 · 물고기 · 벌레 · 식물……

초기 불교도가 문제 삼는 생명, 곧 중생(衆生, 有情, pāna, sattā)은 이와 같은 것이다. 비폭력이 문제 삼는 생명은 이와 같이 모든 생명들, 일체중생(一切衆生, sabbesatta)을 향하여 열려 있다. 일체의 생명/일체의 생명 세계/생태계(生態界)를 포괄한다. 미미한 생명일지라도 깃들어 있을 수 있는 물 · 흙 · 바위 · 원료 등 일체의 자연계(自然界)를 포괄한다. 흙〔地〕 · 물〔水〕 · 열〔火〕 · 공기〔風〕의 사대(四大)를 포괄한다. 생물(生物) · 무생물(無生物)의 모든 세계를 포괄하는 것이다. 이것이 불교가 추구하는 사회/세계(loka)의 모습이다. 이 사회/세계의 진정한 모습이다. 이 모든 사회/세계는, 자아의식/탐욕을 버리고 바라보면, 이렇게 하나의 사회, 한 흐름의 세계가 되고, 한 생명의 공동체가 된다. 곧 동체적(同體的) 사회/세계가 되는 것이다.[65] 그런 까닭에 '자연과 생명에 대한 불교

---

64 S IV 340 ; 전재성 역(1999), 『쌍윳따니까야』 7권, pp.331-332 간추림 ; (S 42 ; 13 「*Pāṭaliya-sutta*」- 빠딸리야 경)

65 아비달마 불교에서는 이것을 3종세간으로 구분하고 하나의 세계로 인식하고 있다. "여기서 우리가 눈여겨 보아야 할 것은 3종 세간에 모두 세간이라는 말이 공통적으로 사

의 기본태도는 감사요 존중이며 자비요 외경임을 알 수 있다.'[66]

"모든 생명들이여 부디 행복하소서."

〔Sabbe Sattā bhavantu Sukhitattā/삽베 삿따 바완뚜 수키땃따〕

초기불교의 출가대중들은 모든 생명을 향하여 이렇게 축복하면서 아침마다 걸식 유행하였다.

"나는 식물이건 동물이건 어떠한 것도 해치지 않고 그 양자에게 행복을 기원합니다. 나는 모든 곳 일체의 세계를 광대하고 멀리 미치고 무량하고 원한 없는 자애로운 마음으로 충만시킵니다."

마을의 촌장들도 이렇게 기원하였다. 이렇게 초기불교의 비폭력은 본질적으로 많은 사람들 · 많은 생명들의 이익과 행복을 추구하는 자비로서 추구되었다. 비폭력이 단순히 살생하지 않는 금지적 계율로서 추구되지 않았다. 그것은 모든 생명을 끌어안고 살려내고 이익과 행복을 함께 나누는 동체자비의 생명윤리운동으로서 추구되었다. 마하쉬티워리(Mahash Tiwary)는 이렇게 논하고 있다.

"모든 생명들이여, 부디 행복하소서" – 이것이 붓다의 모토였다. 그런 까닭에 그는 그의 대중들에게 숲속에 들어가 은둔할 것이 아니라 많은 사람들의 이익과 행복을 위하여, 이 우주의 모든 생명들에 대한 자

용되고 있는 것이다. 이것은 불교에서는 자연과 중생, 또는 중생과 불타를 이원론적(二元論的)으로 구분하여 보고 있지 않다는 사실을 말해 주고 있다. 연기론에 입각하여 인간과 세계를 세간이라는 말로써 하나로 묶고 있는 것은 불교사상의 매우 독특한 면이라 하겠다." 박경준(2003), 「佛敎的 觀點에서 본 自然」『佛敎學報』 제40집, p.39

66 박경준(2003), 앞의 책, p.35

비심으로 사람들 사이에서 유행할 것을 권고하였다. 그래서 붓다 스스로 45년간 인도의 멀리 떨어진 마을과 읍락, 거대한 도시들을 유행하였다.[67]

'와라나시의 전법 선언' 이후, 초기불교는 이러한 '비폭력 자비'의 보편적 생명윤리를 적극적으로 선포하고 전파하며 확산시켜 갔다. 지속적이고 강력한 사회적 실천운동으로 전개시켜 나갔다. 붓다와 출가대중들은 탁발(托鉢)과 유행(遊行)을 통하여, 재가대중들 - 캇띠야 · 브라흐마나 · 상인 · 노비 등 하층민들은 강과 들판을 가로지르는 전법과 선행 · 나눔의 삶을 통하여 끊임없이 이 비폭력 자비운동을 펼쳤다. 탁발과 유행 · 전법과 선행 · 나눔은 그 자체로서 '비폭력 자비의 담마'를 전파하고 이 사회를 윤리적으로 바꿔가는 윤리적 변혁의 길이었다. 그 결과 수많은 사람들이 이 새로운 담마로 몰려왔다. 피 흘리고 살육하기를 좋아하는 낡은 풍습/낡은 윤리를 버리고, 비(非) 윤리적 반(反) 윤리적 낡은 의식(儀式)을 버리고, 이 고귀한 새로운 윤리로, 새로운 삶의 방식으로 전향해 온 것이다.

*Pāli Nikāya*와 *Vinaya-piṭaka* 등 모든 역사적 자료들에 의하면, 초기불교도들은 이 새로운 생명윤리운동의 물결을 불러일으키는 데 성공하고 있다. 그들은 전쟁을 부정하고 동물 희생을 비판하였다. 그들은 한갓 미미한 생명, 식물에게조차도 어떤 형태의 폭력도 거부하고, 모든 존재로 향한 다함없는 우정과 친절 · 선의(善意)를 강조하였다. 이렇게 해서 그들은 인도 사회를 위협하던 갖가지 형태의 사회적 폭력과 잔인성을 치유하는 데 상당부분 성공하고 있다. 이것은 붓다와 초기 빠리사

67 Tiwary(1985); Ahir ed.(1995), "Social reforms Among Buddhists(600 B.C.-100 B.C.)" *A Panorama of Indian Buddhism*, p.175

의 사부대중들이 비폭력 자비운동을 통하여 인도 사회의 윤리적 변혁에 상당부분 성공하였다는 사실을 의미한다. 이것은 불교가 본질적으로 '윤리의 종교'로서 규정될 수 있다는 것을 의미한다. 윤리의 변혁이야말로 초기불교가 가장 열렬히 추구했던 최선의 사회적 가치였고, 초기 사회변혁의 중심이었다. 암베드까르는 이렇게 논하고 있다.

> 힌두교는 윤리 위에 기초한 종교가 아니다. 힌두교가 가지고 있는 윤리가 있다면 무엇이건 그것은 힌두교의 본질적인 부분이 아니다. 윤리는 힌두교 속에 뿌리내려져 있지 않다. 힌두교에서의 윤리는 사회적인 필요에 의해서 유지되는 별도의 힘이지 힌두교 자체의 규율이 아니다. 불교의 종교성은 곧 윤리이다. 그것은 불교 속에 뿌리내리고 있다. 만일 윤리가 아니라면 불교라는 종교는 아무것도 아니다. 불교 속에 신(神)이 없다는 것은 진실이다. 신의 자리에 윤리가 있다. 다른 종교에서 신에 해당하는 것이 불교에서는 윤리에 해당한다.[68]

(3) 오계의 일상적 실천을 통하여

"산목숨을 해치지 말라.
주지 않는 것을 갖지 말라.
순결하지 못한 행위를 하지 말라.
거짓말하지 말라.
술 마시지 말라.
스스로도 하지 말고 남을 시켜서도 하지 말고, 또 남이 하는 것을 묵인

68 Ambedkar(1950); Ahir ed.(1995), "Buddha and the Future of His Religion" *A Panorama of Indian Buddhism*, p.31

(동의)하지도 말라."[69]

이것이 오계(五戒, paṇca-sīla)이다. 오계는 복잡 난해한 이론적 체계가 아니라, 이와 같이 단순 명료하고 소박한 실천적 윤리로서 성립되고 추구되어 왔다. '하지 말라'라는 금지형을 취하고 있지만, 계(戒, sīla)는 스스로 선택하고 스스로 결단하는 자발적 행위를 그 본질로 삼고 있다. 스스로 부끄러워하고(lajjin) 동정하고 불쌍히 여겨(hita, anukamoin) 살생을 멀리하는 것(paṭivirata)이 계이다. 따라서 '계라고 하는 것은 자발적으로 악을 멀리하는 것이다. 다른 이에게서 명령을 받아 악을 행하지 않는 것이 아니다.'[70]

명령을 따르는 것이 아니라 자발적으로 자비심을 가지고 뉘우치고 부끄러워하는 마음을 일깨우고 악행을 멀리하게〔遠離, veramaṇī, paṭivirata〕 하기 위하여 초기불교가 고안해 낸 구체적 수행방법이 곧 포살과 자자이다. 포살(布薩, uposatha/우뽀사타, posatha/뽀사타, upavāsatha, upavāsa, 齋戒)은 신월(新月)과 보름 등 한 달의 특별한 날〔齋日〕을 정하여 정진하고 법을 설하는 의식이다. 우리 식으로 말하면 '재계(齋戒)'이다. 이것은 멀리 베다의 축제인 소마 제(soma祭)를 준비하는 날에서 유래한 제도이다. 붓다 당시 브라흐만교〔upavāsatha〕나 자이나교〔upavāsatha〕·행각사문(行脚沙門) 등 다른 종교집단에서도 행하고 있었던 것이다.[71] *Vinaya-piṭaka*의 「*Mahāvagga*」에 의하면, 불교에서는 빔비사라 왕의 제의에 의하여, 다른 종교집단과 같이, 민중들의 관심과 결집을 끌어내

---

69 Sn 376-404; 전재성 역(2004),『숫타니파타』, pp.237-246

70 平川 彰(2003),『원시불교의 연구』, p.132

71 Schumann(1989), *The Historical Buddha*, p.159; 平川 彰(2003), 앞의 책 pp.321-325, 436-454; 이태원(2000),『초기불교교단생활』, pp.75-88; 목정배(2001),『계율학개론』, pp.239-241

려는 의도로 채택되었다.[72] 따라서 포살은 그 동기에서부터 민중적 시민적 요소가 크게 작용하고 있다. 포살의식은 출가와 재가에 따라 별도로 행해졌다. *Suttanipāta*의 「*Dhammika-sutta*」(담미까 경)에서 붓다는 재가대중들에게 팔재계(八齋戒)를 설하고,[73] 이렇게 촉구하였다.

"이것이야말로 팔재계(八齋戒)로 된 포살이다. 괴로움을 끝낸 깨달은 이〔부처님〕의 가르침이다. 그러므로 각각 보름인 제15일(또는 제14일)과[74] 제8일에 포살을 닦으라. 그 신성한 달에 올바로 갖추어진 팔재계(八齋戒)를 준수해서 청정한 마음으로 계율을 지켜라. 그런 뒤에 포살을 행한 양식 있는 자는 청정한 마음으로 기뻐하면서 이튿날 아침 일찍 수행승들에게 마실 것과 먹을 것을 베풀어 주라. 바르게 부모를 섬겨라. 올바른 직업에 종사하라. 이와 같이 게으르지 않게 사는 재가자는 스스로 빛나는 신(神)들의 세계에 이를 것이다."[75]

"이것이야말로 팔재계(八齋戒)로 된 포살이다. 괴로움을 끝낸 깨달은 이〔부처님〕의 가르침이다."

〔etaṃ hi aṭṭhaṅgikam āh uposathaṃ buddhena dukkhantagunā

---

72 Vin Ⅰ 101-102 Horner tr.(2000), *The Book of the Discipline* (*Mahāvagga*) vol. Ⅳ, p.130-131; (*Vinaya-piṭaka*,「*Mahāvagga*」Ⅱ 1, 1-4)

73 팔재계는 오계를 기본으로 하고 여기에 특별한 재일에 지키는 세 가지 계를 더한 것이다. "(특별한 재일에는, 필자 주)밤에는 때 아닌 때 음식을 먹지 말라. 화환을 걸치지 말고 향수를 쓰지 말라. 적당한 깔개를 깐 바닥이나 침상에서 자라." Sn 376-404; 전재성(2004),『숫타니파타』, pp.237-246

74 인도 달력으로는 달에 따라 보름이 14일인 달이 있고 15일인 달이 있다.; 전재성(2004), 앞의 책, p.245, 각주-1050

75 Sn 401-404; 전재성 역(2004), 앞의 책, pp.245-246

pakāsitaṃ] (Sn 401)

여기서 재가대중들은 매월 정기적으로 포살을 행하도록 분명히 규정되어 있다. 이것이 이른바 '팔지구족(八支具足)한 포살(aṭṭhaṅgasamannāgato uposatha)', 곧 팔재계(八齋戒, 八關齋戒)이다. 인용문의 'uposatha'는 'posatha'이다. posatha를 음사해서 '포살(布薩)'이라 했고, 뜻으로는 '재계(齋戒)'라고 옮겼다. 재계란 공양 올리고 계를 지키며 청정하게 지낸다는 뜻이다. 목욕재계(沐浴齋戒)도 여기서 온 말이다. '재가대중은 포살을 하지 않는다. 포살은 출가대중에게만 해당된다. 재가는 팔재계를 지키면 된다'라는 일부 주장이 있을 수 있다. 그러나 이것은 경전의 명백한 규정을 잘못 보는 데서 오는 오해라고 할 것이다. '팔지구족(八支具足)한 포살(aṭṭhaṅgasamannāgato uposatha)'이 곧 팔재계(八齋戒, 八關齋戒)이다. 팔재계가 곧 포살이다.[76] 오랫동안 재가의 포살이 '팔재계', '팔관재계'로 불려온 것이다. 그리고 '목욕재계'란 용어가 흔하게 쓰일 만큼 재가대중의 포살수행은 뿌리가 깊고 일상화되어 온 것이다.

많은 경전에 재가포살, 곧 팔재계에 관한 상세한 기록들이 남아 있다.[77] 팔재계를 내용으로 하는 재가포살은 '재가자의 출가법(出家法)'으로[78] 일컬어질 만큼 깊은 종교적 의미와 공덕을 지니고 있다. 재일(齋日)의 횟수에 관해서는 복잡하고 특이한 인도의 역법(曆法)에서 비롯된

---

76 平川 彰(2003), 『원시불교의 연구』, p.442

77 "『숫따니빠따』의 팔재계는 소박한 형태이고, 제대로 형식도 갖춰져 있지 않지만, 증지부의 팔재계의 교설에서는 설명이 상세하게 되어 있다. 빨리 증지부의 『팔집(八集)』 및 한역본의 『증일아함』에는 '팔지구족(八支具足)한 우포사타(aṭṭhaṅgasamannāgato uposatha, 八齋戒)'가 상세하게 설해져 있다." 平川 彰(2003), 앞의 책, p.442; 이수창(마성 스님)(2000), 「布薩과 八齋戒에 關한 考察」『明星 스님 古稀紀念佛教學論文集』, pp.356-368, 운문승가대학 출판부.

78 이수창(마성 스님)(2000), 앞의 책, p.358

혼란 때문에 매월 육재일설(六齋日說)과 사재일설(四齋日說)이 혼재해서 복잡한 양상을 띠고 있지만,[79] 육재일(六齋日)이 옳은 것으로 인정되고 있다.[80]

(4) 재가포살/팔재계의 절차

포살은 출가대중과 재가대중이 각기 다른 방식으로 준수하였다. *Suttanipāta*와 *Aṅguttara-nikāya*의 「*Uposatha-vagga*」(포살품), 『증일아함경(增一阿含經)』의 「고당품」에서는 재가대중들의 포살 절차에 관하여 상세하게 기술하고 있다.[81] 이것을 정리하면 다음과 같다.[82]

① 거룩한 제자(聖衆, ariya-parisā)는 재일날 아침 일찍 몸을 깨끗이 하고 절에 간다.
② 거룩한 제자는 꽃과 향 등 공양물을 갖추어 부처님께 공양 올린다.
③ 거룩한 제자는 계사(戒師)를 찾아 수계를 청한다. 이때 계사는 비구 · 비구니 · 우바새 · 우바이 사부대중이 모두 될 수 있다.[83] 스님이 있을 때는 스님을 계사로 삼고, 스님 부재 시나 사정이 여

---

79 平川 彰(2003), 『원시불교의 연구』, pp.447-454

80 平川 彰(2003) p.438; 이수창(마성 스님)(2000), 「布薩과 八齋戒에 關한 考察」『明星 스님 古稀紀念佛教學論文集』, p.358

81 *Aṅguttara-nikāya*의 「*Uposatha-vagga*」에 의하면, 포살은 비구들에게 설한 질차와 똑같이 재가의 위사카(Vīsākhā)와 와셋타(Vāseṭṭha) · 봇자(Bojjhā)에게도 설해지고 있다.; A IV 248-271; 대림 스님 역(2007), 『앙굿따라니까야』 5권, pp.200-236; (A 8; 41 「*Saṃkhita-sutta*」- 간략 경, 50 「*Idhalokika-sutt*」2 - 여기 이 세상 경)

82 Sn 394-404; 전재성 역(2004), 『숫타니파타』, pp.245-246; A IV 255; 대림 스님 역(2007), 앞의 책, pp.209-219; (A 8 ; 43 「*Visākhā-sutta*」- 위사카 경, 「*Bojjhā-sutta*」- 봇자경); 『增一阿含經』 권16, 「고당품」; 平川 彰(2003), 『원시불교의 연구』, p.436-445

83 『增一阿含經』 권16, 「고당품」; cit. 平川 彰(2003), 앞의 책, p.443

의치 못할 때는 재가법사나 선배로서 계사로 삼을 수 있다.

④ 거룩한 제자는 먼저 그동안의 자기 허물을 돌이켜 보고 참회한다.

⑤ 거룩한 제자는 계사로부터 팔재계를 차례대로 받는다. '팔재계 포살문'은 붓다가 직접 제정한 것으로서 *Aṅguttara-nikāya*의 「*Uposatha-vagga*」(포살품)에 실려 있다.[84]

⑥ 팔재계를 받은 다음에는 설법을 듣거나 참선 · 간경 · 기도 · 예배 등을 행하면서 하루를 깨끗하게 정진한다.

⑦ 재일에는 오전 중에 한 끼만 먹는다.

⑧ 다음 날 아침 탁발하는 스님들에게 정성껏 공양 올리고, 부모님을 잘 봉양한다.

이것이 포살이다. 재가대중들의 포살의식/팔재계이다. 초기경전에 규정된 가장 오래된 대중의식이고, 초기불교 시대 거의 유일한 재가대중들의 의식/민중들의 의식이다. 여기서 특히 주목되는 것은 출가와 재가가 똑같이 '성스러운 제자', '성스러운 대중'(ariya-parisā)으로 불리고, 출가중과 재가중이 똑같이 아라한(arahan)을 모범 삼고 아라한을 지향하고 있다는 사실이다. 이것은 붓다의 근본 뜻이 무엇인가를 다시 한 번 숙고하게 한다. 이것은 불교계에 뿌리 깊이 온존되고 있는 차별적 권위주의가 얼마나 비(非)붓다적이고 비(非)담마적인가를 다시 한 번 성찰하게 하는 중요한 자료이다. 그리고 이 포살의식은 지금도 스리랑카 · 태국 등 동남아시아 불교국가들에서는 여전히 준수되고 있다.[85] 3천 년 가까이 지켜져 온 세계불교의 가장 오랜 정통의 전통으

84 AIV255 ; 대림 스님 역(2007), 『앙굿따라니까야』 5권, pp.209-210 ; (A 8 ; 43 ; 「*Visākhā-sutta*」- 위사카 경)

85 中村 元(1984), 『佛陀의 世界』, p.414

로 인정된다. 이 포살을 잃으면 붓다 담마를 잃는 것이다. 불교를 잃는 것이라고 말해도 좋을 것이다. 깨달음을 위한 내면적 수행도 이런 정통적 수행을 전제할 때, 청정한 계행을 전제할 때, 비로소 그 의미를 갖는 것이다.

붓다의 윤리적 변혁은 일과성 캠페인이거나 훈시적 선언으로 전개된 것이 아니었다. '오계 – 팔재계/포살'로 이어지는 일상적이며 지속적인 훈련 과정과 생활화를 통하여 치밀하고 치열하게 추구되었다. 이것은 결과적으로 민중들의 일상적인 삶의 방식에까지 새로운 변화/변혁의 물결을 불러일으켰다. 경제활동과 직업 선택의 영역에까지 크나큰 영향을 끼쳤다. 그럼에도 불구하고 붓다는 맹목적 원리주의(原理主義)를 주장하지 않았다. '데와닷따(Devadatta)의 도전 사건'에서 보듯,[86] 붓다는 중도주의에 입각한 현실적이며 합리적인 입장을 굳게 지키고 있었다. 붓다는 항상 길을 제시할 뿐, 선택은 만인에게 열려 있었다. 그 무엇도 결코 강요하지 않았다. '현실적으로 가능한 한, 자유롭게', 이것이 붓다의 방법론적 윤리이다. 이와 같이 붓다는 형식적 율법주의자거나 원리주의자/근본주의자가 아니었다. 붓다는 민중들의 실제적인 삶을 충분히 통찰하고 이해하는 자유주의자, 현실주의자였다.[87]

인도의 다양한 종교적 · 사상적 전통 속에서 초기불교가 이러한 '비폭력 자비'의 윤리적 변혁을 전개한 것은 실로 독창적인 것이다.[88] 그리고 이러한 '불교의 윤리적 개념들은 의심의 여지없이 인도 윤리사상

86 Vin II 193-194 Horner tr.(1997a), *The Book of the Discipline*(*Suttavibhaṅga*) vol IV, pp.271-272; (*Vinaya-piṭaka*, 「*Cullavagga*」 VII 3, 9-10

87 Conze(1969), *Buddhism ; its essence and development*, p.62

88 平川 彰(2003), 『원시불교의 연구』, p.444

최고의 산물'로[89] 인식되어 왔다. 윤리 문제에 대한 붓다의 자유롭고도 중도적인 태도가 때로는 소극적이며 비효율적인 것으로 비춰질지 모른다. 그러나 자발성의 기초 위에서 추구되는 자유로운 윤리적 실천, 이것이 불교가 추구하는 담마의 본질이고 사회적 실천의 본질이다. 이러한 담마가 실제에 있어서는 가정 적극적이며 광범한 영향력을 행사해 왔다는 분명한 증거들이 있다. 바위와 돌기둥에 새겨진 아소까 왕의 담마칙령들이 그러한 증거 가운데 하나이다.[90] 아이야수와니 사스트리(N. Aiyaswani Sastri)는 이렇게 논하고 있다.

> 우리는 인도 사상사에서 붓다의 공헌이 얼마나 절대적이며 적극적인 이었던가를 잊어서는 안 된다. 교단의 계획 속에서, 붓다는 사람은 누구나 '계(戒, sīla)'라고 불리는 확고한 윤리적 기준들과 일치하여 자기 자신의 몸과 마음을 항상 연마해야 한다는 사실을 가장 크게 강조하였다. Upaniṣad 속에서 우리는 윤리에 관한 것을 거의 발견할 수 없다.[91]

---

89 Thomas(1997), *The Life of Buddha*, p.44

90 "아소까의 칙령도 마찬가지로 담마의 칙령이라고 새겼듯이 모든 가르침을 '담마'라고 표현하고 있다. 다른 어떤 종교나 전통도 '담마'라는 밀을 이렇게 많이 사용하는 데는 없다. 아소까 왕의 담마는 다른 어떤 전통이나 종교에서보다는 부처님이 사용한 윤리적인 가르침의 뜻인 담마를 그대로 가져와 훌륭한 삶의 길을 표현할 때 모두 담마로 표기하였다." 일아 스님(2009), 『아소까』, pp.19-20 각주-2

91 Sastri/Bapat ed.(1987), "Later Modification of Buddhism-Approach to Hinduism" *2500 Years of Buddhism*)(1987), p.297

3. 반(反)차별 평등의 실천
– 사회적 변혁으로

1) 반(反)카스트 평등의 실천

(1) 카스트(caste) 논쟁

'붓다는 카스트의 철폐를 주장하였는가? 붓다는 카스트의 철폐를 주장함으로써 사회변혁을 추구하였는가?' 이 문제를 놓고 오래 동안 논쟁이 전개되어 왔다. 이 문제와 관련하여 슈만은 이렇게 논하고 있다.

> 몇몇 오래된 책들에서는 붓다를 카스트와 그 불의성(不義性)에 대항하여 싸운 사회 변혁가로 찬양하고 있다. 그러나 이러한 서술이 정당화될 수 있는가?……
>
> 그러나 붓다가 브라만의 신성한 기원을 부정하고, 그렇게 해서 전체 카스트 제도의 신성한 기원을 부정했음에도 불구하고, 붓다는 카스트 체제가 세상의 메커니즘으로부터 결과된 것이라는 것을 확신하고 있었다. 카스트는 재생(再生)과 업(業, kamma)이라는 자연법칙에 의하여 조건지어진 것이다. 이 법칙에 따르면, 의도된 행위가 다음 생에 태어나는 존재의 질을 결정하는 것이다.[92]

'업 – 재생(윤회)의 논리'를 내세워서, 슈만은 마치 붓다가 카스트 체제를 인정했던 것같이 주장하는 입장을 보이고 있다. '고따마의 세계관에 따르면, 카스트 체제에 대하여 저항하는 것은 무의미하고 초점을

92 Schumann(1989), *The Historical Buddha*, p.191

잃은 것이다.……붓다가 반대한 것은 카스트 체제 자체가 아니라 다른 카스트 사람들을 대하는 브라흐마나들의 거짓된 태도인 것이다'[93], 슈만은 이렇게 결론내리고 있다. 라다크리슈난도 이와 유사한 견해를 피력하고 있다.[94] 안옥선은 보다 비판적인 입장을 보여 주었다. 그는 이렇게 논하고 있다.

> 사상적으로 불교는 어떠한 형태의 불평등도 거부한다. 그러나 역사적으로 나타난 불교를 보면, 재가신도가 속한 사회는 물론 출가공동체 내에서조차도 항상 평등이 실현된 것은 아니었다.……불교의 가르침과 불교, 혹은 불교사상과 현실 사이에는 항상 괴리가 있었다. 인도뿐만 아니라 한국, 그밖에 모든 불교국가에서 그러했다. 불교는 그 탄생시부터 '절대적 평등'을 기치로 내걸었음에도 불구하고, 역사적으로는 그 이념을 현실 속에서 한번도 실현해 보지 못했다. 대중적 운동으로 '실현 시도'조차 없었다.[95]

이들과는 대조적으로 많은 학자들은 카스트 체제에 대한 붓다의 적극적인 반대와 투쟁을 평가하고 있다. 담마라타나 비구(Ven. Dr. U. Dhammaratana)는 이렇게 논하고 있다.

---

93 Schumann(1989), *Ibid.*, pp.192-193

94 "지금도 만연하고 있는 개념 중의 하나는 불교와 자이나교가 원래 개혁운동이었으며, 특히 이 두 종교는 카스트 제도에 대한 저항을 대변한다는 것인데, 이것은 아주 잘못된 생각이다. 그들은 단지 바라문교 고행자들의 카스트적인 배타성에 저항했을 뿐이며, 카스트 그 자체, 즉 교단 밖에서 통용되는 카스트 제도를 완전히 인정하였다." 라다크리슈난(2000),『인도철학사』 II 2권, pp.251-252

95 안옥선(2008),『불교와 인권』, p.52

붓다를 열반의 스승으로서 그 당시 사회의 세속적 문제들과 아무런 관계가 없는 것으로 서술하는 것은 가장 위대한 인간성의 스승에 대한 크나큰 오도(誤導, a gross misrepresentation of the greatest teacher of humanity)이다.……붓다는 자기 시대 민중들의 비참한 조건에 대하여 눈을 감을 수 없었다. 반대로 붓다는 당시 사회에서 팽배해 있던 사회적인 악(惡)들에 대하여 몇몇 투쟁을 전개하였고, 그중 최대의 투쟁은 카스트 행태와 싸우는 것이었다.[96]

암베드까르는 자기 자신이 불가촉천민 출신으로서 이 문제에 대하여 보다 강력한 입장을 견지하고 있다. 그는 이렇게 논하고 있다.

불교와 힌두교의 차이점의 또 하나는 힌두교의 사회적 복음이 불평등(不平等)이라는 사실에 있다. 〔힌두교가 지지하는, 필자 주〕 사종성제는 사회적 불평등이라는 사회적 복음의 구체적인 장치이기 때문이다. 한편 붓다는 평등의 입장이다. 붓다는 사종성제(四種姓制, chaturvarṇa, caste)의 최대의 반대자였다. 붓다는 사종성제에 반대하는 교의를 설했을 뿐만 아니라 그것을 뿌리 뽑기 위하여 모든 일을 다 했다. 힌두교에 따르면 슛다(노비)나 여성들은 종교의 스승이 될 수 없고……신(神)에게 도달하는 것이 불가능하다. 이와는 달리 붓다는 슛다의 비구 상가 출가를 인정하였다. 붓다는 또 여성이 비구니 되는 것을 허용하였다. 왜 붓다는 그렇게 하였는가? 이러한 조처의 중요성을 이해하는 사람이 거의 없다. 대답은 붓다가 불평등 복음을 파괴하기 위한 구체적인 단계를 취하기를 원하였다는 것이다. 붓다에 의해서 가해진 공격의 결과로서 힌

96 Dhammaratana(1989)/Ahir ed.(1995), "The Social Philosophy of Buddhism" *A Panorama of Indian Buddhism*, pp.123-124, Delhi, Sri Sataguru Pub.

두교는 그들 교의의 많은 것을 바꾸지 않으면 안 되었다. 힌두교는 폭력(hiṃsā)을 포기하였다. 힌두교는 베다의 무오류성이라는 교의를 포기할 준비를 했다.[97]

암베드까르의 분석에 의하면, 카스트 체제에 대한 붓다의 저항은 결코 타협할 수 없는 것이었다. 그리고 힌두교와 불교 사이의 투쟁은 끊임없이 계속되었고, 그 결과 힌두교는 그들의 오랜 교의를 수정하지 않으면 안 되었다. 그는 이렇게 논하고 있다.

종성제(caste)의 문제에 있어서는 어느 쪽도 양보할 준비가 되지 않았다. 붓다는 사종성제의 교의에 대한 포기를 준비하지 않았다. 이것이 힌두교가 자이나교에 대하여 가졌던 것보다 불교에 대하여 가졌던 증오와 적개심이 왜 그렇게 큰가 하는 이유이다. 힌두교는 붓다가 사종성제에 대하여 행하는 논리의 힘을 인식하지 않으면 안 되었다. 그러나 그 논리에 양보하는 대신 힌두교는 사종성제를 위한 새로운 철학적 정당화를 발전시켰다. 이 새로운 철학적 정당화가 바가바드기타(*Bhagavat Geeta*) 속에서 발견되고 있다.[98]

(2) 반(反)카스트 평등의 실제 상황과 그 원리

붓다는 브라흐마나들의 배타적 우월성만 비판할 뿐, 카스트 자체는 부정하지 않았는가? 아니면, 붓다는 카스트 그 자체를 비판한 것인가? 붓다는 실제로 반(反)카스트운동을 최대의 투쟁으로 삼았는

97 Ambedkar(1950)/Ahir ed.(1995), "Buddha and the Future of His Religion" *A Panorama of Indian Buddhism*, p.33, Delhi, Sri Sataguru Pub.

98 Ambedkar(1950), *Ibid.*, pp.33-34

가?……이렇게 복잡하게 얽힌 카스트 논쟁에서 벗어나 이 문제에 대한 바른 답을 찾기 위해서는 문제의 현장으로 돌아갈 필요가 있다. 문제의 현장에서 실제로 어떤 일이 벌어지고 있었던가를 발견하고 평가하는 것이 이 문제 해결에 긴요한 수순이 될 것이다. 이와 관련하여 '이발사 우빨리(Upāli)와 여섯 왕자의 출가 사건'은 좋은 정보를 제공하고 있다. 이 사건은 붓다의 전법 초기 가빌라 방문 때 발생한 것으로, 여기서 가장 주목되는 것은 이발사 우빨리가 여섯 왕자들에 앞서 출가를 허용 받은 사실이다. *Vinaya-piṭaka*의 「*Cullāvagga*」(율장소품)에서는 왕자들의 입을 통하여 그 이유를 이렇게 제시하고 있다.

> "세존이시여, 저희들은 자존심이 강합니다. 세존이시여, 이발사 우빨리는 오랫동안 우리들의 하인이었습니다. 세존이시여, 그를 먼저 출가시켜 주십시오. 그러면 저희들은 그에게 인사드리고, 그 앞에서 일어서고, 그에게 합장하여 경배하고, 해야 할 의무를 다하겠습니다. 그래야 저희 석가족들의 자만심이 겸허해질 것입니다."
>
> (그러자 세존께서는 이발사 우빨리를 제일 먼저 출가시키고 다음에 이들 젊은 석가족들을 출가시켰다.)[99]

그러나 이런 중대한 결정이 왕자들의 의견대로 이뤄진 것으로 보기는 어렵다. 붓다의 강력한 권유에 의하여 이뤄진 여섯 왕자들의 출가 과정을 고려할 때, 그들의 의식이 그 정도로 성숙해 있을 것으로 기대하는 것은 곤란해 보인다. 왕자들의 개인적인 의견에 앞서 붓다 자신의 의도가 보다 크게 작용한 것으로 보는 것이 타당하다. 이것은 상가

---

99 Vin II 183; Horner tr.(1997a), *The Book of the Discipline* (*Suttavibhaṅga*) vol.V, p.257; (*Vinaya-piṭaka*, 「*Cullavagga*」 VII 1, 4)

를 구성해 가는 붓다의 의도와 방침이 기본적으로 작용하고 있다는 것을 의미한다. 자존심 강한 석가족의 캇띠야들이 천민 이발사에게 인사드리고 그 앞에서 일어서고 그에게 합장 경배하고 있다. 이것은 당시의 카스트적 상황을 고려할 때 하나의 충격이며 이변이다. 이것이 받아들여진 것은 카스트적 차별을 무시하고 철폐하려는 확고하고 분명한 의식/의지 없이는 불가능한 일이다. 카스트적 차별을 뛰어넘어 만인 앞에 평등한 새로운 사회를 변혁해 내려는 강인한 열망/염원 없이는 불가능한 일이다. 천민 우빨리의 출가는 이와 같은 '반(反)카스트 평등운동'의 큰 흐름에서 접근할 때 이해되는 것이다. 담마라타나 비구는 이렇게 논하고 있다.

> 세존은 모든 카스트 구성원들에게 어떤 차별도 없이 승단의 문을 개방하였다. 신성한 삶을 이끌어가는 데 필요한 덕성의 소유가 유일한 입문 조건이었다. 그렇게 해서 수니따(Sunita)는 카스트 밖(out caste)의 천민이었고, 사띠(Sati)는 어부의 아들이었고, 난다(Nanda)는 목동이었고, 두 사람의 빤타스(Panthas)는 귀족과 노비 사이에서 난 딸에게서 태어났고, 꾸마라 깟사빠(Kumāra Kassapa)는 고아였다. 신성한 승단의 구성원으로서 그들은 성자(聖者)의 지위를 획득하고 크게 민중의 스승이 되었다. *Theragāthā*(장로게경)는 이러한 몇몇 성자들의 생애를 기록하고 있다. 이들 성자들의 삶은 우연적인 태생과 계층에 기초한 우월과 열등의 개념이 거짓임을 입증하고 있다. 상가에는 그러한 차별의 여지가 없다.[100]

'반(反)카스트 평등'이라는 붓다의 의지는 상가의 울타리를 넘어 많

---

100 Dhammaratana(1989), "The Social Philosophy of Buddhism" *A Panorama of Indian Buddhism*, pp.129-130

은 사람들/민중들 사이로 확산되어 갔다. 차례 따라 걸식하는 탁발이 높이 평가되는 것도 이런 이유 때문이다. 탁발은 단순히 먹는 방식이 아니라 '반(反)카스트 평등'의 이념을 민중 속으로 확산시켜 나가는 사회적 실천의 방식으로서 추구된 것이다. 담마라타나 비구는 이렇게 논하고 있다.

> 붓다의 일상적인 탁발행을 하나의 사례로 생각할 수 있을 것이다. 가장 중요한 초점들 가운데서 카스트의 우월성이 먹는 것과 마시는 것에 의하여 유지된다는 문제가 있다. 높은 카스트 사람들은 천한 카스트 사람들이 손댄 음식은 무엇이건 취하지 않는다. 카스트 밖의 천민들(out caste)은 말할 여지가 없다. 그런데 붓다와 그 제자들은 문에서 문으로 다니며 걸식해서 먹고 살았다. 이 문제에 있어서 그들은 어떤 차별도 하지 않았다. 그들은 모든 카스트의 사람들로부터 공양을 받았다. 이와 관련하여 붓다는 카스트와 계층, 지위에 상관없이 한 집도 남겨두지 않고 차례 따라 걸식하는 차제걸식(次第乞食, sapadānacariyā)의 규칙을 권장하였다.[101]

태생(vaṅṅa/완나)과 계층(caste)에 기초하여 인간 우열의 차이를 정당화하는 브라흐만교의 오랜 개념에 대하여 붓다는 보다 논리적으로 비판하고 있다. 이와 관련하여 *Suttanipāta*의 「*Vāseṭṭha-sutta*」(와세타 경)에서는 매우 유명한 대론을 소개하고 있다. 붓다는 이렇게 설하고 있다.

> "나는 출생과 가계 때문에 그를 브라흐마나라고 하지 않습니다. 무엇

---

101 Dhammaratana(1989), *Ibid.*, p.129

인가에 매여 있다면, '존자여'라고 불리는 것일 뿐입니다. 아무것에도 집착하지 않는 사람, 나는 그를 브라흐마나라고 부릅니다.……

태생에 의해서 브라흐마나인 자나 태생에 의해서 브라흐마나가 아닌 자가 되는 것이 아니라, 행위로 인해서 브라흐마나가 되기도 하고, 행위로 인해서 브라흐마나가 안 되기도 합니다.……

세상은 행위로 인해서 존재하며, 사람들도 행위로 인해서 존재합니다. 달리는 수레가 축에 연결되어 있듯이, 모든 생명들은 행위에 매여 있습니다.……"[102]

'행위로 인하여 브라흐마나가 되고 행위로 인하여 브라흐마나가 아니 되고(kammanā brāhmano hoti kammanā hoti abrāhmano)'

기원전 7~5세기의 시대적 상황을 고려하면, 이 '행위의 법칙'은 매우 파격적 발상이다. 이 '행위의 법칙'에 의하여 붓다의 '반(反)카스트'는 인류 보편적인 '반(反)차별 평등'으로서 그 사상적 기초를 확보하게 되었다. 이 '행위의 법칙'을 통하여 붓다의 '반(反)카스트 운동'이 인간 생명/만류 생명의 평등과 존엄이라는 보다 본질적이며 궁극적인 자각에 의해서 추구되고 있다는 사실이 명료해졌다. 그래서 붓다는, "세상은 행위로 인해서 존재하며 사람도 행위로 인해서 존재한다", 이렇게 설하고 있다. 이러한 붓다의 '행위의 법칙'에 의하면, 인간의 사회적 지위는 태생이나 신성(神性) 등 어떤 초월적 조건에 의해서 결정되는 것이 결코 아니다. 그것은 인간 자신의 행위의 과보로서, 행위에 의해서 항상 새롭게 변해 가는 유동적 현상이다. 그런 의미에서 이 '행위의 법칙'은 불교의 '인간평등 선언', '생명평등 선언'으로 규정되어도 좋을

---

102 Sn 596-654; 전재성 역(2004), 『숫타니파타』, pp.327-340

것이다. 슈만은 '행위－윤회'의 논리로서 카스트를 합리화하고 있다. 그러나 카스트가 신성(神性)에 의한 것이 아니라 행위에 의한 것이라는 '행위의 법칙'을 수용할 때, 카스트는 이미 그 사회적 의미를 상실한 것이다. 전통적 카스트는 신성(神性)에 의하여 그 정당성을 확보하기 때문이다.

붓다는 이러한 '행위의 법칙'을 우빠니샤드적인 개념으로 접근하지 않았다. 붓다는 이것을 하나의 줄기찬 사회적 변혁으로서 전개시켜 나갔다. 붓다와 초기 빠리사들은 이러한 '반(反)카스트 평등'을 일상적인 과업으로서 역동적으로 추진하였다. 그들은 빠리사와 상가의 문을 크게 열고, 카스트 밖의 천민들(out caste)을 찾아가 만났다. '수니따 장로의 고백'에서 보듯,[103] 그들 천민들을 하늘의 신(天神)들이 공경하는 성자로 이끌어 올렸다. 또 그들은 브라흐마나들과의 치열한 대론을 통하여 브라흐마나의 우월성을 포기하도록 그들을 설득하였다. 이렇게 붓다와 초기 빠리사들은 평화적이며 지속적인 방법으로 '반(反)카스트 평등'을 구체화시켜 갔다. 그리고 이러한 붓다와 초기 빠리사들의 주장은 이후 인도 사상사의 한 주류를 형성하여 인도적 사고(思考)를 변화시키며 발전시켰다. 이와 관련하여 바팟트(P. V. Bapat)는 이렇게 논하고 있다.

> 또 하나의 특성은, 불교가 브라흐마나들이 주장하는 바와 같은 태생(胎生)을 조건으로 하는 모든 종류의 우월주의에 대한 주장을 거부한 것이다. 불교는 사람과 사람 사이의 모든 종류의 사회적 차별성을 거부하고, 한 개인의 고귀함과 저열함을 결정짓는 것은 그 사람의 행위, 곧 업(業, kamma)이라고 선언하였다.…… 이러한 붓다의 입장은 Mahābharata(Udyoga. 43. 27-29)와

103 동국역경원(1969),『한글대장경 본연부』16,「장로게경」게송 631, p.423

Bhagavata(See 7. 15, 35, and 9, 2, 23)에서 평가되고 수용되고 있다. 태생이 아니라 자신의 행위에 의하여 사회적 지위가 결정된다는 줄기찬 주장은 Ramananda · Chaitanya · Kabir · Eknath와 다른 이들(A.D. 14th~17th 세기)과 같은 중세기 성자들의 문헌에서 불가결의 부분이 되어 있다. 붓다의 제자들이 모두 상위 카스트에 속한 것이 아니라 이발사나 청소부, 찬달라 같은 하위 카스트들도 포함돼 있다.……[104]

2) 반(反)여성차별 – 양성평등의 실천

(1) 여성 출가 문제

붓다는 세계 종교사상 거의 최초로 여성들의 출가를 허용하고 비구니 상가(bhikkhunī-saṅgha/빅쿠니 상가)의 결성을 인가하였다. '반(反)차별평등'의 실현을 위한 사회적 변혁과 관련하여 초기불교가 관철시킨 또 하나의 큰 진전이다. 오늘날에 있어서도 많은 세계적 종교들이 남녀평등의 성직자를 제도적으로 인정하지 않고 있다. 이런 사실을 고려한다면, 2,600여 년 전 불교가 비구 · 비구니 상가를 나란히 인정한 것은 인류 인권의 역사에 있어서 크나큰 진보를 이룩한 사건으로 평가되지 않을 수 없다. 특히 여성들의 인권 역사에서 그 의미는 더욱 각별한 것이다. 비구니 상가의 창설을 인정한 붓다의 조치에 대하여 이것을 부정적으로 평가하거나 붓다의 의도와 관련하여 의문을 제기하는 견해가 있는 것도 사실이다. 또 리타 그로스(Rita M. Gross) 등 많은 서구의 페미니스트들은 불교 속의 가부장적인 요소들을 분석하면서 비판적

104 Bapat/Bapat ed(1987), "India and Buddhism" *2500 Years of Buddhism*, pp.2-3, New Delhi, Pub. Division, Ministry of Information and Broadcasting of India.

견해를 제시하고 있는 것도 사실이다.[105]

여기서 다시 한 번 고려돼야 할 것은 오늘 우리들의 입장에서, 21세기 페미니스트의 입장에서 붓다의 조치들을 평가하는 것의 적합성 문제이다. 이것은 기원전 7~5세기의 동북 인도 사회라는 시대적 상황을 전제로 여성 출가 문제가 조명되어야 한다는 것을 의미한다. 초기불전에서 잘 드러나고 있는 바와 같이, 당시 인도 사회는 엄격한 가부장적/부계중심적 가족제도를 유지하고 있었다. 여기서 여성들은 모든 면에서 이차적(二次的)인 존재로 취급되었다. 노비들과 더불어 여성들은 '부정(不淨)한 것'으로 규정되고, '여성 · 숫다(노비) · 까마귀는 어리석다'라고(SB XIV 1 1 31) 공공연히 폄하되었다. 특히 브라흐마나의 전통 속에서 여성들의 지적 능력은 열등하게 평가되고 있었고 정당한 학습의 기회도 박탈당하고 있었다. 마누법전에서는 이렇게 규정하고 있다.

> 여성들은 베다를 학습할 권리가 없다. 이것이 Sanskars 의식들이 베다의 만뜨라 없이 집행되는 이유이다. 여성들은 베다를 알 권리가 없기 때문에 종교에 대한 지식이 없다. 베다의 만뜨라를 외우는 것은 죄를 제거하는 데 유용하다. 여성들은 베다의 만뜨라를 외울 수 없는 것같이 그들은 진실하지 못하다.[106]

그러나 붓다는 궁극적으로 여성들의 출가를 인정하고 있다. 베다를

105 "자신의 구원에 방해가 된다는 확신 때문에 아내와 어린 핏덩이 자식을 버리고 떠난 남자에 의해 창시된 종교가 과연 여성의 관심과 필요를 충족시킬 수 있을까?" 허정남(2000), 「불교 페미니즘의 이상과 현실」『불교평론』 3호, p.41, 만해사상실천선양회.

106 Manu IX. 18; cit. Ahir(1989), *The Pioneers of Buddhist Revival in India*, pp.160-161, Delhi, Sri Sataguru Pub.

배울 기회마저 박탈당하고 있던 당시 인도 여성들의 사회적 상황을 고려할 때, 이것은 실로 파격적인 발상의 전환이며 변혁이 아닐 수 없다. 바팟트는 이렇게 논하고 있다.

> 크나큰 사회학적 중요성을 지닌 불교의 또 하나의 특징은 불교가 여성과 남성에게 똑같이 조직적인 종교생활의 문을 개방했다는 사실이었다.……동시에 그는 여성들의 남성에 대한 공헌을 수반하는 것으로 보이는 어떤 조건들을 부과하였다. 그럼에도 불구하고 붓다가 20세기의 잣대로 판단되지 말아야 한다는 사실이 기억되지 않으면 안 된다. 붓다 당시에는 이것은 위대한 진전이었고, 여성들도 남성들과 같이 학식있고 지혜로울 수 있다는 것이 인정되는 것같이, 종교적 삶에 있어서도 여성들은 최고의 경지, 이를테면 아라한의 경지에 접근할 수 있는 평등한 권리를 누렸던 것이다.[107]

바팟트가 지적한 '어떤 조건'은 '여덟 가지 규칙', 곧 '팔경법(八敬法, aṭṭha-garudhamma/앗타 가루담마)'이다. 팔경법은 비구니 상가에 대해서 상당 부분 열등한 대우를 규정하고 있다. 때에 따라서는 이것이 불교교단을 남성중심적으로 인식하게 하는 근거로서 비판되고 있다. 이런 팔경법은 왜 존재하게 된 것인가? 팔경법은 왜 필요한 것인가? 이 문제와 관련하여 우리는 알란 스폰버그(Alan Sponberg)와 엘리슨 핀들리(Elison B. Findly) 등에 의하여 제시된 '두 가지 입장'을 참고할 필요가 있다. 핀들리는 그의 논문 *Women and Arahant Issue in Early Pāli Literature*에서 여성들이 아라한으로 불린 사례가 없다는 것을 분석적으로 입증하

---

107 Bapat/Bapat ed(1987), "India and Buddhism", *2500 Years of Buddhism*, p.3

였다. 그리고 그 이유에 대하여 '해탈학적(解脫學的, soteriological) 입장'과 '사회적(社會的, social) 입장'을 제시하고 있다. '해탈학적 입장'이란 '남성과 여성에 대한 해탈학적 포괄성(soteriological inclusiveness)'을[108] 의미하는 것으로, '초기 불교도들은 사람의 성(性, sex)은, 카스트나 계급과 같이, 고통으로부터의 해탈이라는 불교도의 목표를 실현하는 데 어떤 장애도 될 수 없다는 입장을 분명히 한 것'[109]을 말하는 것이다. '사회적 입장'이란 여성들의 능력을 인정하면서도 다른 한편 남성중심적 통제를 부가하려는 두 가지 모순된 태도와 관련된 것이다. 이것은 여덟 가지 규칙이 여성의 본질과는 관련 없이 교단의 사회적 존재를 위하여 유효한 수단으로서 강구되었다는 것을 뜻한다. 알란 스폰버거는 이렇게 논하고 있다.

> 아라한의 길을 추구하는 여성들의 능력에 초점을 맞춘 해탈학적 포괄성의 태도와는 대조적으로, 후자의 초점은 여성 자신들에게 있는 것이 아니라, 교단이 보다 넓은 사회공동체 속에 존재하게 될 때 초래하게 될 교단 기구의 통합성에 대한 예상되는 위협에 초점을 맞추고 있는 것이다.[110]

여성 차별의 열악한 시대적 상황 속에서, 붓다는 빠리사 · 상가의 문을 크게 열고 여성들의 입문을 평등하게 인정하고 독립된 비구니

---

108 Findly(1999), "Women and Arahant Issue in Early Pāli Literature" *Journal of Feminist Studies on Religion*, *cit*. ; 안옥선 역(2000), 「왜 여성은 아라한이라 불리지 않았는가」『불교평론』 4호, p.364, 만해사상실천선양회.

109 Sponberg/Jose Ignacio Cabezon ed.(1992), "Attitude toward Women and the Feminine in Early Buddhism" *Buddhism, Sexuality, and Gender*, p.8, State University of New York Press.

110 Sponberg(1992), *Ibid*., pp.15-16

공동체를 승인하였다. 앞의 신분구조에서 이미 관찰한 바와 같이, 왕족 · 자산가 등 상층 카스트 출신과 더불어, 범죄자 · 곡예사 · 버림받은 여인 · 미친 여인, 그리고 마탕기(mātangī, 摩登祇)와 창녀 등 부정(不淨)한 하층민 출신의 여성들이 비구니 상가로 몰려들었다. 그들은 출신 및 정(淨) · 부정(不淨)과 관계없이 공동체의 평등한 대중으로서 공경 · 공양 받으며, 수행 전법하고, 성스러운 경지로 나아갔다. 그들은 상가에 입문하는 그 자체로서 구원되고 사회적 모순으로부터 해방된 것이다. 비구니 상가는 당시 인도 사회의 여성 문제를 해결할 수 있는 거의 유일한 출구였던 것으로 보인다. 따라서 여성 출가 문제는 여성 문제의 해결이라는 보다 거시적 관점에서 접근돼야 할 것이다. 그런 의미에서 여성 출가 허용과 비구니 상가의 창설은 그 사실 자체로서 크나큰 변혁으로 평가되지 않으면 안 될 것이다. 어떤 의미에서 이것은 세계 페미니스트(feminist) 운동사의 한 원류로서 고찰될 수 있을 것이다. 최근 구미 불교의 성장 추세와 관련하여 초기불교의 이러한 반(反)여성차별 - 양성평등적 지향이 새롭게 평가되고 있는 것도 이런 맥락과 궤를 같이하는 것으로 보인다.[111]

---

111 페미니스트의 부정적인 견해와는 달리 최근 구미 불교의 성장을 여성존중에서 보는 페미니스트의 주장도 제기되고 있다. "서구 사회에서 불교의 가르침에 대한 관심이 촉발된 것은 불교의 가르침 그 자체만에 의한 것이 아니라 다른 문화적 요소도 큰 역할을 한다. 예를 들어 1960년대 일본에서 샌프란시스코에 도착한 D. T. 스즈키는 선(禪)을 반이성주의의 상징으로서 소개하고 이것이 당시 기성 사유방식을 부정하고 체제에 반항하던 히피 세대들에 의해 열광적으로 받아들여졌다. 이후 기성 제도권 종교(organized religion)에 대한 반발이 나타나고 이에 대한 대안으로서 1970년대에 들어 불교에 대한 관심이 등장하였다. 또한 이런 와중에서 불교가 서구 사회에 쉽게 환영받은 배경에는 여성의 역할이 간과될 수 없다. 미국의 페미니스트들은 서구 종교의 신(神)은 가부장적 남성적 신이며, 이에 비해 불교는 여성 친화적이며 양성평등적인 성격을 가지고 있다고 보았다." 조은수(2009), 「이 시대 불교운동을 위한 창조적 상상

(2) 석가족 여성들의 도전

*Saṃyutta-nikāya*에는 「*Bhikkhunī Saṃyutta*」(비구니상응)가 하나의 독립된 장으로 설정되어 있다. 거기에는 많은 비구니들이 차별적 상황을 극복해 가며 당당히 수행하는 모습이 악마 빠삐만(Pāpiman)과의 논쟁 형식으로 기술되어 있다. 그 두 번째 「*Somā-sutta*」(소마 경)에는 이렇게 기록되어 있다.

그때 비구니 소마(Somā)가 아침 일찍 옷을 입고 발우와 가사를 들고 탁발하기 위해 사왓티로 들어갔다. 사왓티에서 탁발을 하고 식사를 마친 뒤 발우를 물리고 나서 대낮을 보내려고 안다 숲으로 갔다. 안다 숲속 깊숙이 들어가 대낮을 보내려고 한 나무 밑에 앉았다. 그때 악마 빠삐만이 비구니 소마에게 몸에 털이 곤두서는 두려운 공포를 불러일으키고 선정에 드는 것을 방해하려고 비구니 소마가 있는 곳으로 찾아왔다. 가까이 다가와서 비구니 소마에게 게송으로 이야기했다.

〔빠삐만〕 "성자만이 도달할 수 있을 뿐
그 경지는 성취하기 어렵네.
두 손가락만큼의 지혜를 지닌
여자로서는 그것을 알 수가 없네."
〔소 마〕 "마음이 잘 집중되어
최상의 법을 보는 자에게
지혜가 나타나면
여성의 존재가 무슨 상관이랴.

력」『종교권력의 시대, 불교적 상상력』(재가연대 창립 10주년기념 학술심포지움 자료집), p.100, 재가연대.

이와 같이 생각하는 사람에게
나는 남자다 또는 여자다
그렇지 않으면 도대체 무엇이다라고
말해야 한다면 그는 악마일 뿐이리."

그때 악마 빠삐만은 '비구니 소마는 나를 알고 있다'라고 알아채고 괴로워하고 슬퍼하며 바로 그곳에서 사라졌다.[112]

'비구니 소마와 악마 빠삐만과의 논쟁 사건'은 당시의 사회 상황을 잘 반영하고 있다. 여성에 대한 차별적 편견은 악마에 비유될 만큼 심각한 것이었다. '여성은 성자가 될 수 없다'라고 단정되고 있었던 것이다. 빠삐만은 이러한 구체제의 사고방식을 대변하고 있는 것이 아닐까? 여기서 특히 주목되는 것은 비구니 소마의 당당하고 확고한 불퇴전의 태도이다. "남자다 여자다 그 무엇이다. 이렇게 차별하는 자, 그는 악마이다", 이렇게 소마는 남녀 차별적 사고방식이 악마적 사견임을 주장하며 이를 논파하고 있다. 이것은 소마 개인의 사례로서 머물지 않는다. *Therīgāthā* 등 여러 문헌들은 이러한 상황이 초기교단의 비구니들, 나아가 여성 불교도 일반의 강인하고 당당한 대결의식에 상응하고 있다는 사실을 입증되고 있다. 이것은 초기교단의 여성 대중들이 인도 사회가 직면하고 있는 여성 문제/여권 문제/인권 문제 전반의 전선에서 그 전위에 서 있다는 사실을 의미하는 것이다.

이 대목에서 우리는 '마하빠자빠띠 고따미((Mahāpajāpatī Gotamī) 부인과 석가족 여성들의 출가사건'의 과정을 상기하게 된다. 거듭되는 붓

112 S Ⅰ 129; 전재성 역(1999),『쌍윳따니까야』1권, pp.291-292; (S 5; 2「*Somā-sutta*」- 소마 경)

다의 거절에도 굴하지 않고, 마하빠자빠띠 고따미 부인과 500명의 석가족 여성들은 누구의 허락이나 절차도 없이 그들 스스로 머리를 깎고 노란 가사를 입고 있다. 가빌라에서 웨살리까지, 멀고도 험한 수백 리 길을 그들 여성들은 맨발로 걸어서 행진해 왔다. *Vinaya-piṭaka*의 「*Cullāvagga*」에서는 이때의 상황을 이렇게 기록하고 있다.

> 세존께서는 가빌라에 머물 만큼 머물다가 웨살리로 향하여 유행을 떠나셨다. 천천히 길을 걸어서 세존께서 웨살리에 도착하셨다. 세존께서는 중각강당이 있는 큰 숲 속에서 머무셨다. 그때 마하빠자빠띠 고따미 부인은 스스로 머리를 깎고 승복을 입고 여러 명(500명)의 석가족 여성들과 함께 웨살리로 출발하였다. 그리고 정해진 길을 따라 웨살리에 도착하였다. 그때 마하빠자빠띠 고따미 부인은 발이 부르트고 팔다리는 먼지로 뒤덮였다. 마하빠자빠띠 고따미 부인은 얼굴에 눈물이 가득하여 울면서 대문 밖에 서 있었다.……[113]

붓다는 마하빠자빠띠 고따미 부인의 출가를 거절하였다. 그럼에도 불구하고 마하빠자빠띠 고따미 부인과 500명의 석가족 여성들은 얼굴에 눈물이 가득하여 울면서 대문 밖에 서 있었다. 그들의 출가를 요구하며 결코 물러서지 않았다. 어떤 의미에서 이것은 도전이라고 할 수 있다. 제도적 한계와 사회적 장벽을 뛰어넘으려는 여성들의 열정과 결의라고도 할 수 있다. 붓다가 여성 출가를 인정하게 된 결정적인 계기가 바로 이 여성들의 도전과 결의 때문이라고 볼 수 있지 않을까? 석가족 여성들의 강인하고 결연한 도전과 결의 앞에서 붓다는 여러 가지

---

113 Vin II 253-254; Horner tr.(1997a), *The Book of the Discipline* (*Cullavagga*) vol.V, pp.352-363 abridged; (*Vinaya-piṭaka*,「*Cullavagga*」X 1, 1-3)

제도적 · 사회적 곤란에도 불구하고 고뇌에 찬 결단을 내린 것이 아닐까? 이렇게 해서 석가족 여성들은 그들의 비구니 상가를 개척해 냈다. 최초의 비구 상가가 붓다의 이니시어티브에 의해서 주어진 것이라면, 최초의 비구니 상가는 여성 자신들의 결의와 도전에 의해서 개척된 것이다. 따라서 이 여성들은 시대의 장벽을 뛰어넘은 개척자로서 평가되어도 좋을 것이다.

(3) 시대의 장벽을 뛰어넘는 여성들

보다 중요하게 생각되는 것은 시대의 장벽/운명의 장벽을 넘어서려는 여성들의 이러한 도전과 개척이 끊임없이 계속되었다는 사실이다. 그리고 이 도전과 개척은 완전성(完全性, perfection)의 실현이라는 가장 본질적인 문제, 곧 아라한의 문제를 중심으로 전개되었다.

'여성들이 아라한이 될 수 있는가? 해탈학적 포괄성이 실제로, 역사적으로 실현되고 있는가?' 이 문제는 '반(反)여성차별/양성평등운동'의 전개에 있어서 가장 핵심적인 주제로서 끊임없이 제기되어 왔다. 이 문제와 관련하여 몬타나 대학의 알란 스폰버그 교수는 '붓다의 제자들 가운데 완전하게, 평등하게 깨달은 것으로 인정되는 여성들이 분명하게 있었다'라고[114] 전제하고, 케마(Khemā) · 빠따짜라(Pātācārā) · 소나(Soṇā) · 위사카(Visākha) · 담마딘나(Dhammadinnā) 등 구체적 사례를 제시하고 있다.[115] 성(性)의 차별을 넘어서는 이러한 '완전성/아라한'의 이상은 장로니 밧다 까삘라나(Bhaddā Kapilana)에 의해서 절정에 달하고 있다. *Therīgāthā*에 의하면, 장로니(長老尼, therī/테리) 밧다 까삘라나

---

114 Sponberg(1992), "Attitude toward Women and the Feminine in Early Buddhism" *Buddhism, Sexuality, and Gender*, p.6

115 Sponberg(1992), *Ibid.*, p.6

는 '붓다의 아들이며 상속자'인[116] 장로(長老, thera/테라) 마하깟사빠(Mahā kassapa)와 더불어 깨달음의 경지에서 완전한 평등을 이루고 있다.[117]

돌이켜 보면, 이 문제는 '석가족 여성들의 출가 사건'에서 이미 분명하게 드러난 문제이다. "여성들도 아라한이 될 수 있습니까"라는 아난다 비구의 질문에 대하여 붓다는 이렇게 대답하였다. 그리고 여성 출가를 허용하였다.

> "아난다여, 여성들이 출가한다면, 예류의 지위, 일래의 지위, 불환의 지위, 그리고 아라한의 지위, 곧 완전한 깨달음을 실현할 수 있느니라."[118]

마하빠자빠띠 고따미 부인과 500명의 석가족 여성들, 악마를 물리치는 비구니 소마, 재가의 몸으로 완전한 깨달음을 실현한 케마 부인, 뛰어난 교수 능력을 지닌 비구니 빠따짜라와 소나, 전남편을 가르치는 비구니 담마딘나, 불길 속에서 죽어가면서도 깨달음의 단계를 실현해 내는 꼬삼비 궁중의 하녀 쿳줏따라(Khujjuttarā)와 사마왓띠(Sāmāvati) 왕비, 500명의 궁녀들,[119] 자신의 제자들을 거느리며 붓다와 장로 비구의 도움

---

116 동국역경원(1969), 『한글대장경 본연부』 16, 「장로니게경」 63, p.524

117 Thig. 65-66 "저희 두 사람(장로니 밧다 까삘라나와 장로 마하깟사빠)은 출가했습니다. 이와 같이 저희는 더러움을 떨쳐내고 마음을 바르게 함으로써 청량한 안식을 얻었습니다." 동국역경원(1969), 『한글대장경 본연부』 16, 「장로니게경」, p.524

118 Vin II 354; Horner tr.(1997a), *The Book of the Discipline (Cullavagga)* vol.V, pp.354; (*Vinaya-piṭaka*, 「*Cullavagga*」 X 1, 4)

119 DhA I 161-231; Burlingame tr.(1999), *Buddhist Legends (Dhammapada Aṭṭhakathā)* vol. I, pp.247-293; 거해 스님 역(1992), 『법구경』 1권, pp.97-113; 대림 스님 역(2007), 『앙굿따라니까야』 1권, p.142 각주-155, 156

없이 온전한 해탈로 이끌어 내는 여성 불교도들……초기불전들은 이렇게 시대의 장벽을 극복하고 '반(反)여성차별 양성평등운동'의 변혁을 이루어 낸 많은 여성들에 관한 정보를 제공하고 있다.

보다 중요한 것은 아라한의 평등성에 의해서 상징되는 불교도 공동체 내부의 이러한 '반(反)여성차별/양성 평등운동'이 '사회적 평등/사회적 양성평등운동'으로 확장되어 가고 있었다는 사실이다. 초기 *Nikāya*에서 여성은 사회적 가치에 있어 이미 남성과 더불어 그 평등성을 인정받고 있다. 모성(母性)으로서뿐만 아니라 한 독립된 존재/고귀한 인간의 주체적 존재로서 본질적인 것의 획득을 인정받고 있다.[120] 그리고 때에 따라 여성의 권위는 남성을 압도하는 것이었다.[121] 이러한 불교의 여성관은 사회적 차별 속에서 고통받고 있던 많은 인도 여성들에게 구체적이며 실제적인 구원으로 확산되어 갔다. 창녀 출신 장로니 위말라(Vimalā)의 사례에서 보듯,[122] 절망과 비탄 속에 빠진 소외계층의 여성들을 구체적으로 구출하는 사회적 변혁운동으로 전개되어 갔다. 담마라타나 비구는 이렇게 논하고 있다.

> 붓다께서는 이러한 제도(공창제도)를 비난하였다. 붓다는 그것을 인간의 도덕적 · 물질적 파산이라고 규정하였다. 그러나 붓다는 단순한 비

---

120 S Ⅳ 250 "비구들이여, 다섯 가지 성장에 따라 성장하는 고귀한 우바이들은 성스러운 성장에 따라 성장하며, 본질적인 것을 얻으며, 더 나은 것을 얻는다. 다섯 가지란 무엇인가? 믿음에 의한 성장, 계행에 의한 성장, 배움에 의한 성장, 버림에 의한 성장, 지혜에 의한 성장이다." 전재성(1999), 『쌍윳따니까야』 7권, pp.134-135; (S 37; 3; 34 「*Vaḍḍhi-sutta*」- 성장의 경)

121 S Ⅰ 86 "백성의 왕이여, 여성이라도 어떤 이는 남자보다 훌륭하니 현명하게 자랄 수 있어 시부모를 공경하고 훌륭한 아내가 된다네." 전재성(1999), 『쌍윳따니까야』 1권, p.202; (S 3; 2; 6 「*Dhitā-sutta*」- 딸경)

122 동국역경원(1969), 『한글대장경 본연부』 16, 「장로니게경」 72-76, pp.525-526

난을 멈추었다. 붓다는 그 체제의 희생자들을 향하여 자비로운 눈길을 돌렸다. 그 결과, 가장 탁월한 그 직업(창녀)의 전문가들, 암바빨리(Ambapāli) · 앗다까씨(Aḍḍhakāsi), 그리고 위말라(Vimalā) 같은 여성들이 그들의 악한 길을 버리고 성스러운 삶을 선택하였다. 그들의 인생은 급격한 정신적 전환을 이루고, 청정의 모범이 되었다. 이러한 장로니들의 삶은 악에 대한 선의 궁극적 승리의 구체적 사례로 나타나고 있는 것이다. 그렇게 해서 붓다께서는 그 사회의 이른바 소외 여성들(so called fallen women)에게 정화의 길, 악과 구속의 삶으로부터의 자유의 길을 보여주었던 것이다.[123]

기원전 7~5세기의 동북 인도 사회, 심각한 이기적 분열과 갈등/극단적 차별로 인하여 사회 존립 자체가 위협받고 있던 계급적 사회/계급에 기초한 사회(class-based society)의 여러 상황들을 고려할 때, 붓다와 초기 빠리사 대중들이 이렇게 '반(反)카스트 사성평등', '반(反)여성차별 양성평등'을 추구한 것은 그 자체로서 하나의 사회적 변혁이다. 초기 불전들에 의하면, 이러한 초기불교의 '반(反)차별 평등'이 단순히 선언적 차원에서 주장된 것이 아니었다. 붓다와 초기 빠리사 대중들은 실제적인 행위들을 통하여 이를 구체화시켰다. 정(淨) · 부정(不淨)을 뛰어넘어 매일같이 반복되는 출가중들의 탁발과 유행, 재가중들의 선행과 전법, 이것은 불교도들이 낡은 구체제의 사회적 부조리들을 비판하고 새로운 공동체/새로운 이상사회(理想社會)를 추구하는 적극적이며 영속적인 사회적 실천이었다. 이것은 불평등 · 폭력의 낡고 불의(不義)한 체제를 정화하여 평등과 자유의 정의(正義)/정법(正法, saddhamma)을 실현하

123 Dhammaratana(1989), "The Social Philosophy of Buddhism", *A Panorama of Indian Buddhism*, p.136

려는 역동적이고 평화적인 사회변혁운동으로서 평가될 수 있을 것이다. 그래서 "이 세상을 정의의 왕국으로 만드는 것이 정법이다"라고[124] 규정되고 있는 것이다.

초기불교는 '사회개혁/사회변혁'을 이데올로기적으로 표방하지는 않았으나 실제에 있어서는 이러한 계획을 줄기차게 평화적으로 추구하였다.[125] 또 이러한 평등운동의 정신은 역사적으로 계승되어 왔다. 따라서 '불교의 평등과 인권이 역사적으로 한 번도 실현해 보지 못했다'는 주장은 이러한 역사적 사실과 일치하지 않는 것으로 보인다. 이와 관련하여 일아 스님은 이렇게 논하고 있다.

> 부처님을 대표하는 사상 중의 하나가 평등사상의 실천이다. 2,500여 년 전 부처님은 벌써 불평등한 사성계급을 깨뜨리고 인간의 평등을 천명하였다. 사제든 왕이든 노예든 남자든 여자든 모두 같으며 다만 행위에 의해서만 달라진다고 가르치셨다. 아소까는 이런 공평한 평등사상을 철저히 실천하였다. 비록 그는 불교의 열렬한 후원자였지만, 브라흐마나나 다른 교단의 수행자에게도 보시하고 방문하고 공평하게 대하려고 노력하였다. 가장 비천한 사람들인 노예와 감옥의 죄수들에게도 공평하게 대우할 것을 누차 강조하고, 소외된 가난하고 불행한 사람들, 노인들에게도 보시하고 자선을 베풀었다.[126]

---

124 Ambedkar(1997), *The Buddha and His Dhamma*, p.282, Buddha Bhoomi Pub.

125 "원시불교에서 '사회개혁'이라고 하는 말은 사용하지 않았으나 내용적으로는 그것과 상응하는 것을 지향하였다. 이같은 이상주의적 노력은 당시의 인도 사회에서 어느 정도 실현 가능했다." 中村 元(1999),『宗教와 社會倫理』, p.165

126 일아 스님(2009),『아소까』, p.370

4. 보시복지의 실천
- 경제적 변혁으로

1) 초기불교의 사회복지사상

(1) 시민적 경제윤리의 확립

불교는 초세속적인 종교이고 무소유(無所有)를 추구하기 때문에 세속적인 경제 문제/재부(財富)의 문제에 대해서는 초연하거나 부정적일 것이라는 일반적 예단(豫斷)이 있을지 모른다. 또 불교는 내생을 중시하고 현세의 삶에 관해서는 거의 무관심하다는 일반적 예단이 있을지 모른다. 그러나 이러한 예단은 출세간의 상가를 전체 불교도 공동체로 오해한 데서 연유된 오류일 것이다. 난다세나 라트나팔라(Nandasena Ratnapala)는 *Buddhist Sociology*에서 이렇게 논하고 있다.

> 불교는 실제적인 경제이론을 결여하고 있다고 흔히 말해지고 있다. 그러한 견해는 불교는 본질적으로 우리가 살고 있는 현실세계에서 매일매일 부딪치는 세속적인 문제들보다는 내생에 더 관심이 있다는 잘못된 믿음에서 야기되고 있다. 불교의 가르침은 제일 먼저 이 현세를 이끄는 바른 삶(正命)이 궁극적으로 다음 세상의 행복한 삶을 이끈다는 것을 천명하고 있다. 불교에서 강조하는 것은 언제나 이 세상에서 유익하고 선량한 삶을 살아가는 것이지 다음 세상의 삶이 아니다. 불교도들에 의하여 추구되는 최후의 깨달음인 열반조차도 바로 이 현세의 세상에서 획득되는 것이다.[127]

---

127 Ratnapala(1993), *Buddhist Sociology*, p.98, Sri Satguru Pub.

초기불교는 경제활동과 부(富)의 축적에 관해서 깊은 관심을 표명하고 있다. 이에 관한 자료는 초기불전에서 광범하게 발견된다. *Aṅguttara-nikāya*의 「*Andha-sutta*」(장님의 경)에서는 이렇게 설해지고 있다.

어느 때 세존께서 사왓티의 제타 숲 아나타삔디까 절에 계셨다.

세존께서 말씀하셨다.

"비구들이여, 세상에는 세 부류의 사람이 있다. 어떤 것이 셋인가? 장님과 한 개의 눈을 가진 자와 두 개의 눈을 가진 자가 있다. 비구들이여, 그러면 누가 장님인가? 비구들이여, 여기 어떤 자는 얻지 못한 재산을 얻거나 이미 얻은 재산을 늘릴 그런 눈도 없고, 유익한 법〔善法〕과 해로운 법〔不善法〕을 알고, 비난받을 법과 비난받을 일이 없는 법을 알고, 저열한 법과 수승한 법을 알고, 어두운 법과 밝은 법들이 각각 상반되는 것을 알 그런 눈도 없다. 비구들이여, 이를 일러 장님이라 한다.

비구들이여, 그러면 누가 한 개의 눈을 가진 자인가? 비구들이여, 여기 어떤 자는 얻지 못한 재산을 얻거나 이미 얻은 재산을 늘릴 그런 눈은 있지만, 유익한 법〔善法〕과 해로운 법〔不善法〕을 알고……그런 눈도 없다. 비구들이여, 이를 일러 한 개의 눈을 가진 자라 한다.

비구들이여, 그러면 누가 두 개의 눈을 가진 자인가? 비구들이여, 여기 어떤 자는 얻지 못한 재산을 얻거나 이미 얻은 재산을 늘릴 그런 눈도 있고, 유익한 법〔善法〕과 해로운 법〔不善法〕을 알고……그런 눈도 있다. 비구들이여, 이를 일러 두 개의 눈을 가진 자라 한다.

눈을 잃어버린 장님은 재물을 얻을 수 없고 덕을 쌓을 수도 없으며 두 곳에서 모두 불행하다.

옳은 것과 그른 것을 함께 써서 재물을 좇는 교활한 자는 한 개의 눈을 가진 자라 불린다.……

〔이런 자는〕 이번 삶이 다하면 지옥으로 가서 고통 받으리. 두 개의 눈을 가진 수승한 사람 그는 바른 방법으로 재물을 얻고 열심히 얻은 재물을 보시하누나.

훌륭한 생각과 혼란스러움이 없는 마음으로 행복 가득한 곳에 태어나나니……"[128]

이 「장님의 경」에서는, 경제활동에 있어 무능하고 재부를 획득하고 증식시킬 능력이 없는 사람들이 '장님(andha)'으로서 가혹하게 폄하되고 있다. 재산도 없고 열심히 일하지 않는 사람은 이 세상과 저 세상에서 모두 불행할 것으로 경고되고 있다. 반면 땀 흘리며 정당하게 벌어서 남에게 베푸는 사람은 '두 눈 가진 사람'으로 '행복 가득한 곳에 태어나 슬퍼하지 않을 것'이라고 상찬되고 있다. 붓다가 현세의 재부(財富)를 이토록 중시하고 있는 것은 매우 놀라운 일로 보인다.

여기서 가장 주목되는 것은 불교가 경제활동 그 자체에 관해서 논하기도 하지만, 보다 더 경제활동의 윤리적 문제/윤리성(倫理性)을 주된 관심사로 삼고 있다는 사실이다. 그래서 「장님의 경」에서도 선(善)과 악(惡), 정의와 불의를 가리지 않고 교묘한 방법과 거짓을 행하며 부를 축적하는 자들은 '외눈 가진 사람'으로 규정되고, "이들은 죽어서 지옥에 떨어질 것"으로 재단되고 있다. 이것은 불교경제학이 기본적으로 경제윤리학으로서 시민적 경제윤리/경제정의(經濟正義)의 확립을 그 주제로 추구하고 있다는 사실을 의미한다. 이와 관련하여 박경준은 이렇게 논하고 있다.

---

128 A Ⅰ 128; 대림 스님 역(2007), 『앙굿따라니까야』 1권, pp.349-351; (A 3; 29 「*Andha-sutta*」－장님의 경)

원시경전은 세간에 있어서 재산소유 · 관리 · 분배 등의 경제행위를 모두 인정하고 있으며, 그 관심은 출세간과 마찬가지로 경제사상의 측면에서가 아니라 경제윤리적 측면에 비중이 있었다. 즉, 원시경전은 정당한 방법으로 재산을 취득하고 그 근면을 통해 사치와 향락에 빠지지 않는 검소한 소비생활을 권장하고 있다. 그러나 이러한 올바른 경제행위를 통한 재산의 증식은, 재산 증식 그 자체에 목표가 있는 것이 아니라, 가난한 자에게 시여함으로써 천상에 태어난다는 종교적 기제와 연관되어 있는 것이다.[129]

(2) 정의로운 부(富)/사유재산의 존중

초기불교는 무엇보다 땀 흘려서 정당하게 재화를 축적할 것을 권장하고 있다. 정재(淨財) – '정의롭게 법에 따라 얻은 재화'의[130] 가치를 강조하고 있는 것이다. 따라서 정의로운 재화, 그것에 기초하는 정의로운 생활, 곧 정명(正命, sammā ājīva)은 불교가 추구하는 시민적 경제윤리/경제정의의 핵심적 가치로서, '보다 높은 모든 정신적 성취에 있어 불가결한 기초로서 인식되고 있다. 이러한 윤리적 기초 없이는 어떤 정신적 발전도 불가능한 것이다.'[131] 그런 까닭에 붓다와 초기불교의 주역들은 무기 · 생명 · 고기 · 술 · 독극물 등의 판매와 같은 많은 사람들에게 해를 끼치는 악한 직업에 종사하거나(A Ⅲ 208), 기만 · 요설 · 점술 · 고리대금업 등 부정하고 불의한 방법으로 재화를 축적하는 것

---

129 박경준(1992), 『原始佛敎의 社會 · 經濟思想 硏究』(박사학위논문), p.133

130 A Ⅳ 281 "여기 선남자는 열성적인 노동으로 얻었고, 팔의 힘으로 모았고, 땀으로 획득했으며, 정의롭게 법에 따라서 얻은 그의 재물을 수호하고 지키는 것을 구족한다." 대림 스님 역(2007), 『앙굿따라니까야』 5권, p.251; (A 8; 54 「*Dīghajājnu-sutta*」– 디가자누 경)

131 Rahula(1978), *What the Buddha taught*, p.47

을 경계하고 있다(M III 75). *Aṅguttara-nikāya*의 「*Dīghajānu-sutta*」(디가자누 경)에서 붓다는 꼴리야(Koḷiya) 사람들과 대화하면서 정의로운 재화의 축적/정의로운 삶의 방식에 관하여 이렇게 문답하고 있다.

〔꼴리야인〕 "세존이시여, 저희 재가자들은 감각적 욕망을 즐기고 자식들이 북적거리는 집에서 살고 까시에서 산출된 전단향을 사용하며 화환과 향과 연고를 즐겨 사용하고 금은을 향유합니다. 세존이시여, 세존께서는 이러한 저희들에게 금생의 이익과 행복을 주고 내생의 이익과 행복을 주는 법을 설해 주소서."

〔세　존〕 "호랑이가 다니는 길에 사는 자여, 네 가지 법은 선남자에게 금생의 이익과 행복을 준다. 무엇이 넷인가? 노동을 구족함, 수호를 구족함, 선우를 사귐, 바르게 생계를 유지함이다."[132]

"호랑이가 다니는 길에 사는 자여, 그러면 어떤 것이 노동을 구족함인가? 호랑이가 다니는 길에 사는 자여, 여기 선남자는 농사나 장사나 목축이나 궁술이나 왕의 신하가 되거나 그 이외의 어떤 공예의 식업을 가지고 생계를 유지하거나, 그가 거기에 숙련되고 게으르지 않으며, 그것을 완성할 수 있는 검증을 거쳐 충분히 실행할 수 있고 충분히 연구할 수 있는 자가 된다. 호랑이가 다니는 길에 사는 자여, 이를 노동을 구족함이라 한다. 호랑이가 다니는 길에 사는 자여, 어떤 것이 수호를 구족함인가? 호랑이가 다니는 길에 사는 자여, 여기 선남자는 열성

132 이것을 '4구족'이라고 하는데, 각각 ① 노동구족(勞動具足, uṭṭāna-sampadā) ② 수호구족(守護具足, ārakkha-sampadā) ③ 선우(善友, kalyāṅa-mitta) ④ 정명(正命, samājivikatā)이라고 한다.; Rahula(1978), *What the Buddha taught*, pp.82-83 ① uṭṭānasampadā는 한글본에서 '근면구족'으로 번역되어 있으나, 그것이 생계를 획득하는 신체적인 활동을 전제로 하는 것이기 때문에, 여기서는 '노동구족'으로 번역하였다.

적인 노동으로 얻었고, 팔의 힘으로 모았고, 땀으로 획득했으며, 정의롭게 법에 따라서 얻은 그의 재물을 수호하고 지키는 것을 구족한다. '어떻게 하면 나의 이 재물을 왕이 거두어 가버리지 않을까, 도둑이 훔쳐가지 않을까, 불이 태워버리지 않을까, 물이 쓸어 가버리지 않을까, 성품이 나쁜 자가 상속받지 않을까?'라고, 호랑이가 다니는 길에 사는 자여, 이를 일러 수호를 구족함이라 한다."[133]

능숙하고, 능력 있고, 노동과 열성으로, 팔의 힘으로, 이마에 땀 흘리면서, 법에 맞게, 정의롭게 벌고, 이렇게 노동으로 번 재화는 부당하게 침해받지 않도록 잘 수호하는 것, 이것이 초기불교가 이상적인 시민의 삶으로 추구한 정명(正命)의 삶/정의로운 삶이다. 요컨대 노동(勞動)과 전문성(專門性)에 입각한 '부(富)의 정의(正義)'가 초기불교의 시민적 경제윤리의 지침이 되고 있다. 따라서 정의로운 재부(財富)에 대한 불법/불의한 침해는 국가에 의한 것이건 도둑에 의한 것이건, 신랄하게 비난받고 가혹한 응징이 경고되고 있다. *Suttanipāta*의 「*Vasala-sutta*」에서는 정의로운 부(富)의 옹호와 그 수호를 주장하며, 이것에 대한 침해를 '천한 사람'으로[134] 단죄하는 초기불교의 엄중한 태도가 명료하게 드러나고 있다.

실제로 초기불교에서는 도둑 · 사기 · 약탈 · 위증 · 채무불이행 등 주어지지 않는 사유재산에 대한 침해는[135] 오계 · 사바라이 · 십선업 · 팔

133 A Ⅳ 281; 대림 스님 역(2007), 『앙굿따라니까야』 5권, pp.250-251; (A 8; 54 「*Dīghajājnu-sutta*」- 디가자누 경)

134 Sn 118-122; 전재성 역(2004), 『숫타니파타』, pp.126-127

135 '주어지지 않은 것을 훔치는 것'에는 다음 다섯 가지 행위가 포함된다. ① 도둑질로 남의 것을 몰래 훔치는 것. ② 강도질로 위협이나 폭력으로 다른 사람의 소유를 빼앗는 것. ③ 소매치기 ④ 사기행위로 남의 소유를 자신의 것이라고 주장하여 탈취하는 것.

정도의 정업(正業, sammā kammanta/삼마 깜만따)[136] 등의 규제에 의하여 그 설 자리를 완전히 박탈당하고 있다. '다른 사람의 재산을 탐내거나 사유재산에 대한 권리를 침해하는 모든 사람에게 상가의 문은 견고하게 폐쇄되었다.'[137] 출가가 허용되지 않았다. 노비는 주인이 그에 대한 사유재산권을 포기해야 입문이 허용되었고(Vin I 80, 97), 채무자는 상가 입문이 원천적으로 금지되었다(Vin I 97). 이것은 '초기불교가 사유재산을 불가침의 신성한 것으로 선언하고 있다'는[138] 사실을 입증하는 것이다.

정의로운 부(富), 곧 사유재산권에 대한 초기불교의 이러한 엄중한 수호 의지는 시대적 상황과 긴밀히 관련되어 있다. 기원전 7~5세기 동북 인도 사회에서는 개인주의가 시대정신으로서 추구되는 한편으로, 왜곡된 개인주의/이기주의적 탐욕에 의하여 국왕과 도둑의 약탈 · 부채 회피 · 허위 증언 등 사유재산의 토대를 위협하는 심각한 상황이 조성되고 있었다. 이런 사회적 윤리적 위기상황에서, 초기불교의 빠리사들은 사상적으로 '무아(無我)의 담마', 곧 비(非)이기주의의 사회적 실천을 선포하면서, 경제적으로는 사유재산권의 불가침을 통하여 '부(富)의 정의'를 추구하고 있었다. 이것은 기본적으로 초기불교의 빠리사들이 사유재산의 정당한 수호가 정의로운 개인주의의 확립에 필수적인 조건인 것으로 인식하고 있었기 때문이다. 초기 대중들이 민중

---

⑤ 속임수를 쓰는 것으로 잘못된 저울이나 계량기를 써서 이득을 취하는 것.; W. 라훌라/전재성 역(2002), 『붓다의 가르침과 팔정도』, p.100

136 "정명은 타인들에게 해를 끼치는 직업, 이를테면 무기와 치명적인 무기, 중독성 음료, 독, 동물도축, 사기 등을 통하여 생계를 꾸리는 것을 삼가고, 정직하고 부끄러움 없고 타인들에게 해를 끼치지 않는 직업으로 살아야 한다는 것을 의미한다." Rahula(1978), *What the Buddha taught,* p.47

137 Upreti(1997), *The Early Buddhist World Outlook in Historical Perspective,* p.144

138 Upreti(1997), *Ibid.*, p.143

들의 모든 고통에 대한 처방으로써 '적극적이고 합리적이며 사회지향적인 개인주의(the positive, rational and social-orientied individualism)를 진전시켰음이 분명하기' 때문이다.[139]

(3) 간병하는 붓다

이미 관찰한 바와 같이 붓다 당시 인도 사회는 심각한 사회적 양극화 현상에 직면하고 있었다. 경제발전과 차별적 사회체제로 인하여 도시에서의 빈부 문제/빈곤 문제는 더욱 심각하고 위험하였다. 리스 데이비스는 붓다 당시의 도시의 모습에 관하여 이렇게 서술하고 있다.

> 큰 집들의 입구에는 큰 대문이 있었다. 입구 통로 좌우에는 금고와 곡물창고들이 있었다. 대문 통로는 둥근 정원으로 통했고, 그 지상에는 방들이 있었다. 이 방들 위에는 '집의 윗평면'이라 불리는 평평한 지붕이 있고, 그 집의 제일 위층 평평한 옥상에는 그 집 주인이 대개 천막 아래 앉아 있는데, 그곳은 즉석 거실이거나 사무실, 식당의 용도로 쓰였다.……
>
> 역사적으로 흥미 있는 또 다른 종류의 건물은 율장에 서술되어 있는 뜨거운 공기 목욕탕이다.……거기에는 전실이 있고, 목욕할 수 있는 뜨거운 방과 풀(pool)이 있다.……이렇게 이른 시기에 갠지스 강 계곡에서 오늘날 '터키탕'이라고 불리는 그런 종류의 목욕탕을 발견하게 된 것은 매우 신기한 일이다. 터키인들이 인도로부터 이 풍속을 배운 것일까?……
>
> 그러나 이러한 큰 건물들은 수적으로 많지 않았다. 이 밖에 그 도시에

139 Upreti(1997), *Ibid.*, p.143

는 가난한 사람들의 보잘것없는 주거지들, 벽을 흙으로 바르고 떼로 지붕을 덮은 단층의 오두막들이 늘어선 비좁고 악취 풍기는 거리들이 얽혀 있었다. 그리고 물론 창문이 없고 매우 작은 벽을 가진 상점들이 같은 거리에서 길게 늘어서서 거리 쪽으로 문을 열고 비슷한 종류의 상품들을 판매하느라 열중하고 있었다.[140]

왕족과 자산가들의 화려한 저택과 증기 목욕탕 이면에는 이렇게 좁고 악취 풍기는 흙집들의 거대한 도시 빈민가들이 형성되어 있었다. 거기서 가난한 민중들이 생존을 위하여 악을 쓰고 있었다. 교외에는 노동자들과 하인들이 흙집과 대나무 오두막집에서 살고 있었고, 천직(賤職)에 종사하는 노비들이 직업별로 집단 거주지를 형성하며 하위 카스트에 편입되어 있었다. 그 주변에는 더욱 천한 사람들이 카스트 밖의 존재들(out caste)로 방치되어 있었다. 도시의 성 밖 나뭇잎이 무성한 굴속에는 가장 가난한 사람들이 나무를 모으고 똥거름을 만들면서, 때때로 부자들의 정원에서 잔디를 깎아 주며 음식 부스러기를 얻어서 연명하고 있었다.[141] 또 도시빈민가와 그 주변에는 걸인 · 소매치기 · 야바위꾼 · 창녀 · 깡패……온갖 종류의 장애자들이 휩쓸려 다니고, 나병 · 결핵 · 간질 등 전염병들이 퍼졌다.[142] 이런 속에서 각종 범죄가 들끓고, 특히 도둑 · 강도로 인한 불안과 피해가 심각하여, 불교교단도 해를 당할 정도였다.[143]

140 Rhys Davids(1981), *Buddhist India,* pp.68-76

141 Schumann(1989), *The Historical Buddha,* p.28

142 Vin I 71; Horner tr.(2000), *The Book of the Discipline*(*Mahāvagga*), vol.IV, p.89; (*Vinaya-piṭaka*,「*Mahāvagga*」I 39. 1)

143 Vin I 88; Horner tr.(2000), *Ibid.*, p.112; (*Vinaya-piṭaka*,「*Mahāvagga*」I 66. 1)

*Nikāya*들은 붓다와 초기 빠리사 대중들이 이러한 민중들의 빈곤과 빈곤으로 인한 고통들에 대하여 적극적으로 대처하였다는 많은 정보들을 제공하고 있다. 그들은 질병과 범죄 등 사회적 문제를 문제 삼고 그 해결을 위하여 노력하였다. 그들은 비좁고 악취 풍기는 빈민가의 민중들을 구제하고 전염병으로 죽어가는 민중들을 살려내고 빈곤으로 인하여 발생하는 범죄자들을 구출하기 위하여 노력하였다. 가난하고 병든 사람들을 구제하는 것이 초기불교가 추구하는 비이기적 사회적 실천의 일차적인 본무(本務)로 인식되었기 때문이다.[144] 『증일아함경』에서 붓다는 이렇게 설하고 있다.

"병자를 돌봐 주는 것이 곧 나(붓다)를 돌보는 것이요, 병자를 간호하는 것이 곧 나를 간호하는 것이다. 왜냐 하면, 나는 지금 몸소 병자를 간호하고 싶기 때문이다."[145]

*Nikāya*와 주석서들에 의하면, 붓다는 실제로 몸소 병자들을 간호하였다. 사왓티의 젊은 수행승 뿌띠갓따 띳사(Pūtigatta Tissa)가 악성 피부병에 걸려 죽어갈 때, 붓다는 헛간에서 죽음을 기다리고 있는 띳사 비구에게 다가가 간병하였다. 붓다는 손수 악취 풍기는 피고름을 닦아내고 피고름으로 범벅이 된 가사를 빨아서 입히고 있다.[146]

144 박경준(1992), 『原始佛教의 社會 · 經濟思想 研究』(박사학위논문), p.148

145 T 2, p.589 下

146 이때 띳사 비구에게 한 설법이 『법구경』 41게송이다. DhA I 319-322; Burlingame tr.(1999), *The Book of the Discipline* (*Suttavibhaṅga*) vol. 2, pp.20-22; 거해 스님 역(1992), 『법구경』 1권, pp.152-155

(4) 보시－복전사상의 전개

여기서 보다 중요하게 생각되는 것은, 가난하고 병든 민중을 구제하려는 초기불교도의 노력이 단순히 윤리적 선언이나 정신적 차원으로서가 아니라, 사회경제적인 방법론을 통하여 실제적으로 추구되어 갔다는 사실이다. 이러한 사회경제적인 방법론은 '보시(布施, dāna/다나)'와 '복전(福田, puñña-khetta/뿐냐 켓따)' 사상을 통하여 구체적으로 추구되었다. 초기불교의 사회복지사상으로 이해되는 '보시'와 '복전', 곧 '보시 복전사상'은 초기경전 도처에서 광범하게 설해지고 있다. *Saṃyutta-nikāya*의 제1 「*Devatā-Saṃyutta*」(하늘사람 쌍윳따)에서는 '보시 복전사상'의 동력이 되는 보시의 공덕성에 대하여 이렇게 설하고 있다.

"이삭을 모아 아내를 부양하고
조금 있어도 보시하는 사람은 가르침을 실천하네.
천 사람이 십만의 보화로 재를 올려도
그러한 보시에 비해 16분의 1의 가치도 없네.[147]

바르게 얻거나 힘써 노력하여 얻은
재산과 물건을 베푸는 사람은
지옥의 웨따라니 강을 뛰어넘어
죽을 때 하늘나라로 간다네."[148]

이렇게 '부(富)의 정의'를 추구하는 초기불교의 사회적 경제윤리가 실제로는 보시를 전제로 하고 있다. 땀 흘리며 팔의 힘으로 바르게 벌

147 S Ⅰ 18; 전재성 역(1999),『쌍윳따니까야』1권, p.60; (S 1; 4; 2「*Macchari-sutta*」－인색함의 경)
148 S Ⅰ 20; 전재성 역(1999), 앞의 책 1권, p.62; (S 1; 4; 3「*Sādhu-sutta*」－좋은 것의 경)

고 수호하는 재화는 비좁고 악취 풍기는 빈민가의 민중들과 병든 사람들을 위하여 함께 나누고 섬기는 보시로 실천될 때 비로소 '부(富)의 정의'는 실현되는 것이다. 「*Andha-sutta*」(장님의 경)도 바로 이러한 보시를 전제로 설해지고 있다. 이것은 소비와 분배가 불교 경제사상의 주된 관심사라는 것을 의미한다. 붓다에 의하면, 모든 사회적 고통과 범죄는 국가 사회의 전체적 경제활동, 특히 분배의 문제와 관련된다. 사회적 혼란과 범죄는 경제적 궁핍, 곧 빈곤 때문에 발생한다. 따라서 적절한 분배를 통하여 경제활동을 활성화함으로써 빈곤을 치유하고 사회적 평화와 행복을 실현할 수 있는 것이다. 이러한 과정을 통하여 붓다와 초기 빠리사 대중들은 사회경제적 관심에 있어서 사회복지(社會福祉)를 기본개념으로 삼고 있었다.

보시(布施)는 'dāna/다나'를 옮긴 말이다.[149] dāna는 '나눔(distribution)', '주는 것(giving)', '(비구 등에게) 공양함(alms-giving)' 등을 의미한다. 여기에서는 '나눔'의 대중적 전달을 고려하여 '보시', '나눔'이란 용어를 병행해 쓸 것이다. 때에 따라서는 '섬김'이란 용어도 함께 쓸 것이다. 보시하는 사람들(施主, dānapati/다나빠띠)은 자신은 하찮은 것으로 살면서도 세상 사람들에 대해서는 좋은 것을 주어 섬기기 때문이다.[150] 보시는 재분배와 관련된다. 보시는 불교가 추구하는 자발적이며 종교적인 재분배 수단이라고 할 수 있다. 그것은 현실적으로 사회구제/사회복지의 수단일 뿐만 아니라, 종교적으로는 천상에 태어나는 생천(生天)의 축복을 수반하는 것이다. 이와 같이 보시는 금생과 내생의 행복을 아울러 기약하는 사회경제적 · 종교적 양면성을 함의하는 것이다. 따라서 초기불교의 보

149 PED(1986) p.318, Dāna; distribution, giving, dealing out, gift; alms giving, esp. a charitable giving to a bhikkhu, or to the community of bhikkhus, saṅgha.

150 AA II 249; 대림 스님 역(2007), 『앙굿따라니까야』, p.115, 각주-75

시는 고도의 유용성을 지니는 사회적 실천의 수단으로 기능하였다.

붓다는 폭력적일 뿐만 아니라 비용이 많이 드는 희생제의의 대안으로서 보시를 권장하였다. '마가다 대행진'에서 보듯, 붓다는 민중들에게 평화적이며 비용이 적은 보시(dāna)를 생천(生天)의 공덕으로 선포하였다. *Jātaka*에서는 "희생제의의 공덕은 보시의 16분의 1에도 미치지 못한다"[151]고 설해지고 있다. 이것이 인도 민중들의 집단개종을 가능하게 한 하나의 결정적 요인으로서 작용하였다. 그리고 보시는 '이기적 자아의식 – 탐욕 – 이기주의'를 치유할 수 있는 가장 직접적이며 일상적인 해탈의 수단이라는 점에서 생천공덕 이상의 본질적 가치를 지니는 것이다. 따라서 '보시', 곧 '나눔 · 섬김'은 초기불교의 제1 수행으로서, 가장 보편적이며 사회적인 시민적 삶의 방식으로서 추구되었다. 보시가 *Nikāya* 전편을 통하여 끊임없이 가장 빈번히 설해지고 있는 것도 이 때문이다.

보시(布施)와 복전(福田)은 외형상 별도의 개념으로 일컬어지는 것이지만, 실제로는 보시의 보다 발전된 형태가 복전이라고 할 수 있다.[152] 그것은 복전이 보시를 전제로 하기 때문이다.[153] 따라서 '보시 복전'은 한 흐름의 사상으로 파악되어도 좋을 것이다. 이 '보시 복전사상'은 재분배를 통하여 가난하고 병든 소외 민중들의 고통을 치유하려는 불교적 사

---

151 "이 막대한 비용이 드는 제사(yañña)가 올바른 사람의 보시에 비할 수 없는 것은 무엇 때문인가? 몇 천 번의 제사를 지냈어도 이 같은 보시의 16분의 1의 가치도 안 되는 것은 무엇 때문일까?" J 4 p.66 G cit. 中村 元(1999), 『宗教와 社會倫理』, pp.128-129

152 "그들에게 보시하면 공덕이 생기므로 그들은 '복전(福田)'이라고 부른 것이 불교에서는 그 후 통례가 됐다." 中村 元(1999), 앞의 책, p.123

153 A Ⅰ 207 "이러한 세존의 승가는 공양 받아 마땅하고, 선사받아 마땅하고, 보시 받아 마땅하고, 합장 받아 마땅하고, 세상의 위없는 복밭(福田)이시다." 대림 스님 역(2007), 『앙굿따라니까야』 1권, p.494; (A 3; 70 '*Uposathaṅga Sutta*, 포살경')

회복지 전략이다. 이것은 '보시 복전사상'이 불교 사회복지운동의 사상적 기초가 된다는 사실을 의미한다.[154] 복전은 경전(敬田) · 비전(悲田) 등 여러 가지로 분류되었다. 그 중에서도 소외계층을 대상으로 하는 빈궁전(貧窮田)이나 병자에 대한 보시가 특히 강조되었다. 이것은 '보시 복전사상'의 사회복지적 특성을 확인하는 것이다.[155] 따라서 이 책에서는 '보시 복전'을 '보시복지'란 개념으로 특정해서 쓰게 될 것이다.

붓다는 가난하고 병든 사람들을 구하여 살리는 구빈(救貧) 간병(看病)의 보시를 '만족의 대시(大施)'로 규정하였다.[156] 곧 가난하고 병든 소외계층에 대한 나눔을 제일 복전(第一福田)으로 규정하고 있다. 이것은 붓다가 소외계층에 대한 사회복지의 실현을 사회변혁운동의 제일 과제로서 접근하고 있다는 사실을 의미한다. 붓다와 초기 빠리사 대중들은 보시를 통하여 재분배를 실현하고 공평한 재분배를 통하여 사회복지를 구현하려 도모하였다. 이렇게 함으로써 비이기적인 사회의 창출이라는 사회변혁의 목표를 달성하려 도모한 것이다. 이것이 초기불교가 추구하는 '보시복지운동'이고 '경제정의'이다.

'비폭력 자비'와 '반차별 평등'은 궁극적으로 가난하고 병든 민중들의 구원이라는 사회복지의 문제로 환원된다. 많은 사람들의 실제적인 이익과 행복을 실현하는 것이 불교의 제일의적 가치이다. 따라서 '보시복지'는 이 모든 불교적 사회운동을 견인해 내는 사회변혁의 중심축으로서 작동하였다. 초기 교학에서 보시가 삼론(三論)의 제일 차제(次第)로서 생

154 "이와 같은 다양한 불교의 사회복지사상은 어떠한 이념에 의해 권장, 수행케 되는 것인가? 우리는 이것을 한마디로 '복전사상'이라고 단언하기를 주저하지 않는다." 이재창(1975), 「佛敎의 社會 · 經濟觀」『佛敎學報』 제10집, p.114

155 이재창(1975), 앞의 책, p.114

156 이재창(1975), 앞의 책, p.114

천(生天)을 이끌어 내고, 대승불교에서 보시가 육바라밀의 제일 바라밀로서 보살도를 견인하는 것도 이 때문이다. 요컨대 붓다와 초기 빠리사 대중들은 '보시복지운동'을 통하여 사회복지의 실현이라는 사회변혁의 목표와 생천(生天)이라는 신앙적 목표를 중층적으로 추구한 것이다. 이것은 보시가 본질적으로 오온적 자아의식/탐욕을 치유하고 생사를 해탈하는 가장 직접적이며 가장 효과적인 수단이기 때문이다. *Saṃyutta-nikāya*의 「*Macchari-sutta*」(인색함의 경)에서는 이렇게 설하고 있다.

험한 벌판길을 함께 가는 길동무처럼
가난한 가운데서도 나누는 사람들은
죽어가는 것들 가운데서도 죽지 않으니
이것은 영원한 법이라네.[157]

'험한 벌판길을 함께 가는 길동무처럼'

이것은 거친 벌판과 폭류를 달리며 몸을 던지는 초기 주역들의 거친 야성(野性)/야생적(野生的) 개척정신을 연상시킨다. 붓다와 초기 빠리사의 주역들은 험한 길을 개척하며 다나(dāna, 보시/나누고 섬기는)를 실천하며 전파하고 있다. 초기 불교도의 개척정신 속에는 이렇게 '다나의 정신', '나누고 섬기는 정신'이 치열하게 작동하고 있는 것이다.

157 S Ⅰ 18; 전재성 역(1999), 『쌍윳따니까야』 1권, p.59; (S 1; 4; 2 「*Macchari-sutta*」 – 인색함의 경)

2) 보시복지의 사회적 전개

(1) 사찰/가람으로 몰려드는 소외계층들

초기불교의 보시복지에서 상가는 어떤 역할을 수행했는가? 상가의 구체적 실체인 가람(saṅghārāma, 僧伽藍, 伽藍)은 많은 사람들의 사회복지 문제에서 어떤 역할을 담당했는가? 가람은 출가대중들의 아란야(阿蘭若處, 寂靜處, āraṅyāyatana)로써만 기능했는가? 이 문제는 초기불교의 사회적 특성을 규명하는 데 매우 긴요한 과제의 하나로 제기된다. *Nikāya*에서 이와 관련된 직접적인 자료를 찾기란 쉽지 않았다. 그런 중에 *Vinaya-piṭaka*의 「*Mahāvagga*」(율장대품)에서 몇 개의 유용한 정보를 발견할 수 있었다. 거기서 마가다의 전염병 구제와 관련된 가람의 역할에 관하여 이렇게 기록하고 있다.

> 어느 때 마가다 백성들 사이에 나병과 종기 · 습진 · 결핵 · 간질 등 다섯 가지 질병이 유행하고 있었다. 이 병에 걸린 사람들은 의사 지와까(Jivaka Komārabhacca)에게 다가가 말하였다.
>
> "선생님, 저희들을 치료해 주시면 좋겠습니다."
>
> "그러나 여러분들, 나는 매우 바쁩니다. 할 일이 많습니다. 마가다의 빔비사라 국왕과 그의 후궁들, 세존을 비롯하여 승단을 돌봐야 합니다. 그래서 나는 여러분들을 돌봐줄 수 없습니다."
>
> "선생님, 저희 재산을 다 가져가십시오. 저희들이 선생님의 노비가 되겠습니다. 저희들을 돌봐 주시면 좋겠습니다."
>
> "그러나 여러분, 나는 바쁩니다. 돌봐드릴 수가 없습니다."
>
> 그러자 이들에게는 이런 생각이 떠올랐다.
>
> '석가족의 제자인 스님들은 성격과 행동이 훌륭하고, 좋은 음식을 먹

으며, 바람막이가 있는 좋은 침상에서 잔다. 우리들이 석가족의 제자로 출가하면 어떨까? 만일 그렇게 한다면 스님들이 우리를 돌봐 줄 것이고, 더욱 의사 지와까도 우리를 치료해 줄 것이다.'

이들은 수행승들에게 다가가 출가를 요청하였고, 수행승들은 그들을 출가시켰다. 더욱 의사 지와까도 그들을 돌봐 주었다.

그때 수행승들은 많은 병든 승려들을 간병하면서, (거리로 나가 사람들에게) 이리저리 열심히 도움을 요청하고 권유하는 데 힘을 기울이며 말하였다.

"병든 이들을 위하여 음식을 베풀어 주시오.

병든 이들을 간호하는 사람들을 위하여 음식을 베풀어 주시오.

병든 이들을 위하여 약품을 베풀어 주시오."

의사 지와까도 현장에 와서 많은 환자들을 돌보느라 (빔비사라) 왕에 대한 의무도 거절하였다.[158]

나병 · 결핵 · 간질 등 악성 전염병 환자들이 가람으로 몰려들고 출가대중들이 이들을 받아들이고 치료하는 *Vinaya-piṭaka*의 「*Mahāvagga*」 기록은 의외라는 느낌마저 든다. 병든 이들과 간병하는 수행승들을 위하여 음식과 약품을 공급하는 수많은 마가다 시민들은 생소해 보이기도 하다. 지금으로서는 좀처럼 상상이 안 되는 일이다. 그러나 *Vinaya-piṭaka*의 「*Mahāvagga*」에서는 이런 일들이 결코 일회성의 사건이 아니라는 것을 일깨워 주는 다른 정보들도 기록하고 있다. 이 기록에 의하면, 다음과 같은 병자 · 장애자들이 가람으로 모여들었다.

---

158 Vin I 71-72; Horner tr.(2000), *The Book of the Discipline*(*Mahāvagga*), vol.IV, p.89-90; (*Vinaya-piṭaka*,「*Mahāvagga*」I 39. 1-3)

① 손이 잘려 없는 자 ② 발이 잘려 없는 자 ③ 손과 발이 잘려 없는 자 ④ 귀가 잘려 없는 자 ⑤ 코가 잘려 없는 자 ⑥ 귀와 코가 잘려 없는 자 ⑦ 손가락이 잘려 없는 자 ⑧ 손톱이 없는 자 ⑨ 발의 힘줄이 잘려 없는 자 ⑩ 뱀 머리처럼 생긴 손을 지닌 자 ⑪ 곱사등이 ⑫ 난쟁이 ⑬ 종기가 생기는 피부병을 지닌 자 ⑭ 상피병(象皮病)을 앓는 자 ⑮ 악질(惡疾)에 걸린 자 ⑯ 애꾸눈인 자 ⑰ 손발이 굽은 자 ⑱ 지체장애자 ⑲ 반신불수인 자 ⑳ 늙어 쇠약한 자 ㉑ 시각장애자 ㉒ 농아자 ㉓ 청각장애자……(그밖에 32 가지 경우의 병자, 장애자들이 가람으로 모여들었다.)[159]

*Vinaya-piṭaka*의 「*Mahāvagga*」에 의하면, 이들 병자들 · 장애자들 이외에도 여러 그룹의 소외계층의 민중들이 가람으로 몰려들고 있었다. 이들 중 몇몇 주요한 그룹들을 정리해 보면 다음과 같다.

① 왕의 부하들로서 탈출한 자들 ② 탈옥한 도둑들 ③ 방이 나붙은 도둑들 ④ 태형을 받았던 죄수들 ⑤ 낙인의 형벌을 받았던 죄수들 ⑥ 빚진 사람들 ⑦ 노비들 ⑧ 내시들 ⑨ 짐승들(龍이 사람의 모습으로 변화한 무리들) ⑩ 어머니를 죽인 자들 ⑪ 아버지를 죽인 자들 ⑫ 아라한을 죽인 자들 ⑬ 비구니를 범한 자들 ⑭ 남녀추니인 자들 ⑮ 정당한 화상들(스승들)을 모시지 않은 자들 ⑯ 발우와 법의가 없는 자들……[160]

159 Vin Ⅰ 91; Horner tr.(2000), *Ibid.*, pp.115-116; (*Vinaya-piṭaka*,「*Mahāvagga*」Ⅰ 71 1-2); 최봉수 역(1998),『마하박가』1권, pp.234-235, 시공사.

160 Vin Ⅰ 73-76, 85-91; Horner tr.(2000), *Ibid.* pp.91-96, 108-116; (*Vinaya-piṭaka*,「*Mahāvagga*」Ⅰ 40. 1-47, 1, 61 1－71. 2); 최봉수 역(1998),『마하박가』, pp.196-204, 222-234

(2) 사찰/가람 – 자유로운 재활/복지센터

이런 기록들의 사실성에 대해서 의문을 제기하는 견해들도 있을 것이다. 특히 부모를 죽이고 아라한을 죽이고 비구니를 범한 흉악한 범죄자들까지 수용하고 있다는 것은 좀처럼 이해하기 어려운 상황이다. 이들은 마땅히 배제되어야 할 자들이다. *Vinaya-piṭaka*의 「*Mahāvagga*」에 의하면, 실제로 이들 병자들 · 장애자들 · 범죄자들은 그 출가가 허용되었다가 후에 여러 사정으로 출가가 금지된 것으로 기록되어 있다. 그러나 우리가 주목하는 것은 초기 가람에서는 본래적으로 이들의 출가가 거의 아무 제한 없이 허용되었다는 사실이다. 상당 기간 이들의 출가가 허용된 것이다. 앙굴리말라의 출가도 이런 사례 가운데 하나라고 할 수 있다.[161]

어떻게 이것이 가능했을까? 아무리 초기불교가 사회적 변혁을 추구하고 많은 소외계층의 이익과 행복을 위해서 봉사한다고 할지라도, 이것이 가능한 일이었을까? 득도를 포함한 상가의 엄격한 제도적 장치들을 생각하면, 이런 의구심은 더욱 깊어진다. 여기서 초기 상가의 실제적 상황을 관찰할 필요성이 제기된다. 소외계층의 출가 문제는 곧 이들 상가의 실제적 상황과 관련되어 있기 때문이다. 이와 관련하여, 제2장에서 이미 논의한 바와 같이, 초기 상가가 매우 느슨한 형태의 공동체였다는 사실이 기억돼야 할 것이다. 초기 상가는 어떤 체계와 위계를 가진 조직이 아니었다. 상가 · 빠리사 등 초기 공동체는 강력한 리더십이나 규율이 아니라, 삼보에 대한 '불괴(不壞)의 정신(淨信, aveccappasāda)'과 자발적인 계행(戒行, sīla)에 의하여 유지되었다.[162] 따라

---

161 M II 101 ; 전재성 역(2002),『맛지마니까야』3권, p.497 ; (M 86「*Aṅgulimāla-sutta*」– 앙굴리말라 경)

162 이것이 '사예류지(四豫流支, cāttari sotāpattiyaṅgāni)', 또는 '사불괴정(四不壞淨)'이다. ; 平川

서 "매우 느슨한, 이를테면 '사방승가'와 같은 정신적 연대감을 바탕으로 한 것이 붓다 당시와 그 이후 얼마간의 '불교상가'였을 것이다."[163]

이런 상황에서는 출가 · 득도 자체가 그 구분이 애매했고, 구족계의 체계도 확립되어 있지 않았다. 초기 율장에 따르면, 누구든지 스승에게, "대덕이시여, 저는 세존께 출가하여 구족계를 받고자 합니다"라고 고하면, 스승은, "오너라 비구여", 이렇게 대답한다. 이것으로써 구족계가 완성되었다. 와라나시 사슴동산의 다섯 비구와 야사스(Yasas)의 경우부터 그러했다.[164] 율의 편찬자는 이것을 '선래구족(善來具足)'이라고 해석하고 있다.[165] 또 환속하고 싶을 때도 별다른 절차 없이 누구의 간섭도 받지 않고 자유롭게 환속할 수 있었다. 이것이 '사계(捨戒, sikhā paccakkhātā)', '사계의 자유'이다.[166] 후대의 엄격한 사전 심사 과정은 아직 존재하지 않았다. 『십송률(十頌律)』, 『오분율(五分律)』 등에 규정된 엄격한 득도 과정은 중앙집권적 승단 체계가 갖추어진 후대의 일로서, 이것은 붓다 사후 4~5백년 이후의 일로 추정된다.[167]

또 하나 초기불교 시대에는 출가자는 국법의 제재 밖에 존재하고 있었고,[168] 세금도 면제되었다.[169] 다니야(Daniya, 壇尼迦) 비구의 사례에

彰(2003), 『원시불교 연구』, p.115

163 조성택(2009a), 「초기불교사 '재구성'에 관한 검토」『 불교학연구』 제23호, p.155

164 Vin I 12; 『南傳』 제3권, p.22; cit. 平川 彰(2003), 『 원시불교의 연구』, pp.88-89

165 平川 彰(2003), 앞의 책, p.89

166 平川 彰(2003), 앞의 책, p.223, 242

167 "붓다 사후 4~500년이 지나 소위 부파불교라고 하는 중앙집권적 불교 교단이 만들어질 당시 교단의 권위와 계율의 권위를 강조하기 위해 만들어진 모습이 아닐까 생각한다." 조성택(2009a), 「초기불교사 '재구성'에 관한 검토」『불교학연구』 제23호, p.164 각주-31

168 平川 彰(2003), 『원시불교의 연구』, p.37

169 平川 彰(2003), 앞의 책, p.42

서 보듯,[170] 왕의 재물을 훔치고 출가하여도 죄를 묻지 않았다. 노비가 주인의 허락 없이 출가하거나 채무자나 범죄자가 출가하는 것은 금지되어 있었지만, 그 규정은 느슨한 것이었다. 또 이미 출가한 경우는 이를 그대로 인정하였다.[171] *Vinaya-piṭaka*에는 이렇게 기록하고 있다.

> 마가다의 세니아 빔비사라 왕은 영을 내렸다.
> "사문석자 밑에 출가한 자에게는 어떠한 제재도 가해서는 안 된다. 법은 잘 설해져 있다. 괴로움의 끝을 얻기 위해 범행을 다하도록 하라."[172]

따라서 *Vinaya-piṭaka*의 「*Mahāvagga*」에서 기록하고 있는 수많은 병자들 · 장애인들 · 범죄자들의 출가는 충분히 가능한 일이었다. 출가 이전의 죄나 과오 등은 문제 삼지 않았던 것은 많은 기록들에 의하여 입증되고 있다.[173] *Vinaya-piṭaka*의 「*Mahāvagga*」를 비롯한 초기 율장들은 이러한 시대적 상황을 규명하는 데 매우 유용한 일차적 사료로서 평가되어야 할 것이다. 平川 彰은 이렇게 정리하고 있다.

> 〔죄인들의 출가를 허용한 율장의 조항들은, 필자 주〕 그러한 사회적 배경이 존재하고 있었다고 하는 것을 나타내고 있는 것이라고 생각한다.[174]

---

170 Vin Ⅲ 44; Horner tr.(1996), *The Book of the Discipline* (*Suttavibhaṅga*) vol. Ⅰ, p.69-71; (*Vinaya-piṭaka*, 「*Suttavibhaṅga*」Ⅱ 1, 5-6); 『南傳』 제1권, p.70; 平川 彰(2003), 앞의 책, p.40

171 平川 彰(2003), 『원시불교의 연구』, pp.47-52

172 Vin Ⅰ 75; Horner tr.(1996), *The Book of the Discipline* (*Suttavibhaṅga*) vol. Ⅰ, p.93; (*Vinaya-piṭaka*, 「*Mahāvagga*」 Ⅰ 42, 1); 『南傳』 제3권, p.125 cit. 平川 彰(2003), 앞의 책, p. 50

173 平川 彰(2003), 앞의 책, pp.48-49

174 平川 彰(2003), 앞의 책, p.49

초기교단은 획일적 제도나 권위에 의하여 지배된 것이 아니다. 출가 중심의 율(律, vinaya), 하나의 표준적 텍스트, 강력한 리더십, 또는 지배적인 조직이 확립되어 있었던 것도 아니다. 불교교단은 마치 살아있는 생물처럼 역동적이며 자유분방한 모습으로 움직였고, 이질적이고 다양한 여러 상황들이 혼재해 있었다. 초기불교/초기교단은 그 자체가 하나의 역동적인 삶의 현장이었다. 이 현장에서 많은 이질적이며 상호 모순되는 다양한 상황들이 착종되고 있었다. 장애자들 · 병자들 · 범죄자들 앞에 빠리사와 상가의 문호가 자유롭게 개방되는 한편, 이들에 대한 출가 제한조치들이 강화되기도 하였다.[175] 시간이 경과하고 승단조직이 정비되면서, 이러한 제한조치들은 더욱 엄격해지고 강화되어 갔을 것이다. 따라서 붓다 당시의 불교적 상황들을 '하나의 교단', '하나의 승단'과 같은 고정관념으로 일률적으로 규정하려는 시도는 별의미가 없는 것으로 보인다.

중요한 것은 붓다 당시, 또는 상당기간 동안 불교상가/불교공동체의 문호는 활짝 열려 있었고, 수많은 사람들, 곧 소외대중들이 이 문을 두드렸다는 사실이다. 전후 상황을 고려할 때 이들이 모두 깨달음을 구하려 모인 것으로는 보기 어렵다. 구호처를 찾아서, 피난처를 찾아서 모여들었을 것이다. '마가다 전염병 환자 구제사건'에서 보듯 상가의 대중들은 이들을 큰 저항 없이 받아들이고, 시민들은 이들을 위하여 자원봉사하고 음식과 의약품을 공급하였다. 이렇게 초기 빠리사 대

175 "비구들이 세간의 법률 밖에 있었다고 하는 것은 구족계 조문 속에도 나타나고 있다.……구족계를 줄 경우에 아무에게나 무조건 주는 것이 아니고, 거기에는 약간의 제한이 있었다. 사회의 질서를 어지럽게 하거나, 상가의 생활을 파괴하려고 했을 경우에도 구족계는 허락되지 않는다.……구족계를 허락하지 않는 경우가 스무 가지 정도 된다." 平川 彰(2003), 앞의 책, p.49

중들은 이 모든 소외민중들의 문제를 자신들의 문제로 인식하고 이 문제의 해결을 위하여 진력하였다. 그들은 가난하고 병든 사람들의 문제를 해결하기 위하여 실제적이며 적극적인 조치를 강구하고 있었다.

초기 가람 · 초기 상가는 사회복지에 있어서 매우 중요한 기능을 담당하고 있었다. 갈 곳 없어 방황하던 가난하고 병든 이들은 이 가람 · 상가로 들어와서 몸의 병과 장애를 극복하고 나아가 마음의 해탈을 성취하였다. 초기 가람/초기 상가/초기 빠리사는 이들 소외민중들에게 피난처의 역할을 담당했다. 열려 있는 복지센터/재활센터로서 역할했다. 붓다와 비구 · 비구니들, 많은 불교도 · 시민들은 이 소외민중을 치유하고 구원하는 일에 협력하였다. 그들은 보시복지를 몸으로 실천하였다. 따라서 초기불교의 상가/가람에 관해서는 '수행자들의 공동체'라는 전통적 관념을 넘어 사회복지적 기능이라는 보다 열린 측면에서 새롭게 조명되어야 할 당위성이 제기되고 있는 것이다.

사찰/가람/절 – 자유로운 주민들의 쉼터 · 재활센터 · 복지센터

이것은 과장되거나 한두 개의 사례를 들어 확대 해석하는 것이 결코 아니다. 초기불교시대에는 절을 흔히 '정사(精舍, vihāra/위하라)'라고 불렀다. 최초의 절 '죽림정사', 부처님이 상주했던 '기원정사'가 그런 사례이다. 이 '정사'는 처소(處所)를 의미하는 'vihāra(위하라)'를 옮긴 말이다. 그런데 이 vihāra는 병원과 사찰의 기능을 포괄하고 있고, 'hospice'의 의미까지 내포하고 있다.[176] 이와 관련하여 손정호는 이렇게 논하고 있다.

176 권경임(2004),『불교사회복지실천론』, pp.220-221, 학지사.

위하라는 인도의 산스크리트어로 몸과 마음이 편안한 것으로 안식처 · 승원 · 휴양림을 의미한다. 위하라(호스피스)는 시한부의 삶을 통고받은 종말환자가 안정을 찾고 자기를 지키는 장소이다. 호스피스(hospice)는 기독교의 임종환자를 위한 터미널 케어(terminal care)이고, 위하라(vihāra)는 불교에서 임종환자뿐만 아니라 고령자와 일체중생을 대상으로 환자들의 간호 · 의약 · 설법 · 상담 · 경전 읽어주기 · 일상생활 서비스 등을 포함하여 병원과 사원의 역할과 기능이 포함되어 있다.[177]

(3) 다나(dāna) – 나누고 섬기면서

초기불교의 사회복지는 가람/상가의 범주 안에서 멈추지 않았다. 자신을 희생하여 가난하고 병든 민중들에게 헌신 봉사하려는 초기 불교도의 사회복지는 가람의 울타리를 넘고 상가의 경계를 초월하여 사방으로 확장되어 갔다. *Udāna*에 의하면, 마하깟사빠 비구는 하늘 사람〔天人〕들의 공양을 거부하고 협소하고 악취 풍기는 빈민가와 고통 받는 노동자들의 거리를 찾아 탁발하였다.[178] *Nikāya*들은 이와 같이 출가대중들이 가람에서, 마을과 거리에서, 가난하고 병든 사람들의 사회복지를 증진시키기 위하여 봉사하고 있는 많은 정보를 제공하고 있다. 비구 · 비구니들의 탁발 유행은 이와 같이 '담마의 나눔', 곧 법시(法施)를 통하여 민중들을 각성시키고 보시복지운동을 전 사회적으로 확산시켜 가는 사회적 행위로서 추구되었다. 이와 관련하여 월폴라 라훌라는 이렇게 논하고 있다.

---

177 손정호(능인)(2007), 「불교경전에서 볼 수 있는 임종간호에 대한 고찰」『중앙승가대학교 논문집』 제12집(태원 스님 · 종석 스님 화갑기념특집), pp.269-270, 중앙승가대학교.

178 U I 6; Peter Masefield tr.(1997), *The Udāna,* p.5

붓다는 비구 제자들에게 한 곳에 오래 머물지 말고 사람들에게 그들의 이익과 복지를 위하여 법을 전파하며 마을에서 마을로 유행할 것을 촉구하였다. 따라서 붓다와 비구들은 1년에 3, 4개월의 우기를 제외하고는 민중들에게 이 세상에서, 그리고 저 세상에서의 복지에 도움되는 법을 전파하면서 일 년 내내 유행하였다.

유행하는 인도의 비구들이 전파한 그런 사상들을 탐구하는 것은 흥미로운 일이다. 일반적으로 마을 사람들은 가난하고 무식하고 매우 불결하고 건강하지 못하였다. 그들은 아비담마에서 가르치고 있는 철학·형이상학, 또는 심리학에 관한 심오하고 우아한 교설보다는 그들의 물질적 복지와 행복에 도움되는 단순하고 도덕적인 가르침을 요구하였다. 그러한 재가 민중들에게 전파된 가르침들이 불전 도처에서 발견되고 있다.[179]

보시복지는 재가대중들에게도 적극적으로 권장되고 확산되었다. 일상적인 삶의 방식으로서 촉구되었다. *Aṅguttara-nikāya*의 「*Sīha-sutta*」(시하 경)에서 "보시의 결실이 무엇인가?"라고 질문하는 시하(Sīha) 장군의 질문에 대하여 붓다는 이렇게 설해지고 있다.

"시하여, 보시를 행하는 보시의 주인을 많은 사람들이 좋아하고 마음에 들어한다. 시하여, 보시를 행하는 보시의 주인을 많은 사람들이 좋아하고 마음에 들어하는 이것이, 지금 여기서 스스로 보아 알 수 있는 보시의 결실이다.……

다시 시하여, 보시를 행하는 보시의 주인은 끄샤뜨리아의 빠리사들이

179 Rahula(1974), *The Heritage of The Bhikkhu,* p.3, New York, Grove Press Inc.

나 바라문의 빠리사들이나 장자(거사)의 빠리사나 사문의 빠리사나 그 어떠한 빠리사에 다가가더라도, 담대하고 기죽지 않고 다가간다.…… 이것도, 지금 여기서 스스로 보아 알 수 있는 보시의 결실이다.……"[180]

여기서도 초기불교가 추구하는 담마의 실제성/현세이익성(sandiṭṭhiko)이 잘 드러나고 있다. 보다 주목되는 것은 이러한 나눔이 모든 종류의 빠리사/공동체에서 일상적인 윤리로서 인정되고 있다는 사실이다. 권력가 · 사제 · 상인 · 기업가 · 수행자 등 모든 종류의 공동체에서 나눔이 많은 사람들의 지지를 확보하고 당당해지고 명예를 얻을 수 있는 최선의 조건으로서 인정되고 있었다. 붓다에 의하면, 하나의 공동체를 형성하기 어려운 소외계층, 곧 가난한 사람들에게도 이러한 나눔의 유효성은 여전히 인정되고 있었다.[181] 이것은 불교도 사회에서 나눔이 보편적인 시민윤리로서 확립되고 열렬히 추구되고 있었다는 사실을 의미한다. 이와 관련하여 우리는 '나눔의 주인〔dānapati/다나빠띠, 施主〕'이라는 용어를 주목하게 된다. 주석서에서는 'dānapati'에 관하여 이렇게 해설하고 있다.

'나눔의 주인(dānapati)'이란 사람에게 보시할 때, 그것의 주인〔pati〕이 되어 주는(나누는) 것이지, 하인〔dāsa〕이 되거나 친구〔sahāya〕가 되어 주는 것이 아니다. 어떤 이는 자신은 맛있는 음식을 먹고 다른 사람에겐 그렇

180 A III 37-38; 대림 스님 역(2007), 『앙굿따라니까야』 3권, pp.114-116; (A 5; 34 「Sīha-sutta」- 시하 경)

181 "가난해도 나누는 사람들이 있다. 부자인데도 나누려 하지 않는 사람도 있다. 가난한 가운데서 나누는 보시는 그 과보가 천 배에 달한다." JIV65; cit. 中村 元(1999), 『宗教와 社會倫理』, p.127

지 않은 것을 보시한다. 그는 그 보시물의 하인이 되어 보시한다. 어떤 이는 자기가 먹는 그것을 보시한다. 그는 친구가 되어 보시한다. 그러나 어떤 이는 자신은 하찮은 것으로 생활하면서도 다른 사람에겐 맛있는 음식을 보시한다. 그는 그것의 주인, 어른, 임자가 되어 보시한다.[182]

여기에 초기불교가 추구하는 나눔의 윤리적 특성이 잘 드러나고 있다. '다나(dāna)'는 단순히 '나눔'으로 머물지 않고 '섬김'으로까지 확장되고 있다. '시주(施主, dānapati)'는 단순히 '나누고 베푸는 자'가 아니라, '자신은 하찮은 것으로 생활하면서도 다른 사람에겐 맛있는 음식을 보시'하는 '섬기는 자들'이다. 이러한 '섬김의 정신'은 대승불교에서 '수순중생(隨順衆生)의 보현행원'으로까지 확장되고 있다.[183] 이러한 다나의 특성은 초기 빠리사 대중들이 지니는 윤리적 청정성을 담보하는 것이고, 이 사회의 경제적 정의를 실현시키려는 변혁적 열망/열성을 드러내고 있는 것이다.

(4) 보시복지의 사회적 확산

나눔과 섬김의 열망을 실현하기 위한 구체적인 장치들이 고안되었는데, 'dāna-sālā/다나살라', 곧 '나눔의 집', '보시당'이 바로 그러한 것

---

182 AA II 249; 대림 스님 역(2007), 『앙굿따라니까야』 1권, p.115, 각주-75

183 "중생들은 중생이 아니요, 기실 여래의 청정자성을 분별하는 것이라는 소이가 여기 있는 것이다. 그러므로 그 중생 하나하나를 받들고 섬기고 수순하는 것이 어찌 제불보살을 받들고 섬기고 수순함이 아닐까. 중생국토를 떠나서 불국토가 없는 것을 여기서 말할 수 있는 것이다.……거듭 말하거니와, 중생이 중생이 아닌 것이다. 중생상이 중생상이 아닌 것이다. 중생세계가 중생세계가 아닌 것이다." 광덕 스님(1998), 『보현행원품강의』, p.124, 불광출판부.

이다. 이와 관련하여 나카무라 하지메(中村 元)는 이렇게 기록하고 있다.

그래서 보시를 대규모로 실행하기 위한 조직적 시설이 설립돼 있었다. 꾸루국의 인다빳따(Indapatta) 왕은 '도시의 4개의 문과 시(市)의 중앙과 왕궁의 입구에 도합 여섯 개의 보시하는 회당(會堂, dāna-sālā)을 짓게 하고 매일 60만금의 재물을 풀어 전 인도의 일손을 잠시 쉬게 할 정도의 보시를 했다.'(J Ⅲ 129; V 383) (J Ⅳ 62-63)
8억의 재산을 소유하고 있는 위사이하(Visayha)라고 하는 부자 상인도 보시를 즐겨, '시의 사방 문과 도시의 중앙, 자기 집의 문 앞, 이렇게 여섯 곳에 보시당(dāna-sālā)을 짓고 보시를 행했다. 매일 60만금이 지출됐다. 그러나 그의 식사는 걸식과 다름없었다.' (J Ⅲ 129) 또 어떤 바라문도 보시를 즐겼다. 특히 빈곤자와 여행자에게 보시했다. (J Ⅳ 15)[184]

초기불교의 보시복지운동은 복지시설의 영역으로까지 확장되고 있다. 『잡아함경』에서는 공덕을 증장시키는 복지시설들에 관하여 설하고 있는데, 간추리면 다음과 같다.

① 사원의 당탑 건립
② 과수 · 수목을 심고 원판사업을 전개하여 나무 그늘을 여러 사람에게 제공하여 주는 것.
③ 병원을 건립하여 중병을 구하는 것.
④ 교량을 건설하고 선박을 조성하여 사람들이 쉽게 건널 수 있게 하

184 中村 元(1999), 『宗教와 社會倫理』, p.126

는 것.

⑤ 우물을 파서 여러 사람들로 하여금 물을 마시게 하는 것.

⑥ 객사를 지어 여행자들에게 편의를 제공하여 주는 것.

⑦ 공동변소를 건립하여 여러 사람들이 이용하게 하는 것.[185]

초기 빠리사의 대중들이 추구한 경제적 실천/경제적 변혁은 가난하고 병든 소외계층에 대한 봉사와 구호, 곧 사회복지를 중심으로 전개되었다. '노동과 나눔', '노동과 섬김'으로 요약되는 초기불교의 보시복지사상은 부(富)의 재분배를 통하여 계층 갈등의 사회적 위기를 해소하고, 인도 사회의 빈곤 · 질병 · 장애 · 범죄 등 소외계층의 문제를 해결해 가는 경제적 변혁의 수단으로서 추구되었다. 이러한 경제적 변혁은 '민중들이 기쁨을 누리고 기뻐서 가슴에 자식을 안고 춤추고 집의 문을 열어놓고 살아갈' 그런 소박한 이상을 실현하는 데 그 목표가 있었다. *Dīgha-nikāya*의 다섯 번째 경인 「*Kutadanta-sutta*」(꾸따단따 경)에서는 한 브라흐마나의 입을 통하여 이렇게 설하고 있다.

"이제 폐하께서는 폐하의 왕국에서 농사와 목축에 적합한 자들에게는 씨앗과 음식을 베푸십시오. 폐하의 왕국에서 상업에 적합한 자들에게는 자금을 베푸십시오. 폐하의 왕국에서 왕의 측근이 되기에 적합한 자들에게는 음식과 보수를 베푸십시오. 이처럼 자신의 직업에 몰두하는 자들은 왕국을 해치고자 하지 않을 것입니다. 더불어 폐하께서는 큰 세입이 있을 것입니다. 땅은 안정되고 영토는 〔도둑이라는〕 가시밭길이 없어지고 살벌하지 않을 것입니다. 백성들은 기쁨을 누리고 기뻐서

---

185 동국역경원 역(1985c); 『한글대장경 雜阿含經』 3권, p.43 - 「공덕증장경」

가슴에 자식들을 안고 춤추고, 집의 문을 열어놓을 것입니다."[186]

보시복지운동 – 가난하고 병든 많은 사람들이 자식들을 안고 기뻐 춤추는 세상

나눔과 섬김을 통하여 이런 세상을 실현하려는 초기불교의 소박한 복지전도의 이상은 역사적으로도 계승되었고, 아소까 왕의 통치를 통하여 전 인도적으로 실현되었다. 아소까 왕의 담마칙령 가운데 가장 빈번히 기록되고 있는 것이 보시복지로서 총 18회 확인되고 있다.[187] 아소까 왕은 국내는 물론이고 멀리 다른 나라에까지 복지시설을 기증하여 복지전도의 영역을 개척하였다. 바위 담마칙령에서는 이렇게 기록하고 있다.

자비로운 삐야다시(Piyadasi) 왕(아소까 왕)의 왕국 어디서나 마찬가지로 국경 너머의 사람들에게도, 즉 쪼다, 빵디야, 사띠야뿌다, 게랄리뿌다, 그리고 저 멀리는 땅바방니까지, 그리고 앙띠요까라고 부르는 요나 왕에까지, 앙띠요까 왕의 이웃 왕들에게까지, 어디든지 자비로운 삐야다시 왕은 두 가지 종류의 의료 진료소를 설립하였다. 사람들을 위한 의료 진료소와 동물들을 위한 의료 진료소이다.

사람과 동물에게 적합한 약초를 구할 수 없는 곳은 어디든지 약초를 가져다가 심도록 하였다. 어디든지 약초 뿌리나 약초 열매를 구할 수 없는 곳은 그것들을 가져다가 심도록 하였다. 사람과 동물들의 이익을

---

186 D I 136; 각묵 스님 역(2006), 『디가니까야』 1권, p.359; (D 5 「*Kutadanta-sutta*」 – 꾸따단따경; 11)

187 일아 스님(2009), 『아소까』, p.336

위해 길을 따라 우물을 파고 나무를 심었다.[188]

5. '정의로운 국가'의 이상(理想)을 향하여 – 정치적 변혁으로

1) 초기불교의 정치사상

막스 베버와 같은 일부 학자들이 불교는 '비(非)정치적(apolitical)' 종교라고[189] 규정하고 있음에도 불구하고, 보다 많은 학자들은 정치가 불교에서 특히 중요한 비중을 차지하고 있다고 주장하고 있다. 이것은 초기불전에서 끊임없이 정치적·사회적 시스템과 왕권에 관한 주제들을 표현하고 있는 사실에 의해서도 입증되고 있다.[190] 이와 관련하여 *Dīgha-nikāya*의 27번째 경인 「*Aggañña-sutta*」와 26번째 경인 「*Cakkavatti-sīhanāda-sutta*」는 매우 중요한 의미를 지니는 경들이다. 이 두 경은 뛰어난 종교적 상상력으로 초기불교의 정치적 이상을 서술하고 있다는 점에서 특히 주목된다.

「*Aggañña-sutta*」는 세계와 국가의 기원에 관한 대표적인 경전이다. 한역(漢譯)으로는 「세기경(世紀經)」, 「기세경(起世經)」, 「기세인과경(起世因果經)」 등으로 번역되는데, 『장아함경』의 다섯 번째 경인 「소연경(小緣經)」이 이에 해당된다. 「*Aggañña-sutta*」에서는 이 세계의 존재들이 광음천

---

188 일아 스님(2009), 앞의 책, p.27

189 "It was a specipic un-political and antipolitical religion." cit. Upreti(1997), *The Early Buddhist World Outlook in Historical Perspective,* p.21

190 Chakravarti(1996), *The Social Dimensions of Early Buddhism,* p.150

(光音天, Ābhassara, Brahma world)에 태어나서 마음으로 즐거움을 먹으며, 스스로 빛을 발하며, 하늘로 날아다니며, 영광스럽게 살았다고 서술하기 시작하였다. 그러나 이기적 자아의식이 발생하면서 이 영광스런 정신적 존재들은 스스로 빛을 잃고 이 사회는 악덕과 무질서로 전락하게 되었다. 이러한 악덕과 무질서를 규제하고 가족과 사유재산을 지키기 위하여 이들 존재들은 그들 중에서 가장 훌륭한 자를 왕으로 뽑아 통치를 위임하고 그 대가로 일정량의 수확을 지급하기로 약속하였다. 이것이 국가의 기원이다.[191] 「*Aggañña-sutta*」의 이러한 서술은 불교의 세계 기원설/국가 기원설이 기본적으로 진화론(進化論)과 사회계약설(社會契約說)에 입각하고 있음을 분명히 하고 있는 것이다.[192]

「*Aggañña-sutta*」가 내포하는 이러한 진화론적 사회계약설은 그 자체로서 역사적이며 과학적인 사실을 반영한 것으로 보기는 어렵다. 그러나 이러한 주장이 불교도가 추구하는 사회적 · 정치적 사상과 이상을 함축하고 있다는 의미에서 신화 이상의 큰 중요성을 지니는 것이다. 불교의 진화론적 사회계약설은 전통적인 브라흐만교의 정치사상과는 명백히 상반되는 입장을 취하고 있다. *Ṛgveda*의 마지막 권에 의하면, 사회질서의 기초가 되는 사성(四姓)의 계급들은 최초의 원인(原人) 뿌루샤(Purusha)가 해체될 때 생겨난 것이다. 이 기록에 의하면, 브라흐마나 · 캇띠야(rājanya) · 웻사 · 숫다의 사성은 절대적 존재인 뿌루샤의 입 · 팔 · 허벅지 · 발에서 분화되어 나왔고, 그 위치는 그들의 사회적 위치와 일치한다.[193] 또 다른 베다에서는 창조주 쁘라자빠띠(Prajāpati)

---

191 D III 80-98; 각묵 스님 역(2006), 『디가니까야』 3권, pp.161-174 간추림; (D 27 「*Aggañña-sutta*」- 세기경; 10-21)

192 Chakravarti(1996), *The Social Dimensions of Early Buddhism*, p.151

193 The Hymns of the *Ṛgveda*.; tr. Ralph T. H. Griffith. Benares(1896), 『世界宗敎史』 cit.

가 등장한다.(*Ṛgveda* VI 6-11)

그러나 불교는 이러한 브라흐만적 계급론에 대하여 분명하게 반대 입장을 표명하고 있다. 불교도에게 사성(四姓)제도는 하나의 기능적 분화일 뿐 어떤 정치적 종교적 의미도 갖지 못한다. 그들은 전능한 신(神)에 의하여 성별(聖別)된 것이 아니라, "중생으로부터 생겨난 것이다."[194] 「*Aggañña-sutta*」에서는 최초에 모든 존재들이 광음천에서 태어나 스스로 빛을 발하며 영광스럽게 살다가 이 세상으로, 이 지상의 존재들로 다시 태어나 스스로 빛을 발하여 영광스럽게 살았던 것으로 서술하고 있다. 이것은 인간들이 본질적으로 공통적인 기원을 지닌 존재로서 생물학적 통일성과 동질성을 지녔다는 사실을 명백히 표명하는 것이다. 인간 존재에 대한 초기불교의 이러한 입장은 *Suttanipāta*의 「*Vasettha-sutta*」에서도 확인되고 있다. 여기서 붓다는 인간에게는 식물이나 동물에게서 볼 수 있는 어떤 생물학적인 차별 – 종(種)과 속(屬)의 차별도 없으며,[195] "인간 가운데 있는 구별은 단지 명칭일 뿐이다."[196]라고 선언하고 있다.

「*Aggañña-sutta*」는 사회적 질서의 신성한 창조라는 베다적 독단론을 공공연히 타파하고 사회계약설을 주창함으로써 전통적 정치사상과 기존의 왕권체제에 일대 변혁을 시도하고 있다. 사유재산이 발생하고 가족이 발생하고 탐욕이 발생하고, 주어지지 않는 것을 훔치는 일과 거짓말 · 비난 · 처벌 등이 발생하여 사회질서가 위기에 빠지게 되었을 때, 여기서 사람들은 그들의 대표로서 왕을 선정하여 사유재산을 지키

노스(1988) 하권, p.590

194 D III 93; 각묵 스님 역(2006),『디가니까야』3권, p.174 ; (D 27 「*Aggañna-sutta*」- 세기경 ; 21)

195 Sn 598-610; 전재성 역(2004),『숫타니파타』, pp.328-330

196 Sn 611; 전재성 역(2004), 앞의 책, p.330

기 위한 사회질서 유지의 권리를 부여하기로 합의하였다. 그리고 그 대가로 일정한 보수를 지급하기로 왕과 계약을 채결하였다. 여기서 우리는 지배자와 피지배자 간의 사회적 계약이라는 관념을 분명히 발견할 수 있다. 바샴(A. I. Basham)은 이렇게 논하고 있다.

> 브라흐마의 전설에 대한 일종의 반격으로서 창안된 듯한 불교의 옛 전설은 인간에게서 증진하는 탐욕의 원인으로서보다 결과로서 우주의 쇠퇴에 대하여 말하고 있다. 사유재산을 보호하는 데 있어서 상호의 합의가 실효를 거두지 못하게 되었을 때, 인간은 함께 모여 처벌을 가함으로써 법과 질서를 수호하도록 할 사람을 그들 중에서 선출하였으며, 그 대가로 생산물의 일부를 주었다. 이와 같이 불교에서의 왕권은 동의에 의지하며, 일종의 사회계약에 근거하는 순수한 인간의 제도이다.[197]

여기서 특히 주목되는 것이 '마하삼마따(Mahāsammata)'의 존재이다. Mahāsammata는 '많은 사람들/민중이 뽑은 자', 또는 '선출된 위대한 자'로서 곧 왕(rāja)이다.(D III 93)[198] 「*Aggañña-sutta*」에서는 마하삼마따를 분명히 '민중이 뽑은 자(the people's choice)'로서 규정하고, '왕(rāja)은 담마(dhamma, 法)에 의하여 사람들을 기쁘게 하는 자'로 해설하고 있다.(D III 93) 초기불교의 주역들이 마하삼마따를 논의하면서 담마의 개념을 도입한 것은 특히

197 cit. 딧사나야케(1988),『불교의 정치철학』, pp.150-151

198 "'많은 사람들에 의해서 뽑혔다'로 옮긴 원어는 mahājanasammato이다. mahā(많은)－jana(사람들)－sammata(뽑힘, 동의됨)를 풀어서 옮긴 것이다. 여기서 눈여겨 볼 단어가 sammata인데, 이것은 sam(함께)＋√man(to think)의 과거분사이다. '함께 논의하다, 함께 생각하다'에서 '동의하다, 뽑다'라는 뜻을 가졌다." 각묵 스님 역(2006),『디가니까야』 3권, p.173 각주-145

중요한 의미를 지닌다. 여기서 담마는 불교가 추구하는 보편적인 윤리, 곧 정법(正法)/정의(正義)로 해석된다. 이것은 초기불교가 추구하는 정치 사상의 핵심이 정법정치, 곧 정의로운 정치의 실현에 있다는 사실을 의미하는 것이다.

초기 빠리사의 대중들이 국가의 기원과 성격, 왕권의 기원과 성격에 관하여 전혀 새로운 이념을 제시하고 있는 것은 명백한 사실이다. 그들은 희생제의의 이데올로기적 제도적 장치에 의하여 보장되는 브라흐마(Brahma, 梵天)의 전통적인 신성한 국가/신성한 왕권이라는 독단적 관념을 타파하였다. 그리고 인민들의 자유로운 선택과 계약에 의하여 건립되는 정법국가(正法國家)/정의로운 국가를 새로운 모델로 제시하고 있다. 통치자, 곧 왕은 브라흐마에 의하여 성별(聖別)되는 신성한 존재가 아니라 인민들의 합의와 계약에 의하여 선출되고 윤리적으로 다스리는 정법군주(正法君主, dhamma-rāja/담마라자)이며 정의로운 인간인 것이다. 「*Aggañña-sutta*」에서, "담마는 사람들에게 가장 좋은 것이다.(dhamma seṭṭho janetasmin)", 이렇게 반복적으로 주창되는 것도 이러한 정법정치/정의로운 정치의 중요성을 선양하는 것이다. 차차석은 이렇게 논하고 있다.

> 정치사상에 관하여는, 제왕의 신권(神權)을 인정하지 않았다. 국왕은 원래 백성들이 선출한 사람이라 생각하였으며, 그러므로 그들은 인격적인 면에서 하등 특권을 향유할 권리가 없다고 보았던 것이다. 태고 시절부터 사람들은 사회적 안정과 복지를 확보하기 위하여 자신들의 권리를 위임할 특정한 사람을 선출하였으며, 그가 바로 국왕이라고 보았다. 따라서 불교의 국왕관은 루소의 사회계약설과 상통하는 점이 있으며, 공공질서에 국왕의 권한을 제한하고 있다는 점에서 야경국가(夜

警國家)라는 개념과도 상통하는 것이다.[199]

2) 전륜성왕의 나라 – 이상국가를 향하여

(1) 정법군주 – 이상적인 정치가를 찾아서

정의로운 왕/정의로운 정치를 추구하는 불교도들의 관심과 열정은 보다 새로운 왕의 개념들을 창출하는 작업으로 전개되었다. 이러한 작업의 하나는 *Saṃyutta-nikāya*의 「*Gomayapinda-sutta*」(쇠똥경)에서 발견되고 있다. 여기서 붓다는 이렇게 설하고 있다.

> "수행승이여, 전생에 내가 왕족으로서 왕위에 즉위하였다. 수행승이여, 내가 왕족으로서 왕위에 즉위하였을 때, 내게는 꾸사와띠(Kusavātī)라고 하는 도읍을 위시해서 8만 4천의 도시들이 있었다."[200]

여기에 등장하는 왕이 '뭇다왓시따(Muddhāvassita)', 곧 '기름을 이마에 바른 왕(anointed king)'으로서 당시의 이름은 마하수닷사나(Mahāsudassana)이다.[201] 마하수닷사나 왕은 마하삼마따(Mahāsammata)와는 구분되는, 보다 발전된 군주이다. 마하수닷사나 왕은 *Dīgha-nikāya*의 17번째 경인 「*Mahāsudassana-sutta*」(마하수닷사나 경)의 주인공으로 등장한다. 붓다의 마지막 입멸 과정에서, 아난다 비구가 붓다에게 "〔구사나가라와 같은〕 이

---

199 차차석(1997), 「불교의 역사이해」『현대 한국 종교의 역사이해』, p.129

200 S III 143; 전재성 역(1999), 『쌍윳따니까야』 4권, p.340; (S 22; 5; 96 「*Gomayapinda-sutta*」- 쇠똥경)

201 Upreti(1997), *The Early Buddhist World Outlook in Historical Perspective*, p.159; 전재성 역(1999), 앞의 책 4권, p.340. 각주-373

비참하고 작고 외진 숲 속 흙집 마을에서 돌아가시지 말고, 짬빠 · 라자가하 · 사왓티 · 싸께따 · 꼬삼비 · 와라나시 같은 번창한 곳에서 돌아가소서" 하고 간청했을 때, 붓다는 이렇게 대답하고 있다.

"아난다여, 이 구시나가라를 비참하고 작고 외진 숲 속 흙집 마을이라고 부르지 말라. 아난다여, 옛적에 마하수닷사나(Mahāsudassana) 왕은 전륜왕이며 정의로운 왕으로서, 사방의 대륙을 정복하고 그 영토의 안전을 지켰다. 그리고 이 마하수닷사나 왕은 이 구시나가라를 꾸사와띠(Kusavati)라는 이름으로 도읍으로 삼았다.……"[202]

마하삼마따(Mahāsammata) · 마하수닷사나(Mahāsudassana) · 짝까왓띠(Cakkavatti, 轉輪王), 정의로운 정치를 추구하는 불교도의 열망은 정의로운 군주/정의로운 정치가를 찾아서 이렇게 끊임없이 진화하고, 마침내 짝까왓띠에 이르러 그 이상적(理想的) 전형을 완성하게 되었다. 이 세상을 비(非)이기적이며 정의로운 세계로 바꾸려는 초기 불교도들의 치열한 사회변혁의 열정과 해탈 열반을 추구하려는 종교적 염원은 '짝까왓띠(Cakkavatti)', 곧 '전륜왕(轉輪王)', '전륜성왕(轉輪聖王)'이라는 이상적 정치/정치가를 산출하고, '전륜왕의 나라', '전륜성왕의 나라'라는 우주적 이상국가(理想國家)를 창출하기에 이르렀다. 전륜성왕의 나라에서는 모든 계층의 민중들은 물론 금수(禽獸)조차도 평화와 복지를 구가하게 된다. 이와 관련하여 우프레티는 이렇게 논하고 있다.

뭇다왓시따(Muddhāvassita)라는 왕(마하수닷사나 왕, 필자 주)의 개념에

202 DII 169-170; 각묵 스님 역(2006), 『디가니까야』 2권, p.275; (D 16 「*Mahāparinibbāna-sutta*」- 대반열반경 ; 5,17-18)

서 발전된 것으로 보이는 짝까왓띠(Cakkavatti, 轉輪王)의 개념 속에서, *Saṃyutta-nikāya*』의 「*Gomayapinda-sutta*」에서 시사되는 바와 같이, 초기 불교도들은 국가를 이상적인 우주적 절대왕국으로 전환시켰을 뿐만 아니라, 어떤 의미에서, 그들은 이 왕국을 불교도의 삼보 – 붓다 · 담마 · 상가의 세속적 확장으로서 기획하였다.……전륜왕은 가족들 · 군대 · 귀족들 · 신하들 · 브라흐마나들 · 거사들 · 농촌 사람들 · 시장 사람들 · 사마나 · 브라흐마나들 · 동물 · 새들을 돌봄에 있어서 '정의로운 방패와 보호자'가 되어야 한다고 기술하고 있다. 더 나아가 전륜왕은 생존수단이 결핍된 이들에게는 그것을 공급하고, 선인과 악인을 분간하기 위하여 현자들의 조언을 구해야 한다고 기술하고 있다.'[203]

'정의로운 방패와 보호자'라고 할 때, '정의로운'이란 무엇을 가리키는 것일까? 전륜성왕을 '정의로운 군주'라고 할 때, 이 우주적 통치자가 추구하는 '정의'란 무엇일까? 이와 관련하여, 초기경전에서는 전륜왕을 'dhammiko dhamma-rāja/담미꼬 담마라자', 'dhammiko dhamma-rāja cakkavatti/담미꼬 담마라자 짝까왓띠'로 기술하고 있다. '법다운 법의 왕', '법다운 법의 왕인 전륜성왕'이란 뜻이다. 여기서 담마가 전륜왕이 추구하는 정의의 실체임을 분명히 하고 있다. 「*Cakkavatti-sīhanāda-sutta*」에서 달하네미(Dalhanemi) 왕은 전륜성왕의 의무에 관해서 아들에게 이렇게 설하고 있다.

"왕이여, 그렇다면 그대는 참으로 법을 의지하고 법을 존경하고 법을 존중하고 법을 숭상하고 법을 예배하고 법을 공경하고 법을 깃발로 하

203 Upreti(1997), *The Early Buddhist World Outlook in Historical Perspective*, pp.159-160

고 법을 상징물로 하고 법을 우선하여 그대의 백성들과 군대와 끄샤뜨리야들과 가신들과 바라문들과 장자들과 읍과 지방민들과 사문 · 바라문들과 짐승과 새들을 법답게 살피고 감싸고 보호하라. 왕이여, 그대의 영토에서 법답지 못한 행위들이 퍼지지 않게 하라. 그대의 영토에서 가난한 자가 있으면 그들에게 재물을 나눠 주라."[204]

전륜왕의 정의(正義)는 곧 담마이다. 전륜성왕은 곧 '담마의 왕/법(法)의 왕'이고 전륜성왕의 정복은 'dhamma-vijaya/담마 위자야', 곧 '법의 정복'이다. '전륜성왕은 담마에 의존하고, 담마를 찬양하고, 담마를 공경하고 존경하며, 결코 법에 어긋나게 바퀴를 굴리지 않는 정의로운 담마의 왕(dhammiko dhamma-rāja)'이다. 우주적 통치의 가장 처음이고 가장 중요한 상징인 윤보(輪寶, cakka - ratana/짝까 라따나)는 사회적 복지 정책을 펼칠 뿐만 아니라 담마에 의하여 포살의식을 행할 때만 전륜왕 앞에 나타난다.[205] 담마야말로 왕 중의 왕(the rāja of the rāja)이다. 이와 관련하여, *Aṅguttara-niikāya*의 「*Cakkavati-sutta*」(전륜성왕 경)에서는 이렇게 설해지고 있다.

〔붓 다〕 "수행승들이여, 정의로운 우주적 제왕(전륜왕)에게도 왕이 없는 것이 아니다."
〔수행승〕 "세존이시여, 정의로운 우주적 제왕인 전륜왕의 왕은 누구입니까?"
〔붓 다〕 "수행승들이여, 담마(dhamma)이니라. 수행승들이여, 우주적 제

---

204 D Ⅲ 61 ; 각묵 스님 역(2006),『디가니까야』 3권, p.125 ; (D 26 「*Cakkavatti-sīhanāda-sutta*」-전륜왕사자후경 ; 5)

205 Upreti(1997), *The Early Buddhist World Outlook in Historical Perspective,* p.160

왕인 전륜왕은 담마에 의지하고, 담마를 찬양하고, 담마를 존중하고 담마에 복종하며, 담마로서 깃발을 삼고, 담마로서 표준을 삼으며, 담마로서 주인을 삼아서 그 백성들을 수호하느니라."[206]

(2) 정법국가의 통치원리

담마(dhamma)란 무엇일까? 전륜왕이 의지하고 찬양하고 존중하고 복종하고 깃발을 삼고 표준을 삼고 주인을 삼아야 하는 담마란 무엇일까? 담마의 함의에 관해서는 역사적으로 많은 논의가 전개되어 왔지만, 그것은 '보편적 정의', 보편적 진리', 또는 '보편적 윤리'로서 요약될 수 있을 것이다.[207] *Brihadāranyaka Upanisad*에서는 담마를 이렇게 표현하고 있다.

그는 뛰어난 형태, 정의(다르마)를 창조하였다. 그러므로 정의보다 높은 것은 아무것도 없다. 따라서 나약한 자는 왕에 의지하듯이 정의에 의지하여 강한 자를 타파하고자 한다. 그래서 사람들은 진리를 말하는 자에 대해서는 그가 정의(다르마)를 말한다고 하고, 정의를 말하는 자에 대해서는 그가 진리를 말한다고 한다. 실로 이 둘은 동일한 것이다.[208]

중요한 것은 전륜왕의 나라에서 행해지고 있는 담마, 곧 정의의 실제적 내용을 파악하는 일이다. 이와 관련하여 「*Cakkavatti-sīhanāda-sutta*」에서는 두 가지 매우 유용한 정보를 제공하고 있다. 하나는 바퀴

206 A I 109-110; 대림 스님 역(2007), 『앙굿따라니까야』 1권, p.319; (A 3; 14 「*Cakkavati-sutta*」- 전륜성왕경)

207 딧사나야케(1988), 『불교의 정치철학』, pp.186-190

208 cit. 딧사나야케(1988), 앞의 책, p.187

를 앞세우고 동서남북 온 세계를 평화적으로 정복한 전륜왕이 세계의 모든 지배자들의 의무로서 제시한 법이다. 전륜왕의 지배를 요구하는 이들 군주들에게 전륜왕은 이렇게 분부하고 있다.

"생명을 해치지 말라.
주어지지 않은 것을 훔치지 말라.
사음하지 말라.
거짓말하지 말라.
지나치게 술 마시지 말라.
적절하게 먹어라."[209]

전륜왕이 추구하는 가장 중요한 최초의 정의/담마는 곧 오계(五戒, pañca－sila)이다. 비폭력을 제일의(第一義)로 삼는 오계의 윤리가 전륜왕의 나라를 다스리는 제일의 통치원리이다. 세계의 정복도 이 비폭력의 오계에 의지해서 이뤄지고, 배성들에 대한 통치도 이 비폭력의 오계에 의해서 이뤄진다. 비폭력/오계야말로 전륜왕의 나라가 깃발로 삼고 표준으로 삼는 정치정의(政治正義)이다. 전륜왕은 비폭력/오계의 윤리를 선포하고 전파하고 실현하는 것으로서 그의 신성한 의무로 삼고 있다. 이런 맥락에서 전륜왕을 붓다의 세속적 모습으로 동일시하려는 학자들의 의도는 충분히 일리 있는 것이다.

「*Cakkavatti-sīhanāda-sutta*」에서 발견하는 또 하나의 중요한 깃발은 경제적 복지의 실현에 관한 것이다. 민중들에게 국가의 부(富)를 적절히 분배함으로써 사회적 질서와 윤리를 보전하고 범죄를 막는 것은 전

---

209 D III 62; 각묵 스님 역(2006),『디가니까야』3권, p.127; (D 26「*Cakkavatti-sīhanāda-sutta*」－전륜왕사자후경; 6)

륜왕에게 부과된 또 하나의 중요한 의무로서 규정되고 있다. 그래서 이 경에서는, "네 왕국에 범죄가 행하지 못하게 하고, 가난한 사람들에게 재물을 베풀어라.……,"[210] 이렇게 설해지고 있다. 왕이 이 신성한 의무를 어기고 가난한 사람들에게 재물을 베풀지 않고 가혹한 형벌로서 다스릴 때, 나라와 민중들은 정의를 잃고 쇠망의 길로 전락해 간다. 경전은 이 과정을 길게 서술하고 있다. 인수(人壽) 8만 세가 10세로 감소되고, 칠 일간의 '칼의 기간'에서 보듯, 사람들이 짐승처럼 서로 칼로 해치는 말세적 상황으로 몰락해 간 것이다. 「*Cakkavatti-sīhanāda-sutta*」에서는 이렇게 기록하고 있다.

"비구들이여, 인간들의 자손들이 열 살의 수명만을 가지는 때가 올 것이다. 그와 더불어 도덕은 완전히 사라지고 악이 팽배할 것이다. 그들은 부모를 공경하지 않고, 고행자나 브라만, 족장을 공경하지 않을 것이다. 세상은 마치 염소와 양, 닭과 돼지, 개와 자칼처럼 성도덕이 문란해질 것이다. 인간들에게 7일 동안의 무기의 중간겁이 오게 될 것이다. 그들은 서로에게 짐승이라는 인식을 가지게 될 것이다. 손에 날카로운 무기를 들고, '이놈은 짐승이야, 이놈은 짐승이야' 하면서 서로서로의 목숨을 뺏을 것이다."[211]

이러한 경전적 서술에 의하면, 가난한 민중들에게 재산을 베푸는 부(富)의 정의, 곧 경제정의가 전륜왕의 또 하나의 담마이다. 경제적

---

210 D Ⅲ 66; 각묵 스님 역(2006), 앞의 책 3권, p.131; (D 26 「*Cakkavatti-sīhanāda-sutta*」-전륜왕사자후경; 10)

211 D Ⅲ 73; 각묵 스님 역(2006), 앞의 책 3권, pp. 140-141; (D 26 「*Cakkavatti-sīhanāda-sutta*」-전륜왕사자후경; 21)

복지의 실현이 불교적 이상국가의 또 하나의 통치원리이다. 이와 관련하여 우마 차크라바르티는 이렇게 논하고 있다.

> 전륜왕은 온 우주를 그의 지배하에 넣은 후, 그의 민중들이 궁핍이 소멸된 세계 속에서 상대적으로 편안하게 살도록 보장하지 않으면 안 된다. 그래서 정의로운 담마의 왕은 견고한 사회적 질서를 세울 수 있기 전 먼저 민중들의 기초적 요구를 충족시키는 것이다.……예컨대, 이상적인 군주 마하수닷사나 왕은 굶주린 자들에게 식량을 공급하고 목마른 자들에게 마실 것을 공급하며 가난한 자들에게 황금을 공급하고 궁핍한 자들에게 화폐를 공급할 뿐만 아니라 배우자를 요구하는 자들에게 배우자를 공급하기 위하여 영속적인 원조 제도를 창설하였다.[212]

비폭력/오계에 입각한 윤리의 수호, 국가적 부(富)의 평등 분배에 의거한 복지의 증진, 이것이 불교도가 추구하는 이상국가의 담마이며 정의이다. '서로 해치지 않으며 함께 나누며', 이것이 전륜왕의 나라의 통치원리이다. 오온적 자아의식/이기주의를 극복한 해탈 열반의 국가적 정치적 상황이 바로 이런 것이다. 딧사나야케는 이렇게 논하고 있다.

> 이상에서 전륜왕의 왕국에서는 인간의 정신적 요구와 물질적 요구가 모두 조화롭게 충족됨을 보았다. 앞에서 관찰한 바와 같이, 붓다에 의하면, 전륜왕에 의해 통치되는 정부가 이상적인 형태의 정부를 대표하는 것이므로, 정신적인 충족과 물질적인 충족의 두 가지 기본원리가 불교 이상국가의 기반을 이룬다고 결론내릴 수 있다[213]

---

212 Chakravarti(1996), *The Social Dimensions of Early Buddhism,* p.165

213 딧사나야케(1988), 『불교의 정치철학』, pp.191-192

(3) 붓다의 전륜성왕 의식

'마하삼마따(Mahāsammata)'와 '짝까왓띠(Cakkavatti)', '뽑힌 자'와 '전륜성왕(轉輪聖王)', 민중들에 의하여 선출된 민주적인 왕과 평화롭게 세계를 평정하는 우주적인 정법군주, 이 두 상징적인 명칭이 붓다가 추구하는 이상국가의 기본개념이다. 마하삼마따와 짝까왓띠, 이 둘은 실제로는 하나의 개념으로 통합된다. 인도 고대사를 통하여 볼 때, 짝까왓띠는 또한 흔히 삼마따로 불렸고,[214] 「*Cakkavatti-sīhanāda-sutta*」에서 서술하는 바와 같이, 전륜성왕은 상속되는 것이 아니라 왕들이 각각 자신의 올바른 통치를 통해서 얻어지는 것이기 때문이다.(D III 47)[215] 따라서 '담마라자(Dhammarāja)', 곧 '선출된(동의된) 우주적인 정의의 왕', '민중들에 의하여 선출된 우주적인 진리의 왕', 이것이 붓다가 창안하고 전파한 불교적 이상정치의 핵심이다.

*Niikāya*에 의하면, 붓다는 전생애를 통하여 이러한 정치적 이상을 실현하기 위하여 진력하고 있다. 이러한 붓다의 의지는 시대적 상황과 긴밀히 관련되는 것이다. '위두다바 왕의 석가족 살육 사건'의 사례에서 보듯, 기원전 7~5세기의 동북 인도사회는 정치적으로 심각한 위기상황에 직면하고 있었다. 당시 동북 인도는 강대 군주국들과 공화국들이 혼재하는 속에 전쟁과 폭압이 횡행하는 자의적인 폭력의 시대였다. 전제적 군주들이 잘 조직된 군대와 관료제도를 이용하여 밖으로는 정복전쟁을 야기하고 안으로는 민중에 대한 약탈을 강화하고

---

214 "땅 끝까지 그의 지배를 펼칠 세계의 지배자, 즉 전륜성왕 사상은 붓다 이전에 인도에서 생겨나 있었고, Samāṭ(Sammata, 필자 주), 또는 Sārvahauma라고 불렸다. 불교에서는 이후에 통용되게 된 Cakkavatti란 말로 똑같은 의미를 표현했고, 제왕에 대한 가장 보편적인 용어가 되었다." Chakravarti(1996), *The Social Dimensions of Early Buddhism*, p.164 note-86

215 Chakravarti(1996), *Ibid.*, p.244

있었다. 아쉬와메다(ashvameda), 곧 '말의 공희〔馬祀祭〕'에 의하여 첨예하게 드러나 듯,[216] '강자(强者)의 원리'가 왕국들 사이에 실제로 적용되고 있었다. 이런 상황에서 민중들은 정복전쟁에 강제로 동원되고 횡포한 국왕들에 의하여 자의적(恣意的)으로 재산을 약탈당하였다.[217] 붓다는 이러한 정치적 상황과 군주들의 횡포에 대하여 매우 비판적이었다는 사실이 *Niikāya* 도처에서 발견되고 있다. *Niikāya*에 의하면, 왕들이 공공연하게 도적들과 동일시될 정도였다.

붓다는 자신이 캇띠야 출신으로서, 이러한 상황에 대하여 특히 예민하였다. 붓다는 이런 불의(不義)를 제어하고 정의를 실현하려는 강력한 항마적 승자의식(勝者意識)/평정의식(平定意識)을 지니고 있었다. 이러한 심리적 기제가 전륜성왕으로, 정확하게 표현하면 전륜성왕 의식(轉輪聖王意識)으로 드러나고 있다. '전륜성왕 의식'이란 이 세상에 정의로운 국가/정의로운 우주적 통일국가를 실현하려는 정의(正義) 의식이고 평정(平定) 의식이다.[218] 담마의 바퀴〔法輪, dhamma-cakka/담마 짝까〕를 굴려서 오계를 선포하고, 탐욕스런 이기주의/오온적 자아의식에 의하여 황폐해져 가는 이 현실 세계를 변혁해 내려는 사회변혁 의식이다.

돌이켜 보면, 붓다의 삶은 철두철미 이 전륜왕의 꿈을 실현하려는 열정으로 점철되고 있다. 이 세상/이 사회를 전륜왕의 나라로, 정의로운 나라로 변혁해 내려는 염원으로 관철되고 있다. 어떤 의미에서 붓다와 전륜왕의 관계는 운명적인 것으로밖에 볼 수 없다. 그리고 이 운

---

216 딧사나야케(1988), 『불교의 정치철학』, pp.173-175

217 Chakravarti(1996), *The Social Dimensions of Early Buddhism,* p.161-163

218 고살(N. Goshal)은 이렇게 논하고 있다. "우리들의 고대 정치사상의 창고에 대한 초기 불경들의 가장 중요한 공헌(공물)은 국왕의 대내외적 지배의 여러 영역에 정의(正義)의 원리를 '총체적으로(total)' 적용한 것이다." cit. Chakravarti(1996), 앞의 책, p.168

명적인 관계는 붓다의 탄생과 함께 시작되고 있다.[219] '바퀴를 굴린다'는 점에서 붓다와 전륜성왕은 완전히 일치하고 있다. 바퀴, 그것은 붓다에게는 '법바퀴〔法輪, dhamma-cakka〕'이고 전륜왕에게는 '보배바퀴〔輪寶, cakka-ratana〕'이다. 양자의 이러한 일치성은 붓다 사꺄무니를 뛰어넘어 모든 붓다와 전륜왕의 관계로 확장되고 있다. 과거세의 모든 붓다들도 전륜왕과 일치하고 있는 것이다. *Dīgha-nikāya*의 열네 번째 경인 「*Mahāpadāna-sutta*」(대전기경大傳記經)에 의하면, 위빳시 붓다(Vipassi-Buddha)가 태어났을 때, "재가하면 전륜성왕이 될 것이고 출가하면 붓다가 될 것이다",[220] 브라흐마나가 이렇게 예언하고 있다. 그리고 이러한 예언은 그대로 붓다 사꺄무니에게도 적용된다. 여기서 전륜성왕과 붓다가 양자택일의 관계로 비춰질지 모르지만, 실제로 이 양자는 일치하고 있다. 이 양자는 '담마의 실현/정의의 실현'이라는 이념을 공유하면서 서로 일치하고 있다.

*Pāli Niikāya*에서는 붓다와 전륜성왕의 일치성과 관련되는 많은 자료를 발견할 수 있다. *Aṅguttara-nikāya*에 의하면, 전륜성왕과 붓다는 동일하게 선행(善行, aṭṭha) · 정법(正法, dhamma) · 방법(方法, matta) · 시간(時間, kala) · 대중(大衆, parisā) 등 다섯 가지 길을 가지고 있어서, 어떤 사문 · 신인(神人) · 하늘사람 · 악마 · 하늘신〔梵天〕, 또는 세상의 그 누구도 거꾸로 돌이킬 수 없는 바퀴를 굴리고 있다.(A III 147) *Aṅguttara-nikāya*의 「*Hita-sutta*」(이익 경)에서는 또 붓다와 전륜왕 이 두 존재를 거의 같은 인물로 이렇게 나란히 내세우고 있다.

---

219 Sn 693; 전재성 역(2004),『숫타니파타』, p.358

220 D II 16; 각묵 스님 역(2006),『디가니까야』 2권, pp.57-58; (D14 「*Mahāpadāna-sutta*」- 대전기경大傳記經; 1,31)

"비구들이여, 두 부류의 사람이 세상에 태어난다. 그들은 많은 사람들에게 이익이 되고, 많은 사람들에게 행복이 되고, 많은 신과 인간들에게 이로움이 되고 이익이 되고 행복이 된다. 어떤 것이 둘인가?
아라한이시고 정등각이신 여래와 전륜성왕이다.……
비구들이여, 두 부류의 사람이 세상에 태어난다. 그들은 경이로운 사람이다. 어떤 것이 둘인가?
아라한이시고 정등각이신 여래와 전륜성왕이다.……
비구들이여, 두 부류의 사람의 탑은 세울 만하다. 어떤 것이 둘인가?
아라한이시고 정등각이신 여래와 전륜성왕이다.……"[221]

여기서 붓다와 전륜성왕은 동일시되고 있다. 더 정확하게 표현하면, 붓다 자신에 의하여 붓다와 전륜성왕이 동일시되고 있다. 붓다는 자신과 전륜성왕을 일치시키고 동일시하려는 강렬한 전륜왕 의식(轉輪王意識)을 지니고 있다. 초기불전에서 이러한 사실을 시사하는 많은 자료들을 발견할 수 있다. *Suttanipāta*의 「*Sela-sutta*」에서 "전륜성왕이 되어 세계를 지배하소서"라는 브라흐마나 셀라(Sela)의 요청에 대하여 붓다는 이렇게 대답하고 있다.

"셀라여, 왕이로되 나는 위없는 진리의 왕으로
진리의 바퀴를 굴리느니라.
결코 거꾸로 돌릴 수 없는 바퀴를 굴리느니라."[222]

---

221 A I 76; 대림 스님 역(2007), 『앙굿따라니까야』 1권, pp.242-243; (A 2; 6; 1 「*Hita-sutta*」-이익 경)

222 Sn 548-554; 전재성 역(2004), 『숫타니파타』, pp.312-313

이 경에서 붓다는 자기 자신을 '진리의 왕', 곧 '담마라자(dhamma-rāja)'로 일컫고 있다.[223] 우리는 앞에서 전륜성왕이 또한 '담마라자'로 일컬어진다는 사실을 확인한 바 있다. 그리고 전륜성왕이 굴리는 바퀴가 또한 담마의 바퀴로서 세속적인 군주의 폭력적 권위와는 전혀 다르다는 사실을 이미 확인하였다. 붓다도 전륜성왕도 똑같이 법의 왕(法王, dhamma-rāja)이다. 이것은 붓다가 자신과 전륜성왕을 실제로 동일시하고 있다는 사실을 의미한다. 붓다에게 강렬한 전륜성왕 의식이 내재해 있다는 사실을 의미한다. 붓다와 전륜성왕은 한 인물로서, 또는 전륜성왕은 '붓다의 정치적 분신(the political alter ego of the Buddha)'으로서 주장되기도 한다. 트레버 링(Trevor Ling)은 이렇게 논하고 있다.

> 빨리 불교문헌에서, 전륜왕과 관련되는 많은 문헌에서, 우주적 세계의 지배자(전륜왕)와 붓다를 분명하게 의식적으로 나란히 내세우고 있는 것은 중요한 일이다. 전륜왕의 곁에, 또는 뒤에 붓다가 서 있다. 양자는 너무도 밀접히 연결되어 있기 때문에 전륜왕과 붓다는 한 존재이며 다른 역할의 동일 인물인 것으로 거의 보이고 있다. 고따마 붓다가 전륜왕과 한 짝으로 보인다는 강력한 전통이 있다. 그러나 또한 많은 문장 속에서 붓다는 모든 면에서 전륜왕과 실제적으로 동일인물로서 나타나고 있다.[224]

아시따(Asita) 선인의 예언으로부터, 붓다의 의식 속에는 강렬한 전륜왕 의식이 끊임없이 작동하였다. 그리고 이러한 전륜왕 의식은 때때로 현실 정치에 대한 붓다의 비판으로 표출되었다. *Niikāya*는 군주들

---

223 Sn 554; 전재성 역(2004), 앞의 책, p.313

224 cit. Upreti(1997). *The Early Buddhist World Outlook in Historical Perspective*, p.162

의 횡포를 비판하고 이를 제어하기 위하여 구체적으로 노력하고 있는 붓다에 관하여 많은 정보를 제공하고 있다. 붓다는 '로히니(Rohiṅī) 강 물싸움 사건' 때 왕들의 전쟁을 막아냈다. '빠세나디 왕(Pasenadi 王)의 희생제의 사건' 때 이를 비판함으로써 수많은 동물들과 사람들의 생명을 구했다. 왕의 가혹한 형벌을 비판하고 민중들에게 씨앗과 자본을 공급할 것을 촉구하였다. 가람의 문을 활짝 열고 군역 도망자 · 탈세자 · 범죄자 등 수많은 반(反)국가적인 일탈자들을 받아들임으로써 민중들에게 피난처를 제공하였다. '위두다바(Viḍūḍabha) 왕의 석가족 학살 사건' 때 뙤약볕 나무 밑에 앉아 왕의 침략을 거듭 만류하였다. 또 붓다는 마지막 유행을 떠나면서, 라자가하 독수리봉(Gijjhakūta pabbata, 靈鷲山)에서, '일곱 가지 쇠망하지 않는 법〔七不衰法〕'을 설하였다. 그렇게 해서 아자따삿뚜(Ajātasattu) 왕의 정복욕을 제어하고 왓지족(Vajjī)을 구하였다.[225] 붓다의 전륜성왕 의식은 구시나가라 입멸의 순간까지 지속되었다.[226]

(4) 미륵불 – 영구변혁의 이상을 향하여

전륜성왕의 나라를 실현하려는 붓다와 초기 빠리사 대중들의 염원은 역동적이며 헌신적인 전법개척을 통하여 추구되었다. 전륜성왕이 보배바퀴를 굴리며 이 세상의 땅 끝까지 나아가고 바닷가까지 나아가듯,[227] 그들은 온갖 장애와 대면하며 탁발 유행하고 작은 수레와 배

---

225 D II 72-76 ; 각묵 스님 역(2006),『디가니까야』2권, p.164 ; (D 16「*Mahāparinibbāna-sutta*」- 대반열반경 ; 1,1-1,5)

226 D II 141 "아난다여, 전륜성왕의 유해를 대처하듯이 여래의 유해도 대처하면 된다." 각묵 스님 역(2006), 앞의 책 2권, p.269 ; (D 16「*Mahāparinibbāna-sutta*」- 대반열반경 ; 5,11)

227 D III 62-63 ; 각묵 스님 역(2006),『디가니까야』3권, pp.126-128 ; (D 26「*Cakkavatti-sīhanāda-sutta*」- 전륜왕사자후경 ; 6-7)

를 몰아 거친 벌판과 폭류를 달려갔다. 붓다의 캇띠야 의식이 전륜성왕 의식이 되고 다시 야성/야생적 개척의식이 되어 작동하고 있었다. 붓다의 '법바퀴', 전륜성왕의 '보배바퀴', 상인(商人) 전법사들의 '수레바퀴', 이 셋은 이렇게 온전히 하나의 바퀴로서 굴러갔다. 초기 불교운동의 동력이 되는 거친 헌신적 야성(野性)은 끊임없이 달려가는 이런 바퀴 의식에서 산출된 것이다. 붓다 담마, 불교는 곧 바퀴(cakka/짝까)이다. 바퀴로써 상징된다. 불교의 상징 卍과 ※이 곧 바퀴이다. 그래서 불교/불교도는 거친 야성/야생적 정신으로 몸을 던져 바퀴를 굴리며 험한 벌판 거친 바다로 나아가, 이 세상에 법을 전파하고 정법으로써 평정하고, '서로 해치지 않고 함께 나누는' 정의로운 우주적 이상국가를 지향한다. 이것이 불교정신이고 전륜성왕 의식이고 캇띠야 의식이다.

담마-위자야(Dhamma-vijaya), 곧 정법에 의한 평정으로 우주적 이상국가를 건설하려는 붓다와 초기 빠리사 대중들의 염원은 역사적으로 '불국토(佛國土)의 서원'으로서 줄기차게 계승되었다. 이 정법은 불교의 정법, 곧 붓다 담마이다. 그리고 이 서원은 기원전 4~3세기 아소까 왕에 의하여 역사적 현실로 실현되었다. '아소까 왕은 인도를 불국토로 만들었고, 그 주변 국가들을 불국토로 만들었다.'[228] 바위 담마칙령에서는 이렇게 기록하고 있다.

> 자비로운 왕은 담마에 의한 정복을 가장 훌륭한 정복이라고 생각한다. 자비로운 왕은 그의 영토에서뿐만 아니라, 국경지방의 사람들과 심지어는 6백 요자나의 거리만큼 멀리 떨어져 있는 나라 사람들에게도 이

228 일아 스님(2009), 『아소까』, p.273

런 담마에 의한 정복을 성취해 왔다.[229]

「*Cakkavatti-sīhanāda-sutta*」에서는 전륜성왕 상카(Saṅkha)와 미륵불(彌勒佛, Metteyya Buddha/멧떼야 붓다)을 나란히 내세우고 있다. 이와 같이 초기경전들은 붓다와 전륜성왕을 나란히, 다른 존재로 내세우고 있다. 이것은 무엇 때문일까? 붓다와 전륜성왕의 많은 일치성에도 불구하고, 초기경전들이 끝내 붓다와 전륜성왕을 나란히 내세우는 것은 무엇 때문일까? 붓다 스스로, '내가 전륜성왕이다', 이렇게 말하지 않은 것은 무엇 때문일까?

생각건대 이것은 붓다의 길이 세속적 군주/세속적인 정치의 길과 본질적으로 다르다는 것을 각성시키기 위한 것으로 보인다. 우주적 이상국가(理想國家)를 추구하는 불교도의 꿈이 현실의 정치적 행태 속에 매몰되고 변질되는 것을 경각시키기 위한 뜻으로 보인다. 이것은 불교도의 사회적 실천운동/사회적 변혁운동이 본질적으로 세속적인 정치적 이데올로기와 구분되는 끝없는 수행의 길이라는 사실을 의미한다. 불교도의 사회적 실천/사회적 변혁이 본질적으로 부처님에 대한 끝없는 헌신과 신앙의 길이라는 사실을 의미한다. 그래서 붓다와 민중들은 전륜성왕 상카(Saṅkha)의 출현에도 불구하고 새로운 미륵불(Metteya Buddha)을 대망하고 있다. 이 세상의 모든 생명들/일체중생들이 함께 성불할 미륵불의 출현을 대망하고 있다. 이것은 곧 신념이며 신앙이다.

이렇게 불교도의 사회적 실천은 이 세상에서, 이 사회와 국가 속에서, 이 사회의 변화와 변혁을 통하여 추구되면서도, 궁극적으로 많은

229 일아 스님(2009), 앞의 책, p.41

사람들의 깨달음, 곧 '일체중생의 일체지'라는 붓다의 영구이상(永久理想)을 지향하고 있다. '대중견성(大衆見性)'의 이념을 추구하고 있다.[230] 이렇게 불교의 사회적 실천은 본질적으로 만인들/일체중생의 해탈 열반을 문제 삼는 영구변혁의 길을 지향한다. 불교도의 사회적 실천은 그 자체로서 자기통찰의 수행이며 신앙이다. 붓다에 대한/붓다의 삶에 대한 굳건한 신앙과 헌신, 이것에 기초한 끊임없는 자기통찰/사회적 통찰, 이것이 사회적 실천/사회적 변혁운동의 본질이다. 이러한 취의(趣意)는 「*Cakkavatti-sīhanāda-sutta*」에서도 이미 드러나 있다. 경의 대미(大尾)에서, 붓다는 '사띠하라, 마음통찰하라'고 거듭 각성시키며, 이렇게 설하고 있다.

> "비구들이여, 자신을 섬으로 삼고〔自燈明〕 자신을 귀의처 삼아〔自歸依〕 머물며……어떻게 자신을 섬으로 삼고 머무는가?……비구들이여, 몸에서 몸을 관찰하여 머문다.……비구들이여, 자신의 고향동네인 행동의 영역 안에서 유행하라.……"[231]

'사띠하라, 담담하게 마음 지켜보라. 유행하라, 고향 동네로 돌아가라.'

「*Cakkavatti-sīhanāda-sutta*」(전륜왕사자후경)이 이렇게 끝나고 있는 것

---

230 "이 다양한 계층의 보통 사람들을 중심으로, 초기불교의 견성운동이 대중적·민중적으로 확산되었다는 역사적 사실이 확인되었다. 뛰어난 상근기의 엘리트들과 더불어 하천한 근기의 천민에 이르기까지 실로 모든 계층의 민중들이 견성의 주역이 되고, 성자(聖者)·성중(聖衆, ariya-parisā)가 된 것이다." 김재영(2001a), 『붓다의 대중견성운동』, p.377

231 D III 58; 각묵스님 역(2006), 『디가니까야』 3권, pp.147-148; (D 26 「*Cakkavatti-sīhanāda-sutta*」- 전륜왕사자후경; 27-28)

은 의외(意外)이다. 옷깃을 새삼 가다듬게 한다. 붓다에 의하면, 전륜성왕의 이상을 추구하는 초기 빠리사 대중들의 사회적 실천은 몸을 관찰하며 머무는 것, 곧 사띠로부터 출발하고 있다. 그리고 나그네들이 고향으로 돌아가듯, 사띠로 돌아가고 있다. 빠리사 대중들이 돌아가야 할 고향동네의 행동영역이란 무엇인가? '그것은 곧 네 가지 마음챙김/사띠의 확립이다.'[232] '우뻭까 사띠(upekkhā-sati)', 나누고 섬기면서 담담하게 지켜보기이다. '우뻭까 사띠 빠리숫디(upekkhā-sati,-pārisuddhi, 捨念淸淨)', 나누고 섬기면서 담담하게 지켜보며 마음과 몸을 청정히 하고 지혜와 자비의 힘을 발하여 이 사회/세상/법계를 청정하게 변화시켜 가는 것, 이것이 모든 불교적인 삶의 알파며 오메가이다.

6. 소결

제4장에서는 과정 - 현장/행위의 문제, 곧 사회적 실천의 전개 과정에 관하여 고찰하였다.

붓다와 초기 빠리사 사부대중들은 가장 먼저 담마를 전파하고 불교영역/불교세계를 개척하는 데 주력하였다. 이러한 전법개척을 통하여 구체제의 권위주의적이며 이기적인 삿된 세계관을 혁파하고 '자유 · 자비의 불교적 세계관'을 전파하였다. 이렇게 전법개척을 실천함으로써 그들은 인도 민중들의 세계관의 변혁을 추구해 갔다. 여기에 앞장

232 "'자신의 고향동네'로 옮긴 원어는 sake(자신의) pettike(아버지에 속하는) visaye(대상에)이다.……'비구들이여, 무엇이 자기의 고향동네(pettika visaye)인 비구의 행동영역인가? 그것은 곧 네 가지 마음챙김의 확립이다.'(S V 147~48)라고 말씀하셨다." 각묵 스님 역(2006), 앞의 책 3권, p.121 각주-88

선 것은 대상(隊商)/상인들이었다. 그들은 험한 벌판과 격류를 달리며 교역로를 전법의 길〔傳法路, dhamma-road〕로 열어 갔다. 그 결과 초기불교의 지리적 영역은 강가(Gaṅgā) 강 유역의 녹색지대를 훨씬 뛰어넘어, 남쪽으로 데칸남로(Dakkhiṅāpatha)를 따라 인도 중부 고다바리(Godavari) 강까지, 북쪽으로는 인더스(Indus) 강을 건너 딱까실라(Takkasilā)까지 확장되어 갔다. 이 과정에서 빠리사 대중들은 거친 헌신적 야성/야생적 개척정신으로 중첩된 안팎의 장애들과 대면하며 수없이 몸을 던지며 이를 극복해 갔다.

붓다와 초기 빠리사 대중들은 비폭력(非暴力, ahiṃsā)의 기치를 내세우고 전쟁과 군주들의 폭력으로부터 민중들을 구호하였다. 그들은 일체의 전쟁행위를 부정하고, 민중 착취의 수단으로 전락한 희생제의(yañña)를 철폐시키는 데 앞장섰다. 그들은 오계(pañca-sīa)와 팔재계(aṭṭhaṅgasamannāgato-uposatha)/포살(uposatha)을 민중들의 일상적 삶의 방식으로 전파하였다. 이렇게 비폭력 자비를 실천함으로써 그들은 인도 민중들의 윤리적 변혁을 추구해 갔다.

붓다와 초기 빠리사의 대중들은 '행위의 법칙'을 선포하고 빠리사와 상가의 문을 개방함으로써 카스트의 토대를 무너뜨렸다. 여성들의 출가를 허용하고 비구니상가(bhikkhunī-saṅgha)를 인정함으로써 사회 전반의 양성(兩性)평등을 선도하였다. 불교의 빠리사와 상가는 인도 민중들이 가혹한 계급적 억압으로부터 벗어날 수 있는 거의 유일한 대안으로 역할하였다. 불가촉천민들을 포함하여 수많은 사람들이 불교를 통하여 인간의 존엄한 가치를 실현할 수 있었고, 수많은 여성들이 성(性)의 족쇄를 풀고 평등한 인간으로 다시 태어났다. 이렇게 반(反)차별 평등을 실천함으로써 그들은 인도 사회의 사회적 변혁을 추구해 갔다.

붓다와 초기 빠리사 대중들은 건전한 사유재산에 입각한 개인주의를 지향하여, 땀 흘리며 노동하여 벌고 함께 나누는 부(富)의 정의를 추구하였다. 가람들은 수많은 장애자 · 전염병 환자 등 소외계층을 위한 재활센터/복지센터로서 개방되었다. 그들은 교량 · 병원 등 공공시설을 건설하고, 도시 곳곳에 '나눔의 집(dāna-sālā, 布施堂)'을 열어 가난하고 병든 자들을 구호하였다. 그들은 가난하고 병든 많은 사람들이 자식들을 가슴에 안고 기뻐 춤추는 세상의 소박한 이상을 위하여 진력하였다. 이렇게 보시복지-복지전도를 실천함으로써 그들은 인도 사회의 경제적 변혁을 추구해 갔다.

붓다와 초기 빠리사 대중들은 사회적 계약이라는 보편적 세계관에 입각하여, 민중에 의하여 선출된 군주 '마하삼마따(Mahāsammata)'와 담마에 의한 정복 '담마-위지야(dhamma-vijiya)'의 이념을 발전시켰다. 이러한 이념은 '짝까왓띠(cakkavatti)', 곧 전륜성왕 사상으로 성숙되어 갔다. 전륜성왕을 통하여 빠리사 대중들과 인도 민중들은 정의롭고 복지가 보장되며 평화로운 우주적 통일국가의 이상을 확신시켜 갔다. 붓다와 빠리사 대중들은 강대국 군주들의 폭압정치를 비판하고, 전쟁을 방지하기 위하여 진력하였다. 이렇게 전륜성왕의 이상을 전파함으로써 그들은 인도 사회의 정치적 변혁을 추구해 갔다.

그러나 붓다와 전륜성왕은 그 동질성에도 불구하고 항상 나란히 서고, 새로운 전륜성왕/새로운 붓다의 출현이 대망되고 있다. 이것은 초기불교의 사회적 실천이 세속적인 사회변혁의 한계를 넘어서고 있다는 것을 의미한다. 붓다와 초기 빠리사 대중들은 사회변혁을 통하여, 모든 인류/모든 생명들/일체중생들의 해탈 열반이라는 영구변혁의 이상(理想)을 추구해 갔다. 모든 인류/모든 생명들/일체중생들의 행복/이익을 추구해 간 것이다. 이 모든 사회적 실천/사회적 변혁은 사띠로부터 출발하고 또 사띠로 돌아온다. 따라서 초기 빠리사 대중들에게 사회적 실천/사회적 변혁은 자기통찰의 내면적 수행 그 자체였다. 많은 사람들/모든 생명들에 대한 평등한 자비심을 갖고 안팎으로 담담하게 지켜보는 것, 자기 자신의 내면적 변화와 많은 사람들의 사회적 변화를 한 흐름으로 담담하게 '무상－고－무아' 그대로 지켜보는 것, 이것이 사띠이다. 이 사띠 통찰이 사회적 실천/사회적 변혁을 포함한 모든 불교적 행위들의 청정성을 담보하는 거의 유일한 정신적 기조인 것이다.

5장 결론

이 연구는 초기불교가 추구하는 사회적 실천의 대중적 · 교리적 기초와 그 전개과정을 체계적으로 규명함으로써 우리 불교의 시대적 진로를 드러내는 데 그 목적이 있다. 초기불교는 본질적으로 기원전 7~5세기 동북 인도의 급격한 사회적 변화를 반영하는 '하나의 역사적 현상(a historical phenomenon)'으로서 전개된 것이고, 그 시대의 사회적 민중적 고통의 문제와 대면하는 '사회적 종교(a social religion)'로서 추구된 것이다. 따라서 이 연구는 초기불교의 사회적 실천이 초기불교 연구의 중심적 과제로서 고찰되어야 하고, 교리문제에 앞서 시대적인 상황과 그 속에서 고뇌하며 실천운동에 참여하는 사람들의 문제, 곧 대중적 기초가 우선적 과제로서 규명되어야 한다는 문제의식에서 출발하고 있다. 그 방법론에 있어서도 많은 사람들의 사회적 고통과 구원의 대망(待望)이 녹아 있는 대중/민중들의 일상적인 삶의 현장을 중심으로 하는 현장(現場) 중심의 역사적 사회적 문제의식으로써 접근하고 있다. 이것은 초기불교의 가르침(法, dhamma)에 대한 철학적 · 개념적 논증도 붓다 사꺄무니와 많은 사람들의 삶의 현장을 전제로 추구될 때 그 본래의 역동적 생명력을 담보할 수 있다는 입장을 전제하는 것이다. 이러한 관점에 입각하여 진행해 온 그간의 분석 결과를 요약하면 다음과 같다.

(1) 초기불교의 사회적 실천은 동시대의 사회적 문제들을 치유하려는 치열한 시대정신으로서 추구된 것이다.

기원전 7~5 세기 동북 인도 대륙의 급격한 역사적 사회적 변화 속에서 전 시대의 부족공동체적 체제는 급속히 붕괴되어 갔다. 한편으로, 사유재산에 입각한 개인주의가 시대적 조류로 대두하면서, 캇띠야(khattiya) · 가하빠띠(gahapati) · 사마나(samaṅa) 등 신진 그룹들이 새로운 주도세력으로 등장하고 있었다. 이와 더불어 다른 한편으로 인간의 얼굴을 외면한 탐욕스런 이기주의의 팽배로 인하여 사회 존립 그 자체가 위협받는 심각한 사회적 위기가 조성되었다. 누구도 이 지상에서 평화롭게 걸을 수 없는 상황이 실제로 전개되었다. 계층 간의 갈등이 심화되고 생산자 계층이 급속히 몰락하면서, 하층 민중들은 빈궁 · 질병 · 폭력 · 계급적 차별 등 현실적인 사회적 고통에 직면하였다. 또 폭력적이며 민중 수탈적인 희생제의(犧牲祭儀, yañña)로 집약되는 브라흐마나 중심의 낡은 이데올로기가 붕괴되면서, 외도들의 삿된 세계관의 전파로 인하여 윤리적 혼돈이 격화되고 있었다.

초기불교는 이러한 시대적 변화에 상응하는 새로운 시대정신으로서 추구되었다. 초기불교는 그 시대의 사회적 신진 그룹들을 중심세력으로 확보하고 지지하는 한편으로, 전환기의 혼란 속에서 장(場) 밖으로 내몰리는 많은 사람들 – 천민 · 노동자 · 여성 등 사회적 소외계층들을 수용하고 구제하는 데 앞장섰다. 이렇게 초기불교는 많은 사람들의 삶의 현장에서, 사회적 혼돈과 갈등의 현장에서, 많은 사람들의 개인적 사회적 고통을 대면하고 치유하려는 사회적 실천운동으로서 추구된 것이다.

⑵ 초기불교의 사회적 실천은 광범한 민중적 협력과 참여에 의하여 전개된 것이다.

초기불교는 캇띠야 · 가하빠띠 · 사마나 등 신진세력들에 의하여 주도되었고, 전 계층 민중들의 광범한 참여와 지지 속에 추진되었다. 이들 불교도들은 여러 계층의 사람들이 동참하는 자유롭고 느슨한 대중참여적 공동체/빠리사(parisā)를 중심으로 활동하였다. 빠리사는 곧 초기불교의 교단이다. 수많은 개별 빠리사들이 어떤 지배적인 권위 없이 자기방식대로 일시적으로 활동하였다. 그러면서도 이들 빠리사들은 이념적으로는 '사중(四衆, 四部大衆, cataso parisā)', '팔중(八衆, aṭṭha parisā)'으로 범주화되었다. 그리고 전법륜의 영속적 목표를 추구하는 하나의 요소로서 작동하였다. 따라서 초기불교의 교단은 자유롭고 평등하였다. 거기에는 어떤 권위주의나 출가 · 재가 사이의 계층적 차별도 존재하지 않았다. 이 자유롭고 역동적인 빠리사가 초기불교가 추구하는 사회적 실천의 대중적 기초가 되었다.

⑶ 초기불교의 사회적 실천은 대중들의 치열한 사회의식을 동력으로 추진된 것이다.

두 가지 의식이 초기불교의 사회적 실천을 구동시키는 정신적 동력으로 작용하였다. 하나는 구원의 출구를 기다리는 많은 사람들/민중들의 열렬한 대망의식(待望意識)이고, 다른 하나는 새롭게 등장한 사회적 집단들의 진보적이며 도전적인 사회의식이었다. 대망의식이란 곧 변혁을 갈망하는 많은 사람들의 시대적 염원이며 희망이다. "구원하소서. 일어나소서. 그대 영웅이시여, 전쟁의 승리자시여, 그대 빚 없는 이여, 대상(隊商)의 주인이시여, 세상을 유행하소서, 세존이시여, 담마를 설하소서"(Viin I 5-6), '보드가야의 범천권청 사건'에서 보는 바와 같이, 캇띠야와 상인들을 중심으로 하는 인도 민중들은 새로운 영웅(jina, 大雄)이 나타나 새로운 세상을 열어 그들의 사회적 질곡을 풀고 그들의 진취적 이상을 실현해 주기를 열망하고 있었다.

이러한 대망의식은 붓다와 초기 주역들의 치열한 사회의식으로 점화되어 초기불교를 추진시키는 에너지로 연소되어 갔다. 붓다는 자기 자신이 석가족 캇띠야 출신으로서 높은 캇띠야적 우월감과 사회의식을 가지고 있었다. 그는 어린 시절부터 사회에 대한 관심과 동체적(同體的) 문제의식으로 고뇌하였다. 붓다의 이러한 캇띠야적 문제의식/캇띠야 의식(khattiya, 意識)은 오랜 종교적 성찰과 고행을 통하여 항마적(降魔的) 승자의식(勝者意識)/평정의식(平定意識)으로 전환되고, 넓고 깊은 동체적 대비의식(大悲意識)으로 승화되어 갔다. 전선에서 적들과 대결하고 평정하려는 캇띠야 의식, 이 캇띠야 의식에 기초한 동체적 대비의식, 이것이 붓다의 전 생애를 일관하는 정신적 동력이 되었고, 모든 불교도 의식의 기초적 기제로서 작동하였다.

초기 주역들 가운데서 선구적 역할을 담당한 것은 장자(seṭṭhi)/거사(gahapati)로 대표되는 상인(商人, vessa) 그룹이었다. 상인들은 붓다에 대한 신뢰와 존경, 담마에 의하여 구체적인 이익과 행복을 얻을 수 있다는 확신에 기초하여, 그들 특유의 진취적이며 모험적인 상인의식(商人意識)을 불교적 개척정신으로 승화시켜 갔다. 이들 상인들/대상(隊商)/해상(海商)들은 두 마리 소가 끄는 작은 수레를 몰아 험한 들판을 달리며, 또는 배를 몰아 험한 격류를 달리며, 교역로를 전법의 길로 열어 갔다. 실크로드(silk-road)를 담마로드(dhamma-road)로 개척해 간 것이다.

빠리사의 주축을 이루는 캇띠야들과 상인들의 태생적 사회의식, 곧 항마적 캇띠야 의식과 도전적 상인의식이 초기불교 대중들의 사회의식을 형성하는 기본적 요소로서 작용하였다. 이러한 역동적이며 헌신적인 초기 불교도들의 사회의식이 야성(野性)/야생적(野生的, savage) 개척정신으로 작동하면서, 초기 불교도들은 거친 벌판과 험한 강을 거침없이 달려 불교 영역을 개척하고, 많은 사람들의 고통의 현장으로 들어가 이것을 변화시키는 사회적 실천/사회적 변혁의 삶에 생애를 걸었다. 어둠〔無明, avijjā〕에 도전하여 밝음〔明, vijjā〕으로 전환시켜 내는 초기 담마들의 내면에는 이런 치열한 사회의식이 끊임없이 작동하고 있다는 사실이 새삼 기억되지 않으면 안 될 것이다.

(4) 초기불교의 사회적 실천은 기본적 담마/수행법의 본질적 요소이며 그 과정으로서 실현된 것이다.

사띠(sati)를 통하여, 일체법(一切法, sabbe dhammā)을 대상으로 '무상-고-무아-이욕-해탈'을 통찰함으로써 '비폭력·사랑·나눔', 곧 자비의 삶으로 나아가는 것, 이것이 초기불교의 기본적 가르침과 수행법의 중심적 체계이다. 일체법은 '오온·십이처-십팔계'로 요약되고 십이연기도 이 범주에 포함된다. 이 과정에서 식(識, viññāṇa)의 형성과 소멸이 가장 중요한 기제로서 제기된다. '오온(五蘊)'으로 환원되는 이 어둔 자아의식〔識〕이 탐욕스런 이기주의를 낳고, 이 이기주의가 모든 개인적 사회적 고통의 원인이 되기 때문이다. 십이처-십팔계의 장(場)에서 진행되는 이 식(識)의 생성과 소멸의 과정에서 안팎의 다양한 조건/요소들이 작용하는데, 여러 사회적 행태들이 외부적 사회적인 조건으로서 보다 결정적으로 작용한다. 관념·신념·이데올로기·종교·사회체제·교육·문화·전통·가족제도·사회적 관습 등 다양한 사회적 행태들이 이 사회적 조건에 포괄된다.

이들 사회적 행태들은 인식작용〔想, 相, saññā〕의 산물이지만, 일단 체제화되면 마음 밖에 객관적인 사물/현상〔法, dhamma〕으로 존재하면서 생각작용〔意, mano〕을 통하여 사람들의 의식/마음을 압도적으로 지배한다. 따라서 이들 사회적 조건들을 정화시킴으로써 많은 사람들의 탐욕스런 이기주의를 극복하는 것이 '깨달음 해탈 열반'의 본질적 과정, 본질적 요소가 된다. 우리 마음은 일심(一心) 자성(自性)이기 이전에 수많은 사회적 조건들에 의하여 생멸하는 사회적 의식이기 때문이다. 그리고 이들 사회적 조건들의 정화는 '비폭력 · 사랑 · 나눔' 등을 포함하는 객관적이고 대중적인 사회적 실천에 의하여 가능하다. 이것은 '비폭력 · 사랑 · 나눔' 등 사회적 실천이 없는 마음의 정화〔心淸淨〕, 곧 깨달음 해탈 열반은 한갓 허구일 뿐이라는 사실을 의미한다. 이것이 초기불교도들이 사회적 실천을 위하여 헌신한 이유이다.

사띠는 붓다에 의하여 마음을 정화하고 열반을 실현하는 '하나의 뛰어난 길〔一乘道, ekāyana〕'로서 선포되었다. 사띠는 사람들의 탐욕/이기주의를 정화할 수 있고, 사랑과 지혜의 사회적 능력을 계발할 수 있기 때문이다. 사띠는 곧 '지켜보기'이다. '담담하게 지켜보기/담담하게 마음 지켜보기'이다. 사띠는 지킴〔集中, 止〕과 보기〔觀察, 觀〕의 기능을 포괄하는 것으로, 사마타 · 위빳사나 등 모든 수행의 기초가 되고 중심축이 된다. 따라서 사마타(samatha, 止)와 위빳사나(vipassanā, 觀)가 하나의 작용이고, 정(定, 四禪, samādhi) · 혜(慧, 洞察智, paññā)가 이미 한 흐름의 과정이다. 그리고 이것은 시종일관 사념처(四念處)라는 구체적인 사띠통찰에 의하여 추구된다. 붓다 당시 이 사띠는 여인 · 하인들까지도 일상적인 삶의 방식으로 실천할 정도로 보편적인 삶의 방식으로써 확산되었다. 따라서 사마타 · 위빳사나를 과도하게 분별하고 전문화하는 것은 '삶의 현장에서, 일상적으로, 대중적으로'라는 초기 수행법의 기본적 궤도를 일탈하는 것이다.

사띠는 안팎으로 자신과 많은 사람들의 문제를 담담하게 지켜보는 사회적 통찰로서, '비폭력 · 사랑 · 나눔' 등 사회적 실천을 전제하여 추구되었다. '사띠하는 자들(satimā)'은 곧 '무량한 자애를 실천하는 자들'이다. 사띠는 이렇게 단 하나의 생명일지라도 사랑하고 섬기는 사회적 실천을 그 토대로 삼아 추구하는 것이다. 따라서 사회적 실천은 사띠하는 사람들의 토대가 되고 그 궁극적인 목표가 된다. 이것은 불교가 본질적으로 사회적 통찰/사회적 실천의 길이고, 불교에 있어 사회적 실천은 곧 자기통찰/자기변혁의 과정이라는 사실을 의미한다. 사회적 실천/변혁은 불교/담마 그 자체의 발로라는 사실을 의미하는 것이다. 'upekkhā-sati-pārisuddhi/우뻭카 사띠 빠리숫디', 곧 '사념청정(捨念淸淨)'이 이 수행의 지표이다. 모든 생명들에 대한 다함없는 자애심으로 나누고 섬기면서, 욕심과 주관을 배제하고 안팎의 상황들을 담담하게 지켜보기, 이렇게 지켜봄으로써 마음을 청정히 하고 지혜를 드러내고 창조적 성취능력(如意足, id dhi-pāda/잇디 빠다)을 발휘하여 자신과 이 세상 많은 사람들을 변화시켜 가기, 이것이 불교수행의 일상적 과정이며, 이것은 기본적으로 탐욕/이기주의의 치유를 지향한다. 사띠를 통한 이기주의의 치유, 이것이 초기불교가 추구하는 사회적 실천의 담마적 기초가 되었다.

(5) 초기불교의 사회적 실천은 전면적이며 근본적인 사회변혁운동으로 확산된 것이다.

붓다와 출가 빠리사들은 탁발 유행하였다. 상인을 비롯한 재가 빠리사들은 위험한 벌판과 격류를 가로질러 수레와 배를 몰아 갔다. 그들은 교역로(silk-road)를 전법로(dhamma-road)로 열고, 붓다 당시 이미 강가(Gaṅgā)강 유역의 불교중국을 넘어, 남으로 고다바리 강(Godavari 江)으로부터 북으로 딱까실라(Takkasilā) 지방까지 광활한 불교세계를 개척하며 '비폭력 · 사랑 · 나눔'의 새로운 담마를 전파하였다. 이렇게 초기 대중들은 목숨 걸고 험로를 달려가는 야성/야생적인 전법 개척을 통하여 인도 사회의 세계관의 변혁/사상적 변혁을 추구하였다.

그들은 일체의 폭력을 부정하고, 강대국들의 침략전쟁과 희생제의(yañña)에 의한 대량학살을 비판하면서, 그 저지를 위하여 구체적으로 행동하였다. 그들은 일반 대중을 대상으로 오계(五戒, pañca sīla) · 팔재계(八齋戒)를 중심으로 하는 포살(布薩, uposatha, posatha)을 일상화함으로써 비폭력(ahiṃsā)/자비(mettā)를 시민적 삶의 새로운 윤리로서 확립하였다. 팔재계는 곧 '팔지의 포살(八支布薩, aṭṭhaṅgasamannāgato uposatha)'이다. 이렇게 초기 대중들은 비폭력의 실천을 통하여 인도 사회의 윤리적 변혁을 추구하였다.

그들은 빠리사(parisā)와 상가(saṅgha)를 모든 계층의 사람들에게 개방하였다. 그들은 반(反)카스트(caste) · 반(反)여성차별의 사회적 평등을 위하여 구체적인 조처들을 강구하였다. 그들은 사종성(四種姓) 제도의 브라흐마나적 권위를 부정하고 '행위의 법칙'을 선포함으로써 계급에 짓눌려 고통 받던 민중들에게 희망의 출구를 열어 주었다. 불교도 여성들은 그들 자신의 결의와 이니시어티브에 의하여 비구니 상가를 창설하고 해탈학적 평등을 실현함으로써 양성 평등의 문호를 열어 갔다. 이렇게 초기 대중들은 반(反)차별의 실천을 통하여 인도 사회의 사회적 변혁을 추구하였다.

그들은 가난한 이들 · 병든 이들 · 장애인들 · 범죄인들 등 소외 계층을 위하여 사찰 공간을 개방하였다. 출가대중들은 한센병 · 폐결핵 등 전염병 환자들을 받아들여 간호하고 시민들은 그들을 위하여 음식과 의약품을 공급하였다. 이렇게 정사(精舍, vihāra)들은 소외계층을 위한 재활센터/복지센터로 기능하였다. 그 결과 수많은 하층의 민중들이 불교교단으로 몰려왔고, 상가는 이들에게 출가의 문을 열었다. 초기 불교도들은 우물 · 교량 · 병원들을 시설하고, 도시 곳곳에 나눔의 집들〔普施堂, dāna-sālā〕을 건설하여 사회복지를 구체화시켜 갔다. 이렇게 초기 대중들은 보시복지의 실천을 통하여 인도 사회의 경제적 변혁을 추구하였다.

그들은 진화론적 사회계약설에 입각하여 '많은 사람들/민중이 뽑은 자', 또는 '선출된 위대한 자'라는 마하삼마따(Mahāsammata)의 이념을 창출하고, 담마로서 기치를 삼는 정법군주(dhamma-rāja)의 새로운 정치사상을 확립하였다. 그들은 당시 군주들의 전횡과 폭력적 침략 전쟁을 비판하면서, 전륜성왕(轉輪聖王, cakkavatti)에 의하여 평정되고 오계와 복지로써 통치되는 '하나의 우주적인 이상국가(理想國家)', 곧 '전륜성왕의 나라'에 대한 신념을 전파하였다. 그리고 그들은 미륵불(彌勒佛, Mettey Buddha)의 출현을 예언하고 일체중생(一切衆生, sabbe satta/삽베 삿따)의 깨달음이라는 '대중견성(大衆見性)'의 이상을 확산시켰다. 이렇게 초기 대중들은 전륜성왕 사상의 확산을 통하여 정치적 변혁을 추구하였다.

지금까지의 분석을 종합적으로 판단할 때, 초기불교가 추구한 이러한 일련의 사회적 실천의 과정들은 '하나의 운동'으로서 규정될 수 있을 것이다. 곧 '사회적 실천운동'/'사회적 변혁운동'으로서 규정될 수 있을 것이다. 이것은 초기불교가 본질적으로 하나의 사회적 운동으로 전개되었다는 사실을 의미한다. 붓다를 중심으로 하는 초기 빠리사 대중들은 각기 자유롭고 개성적이면서도 '담마의 실현', '사회정의의 실현'이라는 분명한 이념을 공유하고 있었다. 빠리사 대중들은 각자 방식대로 이 이념을 추구해 갔지만, 작은 강물들이 모여 큰 바다를 이루듯, 초기 불교운동은 하나의 거대한 시대적인 흐름을 형성하면서 흘러갔다.

초기불교의 사회적 실천을 '하나의 운동'으로 규정하는 데에는 물론 많은 문제점들이 제기되고 한계도 분명 존재한다. 자유롭고 느슨한 공동체로서의 빠리사와 상가가 지니는 태생적 취약성, 이 때문에 야기되는 강력한 대중적 공동체의 부재와 리더십의 결여, '사회적 실천인가?' '출세간적 수행인가?'를 둘러싼 끊임없는 담마적 갈등, 이들 중첩된 내부적 모순들이 초기불교의 운동 역량을 감소시키는 요인으로 작용하였다. 그 결과 초기교단은 강력한 군주 · 자본가 등 외부의 장애적 세력들과의 대결에서 지나치게 타협적이 되고 변혁의 이념을 줄기차게 관철시키지 못하는 한계를 드러낸 것이 사실이다. 불교사를 조망해 볼 때, 이상(理想)과 현실(現實)의 괴리, 또는 불일치 · 무책임이 심각하게 내재되어 온 것 또한 부정할 수 없는 사실이다.

그럼에도 불구하고, 초기불교는 인도 사회 전반에 걸쳐 심대한 변화를 불러일으키는 계기를 제공하고 있다. 이념적 가치와 역동적인 에너지, 그리고 미래의 희망과 꿈을 제공하였다. 전통 브라흐만교와 신진 외도들의 삿된 세계관들이 냉철하게 비판되고, '자유와 자비의 중도적 세계관'이 널리 전파되었다. 대량학살을 몰고 오는 강대국들의 정복전쟁과 희생제의(犧牲祭儀, yañña)에 대한 저항이 전개되고, '비폭력(非暴力, ahiṃsā) · 사랑 · 나눔'이 새로운 시대의 시민적 윤리로 널리 확산되었다. 카스트의 토대가 무너지고, 양성평등(兩性平等)의 단초가 열렸다. '보시(布施 dāna)/복전(福田, puñña-khetta)의 공덕사상'이 새로운 민중적 경제윤리로 선양되었다. 가람(saṅghārāma, 伽藍)/위하라(vihara, 精舍)가 소외민중들을 위한 복지센터/재활센터로서 개방되고 출가–재가의 불교도들이 사회복지 기능의 한 주역으로 나섰다. 도시마다 '나눔의 집〔布施堂, dāna-sālā〕'이 열리고, 병원 · 교량 · 우물 등 공공시설이 건설되었다. 폭압적 군주권에 대한 비판이 제기되고, 세계의 평화적 통일과 정의로운 정치라는 전륜성왕의 이상(理想)이 민중들의 꿈으로 확산되었다.

이 운동은 세기를 넘어 일체중생의 가슴 속에 찬란한 불국토라는 고매한 이상을 심었다. '일체중생의 일체지'라는 영원한 이상을 심은 것이다. 이것은 초기불교의 사회적 실천이 본질적으로 많은 사람들(bahujana)–많은 생명들의 깨달음 해탈 열반을 지향하는 대중견성(大衆見性)운동으로서 추구되었다는 사실을 의미한다. 그리고 이 이상은 기원전 4~3세기 아소까 왕의 제국에서 역사적으로 실현되었다. 붓다와 초기 빠리사 대중들이 추구했던 이 고매한 이상은 전 인류적인 염원이 되었고, 지금도 수많은 사람들이 이 이상의 실현을 위하여 고뇌하며 헌신하고 있다.

초기교단은 획일적 제도나 권위에 의하여 지배된 것이 아니다. 출가 중심의 율(律, vinaya), 하나의 표준적 텍스트, 강력한 리더십, 또는 지배적인 조직이 확립되어 있었던 것도 아니다. 불교교단은 마치 살아 있는 생물처럼 역동적이며 자유분방한 모습으로 움직였고, 이질적이고 다양한 여러 상황들이 혼재해 있었다. 장애자들 · 병자들 · 범죄자들 앞에 빠리사와 상가의 문호가 자유롭게 개방되는 한편으로, 이들에 대한 출가제한 조치들이 강화되기도 하였다. 초기불교/초기교단은 그 자체가 하나의 역동적인 삶의 현장이었다. 따라서 하나의 교단/승단/규율/제도를 전제로 초기불교의 다양하고 이질적인 상황을 규제하려는 시도는 무의미한 것이다.

이런 상황 속에서, 초기불교의 사회적 실천운동은 빠리사 대중들에 의하여 자유롭게, 느슨하게, 그리고 비(非)이데올로기적으로 추구되었다. 그것은 많은 사람들의 자발적 동기에 의하여 추구되었다. 그들은 사람들과 집단, 지역에 따라 각기 고유한 방식대로 다양하게 이 운동을 전개하였다. 그들은 일상적인 삶의 현장에서 여러 문제들과 구체적으로 대면하면서, 실제적인 이익과 행복/복지를 위하여 분투하였다. 자발적 동기에 근거한 다양성과 실제성(實際性), 이것이 바로 초기불교/초기불교의 사회적 실천운동의 특성이다. 이러한 자발성은 기본적으로 그들의 사회의식에 기초하는 것이고, 담마에 대한 합리적인 이해에 의하여 고취되었다. 이와 같은 사회적 실천운동의 성공이 초기불교의 빛나는 성공을 담보하는 결정적 조건으로 작용하였다.

여기서 새삼 기억되어야 할 것은 이 과정에서 붓다 사꺄무니/붓다 사꺄무니의 삶에 대한 많은 사람들의 공감과 확신, 곧 붓다에 대한 신앙이 결정적 요소로 작용하고 있다는 사실이다. 붓다에 대한 굳건한 믿음과 헌신이 모든 불교도들의 삶을 관찰시키는 가장 기초적인 동력이 된 것이다. 붓다의 헌신적 삶과 신비한 위신력에 의하여 용기를 얻고 각성되어, 그들은 목숨 걸고 위험한 들판과 강들을 가로질러 수레와 배들을 몰아 담마 로드(dhamma-road)를 개척해 갔다. 이것은 불교도의 사회적 실천운동/사회적 변혁운동이 기본적으로 신앙운동으로써 관철되고 있다는 사실을 거듭 확인시켜 주는 것이다.

따라서 민중들의 이러한 신앙적 열정과 대망의 현장을 배제한 채 과도한 사변적 교리 분석이나 신비적 수행법의 해명을 통하여 담마를 조명하고 불교를 규명하려는 노력은 심각하게 재고되지 않으면 안 될 것이다.

불교는 본질적으로 종교이며 신앙이다. 따라서 붓다에 대한 많은 사람들의 굳건한 신앙과 헌신의 열정이 모든 불교운동의 기초가 되고 전제가 되는 것이다. 이러한 기초와 전제가 경시되거나 망각될 때, 어떤 불교/불교운동도 생명력을 잃는 것이다. 수행과 학문 또한 마찬가지일 것이다. "부처님" 하고 외치면서 두 바퀴 수레를 몰아 험로를 달려가는 재가 빠리사 대중들, 더위와 추위 · 맹수들 · 도적들 · 시민들의 박해를 무릅쓰고 탁발 유행하며 집집마다 법을 전파하는 출가 빠리사 대중들, 이들 초기 불교도들의 삶의 행적이 이러한 사실을 잘 반영하고 있다. 초기불교를 성공으로 평가한다면, 초기불교의 사회적 실천운동을 성공으로 평가한다면, 이 성공은 교리 이전에 이런 많은 사람들의 신념과 열정에 의하여 담보되고 있는 것이다. 교리 · 수행 이전에 사람/사람들이 문제이다. 사람들의 의식/생각, 그리고 이 생각을 일궈내는 사람들의 삶/삶의 고뇌가 문제인 것이다.

사띠를 통하여 일체법을 대상으로 '무상 – 고 – 무아'를 통찰함으로써 '비폭력 · 사랑 · 나눔', 곧 자비의 삶으로 나아가는 것, 이것이 초기불교가 추구하는 사회적 실천의 교리적 기초이다. 그리고 이것은 사제 팔정도로 환원된다. 여기서 보다 중요하게 생각되는 것은, 붓다가 이런 담마를 긴박하고 절실한 현실적 과제로서 촉구하고 있다는 사실이다. '불타는 세상', '폭류', '홍수', '뱀의 독', '칼을 들고 쫓아오는 살인자', '빈 마을을 유린하는 약탈자 · 도둑'……붓다는 사용 가능한 모든 비유를 동원하여 역사적 사회적 위기를 경각시키고 많은 사람들이 사회적 실천으로 나서도록 독려하고 있다. 그리고 붓다 스스로 낡은 수레같이 이 길을 가고 있다. 수많은 초기 빠리사들, 출가 – 재가의 대중들이 탁발 유행하고 거친 발판으로 내달리며 이 길을 가고 있다.

따라서 사제 팔정도 · 일체법 · 사띠 등 초기불교의 기본적 담마들이 위기적 상황을 극복하려는 치열한 시대정신으로서 보다 역동적으로 해석되고 추구될 것이 요구된다. 보다 정확하게 표현하면, '오온 · 십이처 – 십이처 · 십이연기', '무상 – 고 – 무아', '사띠' 등 이 모든 초기 담마들은 이미 본질적으로 긴박한 사회적 실천/변혁의 담마들이다. 따라서 초기불교의 사회적 실천운동/변혁운동은 이러한 기초적 담마들의 자연스런 발로이고, '깨달음 해탈 열반'의 본질적 과정 그 자체로서, 기원전 7~5세기 동북 인도 사회의 민중적 염원과 시대적 요구를 반영하고 있는 것이다.

"고따마 부처님의 삶에 대한 깊은 공감과 확신으로(namo)
따뜻한 말 한마디, 밥 한 그릇이라도 나누고 섬기면서(dāna)
끊임없이 안팎으로 담담하게 자신과 많은 사람들 – 사회적 상황들을 지켜보면서(sati)"

'믿으면서, 나누고 섬기면서, 담담하게 지켜보면서', 지금까지의 논의를 통하여, 이것이 불교도들이 추구하는 일상적인 삶의 방식, 곧 '청정한 삶의 방식(brahma-cariya/브라흐마 짜리야)'이라는 사실이 규명되었다. 이 소박하고 헌신적인 삶의 방식이 그대로 수행이며 사회적 실천의 실현이었다는 사실이 규명되었다. 여인들이나 노비들까지도 이런 방식으로 살았고, 이런 방식으로 사회적 실천을 추구해 갔다. 그러나 시간이 경과하면서 이 소박한 삶의 방식은 점차 망각되고, 번잡한 교리체계와 수행법들 – 사마타 · 위빳사나 · 간화선 등이 그 자리를 대신했다. 엄연히 객관적으로 작용하는 이 사회의 현실적 문제들마저 마음의 문제로 축소되고 변질되면서, 마음공부/마음 깨닫기가 최고의 가치/최대의 관심사로 과장되고, 사회적 실천은 부차적 문제로 축소되거나 비(非)본질적인 것으로 왜곡되었다. 역사적으로 관찰할 때, 이렇게 해서 불교는 사회와 많은 사람들의 삶의 현장을 잃고 소수 전문적 수행자들의 출가우월주의/수행우월주의로 일탈해 간 것이다.

지금 한국불교는 안팎으로 심각하고 현실적인 곤경에 직면하고 있다. 초기불교의 사회적 실천에 관한 이 연구에 입각하여 판단할 때, 이러한 곤경들은 기본적으로 사회의식의 결여에서 초래된 것이다. 오늘의 불교가 초기불교와 다른 점, 오늘 불교도들의 수행이 초기 대중들의 수행과 다른 점, 우리 시대 불교의 깨달음이 초기불교의 깨달음과 다른 점, 이것은 곧 사회의식의 결여이다. 지금 불교도에게는 붓다 같은 캇띠야적(khattiya的) 항마의식(降魔意識)도 없고, 벌판을 달리며 목숨 걸고 개척해 가는 상인적(商人的) 도전의식(挑戰意識)도 없는 것으로 보인다. 이런 치열한 사회의식이 없기 때문에, 오늘 우리 불교는 거대한 관념주의(觀念主義)의 늪에 깊이 매몰되어 있다. 화려한 수사(修辭)나 개념적 논리, 신비적 수행만 난무할 뿐, 눈앞의 난제들과 대면하는 야성(野性)/야생적(野生的) 개척정신도 없고 문제해결 능력도 없다. 사회의식이 없기 때문에 깨닫는 이들도 드물거니와, '깨달았다' 해도 이 세상의 변화에 거의 아무런 도움이 되지 못한다. 이 사회의 대중적 시민적 고통 속에 뛰어들어 피땀 흘리며 헌신하는 이가 드물기 때문이다.

학문과 수행 양면에서 오랫동안 온존되어온 이 비(非)실제적 관념주의가 초래한 가장 치명적인 결과는 '현장(現場)의 상실'이다. 많은 불교도들이 삶의 현장/역사와 사회현장을 잊고 있는 것처럼 보인다. 준엄(峻嚴)한 사회적 조건들, 이 조건들에 의하여 찰나찰나 변화되어 가는 이 급박한 사회 현장, 수많은 사람들의 삶의 전부인 이 고통의 현장,

속세(俗世)의 현장을 잃은 것처럼 보인다. 잃었을 뿐만 아니라 도리어 이 속세의 현장/속인(俗人)들의 삶을 경시하거나 무시하는 것처럼 보인다. 출세간이 이 속인/속세를 떠난 것인 양 착각하고 있는 것처럼 보인다.

그러면서 그들은 출가우월주의 · 선정우월주의로 내달려, 거기서 안심입명처를 찾고 있는 것일까? 이렇게 중첩된 우월주의에 침잠하여, 그들은 '많은 사람들의 이익과 행복'이라는 불교의 본래면목을 잃고 있는 것일까? '믿으면서 나누고 섬기면서 담담하게 안팎으로 지켜보면서' 살아가는 불교도의 오랜 삶의 방식을 잃고 있는 것일까? 사회적 헌신이 없는 불교는 이미 불교가 아니라는 사실, 사회적 헌신은 개념적 논리나 참선 · 위빳사나에 의해서가 아니라, 탁발 유행이나 전법고행, 비폭력 · 나눔 · 섬김같이 온몸으로 부딪히는 사회적 체험을 통해서 체득된다는 사실, 이러한 사회적 체험/사회적 체험의 현장에 설 때 교리 · 사마타 · 위빳사나 · 참선이 비로소 생명력 있는 담마/도(道)가 될 수 있다는 사실, 이 준열(峻烈)한 역사적 · 담마적 사실이 망각되고 있는 것일까? '가난하고 병든 많은 사람들이 자식들을 품에 안고 기뻐 춤추는 세상'이라는 불교도의 소박한 꿈도, '전륜성왕의 나라'라는 웅대한 이상도 거의 망각되고 있는 것일까? 섬길 생각은 하지 않고 도리어 섬김받으려는 근거 없는 자만심으로 물들어 있는 것일까? 따뜻한 말 한마디, 조그마한 위로 - 이것이 불법(佛法)의 적적대의(的的大義)란 사실, 이것을 찾아서 오늘 이 땅의 많은 사람들이 불교로 왔다가 실망하고 떠나간다는 사실, 그들은 눈앞에 보이는 이 분명한 사실을 보지 못하고 있는 것일까?

현장으로 나서는 길은 무엇일까?

사회의식을 불러일으켜 나누고 섬기는 치열한 삶의 현장으로 나서는 길은 무엇일까?

이 연구를 돌이켜 볼 때, '사회적 체험', 이것이 키워드(key-word)이다. '사회적 체험/사회적 헌신'으로의 전면적 전환, 바로 이것이 현장의 문을 여는 키워드이다. 불교학도 사회적 체험을 전제로 연구할 것이다. 담마를 해석하고 논증할 때, 먼저 '이 담마가 많은 사람들, 사회 현장에서 실제로 어떻게 작동했을까?' 하는 문제의식을 전제로 접근할 것이다. 참선도 사회적 체험과 더불어 하고, 위빳사나도 사회적 체험의 장에서 할 것이다. 참선하고 위빳사나할 때, 복잡하고 신비적인 테크닉들 과감하게 털어버리고 일상의 현장에서 눈앞에 벌어지는 안팎의 상황들에 대하여 끊임없이 마음집중하고 담담하게 지켜보는 단순 명료한 방식으로 실수할 것이다.

사찰/법회도 사회적 체험/사회적 헌신을 중심으로 할 것이다. 요양원 · 쉼터 · 어린이방 · 급식소 · 간병원 중심으로 사찰구조와 기능을 재배치하고, 여기서 땀 흘리는 자원봉사를 중심으로 법회 프로그램을 짤 것이다. 대중교육/승가교육도 사회적 체험/사회적 헌신 중심으로 전면 개편할 것이다. 한철 암병동에서 호스피스 실습하고 한철 교리공부하고, 한철 마을에 천막 치고 포교하고 한철 참선하고, 이런 식으로 교육과 수행 체계를 개편할 것이다. 종단/총무원, 이런 권위적 가식(假飾)은 하루 빨리 폐지하는 것이 도리이지만, 잠정적으로 사회적 헌신 중심으로 전면 개편할 것이다.

현행의 권력장악/권력분배 체제를 완전 혁파하고 사회봉사와 포교개척 중심 체제로 개편할 것이다. 포교 전문가가 총무원장/주지가 되고, 사부대중의 포교 · 봉사활동 전문가들이 종회의원이 될 것이다. 종단/사찰의 권력 중심적 지배구조를 헐어내고, 그 터에 사부대중/시민들의 자유로운 공동체/빠리사를 다시 일으켜 세우는 것이 불교도의 역동적 생명력을 살려내는 최선의 긴급한 작업이 될 것이다.

이것은 결코 한갓 이상론(理想論)이 아니다. 본분사이며 역사적 사실이다. 이미 관찰한 바와 같이, 초기불교 시대 대중들이 이미 이렇게 살았다. 세상 사람들을 찾아 몸을 던져 끊임없이 탁발 유행하고 상담 치유하면서, 붓다가 이미 이렇게 살았고 출가대중들이 이미 이렇게 살았다. 목숨 걸고 수레를 몰아 거친 벌판 달리며 전법고행하면서, 상인 · 거사 · 여성들 · 재가대중들이 이미 이렇게 살았다. 한센병 환자들 · 장애인들 · 독거노인들을 조건 없이 받아들이면서, '이 사람들 위하여 먹을 것과 약을 나눠 주시오', 이렇게 외치고 서로 협력하면서, 출가중들 · 재가중들 · 시민들이 이미 이렇게 살았고, 사찰들이 쉼터/재활센터로서 이미 이렇게 역할하였다.

지금도 이렇게 사는 대중들/불교도들/성중(聖衆, ariya-parisā)들이 많다. 절〔寺刹〕 대신 요양원/요양병원을 세우고 장애자 재활원을 운영하면서 평생을 헌신하는 훌륭한 비구 · 비구니 스님들이 많다. 무료급식소에서 수천 명 노인들에게 밥을 지어 나르고 뇌성마비 장애인들을 모아 함께 공부하고 노래하면서 청춘을 불태우는 선남 선녀들/재가들이 많다. 그리고 그 숫자는 꾸준히 늘어나고 있다. 한국불교 역사상 이렇게 불교도들이 자발적 동기로 치열한 사회의식을 연소시키며 사회적 실천의 장으로 나선 일을 일찍 없었다. 초기불교의 사회적 실천운동이 지금 이 땅에서 점차 새로운 시대의 물결로 출렁이며 되살아나고 있는 것을 도처에서 실감할 수 있다. 그래서 한국불교의 내일은 '희망'이다.

주제어; 초기불교, 사회적 실천, 역사적 붓다(the historical Buddha), 실제적(sandiṭṭhiko), 빠리사(parisā), 사회의식, 현장의식, 사회(loka), 식(識, viññāṇa), 일체법(sabbe dhammā), 무아(anattā), 사띠(sati), 나눔(dāna)

부록

참고문헌

■ 1차 자료(경전 및 주석서)

<u>한글본</u>

각묵 스님 역(2006), 『디가니까야』 전3권, 초기불전연구원

대림 스님 역(2007), 『앙굿따라니까야』 전6권, 초기불전연구원

전재성 역

1999 – 『쌍윳따니까야』 전11권, 한국빠알리성전협회

2002 – 『맛지마니까야』 전5권, 한국빠알리성전협회

각묵 스님 역

2004 – 『네 가지 마음 챙기는 공부』(개정판 1쇄) 〈『대념처경과 주석서』(붓다고사)〉, 초기불전연구원

2009 –『쌍윳따니까야』 제1권, 초기불전연구원

거해 스님 역(1992), 『법구경』 전2권, 고려원

동국역경원(역경위원회) 역

1969 –『한글대장경 본연부』 16 (「장로게」「장로니게」), 동국역경원

1985a – 『한글대장경 雜阿含經』 1, 동국역경원

1985b – 『한글대장경 雜阿含經』 2, 동국역경원

1985c – 『한글대장경 雜阿含經』 3, 동국역경원

1985d – 『한글대장경 中阿含經』 2, 동국역경원

1985e - 『한글대장경 佛本行集經』 2, 동국역경원
임승택 역(2002), 『불교원전연구』(대념처경) 제3호, 동국대학교 불교문화연구원
전재성 역(2004), 『숫타니파타』, 한국빠알리성전협회
최봉수 역(1998), 『마하박가』 전3권, 시공사

Translated in English

Burlingame, E. W. tr.(1999), *Buddhist Legends(Dhammapada Aṭṭhakathā)*, 3 vols, New Delhi, Munshiram Manoharlal Pub.

Horner, I. B. tr.

1995 - *The Middle Length Sayings (Majjhima-nikāya)*, 3 vols, Oxfrd, PTS

1996 - *The Book of the Discipline (Suttavibhaṅga)* vol, Ⅰ, Oxfrd, PTS

1997a - *The Book of the Discipline (Cullavagga)*, vol Ⅴ, Oxford, PTS

1997b - *The Book of the Discipline (Suttavibhaṅga)* vol, Ⅱ, Oxfrd, PTS

2000 - *The Book of the Discipline (Mahāvagga)*, vol. Ⅳ, Oxford, PTS

Maurice Walshe tr.(1995), *The Long Discourses of the Buddha (Dīgha-nikāya)*, Boston, Wisdom Pub.

Mrs. Rhys Davids tr.(1996), *The Book of the Kindred Sayings (Saṃyutta-nikāya)*, 5 vols, Oxford, PTS

Nanamoli and Bodhi tr.(1995), *The Middle Length Discourses of The Buddha (Majjhima-nikāya)*, Boston, Wisdom Pub.

Peter Masefield tr.(1997), *The Udāna*, Oxford, PTS

Rhys Davids, T. W. tr.(1995), *Dialogue of the Buddha (Dīgha-nikāya)*, 3 vols, Oxfod, PTS

Woodward, F. L. tr.(1995), *The Book of the Gradual Sayings* (*Aṅguttara-nikāya*), 5 vols, Oxford, PTS

■ 2차 자료

국내 문헌

각묵 스님(2006), 『금강경강해』, 불광출판부
거해 스님(1991), 『깨달음의 길』, 도서출판 산방
강명희(2002), 「사념처관의 체계성 연구」『韓國佛教學結集大會論集』 1집 하권, 한국불교학 결집대회조직위원회, pp.109-119
고익진
2002 – 『아함법상의 체계성 연구』, 동국대학교출판부
2007 – 『불교의 체계적 이해』, 광록선원
광덕 스님(1998), 『보현행원품강의』, 불광출판부
권경임(2004), 『불교사회복지실천론』, 학지사
권오민
2003 – 『아비달마불교』, 민족사
2007 – 「緣起法이 불타 自內證이라는 經證 검토」『普照思想』 제27집, 보조사상연구원, pp.411-447
김동화(1980), 『佛教學概論』, 보련각
김열권(1993), 『위빠사나』 2, 불광출판부
김재성(2009), 「초기불교의 깨달음과 사회 참여」『불교학연구』 제24호, 불교학연구회, pp.68-105

김재영

2001a – 『붓다의 대중견성운동』, 도서출판 도피안사

2001b – 『초기불교개척사』, 도서출판 도피안사

2002 – 「암베드까르 박사 전기」『인도불교성지 순례기도문』, 도서출판 도피안사, pp.293-328

김정천(2003), 『佛教修行의 頭陀行 研究』(박사학위논문), 동국대학교

김형효(2010), 「한국사회와 불교의 철학적 중요성」『불교평론』 44호, 만해사상실천선양회, pp.7-28

목정배(2001), 『계율학개론』, 장경각

미산 스님

2003 – 「대념처경을 중심으로 본 초기불교 수행법」『불교평론』 14호, 만해사상실천선양회, pp.89-111

2005 – 「『대념처경』의 주석서에 대한 이해」『대념처경의 수행이론과 실제』, 홍원사, pp.49-84

2009 – 「변화무상한 마음을 어떻게 바로 잡아야 하는가」『마음, 어떻게 움직이는가』, 운주사, pp.37-91

2010 – 『사캬무니 붓다』, 대숲바람

박광서(2008), 「불교와 사회참여」『불교평론』 37호, 만해사상실천선양회, pp.346-369

박경준

1989 – 「初期佛教의 緣起相依說」『한국불교학』 제14집, 한국불교학회, pp.117-141

1992 – 『原始佛教의 社會·經濟思想 研究』(박사학위논문), 동국대학교

2003 – 「佛教的 觀點에서 본 自然」『佛教學報』 제40집, 동국대학교, pp.29-49

서광 스님(2007), 『유식삼십송』, 불광출판사

성열 스님(2008), 『고따마 붓다』, 문화문고

손정호(2007), 「불교경전에서 볼 수 있는 임종간호에 대한 고찰」『중앙승가대학교 논문집』 제12집(태원 스님 · 종석 스님 화갑기념특집), 중앙승가대학교, pp.263-283

안옥선

2000 - 「왜 여성은 '아라한'이라 불리지 않았는가」『불교평론』 4호, 만해사상실천선양회, pp.341-377

2003 - 「부처님의 근본 가르침; 욕망의 지멸 · 자유 · 자비」『불교평론』 14호, 만해사상실천선양회, pp.37-63

2005 - 「불교 생태학에서 존재 평등의 근거」『불교학연구』 제10호, 불교학연구, pp.227-254

2008 - 『불교와 인권』, 불교시대사

2009 - 「불교덕윤리에서 성품의 중심개념으로서 '행(saṅkhāra)'」『불교학연구』 제23호, 불교학연구회, pp.221-260

2010 - 「불교덕윤리에서 부정적 성향의 제거」『불교학연구』 제26호, 불교학연구회, pp.245-296

양병우 외(1986), 『대로마제국 · 고대의 인도』(『비주얼 大世界의 歷史』 3), 삼성출판사

여익구 편(1987), 『佛敎의 社會思想』, 민족사

오경환(1990), 『종교사회학』, 서광사

윤세원(1985), 『佛陀의 政治思想에 관한 硏究』(박사학위논문), 중앙대학교

이수창(마성 스님)

2000 - 「布薩과 八齋戒에 關한 考察」『明星 스님 古稀紀念佛敎學論文集』, 운문승가대학 출판부, pp.345-373

2003 - 「인간과 환경과의 관계」『불교문화연구』 4집, 동국대학교 불교사회문화연구원, pp.125-157

2009 - 「初期佛敎의 五蘊說에 관한 考察」『불교문화연구』 제10집, 동국대

학교 불교사회문화연구원, pp.39-73
2010 –『사캬무니 붓다』, 대숲바람
이재창(1975),「佛教의 社會 · 經濟觀」『佛教學報』 제10집, 동국대학교, pp.97-134
이중표(1991),『아함의 중도체계』, 불광출판부
이태원(2000),『초기불교교단생활』, 운주사
이희익(1984),『佛教의 教團生活』, 불광출판부
인경 스님(2001),「初期佛教의 止觀과 四禪」『普照思想』 제16집, 보조사상연구원, pp.91-119
일아 스님(2009),『아소까』, 민족사
임승택
2001 –「사띠(sati)의 의미와 쓰임에 관한 고찰」『普照思想』 제16집, 보조사상연구회, pp.9-39
2003 –「첫 번째 선정(初禪)의 의의와 위상에 대한 고찰」『불교학연구』 제6호, 불교학연구회, pp.185-212
2004 –「*Mahāsatipaṭṭhāna-Sutta*」(大念處經)의 수행관 고찰」『한국불교학』 제37집, 한국불교학회, pp.31-64
2008 –「초기경전에 나타나는 궁극 목표에 대한 고찰」『불교학연구』 제19호, 불교학연구회, pp.49-80
일중 스님(2005),「고엔카 수행법과『대념처경』」『대념처경의 수행이론과 실제』, 원명사, pp.85-135
재연 스님(2010),「한국불교가 당면한 교리 · 사상적 과제」『불교평론』 44호, 만해사상실천선양회, pp.30-45
전재성(1999),『初期佛教의 緣起思想』, 한국빠알리성전협회
정인승(1976),『한국어대사전』, 현문사
정준영

2003 - 「대념처경에서 보는 수념처(受念處)의 실천과 이해」『불교학연구』 제7호, 불교학연구회, pp.183-239
2005 - 「사마타(觀)와 위빠사나(止)의 의미와 쓰임에 대한 고찰」『불교학연구』 제12호, 불교학연구회, pp.521-552
2008 - 「초기불교의 욕망의 이해 - 욕망의 다양한 의미」『욕망, 삶의 동력인가, 괴로움의 뿌리인가』, 운주사, pp.27-58
2009 - 「『大念處經(Mahāsatipaṭṭhāna-Sutta)』에서 나타나는 心念處에 대한 연구」『한국불교학』 제53집, 한국불교학회, pp.203-249
조극훈(2005), 「의식의 경험과 사회적 이성」『범한철학』 제36집, 범한철학회, pp.311-335
조성택
2009a - 「초기불교사 '재구성'에 관한 검토」『불교학연구』 제23호, 불교학연구회, pp.133-181
2009b - 「'깨달음의 사회화'에 관련한 몇 가지 고찰」『불교학연구』 제24호, 불교학연구회, pp.7-55
조은수(2009), 「이 시대 불교운동을 위한 창조적 상상력」『종교권력의 시대, 불교적 상상력』, 재가연대 창립 10주년기념 학술심포지움 자료집, 재가연대, pp.93-105
조준호
2000 - 「초기불교에 있어 止 · 觀의 문제」『韓國禪學』 제1호, 한국선학회, pp.321-358
2002a - 「초기불교의 사회적 실천운동」『실천불교의 이념과 역사』, 행원, pp.7-59
2002b - 「초기불교의 실천사상」『한국불교학』 제32집, 한국불교학회, pp.237-267
2004 - 「사띠(sati/smṛti ; 念) 이해에 대한 비판적 검토」『한국불교학』 제

36집, 한국불교학회, pp.143-173
차차석(1997), 「불교의 역사이해」『현대 한국 종교의 역사이해』, 한국정신문화연구원, pp.117-183
허정남(2000) - 「불교 페미니즘의 이상과 현실」『불교평론』 3호, 만해사상실천선양회, pp.31-55
황순일
2005 - 「멸진정과 두 가지 열반이론」『불교학연구』 제11호, 불교학연구회, pp.345-363
2011 - 「위빠사나는 초기불교 수행법인가」『불교평론』 46호, 만해사상실천선양회, pp.269-281

외국 문헌

Ahir, D. C.
1989 - *The Pioneers of Buddhist Revival in India*, Delhi, Sri Sataguru Pub.
ed.1995 - *A Panorama of Indian Buddhism*, Delhi, Sri Sataguru Pub.
Ambedkar, B. R.
1950 - "Buddha and the Future of His Religion", *A Panorama of Indian Buddhism*, D. C. Ahir ed.(1995), Delhi, Sri Sataguru Pub., pp.29-49
1952 - "The Rise and Fall of the Hindu Women", *A Panorama of Indian Buddhism*, D. C. Ahir ed.(1995), Delhi, Sri Sataguru Pub., pp.149-172
1997 - *The Buddha and His Dhamma*, Nagpur, Buddha Bhoomi Pub.
Bapat, P. V.
ed.1987, *2500 Years of Buddhism*, New Delhi, Pub. Division, Ministry of Information and Broadcasting of India.

1987 – "India and Buddhism", *2500Years of Buddhism*, Bapat, P. V. ed.(1987), New Delhi, Pub. Division, Ministry of Information and Broadcasting of India.

Basham, A. L. ed.(1987), *A Cultural History of India*, Delhi, Oxford University Press.

Burrow, T.(1987), "The Early Āryans", *A Cultural History of India*, Basham, A. L. ed.(1987), Oxford, Oxford University Press., pp.20-29

Chakravarti, Uma(1996), *The Social Dimensions of Early Buddhism*, New Delhi, Munshiram Manoharlal Pub.

Conze, Edward(1969), *Buddhism ; its essence and development*, New York,, Harper Torchbooks.

Das Gupta(1963), *A History of Indian Philosophy*, vol.1, Cambridge.

Dharmapala, Anagarika

1891 – "Message of the Budda", *A Panorama of Indian Buddhism*, D. C. Ahir ed.(1995), Delhi, Sri Sataguru Pub., pp.5-21

1974 – "World's Debt to Buddhism", *A Panorama of Indian Buddhism*, D. C. Ahir ed.(1995), Delhi, Sri Sataguru Pub., pp.23-27

Dhammaratana, U.(1989), "The Social Philosophy of Buddhism", *A Panorama of Indian Buddhism*, D. C. Ahir ed.(1995), Delhi, Sri Sataguru Pub., pp.123-148

Gombrich, Richard(2009), *What the Buddha Thought*, London, UK. Equinox Pub.

Hajime, Nakamura(1987), *Indian Buddhism*, Delhi, Motilal Banarsidass.

Koller, John M.(1982), *The Indian Way*, New York, Macmillan Pub.

Lamotte, Etienne.(1988), *History of Indian Buddhism*, Louvain-La-Neuve, Universite Catholique De Louvain Institut Orientaliste.

Ling, Trevor(1979), *Buddha, Marx And God*, New York, St. Martin's Press, Inc.

Nandasena Ratnapala(1993), *Buddhist Sociology*, Delhi, Sri Satguru Pub.

Nynaponika Thera(1986), *The Heart of Buddhist Meditation*, London, Rides & Co.

Pande, G. C.(1978), *Studies in the Origins of Buddhism*, Delhi, Motilal Banarsidass.

Radhakrishnan, S.(1987), "Foreword", *2500Years of Buddhism*, Bapat, P. V. ed.(1987), New Delhi, Pub. Division, Ministry of Information and Broadcasting of India, pp. Ⅴ-ⅩⅤ

Ratnapala(1993), *Buddhist Sociology*, Delhi, Sri Satguru Pub.

Rahula, Walpola

1974- *The Heritage of The Bhikkhu*, New York, Grove Press Inc.

1978- *What the Buddha taught*, London, Gordon Fraser.

Rhys Davids, T. W.(1981), *Buddhist India*, Delhi, Motilal Banarsidass Pub.

Rhys Davids and W. Stede(1986), *The Pali-English Dictionary(PED)*, London, PTS.

Sangharakshita(1987), *"Buddhism", A Cultural History of India*, Basham, A. L. ed.(1987), Oxford, Oxford University Press., pp.83-99

Sastri, N. Aiyaswani(1987) ; "Later Modification of Buddhism - Approach to Hinduism", *2500 Years of Buddhism*, Bapat, P. V. ed.(1987), New Delhi, Pub. Division, Ministry of Information and Broadcasting of India, pp.297-312

Schumann, H. W.(1989), *The Historical Buddha*, London, Arkana.

Sponberg, Allen(1992), "Attitude toward Women and the Feminine in Early Buddhism" *Buddhism, Sexuality, and Gender*, Jose Ignacio Cabezon ed.,

State University of New York Press, pp.3-36
Thomas, E. J.(1997), *The Life of Buddha*, Delhi, Motilal Banarsidass Pub.
Tiwary, Mahesh(1985), "Social reforms Among Buddhists (600 B.C.-100 B.C.)", *A Panorama of Indian Buddhism*, D. C. Ahir ed.(1995), Delhi, Sri Sataguru Pub. pp.173-189
Upreti, G. B.(1997), *The Early Buddhist World Outlook in Historical Perspective*, New Delhi Manohar Pub.

번역서

냐나포니카(Nyanaponika Thera,1999), 『불교 선수행의 핵심』, 시공사, 송위지 역
나라 야스아키(1992), 『인도불교』, 민족사, 정호영 역
노스, J. B.(1988), 『世界宗敎史』 하, 현암사, 윤이흠 역
달라이 라마(1987), 『나의 조국 티베트』, 예지각, 김현도 역
藤田宏達(1989), 『초기부파불교의 역사』, 민족사, 권오민 역
딧사나야케, 피야세나(1988), 『불교의 정치철학』, 도서출판 대원정사, 정승석 역
라다크리슈난(2000), 『인도철학사』 Ⅱ, 한길사, 이거룡 역
라훌라 W.(1978), 『붓다의 가르침과 팔정도』, 한국빠알리성전협회, 전재성 역(2002)
마스다나 후지오(1987), 『근본불교와 대승불교』, 대원정사, 박경준 역
사다티사, H(1997), 『根本佛敎倫理』, 불광출판부, 조용길 역
세르게이 토카레프(1991), 『세계의 종교』, 사상사, 한국종교학회 역
안도 오사무(2010), 『심리치료와 불교』, 불광출판사, 인경 외 역

Johansson, E. A.(2006),『초기불교의 역동적 심리학』, 경희대학교 출판국, 허우성 역
조나단 터너 외(2004),『사회학 이론의 형성』, 일신사, 김문조 외 역
中村 元
1984 -『佛陀의 世界』, 김영사, 김지견 역
1999 -『宗敎와 社會倫理』, 경서원, 석오진 역
칼 야스퍼스(1983),『야스퍼스의 佛敎觀』, 동국역경원, 정병조 역
콘즈, E.(1999),『印度佛敎思想史』, 민족사, 안성두 역
平川 彰
1989 -『印度佛敎의 歷史』, 민족사, 이호근 역
2003 -『원시불교의 연구』, 민족사, 석능혜 역
핀들리, E.(1999), "Women and Arahant Issue in Early Pāli Literature", *Journal of Feminist Studies on Religion*,『불교평론』 5호(2000), 만해사상실천선양회, 안옥선 역, pp.341-377
玄奘 법사(1990),『大唐西域記』, 우리출판사, 권덕주 역
孝橋正一(1970),「불교사상과 현대사회」『佛敎의 社會思想』, 민족사, 여익구 역(1987), pp.115-128

Abstract

A Study on the Social Practice of the Early Buddhism

- Focusing on Its Foundation of The Assembly·The Theory and Its Development Process -

Kim, Jae Yung
Doctor of Philosophy Dissertation
Dept. of Buddhism
Dong Bang University of Graduate School

This study focuses on the foundation of the assembly, the theory and the development process of the social practice of the early Buddhism. The early Buddhism was really pursued as ‘a historical phenomenon’ which reflected the rapid change in the north-east Indian society during 7~5 century B.C.. And it was really sought after as ‘a social religion’ which faced up to the social and popular sufferings of the people. Accordingly, this study was begun with a critical perspective in which the socal practice of the early Buddhism must be pursued as the main issue through the studies of the early Buddhism. We approach this issue in the terms of a historical and social methodology in which this study focuses on the fields of the people’s ordinary lives. It is because the social sufferings and the expectations of many people are melted in the field. This means that the philosophical examination of the Buddha’s dhamma should be undertaken to set the fields of the lives of the Buddha and the people forth as a premise. The summary of this thesis is following :

(1) The social practice of the early Buddhism was followed after ardently as a spirit of the times.

The tribal system of the preceding era was rapidly corrupted in the fast economic and social changes of the Indian-continent during 7~5 century B.C. On the other side, the individualism that was footed on the system of private property was developed widely. As a result, the ugly egoism of the non-human face was prevailed and the dangerous crisis in which the egoism threatened the very existence of the society was escalated. Then the circumstances in which anyone could not walk peacefully was emerged really. The early Buddhism was developed as a spirit of the times corresponding to these changes. And it was pursued as a social practice that could face and cure the social confusion and the sufferings of many people.

(2) The social practice of the early Buddhism was pursued by the wide help and engagement of the people.

The early Buddhism was led by the newly rising groups of the warrior-nobles(khattiya)·the householders(gahapati) and the recluses(samaṅa). These Buddhists worked through 'parisā' or 'parisād'(assembly) of the liberal and loose community in which the many people of the several classes were joined. 'Parisā' was the order of the early Buddhists. The innumerable individual parisā worked occasionally in the their own method without any administrative authority. Nevertheless, many parisā - assembles were placed ideologically under the category of 'the four fold assembles' (cataso-parisā) or 'the eight fold assembles'(aṭṭha-parisā). And they chased an eternal ideal of the mission of turning the truth-wheel(dhamma-cakkha).

Accordingly the order of the early Buddhists was liberal and equal, there did not exist any authoritarianism and conflict between the recluses and the lay men. This parisā was the popular foundation of the social practice that the early Buddhists pursued.

(3) The social practice of the early Buddhism was followed after by the ardent social consciousness of the assemblies.

The two factors of the consciousness operated as the spiritual power which turned the social practice of the early Buddhism. One was the people's expectation-consciousness in which they eagerly waited for the exit of the salvation and the other was the progressive and challenging social consciousness of the newly rising social groups. The Buddha was born of the Sakiyan khattiya and the Buddha sublimated the strong khattiya's pacifying consciousness into the great compassion of one body through the enlightenment. So the Buddha devoted himself to turning the truth-wheel and saving the estranged people. The merchants who were represented by the wealthy persons (seṭṭhi - gahapati) were encouraged by the practical teachings of the Buddha through which they could earn the wealth at the cheaper cost and moved by the liberal and enterprising outlook on the world. Consequently, the merchants turned the carts and ships crossing the dangerous wilds and rivers, and cultivated the Buddhist world by propagating the dhamma. The wonderful success of the early Buddhism was attributed decisively to this merchant's frontier-ship.

(4) The social practice of the early Buddhism was sought after as the substantial process of the dhamma and the practice.

The core system of the essential dhamma and the practice is to pursue the enlightenment·liberation·nibbāna by watching(sati) the process of 'mutability(anicca) - suffering(dukkha) - non-self(anattā)' through the mindfulness(sati). The arising and ceasing of the consciousness(viññāṅa) of the greedy egoism is brought up as the most important problem through this process. The various social phenomena are operated decisively as the external and social condition in the course of the arising and ceasing of the consciousness. The concept, belief, ideology, religion, social structure, education and culture – these various phenomena are included in this social conditions. These social phenomena exist and operate objectively outside of the mind. Hence, the cure of the greedy egoism through the social practice becomes the essential process or the factor of the enlightenment·the liberation·nibbāna , because the social condition is to be purified by the social practice including 'non-violence(·love·donation' .... This means that the enlightenment·liberation·nibbāna without 'non-violence·love·donation' is not but a fiction. This is the reason that the early Buddhists devoted themselves to the social practice. Sati was proclaimed as the only way of the nibbāana by the Buddha, because sati could purify men's worldly desire and cultivate men's ability of love and wisdom. In a word, the cure of the greedy egoism through sati-mindfulness, this was the theoretical foundation of the social practice that the early Buddhist pursued.

(5) The social practice of the early Buddhism was followed after through the all side and basic innovation.

Buddha and recluse-parisā were begging and wondering. And the lay-parisā led by the merchants were turning the carts and ships crossing the dangerous wilds and rivers. They opened the mission-way and propagated the Buddha dhamma of compassion and liberty. By doing so, the early Buddhists pursued the innovation of the outlook on the world of the Indian society. They rejected all kinds of violence and practiced moral behaviors through the five or eight precepts(pañca-sīla) and the routine repentance(uposatha). They propagated the non-violence(ahiṃsā) and compassion(mettā) as new morality of people's lives. By doing so, the early Buddhists pursued the ethical innovation of the Indian society. They opened parisā and saṅgha to people from all strait of society. They made a strenuous effort for the social equality of non-cast and non-women discrimination. By doing so, they pursued the social innovation of the Indian society. They opened the temples as the rehabilitation center for the discarded people such as the poor, the patient, the disabled and the criminal. They constructed the wells, the bridges, the hospitals and the donation-houses(dāna-sālā) in the many cities. They exerted all possible efforts for the social welfare. By doing so, they pursued the economic innovation of the Indian society. They established a theory of the new politic thought of a righteous ruler(dhamma-rāja) on the ground of a social contract. They criticised the tyranny of kings and exerted to prevent wars. They propagated the belief of the ideal world in which the turning-wheel king(Chakkhavati) unified and ruled the world by the way of peace and welfare. And they propagated the coming of the Metteya-Buddha and spreaded the ideal of all being's enlightenment. By doing so, they sought after the political innovation of the Indian society.

Judging from these analyses, it is reasonable to conclude that the social practice of the early Buddhism was pursued as 'a social movement', or 'a social innovation movement'. This movement provided a decisive moment to enlighten the Indian people into action for the innovation of the ancient regime. And this movement did not only cause a great deal of changes in the then Indian society, but also leaved behind serious influences. This movement implanted the everlasting ideal of a shining Buddha's World in the heart of all living beings over the centuries. Then the ideal was realized once historically under the great empire of Asoka during 4~3 century B.C. Nowadays the numerous men and women try and try to find the solutions to the realization of the idea.

The social practice of the early Buddhism was pursued freely, loosely and dynamically by the parisā Buddhists. It was pursued by the spontaneous motivation of the many persons without a standard text and a strong leadership, or an administrative organization. This spontaneity was rooted basically on their social consciousness and also inspired by the reasonable understanding of the dhamma. It should be remembered that the most decisive factor in the process was people's sympathy and conviction toward the Buddha's living. Encouraged and enlightened by the devoted living of the Buddha, they were turning the carts and ships crossing the dangerous wilds and rivers to die. And they developed the movement variously by their characteristic methods according to the persons, the groups and the regions. They strived for the practical gain, happiness and welfare facing with problems concretely in the field of ordinary living. This was verily the essence of the early Buddhism and the distinctive quality of the social practice movement of the early Buddhism. The success of this social practice movement acted as the decisive condition that ensured the great success of the early Buddhism.

Now Korean Buddhists are facing with actual difficulties internally and externally. These difficulties have been brought about because of the relative lack of the social consciousness or the consciousness of the social innovation. Judging from this study of the social practice of the early Buddhism, I think that the basic reasons of these difficulties are the non-practical idealism and non-devoted recluse-superiority which have been deeply preserved both in studies and practices. Therefore, it is presented for the Korean Buddhists as the most emergent problem that they approach toward the field of people's sufferings and devote themselves to their relief.

Parisā·Dāna·Sati - to assemble·to donate·to watch, these three dhamma are the key-words to approach toward the field of the social practice. When the Korean Buddhists strive for the life of assembling, donating and watching in the field of the ordinary lives, the shining exit of the Korean Buddhism opens unexpectedly.

Subject words ; the early Buddhism, social practice, the historical Buddha, social Buddhism, practical(sandiṭṭhiko), assembly(parisā), social consciousness, society(loka), consciousness(識, viññāṅa), every thing's law(sabba-dhamma), donation (dāna), non-self(anattā), mindfulness(sati), egoism

후 기

이 글을 시작한 것은 2003년 1월의 일이고, 학위논문으로 완결한 것은 2010년 1월이다. 만7년여 세월이 흘렀다. 그새 머리카락이 백발이 되고 얼굴에 주름살이 더 늘어났다.

이 논문을 저술할 때는 학위논문으로 한 것이 아니다. 그저 30여 년 공부한 나의 불교/불교학을 한번 정리해 보려는 생각이었다. 그러다가 논문을 거의 다 써놓고 욕심이 생겼다. '이렇게 좋은 글을 그저 내보내기가 아깝다'라는 생각이 들었다. 동국대학교와 서울불교대학원대학교의 문을 두드렸으나 인연이 닿지 않았다. 그러다가 동방불교대학에서 함께 출강하던 주명철 교수와 우연히 얘기를 나누다가 '동방대학원대학교에 불교학과가 처음 생겼으니까 오라'는 권유를 받고 입학하게 되었다. 주 교수가 지도교수를 맡게 된 것도 이런 사연 때문이다. 주 교수의 주선으로 3년 내내 장학금을 받았다. 또 L.A.에 살고 있는 제자 김순정이 첫 입학금을 대 주었다.

칠십이 다 된 나이에 공부를 다시 한다는 것이 생각만큼 쉬운 일이 아니었다. 일주일에 이틀씩 아침 시간에 꼬박꼬박 나가는 것도 힘들었고 네댓 시간 딱딱한 의자에 앉아 버티는 것도 쉽지 않았다. 새까만 후배 교수들도 늙은이를 앞에 놓고 강의하기가 좀 불편해 보였다.

그러나 나는 그저 열심히 했다. 2년 동안 딱 한 번 감기몸살로 결석했다. 밤새워 리포트도 쓰고 발표도 했다. 석길암 교수의 화엄경 시간에 청량소에 관한 내용을 발표하고는 '잘했다'라는 칭찬도 받았다. 나이에 관계없이 칭찬은 언제나 즐거운 것이다. 어학시험, 종합시험도 잘 봤다. 내가 살아온 방식대로 원칙대로 열심히 했다. 또 후배들에게 모범을 보여야 한다는 생각도 많이 했다. 입학동기 해종 스님이 내내 큰 힘이 되었다. 경산 원효사의 주지인 스님은 소탈하고 솔직해서 뜻이 맞았다. 대화도 많이 하고 생각도 많이 나누었다. 역시 학문이나 수행의 길에서는 좋은 벗이 선지식이다.

대학원 공부를 시작하고 나서 거의 완성되어 있던 논문을 고쳐 쓰기 시작하였다. 우선 너무 방대한 양을 줄이는 작업에 몰두하였다. 그리고 학위논문의 특성과 수준에 맞게 객관성을 높이려고 수십 편의 선행 논문들을 새로 확보하고 검토해 갔다. 이렇게 고쳐 쓰기를 네댓 번, 2009년 6월에 가(假)논문을 주 교수에게 제출하였다. 주 교수가 무더운 여름철에 그 방대한 양의 논문을 꼼꼼히 읽고 새빨갛게 줄을 그어서 보내왔다. 두세 번 다시 썼다. 분량이 본래의 반 가까이 줄어들었다. 심사가 시작되고, 12월 말 최종심에서 박경준 교수가 총평을 하면서, 『룸비니에서 구시나가라까지』는 많은 사람들에게 감동을 주었지만, 논문은 논문 방식대로 간결하고 드라이하게 써야 한다"라고 권고했다. 나는 다시 작업을 시작했다. 감성적 표현을 최대한 줄이고 또박또박 전체 논문을 고쳐 썼다. 1월 말 최종 단계에서는 하루 열대여섯 시간씩 작업하고 마지막 이삼일은 밤을 꼬박 샜다. 그러고도 별탈이 없었던 것이 희한하다. 부처님의 가피가 분명하다. 사흘에 걸쳐 영문 초록을 쓰고 영문학박사 백원기 교수에게 가서 'excellent'라고 판정을 받았다. 7년 작업이 드디어 끝이 났다.

그러나 논문을 찍어놓고 보니, 빨리어 방점 · 참고자료 등 오류가 많았다. 부끄러움을 느끼고, 단행본 출판을 앞두고 지난 1월부터 보완수정작업을 했다. 하루 네댓 시간씩 침침한 눈에 돋보기를 들이대고 작업을 계속했다. 특히 경전 인용정보를 보완하는 데 힘을 쏟았다. 각주의 경전 인용정보에서 괄호 안에 그 출전의 고유체계 번호와 명칭을 일일이 찾아서 넣었다. 공부하는 이들에게 조그마한 도움이라도 줘야 한다는 생각을 했다. 몇 군데 의미 있는 보완작업도 했다. 끝이 없는 힘든 과정이 거의 끝나 가던 지난 4월, 창원의 마성 스님이 논문을 샅샅이 뒤지고 빨간 펜으로 잘못된 것을 지적해서 보내왔다. 온통 새빨갰다. 기운이 빠졌다. 그러나 참고 견디면서 석 달 동안 용맹정진했다. 점 하나 놓치지 않으려고 기를 썼다. 2011년 6월 20일(월), 문을식 박사의 도움으로 안옥선 보살의 논문「불교덕윤리의 부정적 성향의 제거」라는 논문의 족보를 찾는 것으로 드디어 끝이 났다.

'현장(現場)의 불교
현장(現場)의 불교학'

이것이 내가 한결같이 추구해온 불교운동의 대전제이며 지표이다. 열심히 살아가는 많은 사람들/속인(俗人)들의 고뇌와 피땀이 배어 있는 이 역사적 사회적 현장을 떠난 불교, 그것은 이미 불교가 아니라고 생각한다. 역사적으로 성찰할 때, 이 피땀 어린 현장을 상실했기 때문에, 우리 불교가 교학주의 · 출가주의 · 선정주의의 미로에 매몰되었고, 역동적인 생명력을 잃고 말았다. 오늘 이 시대 많은 사람들의 고통을 아파하며 치유하려는 치열한 문제의식을 잃고 만 것이다. 그래서 역사의 변방으로 밀려나고 있는 것이다.

나는 처음부터 출가하거나 학문할 생각은 조금도 하지 않았다. 의식적으로 하지 않았다. 개인의 순수 자유를 재단(裁斷)하는 어떤 제도도, 어떤 권위도 인정하지 않았다. 한 마리 학(鶴)처럼 고고하게, 무소의 뿔처럼 당당하고 자유롭게 훨훨 날고 싶었다. 그러면서 오로지 사람 냄새 물씬한 삶의 현장을 복원하기 위하여, 지난 40여 년 일심으로 달려왔다. '불교의 붓다화(化), 붓다의 인간화, 인간의 사회화, 사회의 정토화', 『룸비니에서 구시나가라까지』(1978년), 『우리도 부처님같이』(1987년), 『붓다의 대중견성운동』(2001년) 등을 발표하면서 줄기차게 이 현장화 작업을 추구해 왔다.

나이 칠십이 넘어 늦깎이 박사가 되었지만, 이제 나는 늙고 지쳤다. 그 좋던 눈도 침침해져 자꾸 눈이 감긴다. 시간이 얼마 남지 않았나 보다. 그냥 이렇게 살다가 갈 것이다. 시나브로 보리 씨앗 하나라도 더 찾아서 훨훨 날려 보내면서, 매월 2만 원으로 캄보디아 아이들 학교 보내는 '자비를 나르는 수레꾼' 노릇이나 열심히 하면서 살다 갈 것이다. 조준호 선생이나 임승택 선생같이 불심 깊고 재기발랄한 젊은 후배들이 빛을 발하고 있어 든든하다. 최명숙(뇌성마비불자모임 '보리수 아래' 대표)이나 김혜경(청보리 총무)같이 거의 평생을 함께 해온 제자들이 자리를 지키고 있어 마음이 놓인다. 이 젊은 벗들이 정말 훌륭한 불교 일꾼들이 돼서 위기의 한국불교를 반드시 살려낼 것으로 기대하고 있다. 이 벗들이 내게는 더없이 귀중한 희망이다.

이 논문이 나올 때까지 수많은 사람들이 고락을 함께하였다. 스승 김동화 박사님, 역경 속에 불교학을 개척해 온 선행 연구자들, 이 분들의 노고가 이 논문의 초석이 되었다. 젊은 나이에 생을 접고 간 안옥선 보살을 생각하면 목이 멘다. 한국불교의 큰 희망인데……. 보살의 마지막 논문을 찾아 인용했다. 도피안사 주지 송암 스님의 보살핌이 극진했다. 혜관 거사, 법관 거사, 공양주보살님들, 동덕(同德)의 오랜 친구들, 이 분들의 기도가 함께 녹아 있다. '우리는 선우'의 임동숙 국장과 이영철 소장, 필요할 때마다 컴퓨터 작업을 대신해 주고 온갖 궂은일을 도맡아 해 주었다. 생각이 막힐 때마다 상담역이 되고 밤을 새우며 교정 작업을 해준 큰아들 용근이, 적지 않은 경비를 조달해준 둘째 성근이, 막내 보현이, "아버님 힘내세요"라며 때때로 맛있는 별미들을 챙겨준 며느리들 – 고도은 · 안성현 · 민혜련, 할아버지 상투를 잡고 흔드는 버릇없는 손주놈들 – 태건이 · 희수 · 정민이 · 지원이 · 우준이, 그리고 캄보디아의 순이들, 대학교의 교직원들, 도서관 사서, 함께 공부한 도반들, 혜오 거사님과 민족사 윤창화 선생, 편집실의 여러 친구들, 유정애 · 구영욱 등 동덕 – 청보리들, 동덕여고 · 동방불교대 동료들, 마산상고 · 설산회 동무들, 마지막 단계에서 논문을 샅샅이 검색해준 마성 스님의 지극한 관심을 잊을 수 없다. 아마 스님은 선생에 내게 빚을 많이 진 것 같다. 하하하 –

용설호수를 달리는 백로들, 푸른 하늘을 가로질러 나는 백상아리 같은 비앙기(飛仰機)들, 노란 향기를 토해 내는 모란꽃, 바람소리 물소리, 컴퓨터 기기들 – , 이렇게 좋은 친구들 좋은 인연들이 이 글 속에서 함께 어울리고 있다. 아무래도 나는 전생에 복을 많이 지었나 보다.

부처님 감사합니다. 이것이 모두 부처님의 은혜입니다.

여러 친구들 감사합니다. 이것이 모두 친구들의 우정입니다.

상생화(上生華) 보살 감사합니다. 이것이 모두 당신의 사랑입니다.

그새 혹독한 추위가 물러난 자리에 흰 목련꽃들이 들어서더니, 모란동산의 화려한 모란꽃들도 이미 향(香)을 기억 속에 뿌리고, 바야흐로 도솔산 숲들도 더위에 지쳐 하며 숨을 죽이고 있다. 벌써 한여름이다. 올 한 해도 마냥 이렇게 무상하게 가고 마는 것일까.

안성 죽산 도솔산 도피안사 玉川山房에서
無圓 김재영 합장

찾아보기

1. 경전제목

Abbhutadhamma-sutta/아부따담마 숫따(놀라운 법의 경, A 4; 129) 88, 95

Acintita-sutta/아찐띠따 숫따(생각할 수 없음의 경, A 4; 74) 154

Ādhipareyya-sutta/아디빠레야 숫따(우선의 경, A 3; 40) 156

Aggañña-sutta/악간냐 숫따(세기경/世紀經, 기세경/起世經 27) 383-387

Aghamūla-sutta/아가물라 숫따(고통의 뿌리경, S 22; 3; 31) 188

Andha-sutta/안다 숫따(장님의 경, A 3; 29) 281, 354-355, 364

Aṅgulimāla-sutta/앙굴리말라 숫따(M 86) 371

Aṅguttara-nikāya Parisā-vagga/빠리사 왁가(대중품, A 2; 5) 91

Aṅguttara-nikāya, Uposatha-vagga/앙굿따라니까야 우뽀사타 왁가(포살품, A 8) 327-328

Āsīvisa-sutta/아시위사 숫따(뱀의 독 경, S 4; 3; 238) 277-279

Attantapa-sutta/앗딴따빠 숫따(자기 학대의 경, A 4; 198) 165

Brāhmaṇadhammika-sutta/브라흐마나 담미까 숫따(브라흐마나의 삶에 대한 경, Sn 2; 7) 317

Cakkānuvattana-sutta/짝까누왓따나 숫따(전륜경/轉輪經), A 5; 131) 93-94

Cakkavati-sutta/짝까와띠 숫따(전륜성왕경, A 3; 14) 391-392

Cakkavatti-sīhanāda-sutta/짝까왓띠 시하나다 숫따(전륜왕사자후경/轉輪王獅子吼經, D 26) 166, 383, 390-394, 396, 402, 404-405

Citta-sutta/찟따 숫따(마음경, S 1; 7; 2) 159

Dakkhineyy-sutta/닥키네이 숫따(응공경, A 2; 4; 4) 149-150

Desaka-sutta/데사까 숫따(S 47 ; 2; 19) 269-270

Dhammapada Aṭṭhakathā/담마빠다 앗따까타(법구경주석서) 100, 128, 296, 304, 308, 313, 349

Dhammapada/담마빠다(法句經) 39, 100, 160
Dhammika-sutta/담미까 숫따(Sn 2; 14) 311, 325
Dīghajānu-sutta/디가자누 숫따(A 8; 54) 357
Dvaya-sutta/드와야 숫따(이원성/二元性의 경, 두 쌍의 경, S 35; 4; 93) 199, 204
Gomayapinda-sutta/고마야삔다 숫따(쇠똥경, 370-S 22; 5; 96) 388, 390
Hāliddikāni-sutta/할릿디까니 숫따(S 22; 1; 3) 178
Hemavata-sutta/헤마와따 숫따(Sn 1; 9) 151
Hita-sutta/히따 숫따(이익경, A 2; 6; 1) 399
Janavasabha-sutta/자나와사바 숫타(D 18) 127
Jātaka-Nidana-katha/자따까 니다나 까타 113
Kalahavivāda-sutta/깔라하위와다 숫따(투쟁/논쟁의 경, Sn 4; 11) 214
Khajjan-sutta/캇잔 숫따(S 22; 3; 79) 183
Kutadanta-sutta/꾸따단따 숫따(D 5) 381-382
Loka-sutta/로까 숫따(사회경) 152-153, 157, 163, 228, 233
Macchari-sutta/맛차리 숫따(인색함의 경, S 1; 4; 2) 363, 367
Mahādukkhakhandha-sutta/마하둑카칸다 숫따(고통의 큰 덩어리 경, M 13) 281
Mahāpadāna-sutta/마하빠다나 숫따(대전기경/大傳記經, D 14) 398
Mahāparinibbāna-sutta/마하빠리닙바나 숫따(대반열반경, D 16) 42, 55, 85, 94-95, 104, 120, 131, 263-265, 274, 288, 313, 389
Mahāsaccaka-sutta/마하삿짜까 숫따(삿짜까에 대한 큰 경, M 36) 113, 264
Mahāsāla-sutta/마하살라 숫따(부호의 경, 부자경/富者經, A 3; 56) 163-165
Mahāsāla-sutta/마하살라 숫따(부호의 경, S 7; 2; 4 ; *Saṃyutta-nikāya*의 제7 쌍윳따 2장 4번째 경) 75
Mahāsatipaṭṭhāna-sutta/마하사띠빳타나 숫따(대념처경/大念處經, D 22) 236-237, 239, 241, 244, 246-248, 253, 258, 261, 267, 269, 274
Mahāsudassana-sutta(마하수닷사나 숫따, D 16) 389
Mahāvastu/마하와스뚜 113-114
Mettā-sutta/멧따 숫따(자비경/자애경, A 8; 1) 272-273
Nagara-sutta/나가라 숫따(도시의 경, S 12 7 65) 111-112
Paccaya-sutta/빳짜야 숫따(조건의 경, S 12; 2; 20) 229

Pahāna-sutta/빠하나 숫따(버림의 경) 152
Paloka-sutta/빨로까 숫따(소멸경, S 35; 4; 84) 157
Papañcasūdanī/빠빤짜수다니(Pps, 중부주석서) 259
Parisā-sutta/빠리사 숫따(대중경, 회중경/會衆經, A 4; 211) 89
Pāsa-sutta/빠사 숫따(올가미 경) 17, 131
Pāṭaliya-sutta/빠딸리야 숫따(S 42; 13) 319-320
Pavāranā-sutta/빠와라나 숫따(자자경/自恣經, S 8; 7) 251, 256
Pāyāsi-sutta/빠야시 숫따(D 23) 74, 161
Posatha-sutta/뽀사타 숫따(포살경/布薩經, A 4; 190) 93
Pubbepriyesanā-sutta/뿝베쁘리예사나 숫따(이전의 탐구경, A 3; 101) 161-162
Puṅṅa-sutta/뿐나 숫따(S 35; 4; 88) 143, 222
Puṅṅoovāda-sutta/뿐나 숫따(M 145) 225
Raṭṭhapāla-sutta/랏따빨라 숫따(M 82) 75-76
Rohitassa-sutta/로히땃사 숫다(A 4; 45) 168
Rūuparāma-sutta/루빠라마 숫따(형상에 대한 즐거움의 경, S 35; 4; 135) 208-209
Sabba-sutta/삽바 숫따(일체경/一切經) 152, 155
Sādhu-sutta/사두 숫따(좋은 것의 경, S 1; 4; 3) 363
Sāmaññāphala-sutta/사만냐빨라 숫따(사문과경/沙門果經, D 2; *Dīgha-nikāya*의 2번째 경) 53, 107
Saṃvāsa-sutta/상와사 숫따(함께 삶의 경, A 4; 35) 295
Saṃyutta Aṭṭhakathā/쌍윳따 앗따까타(쌍윳따주석서) 136, 145
Saṃyutta-nikāya, *Bhikkhunī Saṃyutta*/쌍윳따니까야 빅쿠니쌍윳따(비구니쌍윳따, S 5) 345
Saṃyutta-nikāya, *Buddha-vagga*/쌍윳따니까야 붓다왁가(쌍윳따니까야 붓다품) 116
Saṃyutta-nikāya, *Devatā Saṃyutta*/쌍윳따니까야 데와따 쌍윳따(하늘사람 쌍윳따) 363
Saṃyutta-nikāya, *Mahā-vagga*/쌍윳따니까야 마하왁가(쌍윳따니까야 대품) 115
Saṃyutta-nikāya, *Nidāna Saṃyutta*/쌍윳따니까야 니다나 쌍윳따(인연쌍윳따, S 12; 5) 153
Saṃyutta-nikāya, *Satipaṭṭhāna Saṃyutta*/쌍윳따니까야 사띠빳타나 쌍윳따(염처쌍

윳따, S 47) 237
Sappāya-sutta/삽빠야 숫따(도움경, s 35; 3; 32) 220-221
Satipaṭṭhāna-sutta/사띠빳타나 숫따(염처경/念處經, M 10) 237, 275
Sela-sutta/셀라 숫따(Sn 3; 7) 399
Sīha-sutta/시하 숫따(A 5; 34) 377
So attā-sutta/소앗따 숫따(S 24; 1; 3) 177, 189
Somā-sutta/소마 숫따(S 5; 2) 345-346
Sukhumāla-sutta/수쿠말라 숫따(편안함의 경, A 3; 38) 115-116
Suttanipāta, Pārāyana-vagga/숫따니빠따 빠라야나 왁가(피안도품/彼岸道品, Sn 5) 297, 299
Suttanipāta/숫따니빠따(經集) 45, 56, 120, 214, 297, 299, 304, 311, 317, 325, 337, 358, 385, 399
Theragāthā/테라가타(장노게경/長老偈經) 141, 336
Therīgāthā/테리가타(장노니게경/長老尼偈經) 346, 348
Udāna/우다나 86, 101, 128, 143, 304, 318, 376
Ukkācela-sutta/욱까쩰라 숫따(S 47; 2; 14) 89, 92
Vasala-sutta/와살라 숫따(Sn 1; 7) 358
Vāseṭṭha-sutta/와세타 숫따(Sn 3; 9) 337
Vepacitti-sutta/웨빠찟띠 숫따(S 11; 1; 4)) 263, 276-277
Vinaya-piṭaka, Cullāvagga/위나야삐따까 쭐라왁가(빨리율장 소품) 335, 347
Vinaya-piṭaka, Mahāvagga/위나야삐따까 마하왁가(빨리율장 대품) 17, 41, 92, 101, 109, 101, 109, 130, 289, 291, 306, 314, 324, 361, 368, 369, 371, 373
Vinaya-piṭaka, Suttavibhaṅga/위나야삐따까 숫따위방가, 빨리율장 경분별/經分別) 107, 319, 329, 335, 362, 373
Viraddha-sutta/위랏다 숫따(잃어버림의 경, S 47; 4; 33) 254
Yañña-sutta/얀냐 숫따(제사경, 공희경/供犧經, S 3; 1; 9) 128, 316

2. 인명/종족명

Buddha Sakyamuni/붓다 사꺄무니(불타 석가모니/佛陀 釋迦牟尼) 15, 116, 289, 402, 417

Aḍḍhakāsi/앗다까시 351
Aggivesana/악기웨사나 264
Ajātasattu/아자따삿뚜 왕 53, 401
Ambapāli/암바빨리 129, 351
Anāthapiṇḍika/아나타삔디까(給孤獨 장자) 107, 129
Ānanda/아난다 55, 88, 104, 157, 262-263, 288, 305, 349, 389
Aṅgulimāla/앙굴리말라 78, 129, 165, 371
Asita/아시따 선인(仙人) 401
Asoka/아소까 대왕(Piyadasi/삐야다시 대왕) 45, 47, 307, 315, 330, 352, 382, 402, 419
Bhaddā Kapilana/밧다 까삘라나 348
Bhallika/발리까 139
Bhāvarin/바와린 297
Bimbisāra, Seniya/세냐 빔비사라 왕 129, 290-293, 306, 324, 368, 373
Buddhagosha/붓다고사(불음/佛音) 100, 258, 274
Cullā-Subhaddā/쭐라 수밧다 296
Dalhanemi/달하네미 왕(전륜성왕의 이름) 390
Daniya/다니야 372
Desaka/데사까 269
Devadatta/데와닷따 304, 329
Dhammadinnā/담마딘나 107, 348-349
Dhammika/담미까 311
Dīghāvu/디가우 314
Gavaṃpati/가왕빠띠 132
Gotama/고따마(출가전 성장기의 유년/소년/청년 고따마, 수행자 고따마, 성도 이후 非

불교도들이 부른 일반적 호칭－존자 고따마) 15, 90, 112-116, 124-127, 140, 164, 265, 331, 400, 422
Hemavata/헤마와따 151
Indapatta/인다빳따 왕 380
Jivaka Komārabhacca/지와까 꼬마라밧짜 의사 368
Kakusandha-Buddha/까꾸싼다 붓다(구류손불/拘留孫佛) 116
Kasībhāradvāja/까시바라드바자 64
Kassapa-Buddha/깟사빠 붓다(가섭불/迦葉佛) 116
Khema/케마 180, 348-349
Khujjuttarā/쿳줏따라 304-305, 349
Koli/꼴리족(族) 312
Koḷiya/꼴리야인들 357
Konāgamana Buddha/꼬나가마나-붓다(구나함불/拘那含佛) 116
Kondañña/꼰단냐(교진여) 170
Koravya/꼬라위아 왕 75
Kumara Kassapa/꾸마라 깟사빠 336
Mahākappina/마하깝삐나 136, 139
Mahākassapa/마하깟사빠 141-142, 349, 376
Mahāli/마할리 263
Mahānāma/마하나마 왕 308
Mahāpajāpatī Gotamī/마하빠자빠띠 고따미 부인 346-347, 349
Mallā/말라족 124, 143, 266
Māluṅkyaputta/말룽꺄뿟따 28
Mānadinna/마나딘나 274
Medakathālikā/메다까탈리까 269
Metteyya Buddha/멧떼야 붓다(미륵불/彌勒佛) 401, 403, 417
Moggallāna/목갈라나 89, 92, 304
Nagārjuna/나가르주나(용수/龍樹) 259
Nagasena/나가세나 173
Nanda/난다 336

Panthas/빤타스 336
Pasenadi/빠세나디 왕 129, 316-317, 401
Pātācārā/빠따짜라 129, 348-349
Pāṭaliya/빠딸리야 319
Puṅṅa/뿐나(Skt. Pūrṅajit, 부루나/富樓那) 143, 222-224, 235
Puññaji/뿐냐지 132
Pūtigatta Tissa/뿌띠갓따 띳사 362
Raṭṭhapāla/랏따빨라 75, 77
Rohitassa/로히땃사 168
Sakya/사꺄(석가족/釋迦族) 85, 124-126, 146, 264, 307-312, 335-336, 345-349, 368-369, 396, 401, 412
Saṅkha/상카 왕(전륜성왕의 하나) 403
Śarāvati/사라와띠 강 294
Sāriputta/사리뿟따 89, 92, 252
Sati/사띠(어부의 이름) 336
Saṭullapa/싸뚤라빠 145
Sela/셀라 399
Siddhattha/싯닷타 왕자(초기경전에서는 거의 나오지 않는다.) 123, 310
Sīha/시하 장군 377
Sikhi-Buddha/시키 붓다(시기불/尸棄佛) 116
Sirivaḍḍha/시리왓다 263-264, 274
Somā/소마 345-346, 349
Soṅā/소나 348
Subāhu/수바후 132
Sudatta/수닷따(급고독/給孤獨 장자의 본명) 293, 296
Suddhodana/숫도다나 왕 125
Sundari/순다리 101, 129
Sunita/수니따 129, 336, 339
Śūrasena/수라세나 295
Tappussa/땁뿟사 139

Udena/우데나 왕비 304
Ugga/욱가 96
Ukkācela/욱까쩰라 89
Upaka/우빠까 119
Upāli/우빨리 335-336
Uppalavaṅṅā/웁빨라완나 129
Vajjī/왓지족 128, 133, 313, 401
Vessabhu-Buddha/웻사부 붓다(비사부불/毘舍浮佛) 116
Viḍūdabha/위두다바 왕 307-310, 313, 396, 401
Vīmala/위말라 132
Vimalā/위말라 350
Vipassī-Buddha/위빳시 붓다(비바시불/毘婆尸佛) 116, 398
Visākha/위사카 107, 327, 348
Visayha/위사이하 380
Yājñavalkaya/야즈나발까야 65-66
Yasas/야사스(야사) 132-134, 139, 372

3. 지명/국명

Aciravatī/아찌라와띠 강 308
Ahicchatra/아힛차뜨라 56
Anāthapiṇḍikārāma/아나따삔디까라마(기원정사) 222, 375
Aṅga/앙가 58, 133, 296
Assaka/아싸까 56
Avanti/아완띠 296-297, 299, 300
Bhandagāma/반다가마(반다 마을) 301
Bharukaccha/바루깟차 항(지금의 Broach) 300
Campā/짬빠 55, 133, 294, 301, 389
Cāpāla-cetiya/짜빨라 쩨띠야 사당 94, 104

Cetī/쩨띠 127, 133
Dakkhiṅāpatha/닥킹아빠타(데칸남로/南路) 297, 299, 406
Ekanālā/에까날라 촌 64, 304
Gaṅgā/강가 강(Gangis강) 22, 51-52, 57-58, 61, 63, 67, 133-134, 275, 406, 416
Gayā/가야, 가야산(伽倻山/像頭山) 197-198, 201, 219, 234
Gijjhakūta pabbata/깃자꾸따 빱바따(독수리봉, 영취산/靈鷲山, 영산/靈山) 401
Gonaddha/고낫다 300
Hastināpur/하스띠나뿌르 56
Janaka/자나까 왕궁 66
Kacaṅgalā/까짱갈라 294
Kapilavatthu/까삘라왓투, Kapila/까삘라/가빌라(오랜 관행에 따라 '가빌라'로 표기) 46, 296-297, 299-300, 307, 309-310, 315, 335, 347
Kāsi/까시 58, 127, 132, 357
Kosalā/꼬살라 58, 60, 124, 126-127, 129, 145, 293, 297, 301, 307, 309, 316
Kosambī/꼬삼비 55-56, 101-102, 133, 180, 294, 299, 349, 300-301, 304, 314
Kukkuṭavati/꾹꾸따와띠 136
Kurus/꾸루 51, 58, 62, 127, 236, 274, 294, 380
Kusavāti/꾸사와띠 388
Kusinagara/꾸시나가라/구시나가라(오랜 관행에 따라 '구시나가라'로 표기) 46, 55, 129, 274, 299-300, 389, 401
Latthivana/랏티와나(랏티 동산) 290
Macchā/맛짜 127
Madura/마두라(Mathurā) 295
Māgadha/마가다 56, 60, 118, 126, 291-293, 299, 301, 304, 313, 365, 368-369, 373-374
Mallā/말라족(族) 124, 143
Nādika/나디까 127
Nagapur/나가뿌르 21
Nālandā/날란다 301
Narmada/나르마다 강 300

Pāñcālas/빤짤라 51, 58, 62, 127, 294
Pāṭaligāma/빠딸리가마(빠딸리 마을) 85-86, 88, 96, 102-103
Pāvā/빠와 301
Puṇḍravardhana/뿐드라와르다나(현재 북 Bengal) 294
Rājagaha/라자가하 55, 89, 234, 289-291, 293-294, 301, 389, 401
Rajputana/라쥐뿌따나 301
Rohiṅī/로히니 강 128, 312, 401
Sagala/사갈라 136
Sahajati/사하자띠 133, 301
Sāketa/사께따 55, 68, 300
Śarāvatī/사라와띠 강 294
Sāvatthī/사왓티 55, 68, 136-137, 139, 224, 293-294, 299-300, 316, 345, 354, 362, 389
Senānīgama/세나니가마(장군촌) 130
Stūṅopasthūṅaka/스뚜노빠스투나까 294
Sunāparanta/수나빠란따 223, 225
Suppāraka/수빠라까 항(港) 223
Supratistha-caitya/수쁘라띠스타 째띠야 사당 290
Sūrasenā/수라세나 127, 295
Takkasilā/딱까실라 296, 299-300, 406, 416
Thūṇa/투나 143, 303
Ujjenī/웃제니 294, 299, 300
Uruvelā/우루웰라 96, 130, 197, 219, 289, 297
Vajjī/왓지 58, 127, 128, 133, 313, 401
Vaṃsā/왐사 58, 127, 133, 293
Vārāṅasī/와라나시 55, 117-118, 130-135, 138-140, 170-171, 176, 180, 186-187, 193, 197, 234, 289, 294, 299, 322, 372, 389
Varuṅa/와루나 강 133
Vedisa/웨디사(지금의 Bhopal 북동 30km 지점) 300
Veḷuvana/웰루와나, 웰루와나 동산(죽림정사/竹林精舍) 291, 375

Veranjā/웨란자(현재 바이란티) 295-297, 304
Vesalī/웨살리 89, 94, 96, 104, 133, 294, 299, 301, 304, 347
Vetaraṅī/웨따라니 강(잿물이 흐르는 지옥의 강) 363
Videhā/위데하 58
Yamunā/야무나 강(Skt. Jamunā 강) 51, 57, 297

4. 역사/사회/문화

1) 사회적 신분구조에 관하여

brāhmaṅa/브라흐마나(바라문, 司祭) 22-23, 57-60, 62, 64-65, 68-72, 74, 85-86, 99-100, 103-106, 108, 125, 134, 140, 163-164, 166, 174, 282, 292, 294, 297, 317, 322, 332, 334, 337-339, 341, 352, 381, 384, 390, 398, 399, 410, 416
dāsa/다사(dasyu, 적/원수/노비/하인, 남성, 아리아인들이 정복한 원주민을 부른 호칭) 57, 63-65, 378
dāsī/다시(노비/하인, 여성) 63
gahapati/가하빠띠(거사/居士) 22, 67-68, 85-86, 103-108, 110, 125, 146, 410, 411
  brāhmaṅa-gahapati/브라흐마나 가하빠띠(바라문거사/婆羅門居士) 108
  seṭṭhi-gahapati/셋띠 가하빠띠(장자거사/長者居士) 67-68, 108, 110
  vessa-gahapati/웻사 가하빠띠(상인거사/商人居士) 108-109
jāti/자띠(혈통/가문, sub-caste-四種姓의 부차적인 기준) 61, 68-69, 70, 73, 202
'khattiya · brāhmaṅa · gahapati · samaṅa'(캇띠야 · 브라흐마나 · 가하빠띠 · 사마나) 86, 103
'khattiya · brāhmaṅa · gahapati'(캇띠야 · 브라흐마나 · 가하빠띠) 106-107, 125
'khattiya · gahapati · samaṅa'(캇띠야 · 가하빠띠 · 사마나) 146, 410-411
khattiya/캇띠야(끄샤뜨리야, 戰士) 22, 62, 68, 69, 72, 85-86, 99, 103-107, 110, 122-129, 146-147, 166, 292, 305, 322, 336, 384, 397, 402, 410-413, 423
sudda/숫다(수드라, 노비) 62, 71-72, 99, 105, 333, 341, 384
seṭṭhi/셋티(Skt. śreṣṭthin, 자산가, 장자/長者) 22, 54, 67, 68, 108-110, 144, 147, 412

vaṅṅa/완나(caste, Skt. varuṅa/chaturvarṅa, 四種姓제도)
〔caste는 인도의 種姓제도-vaṅṅa를 일컫는 포르투갈어 casta에서 온 용어로, 인도 고유의 vaṅṅa-피부색. jāti-혈통/가문 등과 관련 깊다. 이 글에서는 논의의 편의를 위하여 vaṅṅa와 'caste를 동일하게 취급할 것이다.〕 20-21, 61-63, 68-69, 99, 109, 129, 135, 292-293, 331, 333-334, 336-337, 339, 361, 416
vessa/웻사(바이샤, 평민/商人) 22, 62, 65, 69-70, 99, 103, 108-109, 116, 134-135, 137, 144, 147, 225, 300-301, 384, 412
vis/위스(vessa의 원형, 백성/평민) 60, 63, 65

2) 일반적 상황에 관하여

adhana/아다나(빈곤한) 73
andha/안다(장님) 354
asura/아수라(악귀/惡鬼) 71
cakka/짝까(바퀴) 391, 397, 402
daḷidda/달릿다(가난한, 유랑 걸식) 73
duggata/둑가따(불행한) 74
duta/두따(아소까 대왕이 해외로 파송한 사절단) 307
dvij/드위즈(재생/再生) 72
gaṅnanā/간나나(회계) 67
gana/가나(전문직 조합, 부족공동체 회의) 54, 59
gana-saṅgha/가나 상가(공화국/공화정) 124, 126
gopa/고빠(gopati, janasya-gopati, 족장) 59
hīna/히나(하천한, 미천한) 70
Indra/인드라(Sakka/삭까, 제석천/帝釋天) 51, 281
jalapatha/잘라빠타(교역로/교통로) 133
jana/자나(부족) 59
janapada/자나빠다(부족국가) 59, 60
jātila/자띨라(배화교도/拜火敎徒/結髮外道) 197
kamma/깜마(직업, 업/業) 68-70, 73, 106

kammakuras/깜마꾸라(고용된 노동자) 64
kāhapana/까하빠나(화폐) 55
kula/꿀라(가문) 68-69, 73
daḷidda kula/달릿다 꿀라(가난한 집안) 73
mahābhoga kula/마하보가 꿀라(부유한 집안) 73
kulaputta/꿀라뿟따(양가/良家의 자녀) 69, 99
kusīdin/꾸시딘(고리대업자) 54
lekhā/레카(기장/記帳) 67
Majjhimadeśa/맛지마데사(〔불교〕중심국/〔불교〕중국) 293-294
mahāsāla/마하살라(부호, 부자/富者) 165
mātangī/마땅기(마등기/摩登祇, 하천한 여인) 344
muddā/뭇다(환전상/換錢商) 67
nagara/나가라(도시) 55
mahānagara/마하나가라(대도시) 55, 132, 294
Nīgaṅṭha/니간타(니건자/尼乾者, 자이나 교도) 296, 304
pati/빠띠(주인) 378
porisas/뽀리사(고용된 자, 하인) 64
puga/뿌가(전문직 조합) 54
rastra/라스뜨라(국토/영토) 60
rāja/라자(왕/국왕) 59, 386
jyeṣṭha/제스타(rāja의 초기명칭, '평등자 가운데 1인자') 59
sabhā/사바(귀족회의) 59
sadhana/사다나(부유한) 73
sahāya/사하야(친구) 378
samiti/사미띠(부족전체회의) 59
saṅgha/상가(조합, 공화국) 54
satha/사타(대상/隊商) 54, 93, 301-302, 324-328, 406, 416
sathavāha/사타와하, mahā-sathavāha/마하사타와하(대상의 우두머리/주인/商主) 54, 109, 139, 302
senānī/세나니(장군) 60

seniya/세니야(puga, 전문직 조합) 54
sippa/십빠(수공업) 68, 70, 73
sodasa mahājanapada/소다사 마하자나빠다(16대국/十六大國) 58
sugata/수가따(행복한) 73
ucca/웃짜(ukkatta, 우월한, 고귀한) 70
upanayana/우빠나야나(탄생의식) 72
vaṅij/와니지(vāṅija, 교역상) 54
vaṅippaṭhas/와닙빠타스(교통로/교역로) 54, 56
yañña/얀냐(Skt. yajña, 희생제의/犧牲祭儀, 제사) 20, 23, 43, 50, 60-61, 66, 70, 106, 128, 133-135, 137, 139, 166, 198, 219, 292, 316-317, 365, 387, 401, 406, 410, 416, 418
assamedhaṃ(앗사메당, ashvameda, 말의 희생제의) 317
purisamedhaṃ(뿌리사메당, 인간의 희생제의) 317

5. 담마용어

1) 일체법(一切法, sabbe-dhammā)에 관하여

일체(一切, sabba/삽바) 152-159, 172, 201, 211, 219, 231, 278
'자아와 사회/세계'(atta-loka/앗따 로까, 일체의 실제적 내용) 149, 152-159, 160, 169, 170, 205, 219, 231-232, 267,
일체법(一切法, sabbe-dhammā/삽베담마) 152-159, 169, 201, 211, 225-226, 233, 235, 262, 266-267, 278, 285, 287-288, 413, 421-422

〈일체법의 내용 총론〉

① '오온 · 십이처-십팔계'(pañca-kkhandha · dvadasa-āyatana - astadasa-dhātu) 155, 158-159, 160, 169, 170, 187, 201, 221, 229, 234, 252
② '오온 · 십이처-십팔계 · 십이연기'(pañca-kkhandha · dvadasa-āyatana-astadasa-dhātu · dvadasa-paṭicca-samuppāda) 153, 155, 158-159, 160, 169, 170, 187, 201,

221, 229, 234, 252, 267, 277-278, 285, 288, 413, 422
③ '십이처-십팔계'(dvadasa-āyatana-astadasa-dhātu) 153, 155, 158-159, 160, 169, 170, 201, 221, 229, 234, 267, 277-278, 285, 288, 413

〈일체법의 내용각론〉
(1) 오온(五蘊, pañca-kkhandha)에 관하여
오온(五蘊, pañca-kkhandha/빤짜칸다, 자아의식/自我意識의 다섯 가지 형성요소) 152-153, 155, 158-161, 169-194, 197-201, 211-212, 217, 220-222, 229-230, 234-235, 252-253, 267, 277-278, 281, 284-286, 288, 367, 395, 397, 413, 422
① rūpa/루빠(색/色, 부딪침, 물질적인 것과의 부딪침 접촉/接觸작용) 171, 179, 182, 183
samphassa(삼팟사, 부딪치다, 부딪침으로 어떤 감촉을 받다. contacted, affected. 色은 외부 물질적인 것과의 부딪침을 통하여 어떤 영향을 줄 때 오온의 色이 된다.) 183
② vedanā/웨다나(수/受, 느낌, 부딪침에서 오는 느낌/感受작용) 179, 211, 261
〔sukha/수카(즐겁다) · dukkha/둑카(괴롭다) · adukkham-asukha/아둑카 아숙카(괴롭지도 즐겁지도 않다〕
③ saññā/산냐(상/想/相, 지각/知覺, 사물/현상에 대한 고정관념/概念작용) 176, 179, 180, 189, 211, 212, 214, 247, 414
atta-saññā/앗따 산냐(아상/我相, 이것이 '나' '나의 것'이라는 고정관념)
④ saṅkhāra/상카라(행/行, 작위/作爲, 의도적인 행위/行爲작용, 그 결과로 형성된 현상/사물들/제행/諸行) 161, 179, 264
saṅkhata-dhamma/상카따 담마(유위법/有爲法, 오온작용에 의하여 작위된 사물/현상들) 202, 210, 217, 267
⑤ viññāṇa/윈냐나(식/識, 의식/意識, 의식하고 분별하는 것/識別작용, 접촉하고 느끼고 개념화하고 의도적으로 행위하고 분별/차별하는 일체의 정신작용) 156, 158-160, 177-179, 198-200, 210, 217, 279, 285, 413
오취온(五取蘊, paññca upādāna-khandha/빤짜 우빠다나 칸다, 오온에 집착하는 의식작용) 161, 170, 185, 278
온(蘊, khandha/칸다, 쌓임, 의식작용의 축적) 189
오온무아(五蘊無我, paṅcakkhandha-anattā/빤짜칸다 안앗따, 오온을 대상으로 무상-고-무

아를 통찰하는 것) 186-197, 220-221

(2) 십이처-십팔계(十二處十八界, dvadasa-āyatana-astadasa-dhātu)에 관하여

이원성(二元性, dvaya/드와야, 이원성의 원리, 눈↔형상, 귀↔소리, 코↔냄새 등 십이처에서 전개되는 안팎 두 쌍의 상호작용의 원리) 199, 201, 204-207, 209, 224, 267

① 십이처(十二處, dvadasa-āyatana/드와다사 아야따나, 안팎의 열두 감각작용, 그 공간/場) 39, 151-155, 158-160, 169-170, 187, 197-203, 205, 207, 209, 210, 215-219, 221, 224, 229, 231, 234-235, 252-253, 267, 277-278, 285, 288, 413, 422

육내처(六內處. 육내입/六內入, sal-ajjhattika āyatana/살앗잣띠까 아야따나, 눈 · 귀 · 코 등 여섯 내적/주관적 감각기관/감각기능, 그 공간) 199, 202, 204, 205, 207, 267, 277, 279

의처(意處, mānayatana/만아야따나, 생각기관/기능, 그 공간, 육내처의 모든 기능, 곧 보고 듣고 냄새 맡고 등 모든 감각기능/작용은 이 의처/생각기능에 포괄된다.) 158, 199, 209-210

육외처(六外處, 六外入, sal-bahira āyatana/살바히라 아얏따나, 형상 · 소리 · 냄새 등 여섯 외적/객관적 감각대상, 그 공간) 199, 202, 204, 207-208, 213, 279

법처(法處, dhamma-āyatan/담마 아야따나, 사물/현상/자연/등 생각의 대상, 그 감각 공간, 육외처의 모든 대상, 곧 형상 · 소리 · 냄새 · 관념 · 사상 · 체제 등은 모두 이 법처에 포괄된다.) 210, 216

② 십팔계(十八界, astadasa-dhātu/아스따다사 다뚜, 열여덟 의식작용) 39, 151-153, 155, 158-160, 169, 170, 187, 197-203, 205, 209-210, 215-219, 221, 224, 229, 231, 234-235, 252-253, 267, 277-278, 285, 413

육식(六識, sal-viññāṇa/살윈냐나, 눈의 의식, 귀의 의식, 코의 의식 등 십팔계의 여섯 의식작용) 200

처(處, āyatana/아얏따나, 십이처의 處, 안팎의 열두 감각주관과 객관, 그 작용, 또는 작용 공간/場) 154, 198-200, 202-203, 207, 210, 368

근(根, indriya/인드리야, 육근/六根의 根, 눈 · 귀 · 코 등 의식화 이전의 순수 감각기관) 200, 206

경(境, aṭṭha/앗따, visaya, 육경/六境의 境, 형상 · 소리 · 냄새 등 의식화 이전의 순수 감각대상) 206

육촉(六觸, sal-phassa/살팟사, 여섯 접촉, 눈-형상, 귀-소리, 코-냄새 등 여섯 감각주관-객관의 접촉, 이 접촉을 통하여 육식/六識이 형성된다.) 200

(3) 십이연기(十二緣起, dvadasa-paṭicca-samuppāda)에 관하여

십이연기(十二緣起, dvadasa-paṭicca-samuppāda/드와다사 빠띳짜 사뭅빠다) 38, 151-153, 155, 159-160, 169-170, 175, 187, 190, 225-235, 252, 267, 277-278, 285, 288, 413, 422

연기법(緣起法, paṭicca-samuppāda/빠띳짜 사뭅빠다) 23, 38, 153, 174, 176, 192, 225-234, 306

2) 해탈법문(vimutti-dhamma)에 관하여

해탈(解脫, vimutti/위뭇띠) 111-112, 116-117, 120, 169-170, 184, 187, 191-192, 193, 195-196, 212, 220-221, 229-230, 242, 246, 248, 250-253, 255, 257, 267, 272, 275, 283-288, 343, 348, 350, 365, 367

해탈법문(vimutti-dhamma/위뭇띠 담마) 187, 191-192, 220, 229

〈해탈법의 총론〉

① '무상-고-무아'(anicca-dukkha-amattā) 35, 36, 37, 179-181, 212-214, 227, 228, 237, 239, 244, 258, 267, 269, 399, 412, 413, 243, 244, 258, 279, 412, 413

② '무상-고-무아-염오-이욕-해탈(열반)'/anicca-dukkha-anattā-nibbidā-virāga-vimutti mibbāna 39, 186-195(오온), 219-221(십이처-십팔계), 229-230(십이연기), 285, 413

〈해탈법 각론〉

(1) 무상(無常, anicca)에 관하여

무상(無常, anicca/아니짜) 39, 191-192, 202, 231

① 〔중생(satta/삿따)의 무상〕; 태어남(生, ātji/자띠) · 늙음(老, jarā/자라) · 죽음(死, marana/마라나) 112-116, 171, 200-202

세계/사회(loka/로까)의 무상〕; 형성됨(成, jāti/자띠) · 머묾(住, thiti/티띠) · 무너짐(異/壞,

annathatta/안나탓따) · 사라짐(滅/空, aniccata/아니짜따) 200-202
② 오온의 무상 176-178
③ 십이처의 무상 220-221
④ 십이연기의 무상 226-228

(2) 고통(苦痛/苦, dukkha)에 관하여

고통(苦痛/苦, dukkha/둑카) 17, 25-28, 30, 39, 48, 79, 111-117, 119-123, 125, 128, 139, 146-147, 156, 162, 165-166, 168-169, 184, 187-193, 196, 198, 202-203, 209, 213, 215-225, 228-236, 246, 248-251, 263-270, 278-286, 303, 343, 350, 355, 360, 362, 364-365, 376, 409-413, 416, 423, 424
고제(苦諦, dukkha-sacca/둑카 삿짜, 고통의 진실) 163

(3) 무아(無我, anattā)에 관하여

무아(無我, anattā/안앗따) 28, 30, 38-41, 172, 174, 186-188, 190-197, 219-222, 224-226, 230-231, 234-235, 245, 247, 251-255, 267, 276, 278, 285, 287-288, 359, 408, 413, 421-422
무아법문(無我法門, anattā-dhamma/안앗따 담마) 187
무아-해탈법문(anattā-vimutti dhamma/안앗따 위뭇띠 담마) 187
나(我/自我, attā/앗따, Skt. ātman self) 66, 152, 171-172, 174-175, 177, 179-181, 186-187, 189-190, 193-194
아상(我相, attā-saññā/앗따 산냐, '나' '나의 것'이라는 고정관념) 176, 180, 189, 212
① 오온에 대한 무아-해탈법문(오온무아, pañcakkhandha-anattā/빤짜칸다 안앗따) 167-168, 170-181, 185-196
② 십이처-십팔계에 대한 무아-해탈법문 218-225, 359
③ 십이연기에 대한 무아-해탈법문 225-234

(4) 염오(厭惡, nibbidā)—이욕(離慾, virāga)—해탈(解脫, vimutti)—열반(涅槃, mibbāna)에 관하여

① 염오(厭惡, nibbidā/닙비다, 무상-고-무아의 삶을 싫어함) 39, 187, 192, 253,
② 이욕(離慾, virāga/위라가, 탐욕의 여읨, 빛바램) 39, 187, 192, 195, 221, 222, 224, 253, 285, 413

nirodha/니로다(소멸, 무상하고 고통스런 삶을 싫어하고 멀리하면 탐욕이 빛바래지고 소멸, 깨달음 해탈 열반이 드러난다.) 195
③ 해탈 열반(解脫涅槃, vimutti-nibbāna/위뭇띠 닙바나) 17, 27-28, 39, 169-170, 212, 242, 246, 253, 255-256, 272, 275, 283-284, 286-288, 389, 395, 404, 407, 414, 419, 422
'깨달음 해탈 열반'(bodhi-vimutti-nibbāna/보디 위뭇띠 닙바나) 17, 27-28, 283, 286, 288, 414, 419, 422
깨달음(bodhi/보디) 17, 27-28, 31, 35, 111, 116, 129, 162, 226, 230, 239, 251, 253, 264, 283, 286-289, 292, 311, 329, 349, 353, 374, 404, 414, 417, 419
yathābhūtaṃ-ñādassana/야타부땅 나닷사나(있는 그대로 보다/如實知見, 깨달음의 의미) 245
열반(nibbāna/닙바나) 16-17, 27-28, 30, 38-39, 42, 55, 86, 94-95, 102, 104, 120, 128, 169-170, 184, 187, 192, 212, 221, 223, 231, 236-238, 242, 246, 253-257, 74-275, 280-281, 283-284, 286-288, 313, 395, 401, 404, 407, 414, 419, 422
불사(不死, amata/아마따, 열반) 119, 122

3) 사띠(sat, 마음 지켜보기)에 관하여

sati(삿띠, 마음 지켜보기, 념/念, 팔정도의 정념/正念) 15-16, 235-249, 253, 255, 256, 258, 260-261, 267-269, 272-275, 285, 286, 305, 405, 413, 415, 422

〈사띠의 총론〉

① 사념처(四念處, satipaṭṭhāna/사띠빳타나, 마음지켜보기/삿띠의 확립, 일반적으로 cattaro saṭipatthāna/짯따로 사띠빳타나의 확립, 곧 四念處; 身·受·心·法의 확립을 의미) 236-238, 240, 246-248, 252, 254-255, 260, 268, 271-272, 414
② ekāyana/에까야나(일승도/一乘道, 하나의 길, 목표로 향하여 곧장가는 길, '뛰어난 길') 235, 237, 238, 254, 284, 414
③ sampajañña/삼빠잔냐(바르게 알다/알아차리다/正知, sati할 때 대상의 변화를 있는 그대로, 무상-고-무아로 바르게 아는 것/여실지견/如實知見) 244-246
sati-sampajañña/사띠 삼빠잔냐(바르게 마음집중하고 대상을 바르게 말다/正念正知) 246

④ 염각지(念覺支, sati-bojjhaṅga/사띠보장가, 칠각지의 제1각지) 255

⑤ 사념청정(捨念淸淨, upekkhā-sati-pārisuddhi/우뻭카 삿띠 빠리숫디, 무엇에도 집착하지 않는 평정/평등한 마음 지켜보기로써 사띠를 청정히 하는 것, 사띠 수행의 최고 경지) 256, 415

〔upekkhā/우뻭카(두 가지 극단에 집착하지 않고 마음의 평정/ 평등을 유지하는 것) pārisuddhi/빠리숫디(청정하게 하는 것)〕

⑥ satimā/사띠마(사띠하는 사람들/사띠 수행자들, 곧 생명 하나까지 사랑하는 사람) 272-273, 286, 415

⑦ iddhi-ñāṅa/잇디 냐냐(신통한 지혜/창조적 지혜, 捨念淸淨을 통하여 발휘하는 능력) 256

⑧ iddhi-pāda/잇디 빠다(사티를 통해 발휘하는 능력/창조적 능력, 捨念淸淨을 통하여 발휘하는 능력) 256, 276

⑨ iddhi-vidha/잇디 위다(신통변화, 捨念淸淨을 통하여 발휘하는 능력으로서 자신과 사회를 변화시켜가는 능력) 256

〈사띠의 각론(방법론)〉

abhijhā/아비자(sati할 때 벗어나야 할 탐착) 242

apilāpana/아삘라빠나(sati할 때 대상에 깊이 들어가는 것) 241

ārakkha/아락카(sati할 때 마음을 보호하는 것) 241

domanassa/도마낫사(sati할 때 벗어나야 할 혐오/미움) 242

dovārika/도와리까(도시의 문지기, sati할 때 같이 부정한 不善法으로부터 마음을 굳게 지키는 것) 242

pariggahaka/빠릭가하까(sati할 때 대상을 거머쥐는 것/把持) 241

parimukkhaṃ-sati/빠리묵캉 사티(sati할 때 대상을 눈앞에 보듯이 직시/응시하는 것) 242, 305

vineya loke abhijjhādomanassaṃ/위네야 로께 아빗자도마낫삼(sati할 때 세상에 대하여 좋아하고 싫어하는 분별심을 벗어남) 242

(3) 안팎(ajjhatta-bahiddhā)의 통찰에 관하여

'안으로 밖으로 안팎으로'(ajjhatta, bahiddhā, ajjhatta-bahiddhā/앗잣따 바힛다 앗잣따-

바힛다) 104, 206-211, 258-260

① ajjhatta/앗잣따(안으로); ajjhattam kāye/아잣땀 까예(자신의 내부적인 몸을 통찰하기) 258-261, 268

② bahiddhā/바힛다(밖으로); bahiddhāā kāye/바힛담 까예(외부의 다른 사람들의 몸을 통찰하기) 206-207, 258-260

③ ajjhatta-bahiddhā/앗잣따 바힛다(안팎으로; 때로는 자신의 몸을, 때로는 다른 사람들의 몸을 더 불어 통찰하기) 258, 268

cha ajjhattikabahirā āyatanadhamma/차 앗잣띠까바히라 아야따나담마(여섯 내외적 감역의 법〔內外處法〕, 여섯 내외적/주 · 객관적 감각작용의 담마) 207

(4) 사띠의 전제조건에 관하여

〔sati의 네 가지 전제조건/기초; khantiyā/칸띠야(인내하기) · ahiṃsā/아힝사(해치지 않기) · mettayā/멧따야(사랑하기) · anuddayatāya/아뭇다야따야(연민하기)〕 270, 307, 310, 312, 318, 406, 416, 418

4) 계행(戒行/戒)에 관하여

계행(戒行/戒, sīla/실라) 271, 311, 324, 330, 371, 416

〔sīla/戒行의 의미; lajjin/랒진(스스로 부끄러워하고), hita/히따(동정하고), anukamoin/아누까모인(불쌍히 여겨) paṭivirata/빠띠위라따(살생을 멀리하는 것), veramaṇī/웨라망니(paṭivirata, 악행을 멀리하는 것/遠離)〕 324

vinaya/위나야(초기상가의 생활법규/律) 361, 368-371, 373

① 오계(五戒, pañca-sīla/빤짜실라) 102, 145, 311-312, 316, 323-325, 329, 358, 393, 395, 397, 406, 416-417

② 팔재계(八齋戒/八關齋戒, aṭṭhaṅgasamannāgato uposatha/앗탕가사만나가또 우뽀사타, 팔지 구족/八支具足한 포살, 여덟 조목의 포살, 매월 6재일의 재가대중의 포살의식) 325-329, 406, 416

③ 포살(布薩, uposatha/우뽀사타, posatha/뽀사타, upavāsatha/우빠와사타, upavāsa/우빠와사) 92-93, 324-329, 365, 391, 406, 416

④'오계 · 팔재계'(pañca-sīla · aṭṭhaṅgasamannāgato-uposatha/빤짜실라 · 앗탕가사만나가

또 우뽀사타) 328, 406, 417
⑤ 빠찟띠야(pācittiya, 바일제/波逸提, 사타/捨墮, 참회하지 않으면 지옥에 떨어지는 범계/犯戒) 319
⑥ 사계(捨戒, sikhā paccakkhātā/시카 빳짝카따, 받았던 계를 도로 내놓는 것, 捨戒의 자유) 372

5) 사제 팔정도(四諦 八正道, cattāri ariya-saccāni- aṭṭhaṅgika-magga)에 관하여

'사제 팔정도'(cattāri ariya-saccāni/짯따리 아리야 삿짜니 - aṭṭhaṅgika-magga/앗탕기까 막가) 287-288, 421-422

(1) 사성제(cattāri ariya-saccāni)에 관하여

사성제(四聖諦/四諦, cattāri ariya-saccāni/짯따리 아리야 삿짜니) 21, 30, 38, 41, 175, 236, 238, 250, 253, 290
① pariññeyya/빠린녜야(바르게 알다/知, 사성제의 첫 번째 '이것이 고통임을 알라' 할 때의 知) 236
② pahātabba/빠하땁바(단절하다/斷, 사성제의 두 번째 '이 고통의 원인을 단멸/斷滅하라' 할 때의 斷) 236
③ sacchikātabba/삿치까땁바(성취하다/證, 사성제의 세 번째 '이 고통이 단멸된 열반을 성취, 증득/證得하라' 할 때의 證) 236
④ bhāvetabba/바웨땁바(닦아가다/修, 사성제의 네 번째 '이 고통이 단멸된 해탈 열반을 증득하기 위하여 길을 닦아라' 할 때의 修) 236

(2) 팔정도(aṭṭhaṅgika-magga)에 관하여

팔정도(八正道, aṭṭhaṅgika-magga/앗탕기까 막가) 17, 38, 41, 176, 236, 238, 246, 249-250, 253, 254-255, 262, 287-288, 359, 421-422
sammā-diṭṭhi/삼마딧띠(바른 견해 갖기/正見) 174, 271
sammā-saṅkappa/삼마 상깝빠(바르게 생각하기/正思惟) 117
sammā kammanta/삼마 깜만따(바르게 행동하기/正業) 359
sammā ājīva/삼마 아지와(바르게 생활하기/正命) 353, 358, 360

sammā-sati/삼마 사띠(바르게 마음지켜보기/正念, 四念處) 241-246, 249
sammā-samādhi/삼마 사마디(바른 마음집중/正定, 四禪, samatha/사마타를 통하여 바르게 마음을 고요하게 하기) 246

6) 빠리사(parisā, 대중/공동체)에 관하여

빠리사(parisā, Skt. parisad, 대중/회중, 불교도공동체) 80, 84, 86-100, 102-107, 109-111, 125, 130, 132, 140-141, 143, 145-147, 225, 288, 299-300, 302, 305-306, 323, 339, 343, 351, 359, 362, 364, 366-367, 371, 374-375, 378-379, 381, 387, 401-402, 405-408, 411, 413, 415-421, 425

(1) 사중(四衆/四部大衆, cataso-parisā)에 관하여

사중(四衆/四部大衆, cataso-parisā/짜따소 빠리사, 四部의 불교도공동체) 83, 87, 91, 146, 411
① bhikkhu-parisā/빅쿠 빠리사(비구대중, 남자출가대중/공동체) 88, 90, 299, 322
② bhikhunī-parisā/빅쿠니 빠리사(비구니대중, 여자출가대중/공동체) 88, 90, 299, 322
③ upāsaka-parisā/우빠사까 빠리사(우바새대중, 남자재가대중/공동체) 88, 90, 300, 322
④ upāsikā-parisā/우빠시까 빠리사(우바이대중, 여자재가대중/공동체) 88, 90, 300, 322

(2) 팔중(八衆/八部大衆, aṭṭha parisā)에 관하여

팔중(八衆/八部大衆, aṭṭha parisā/앗따 빠리사, 八部의 불교도공동체) 104, 106, 146, 411
① khattiya-parisā/캇띠야 빠리사(캇띠야 대중, 전사/戰士 출신 상류층의 공동체) 104-105
② brāhmaṅa-parisā/브라흐마나 빠리사(브라흐마나 대중, 사제/司祭 출신 지식인들의 공동체) 104-105
③ gahapati-parisā/가하빠띠 빠리사(가하빠띠 대중, 거사/居士 출신의 자산가/기업인 공동체) 104-105
④ samaṅa-parisā/사마나 빠리사(사마나 대중, 사문/沙門 출신의 공동체) 104-105
⑤ cātummahārājika-parisā(짜뚬마하라지까 빠리사, 사천왕/四天王 공동체) 104
⑥ tāvatiṅsa-parisā/따와띵사 빠리사(도리천/忉利天 공동체) 104

⑦ māra-parisā/마라 빠리사(악마/惡魔 공동체) 104
⑧ brahma-parisā/브라흐마 빠리사(범천/梵天 공동체) 104

(3) '비구 비구니 우바새 우바이'(bhikkhu · bhikhunī · upāsaka · upāsikā)에 관하여

비구 비구니 우바새 우바이(bhikkhu · bhikhunī · upāsaka · upāsikā/빅쿠 빅쿠니 우빠사까 우빠시까) 75-77, 82, 83, 85, 86, 89, 319
① '비구 비구니'(bhikkhu · bhikhunī/빅쿠 비쿠니) 80-82, 87-91, 94-96, 140, 143, 145, 299, 327, 333, 340, 344-346, 348-349, 370-371, 375-376, 406, 416, 426
비구(bhikkhu/빅쿠, 比丘, 남자 출가수행자) 47, 55, 69, 80-82, 84-85, 87-96, 101-102, 104, 111, 115, 120, 130-131, 140-143, 145, 157, 222-225, 235, 236-238, 241-244, 246, 257, 264-265, 271, 275, 287, 300, 304, 314, 319, 327, 332-333, 336-337, 340, 342, 344, 345, 346, 348-349, 350, 354, 362, 364, 370-377, 389, 394, 399, 404-406, 416, 426
비구니(bhikhunī/빅쿠니, 比丘尼, 여자 출가수행자) 80-82, 87-91, 94-96, 140, 143, 145, 299, 327, 333, 340, 342, 344-346, 348-349, 370-371, 375-376, 406, 416, 426
② '우바새 우바이'(upāsaka · upāsikā/우빠사까 우빠시까) 80-82, 84-85, 87-91, 94-96, 145, 300, 327
우바새(upāsaka/우빠사까, 남자 재가헌신자) 80-82, 84-85, 87-91, 94-96, 145, 300, 327
우바이(upāsikā/우빠시까, 여자 재가헌신자) 80-82, 84, 87-91, 94-96, 145, 291, 300, 327, 350

(4) 성중(聖衆, ariya-parisā)에 관하여

성중(聖衆, ariya-parisā/아리아 빠리사(성스러운 대중, 출가/재가의 성스러운 불교도 공동체를 일컫는 호칭) 327, 404, 426

7) 로까(loka, 사회)에 관하여

loka(로까, 사회/세간/세계) 106, 129, 149-152(사회의 본질), 154, 156-157, 161-

169(사회비판), 189, 203, 208, 229, 267, 285, 320
① lujjita/룻지따(소멸되는 것, 파괴되는 것, loka/사회는 소멸/파괴되는 것) 157
② saṅkhāra-loka/상카라 로까(作爲된 사회, 어둔 識/無明識에 의하여 조작된 사회, 고통/갈등이 끝없는 有爲의 사회) 161
③ lokavināsa/로까 위나사(사회의 파멸/소멸, 사회적 실천을 통하여 고통/갈등의 사회를 본질적으로 변화시키는 것) 163, 166, 229
lokassa-anta/로깟사 안따(사회의 끝, 사회적 실천을 통하여 고통/갈등의 사회를 극복하고 사회적 고통을 치유하는 것) 168

8) 전륜성왕(轉輪聖王, Cakkavatti)의 나라에 관하여

전륜성왕(轉輪聖王, Cakkavatti/짝까왓띠)의 나라 388-405
Ābhassara/아밧사라(광음천/光音天, 세상이 일어나기 이전의 본래 세계) 384

(1) 불교도가 추구하는 이상적인 통치자(dhamma-rāja)에 관하여
① 마하삼마따 왕(Mahāsammata, 민중들이 뽑은 위대한 왕, the people's choice) 386, 388-389, 396, 407, 417
sammata(삼마따, 민중들이 뽑은 왕) 396
② 뭇다왓시따 왕(Muddhāvassita, 기름을 이마에 바른 왕, anointed king) 388-389
마하수닷사나 왕(Mahāsudassana, 뭇다왓시따 왕의 다른 이름) 388-389, 395
꾸사와띠(Kusavati, 구시나가라의 전신, 뭇다왓시따 왕 때의 수도) 388
③ 전륜성왕(轉輪聖王, Cakkavatti/짝까왓띠, 비폭력으로 세계를 평정하는 우주적인 통치자) 93, 123, 125, 127, 166, 388-392, 396-403, 405, 407, 417, 419, 424

(2) 전륜성왕의 나라의 통치이념(dhamma-vijaya)에 관하여
① dhamma-rāja(담마 라자, 정의로운 지배자/正法君主) 387, 390-391, 400, 417
② 'dhamma seṭṭho janetasmin'/담마 셋토 자내따스민('담마는 사람들에게 좋은 것이다') 387
③ 전륜성왕(Cakkavatti/짝까왓띠)의 다섯 가지 구성요소
〔Aṭṭha/앗타(善行) · Dhamma/담마(正法) · Matta/맛따(方法) · Kala/깔라(時

間) · Parisā/빠리사(大衆)] 93, 398
④ 정법군주(正法君主, dhamma-rāja/담마 라자, 정의로운 왕/통치자, 정법군주/정의로운 군주) 387
⑤ 'dhammiko dhamma-rāja', 'dhammako dhamma-rāja cakkavatti'/담미꼬 담마 라자, 담미꼬 담마라자 짝까왓띠('법다운/정의로운 법의 왕' '법다운/정의로운 법의 왕인 전륜성왕') 390
⑥ dhamma-vijaya/담마 위지야(법에 의한 평화로운 평정/정복) 391, 402
⑦ cakkaratana/짝까 라따나(바퀴보배/輪寶, 전륜성왕이 굴리는 평화로운 평정의 바퀴) 391, 398
dhamma-cakka/담마 짝까(법의 바퀴/法輪, 붓다가 굴리는 정의/정법의 바퀴) 127, 397-398

9) 마음(心識)의 작용과 탐욕(rāga)/이기주의에 관하여

(1) 마음의 작용에 관하여

① 심의식(心意識, citta-mano-viññāṇa/찟따 마노 윈냐나) 159-160, 279-280
② citta/찟따(마음/心. 일반적인 정신작용의 총칭) 154, 159-160
③ mano/마노(생각/뜻/意, Skt. manas, 생각하고 사고하는 작용) 159-160, 210-213, 216-217, 279
④ viññāṇa/윈냐나(識/意識, 의식하고 분별/차별하는 작용, 마음의 agent); 오온의 viññāṇa 참조
mano-viññāṇa/마노 윈냐나(意識, 십팔계의 의식계의 意識, 십이처-십팔계의 모든 감각작용/의식작용이 이 마노 윈냐나/意識에 포괄된다.) 210

(2) 탐욕(rāga)/이기주의에 관하여

'탐진치'(貪瞋癡, rāga-dosa-moha/라가 도사 모하) 189, 235, 238, 280
① rāga/라가(貪/탐, 탐욕/욕심, 탐진치 등 부정적 정신작용/이기주의의 총칭) 42, 76-77, 79, 119, 121-122, 127, 146, 164-169, 178, 188-195, 198, 215-217, 220, 222-223, 230, 232, 234-235, 248, 263, 267, 276, 278, 280-287, 290, 292, 319-320, 359, 365, 367, 385-386, 397, 410, 413-415

kāma/까마(감각적 쾌락에 대한 욕망/탐욕) 189, 278, 282
② dosa/도사(瞋/진, 분노/미움) 166, 280
③ moha/모하(癡/치, 어리석음/고집) 166, 169
④ taṅhā/딴하(渴愛/갈애) 120-121, 170, 188-189, 193-194, 211, 216, 228, 229-230, 246
⑤ chanda/찬다(慾求/욕구, 열의/원력) 168, 189, 194, 235, 276
⑥ upādāna/우빠다나(取/취, 집착하다/취착하다.) 213, 215-217, 220, 222-223, 228-229, 230, 244-247, 260, 282

10) 불교도가 추구하는 청정한 삶의 방식(brahma-cariya)에 관하여

청정한 삶의 방식(brahma-cariya/브라흐마 짜리야, 청정한 삶/梵行, 불교도들이 추구하는 일상적인 삶의 방식, 이렇게 열심히 살아가면 그대로 곧 깨달음 해탈 열반/대중견성의 실현이다.) 196, 422

〈청정한 삶의 방식 총론〉

① '믿으면서 나누고 섬기면서 담남하세 마음 지켜보면서'(mamo-dāna-sati/나모-다나-사띠, 신비혜/信悲慧) 422, 414
② '비폭력 · 사랑 · 나눔'(ahiṃsā · mettā · dāna/아힝사 · 멧따 · 다나, 자비행/보살행) 195-196, 222, 272, 277, 283, 286-287, 307, 309-323, 329, 366, 393, 395, 406, 413-416, 418, 421, 424

〈청정한 삶의 방식 각론〉

① 믿으면서(mamo/나모, 귀의하다, 믿다/信) 413
정신(淨信, aveccappasāda/아옛짭빠사다, 흔들림 없는 바른 믿음, 不壞淨信/불괴정신) 371
② 나누고 섬기면서(dāna/다나, 나누고 섬기다, 布施/보시하다.) 213, 304, 318, 337, 363-380, 398, 407, 417, 418, 419
시주(施主, dānapati/다나 빠띠, 나누고 섬기는 사람) 107, 364, 378, 379
보시당(布施堂, 'dāna-sālā/다나 살라, 나누고 섬기는 집/회관) 380, 407, 417, 419

행복의 밭(福田, puñña-khetta/뿐냐 켓따) 30, 93, 363, 365-366
보시 복전(布施福田, dāna puñña-khetta/다나 뿐냐켓따, 나누고 섬기는 것이 최선의 행복) 363, 365-366
③ 담담하게 마음 지켜보면서(sati); 사띠 참조
④ 비폭력(非暴力/不害, ahiṃsā/아힝사) 307, 310, 312, 406, 418
ahiṃsā - pañca-sīla(아힝사 빤짜 실라, '비폭력 오계') 394-395
ahiṃsā - mettā(아힝사 멧따, '비폭력 자비') 323, 330, 367, 406
hiṃsā(힝사, 폭력/傷害) 127, 165-166, 334
pāna(빠나, 살아 있는 모든 생명/衆生, satta, Skt. prana) 317, 321
pāṇātipātā(빠나띠빠따, 살아 있는 생명들/衆生을 해치지 않는다.) 317
⑤ 사랑/자비(mettā/멧따) 38-42, 92, 103, 129-130, 139, 191, 194, 195-197, 222, 234, 248, 262, 272, 276, 283, 286-287, 306-307, 316, 321-324, 329, 351, 366, 382, 402, 405-406, 408, 413, 416, 418, 421
mettā-karuṅā/멧따 까루나(사랑과 연민/자비/慈愛) 283, 296
mettā ceto-vimutti/멧따 쩨또 위뭇띠(자비해탈/慈愛해탈) 273

11) 담마(dhamma, 法/正法)에 관하여

① 가르침으로서의 담마 39, 93, 98, 100, 107, 128, 160, 261, 296, 304, 305, 308, 309, 313, 332-333, 336-337, 348-349, 351-352, 396, 402
② 진리/정의로서의 법 290, 292, 387, 391-395, 398, 400, 402, 418
③ 사물/현상으로서의 담마(십이처의 법) 153, 158, 203, 216, 217, 242, 414
dhammayogin/담마요긴(교법 수행자들) 251
akālika/아깔리까(무시간성/無時間性, 즉시성/卽時性, dhamma는 시간을 초월해 있다. 담마의 특성 가운데 하나) 231
saddhamma/삿담마(正法/正義) 351
sandiṭṭhika/산딧티까(현실적인, 눈앞에 보이는, 현실적으로 이익되는, visible, worldly gain, 담마의 가장 큰 특성) 27, 138, 379
saṅkhata-dhamma/상카따 담마(유위법/有爲法, 의도적으로 작위된 존재/현상들) 202, 217

12) 일반적 담마용어에 관하여

ahara/아하라(먹이/食) 179

akiriya/아끼리야(도덕부정론) 174

arambha-vāda/아람바 와다(집적설/集積說/積聚說) 174

arahan/아라한(정각자/正覺者) 329, 344, 349-350, 399

asura/아수라/阿修羅(육도윤회의 한 세계, 투쟁적인 신들) 273

āraňyāyatana/아란야야따나(아란야/阿蘭若/, 적정처/寂靜處)) 368

āsava/아사와(번뇌, 루/漏) 190-191

aṭṭha-garudhamma/앗타 가루담마(비구니들의 팔경법/八敬法) 343

avijjā/아윗자(어둠/無知/無明) 190, 413

vijjā/윗자(밝음/明) 413

āditta/아딧따(불길) 279, 281, 421

āditta-dhamma/아딧따 담마(불의 법문, 불타는 담마) 198, 202, 218-219

ārakkha-asampadā/아락카 아삼빠다(수호구족, 4구족의 하나, 도둑들과 왕으로부터 재산을 질 지키는 것) 358

āsīvisa/아시위사(뱀의 독) 277, 278, 421

bahujana/바후자나(많은 사람들) 32, 36-37, 40-42, 102, 111-117, 128-130, 138-142, 146-150, 154-157, 160-161, 164-168, 193, 196, 206, 214-220, 256, 265-276, 279-287, 292, 337, 356, 366, 368, 374, 377-378, 410-411, 413-415, 417, 419

'bahujanahita-bahujanasukha'/바후자나히따 바후자나수카('많은 사람들의 이익/행복') 42, 96, 128-130, 138-140, 147, 193, 220, 222, 279-281, 366, 406-408, 419

bhava/바와(존재/有) 211

Brahma/브라흐마(범천/梵天) 108, 125, 134, 386-387, 390, 398-399

cataro mahābhutani/짜따로 마하부따니(사대/四大, 물질의 구성요소) 182-184, 321 〔지(地, pathvi/빠트위), 수(水, apo/아뽀), 화(火, tejo/떼조), 풍(風, vayu/와유)〕

dhuta/두타(두타행/頭陀行) 140-142

diṭṭhi/딧티(견해/見) 214, 216, 245

hita/히따(이익) 130, 358

jhāyin/자인(선정수행자) 251-252

jina/지나(승리자, 대웅/大雄, 붓다의 칭호) 119, 127, 412
kalyāṅa-mitta/깔랴야나 밋따(좋은 벗/善友, 4구족의 하나, 좋은 친구를 사귀는 것) 357
kamma/깜마(業, 행위) 167, 331, 338-339, 416
'kammanā brāhmano hoti kammanā hoti abrāhmano/깜마나 브라흐마노 호띠 깜마나 브라흐마나 호띠 아브라흐마노(행위로 인하여 브라흐마나가 되고 행위로 인하여 브라흐마나가 아니 되고) 337
maccha-diṭṭhi/맛차딧티(사견/邪見) 173-174, 185, 214, 224, 226
māra/마라(악마) 93, 95, 104, 118, 120-123, 127, 131, 135, 203, 236, 350, 400
Māra Pāpiman/마라 빠삐만(마왕 파순/魔王 波旬) 93, 120, 345-347
mārasena/마라세나(마군/魔軍) 120
mantra/만뜨라(주문) 106
muni/무니(은둔수행자, 모니/牟尼) 300
ogha/오가(폭류, 개인의 의식형성에 결정적으로 작용하는 有爲法/고통/불안/갈등 등의 거대한 흐름) 279, 421
oka/오까(집/家, 근원) 179
papañca/빠빤짜(희론/戱論) 141
parinama-vāda/빠리나마 와다(전변설/轉變說) 172
paribbājakas/빠립바자까(유행자/遊行者, wanderers) 140
paññā/빤냐(般若/지혜) 39, 221-224, 234, 248, 250, 252-256, 287, 345, 350, 405, 414
paññā-bhāvana/빤냐 바와나, 지혜 수행, 지혜통찰, 일체법을 대상으로 무상-고-무아를 통찰하는 수행) 252, 255
paññā-metta/빤냐 멧따(지혜와 자비) 39, 248
ponobhāva/뽀노바와(후유/後有, 죽은 뒤에 다시 받는 몸) 191
samatha/사마타(집중하는 수행, 止) 16, 241, 248-249, 252, 254-257, 275, 285, 414, 422, 424
samādhi/사마디(사마타를 통하여 실현하는 고요함/삼매, 禪定/定) 252, 256, 414
samādhi-bhāvana/사마디 바와나(사마디/삼매 수행) 250-251
samatha-yānika/사마타 야니까(사마타 행자들) 250
saṅghārāma/상가라마(가람/伽藍/, 승가람/僧伽藍, 절) 32-33, 368, 369, 370-371, 375-376, 401, 407, 418

saṅgha/상가(승가/僧伽/僧, 출가중 공동체) 21, 33-34, 36, 54, 80-83, 87, 90, 97, 124, 126, 264, 326, 340, 364-365, 372, 376, 406, 416
mahā-saṅgha/마하상가(大상가) 82
bhikkhu-saṅgha/빅쿠상가(비구상가/比丘僧伽) 82, 323, 348
bhikkhunī-saṅgha/빅쿠니상가(비구니상가/比丘尼僧伽) 82, 340, 342, 344, 348, 406, 416
samaṅa/사마나(사문/沙門, 출가수행자들, 불교 · 육사외도 등) 41, 53-54, 86, 90, 93, 104, 106-107, 123, 173-174, 253, 256, 324, 373, 378, 391, 398
sannyāsa/산야사(유행기/遊行期) 140
suñña/순냐(공/空, śūyna) 172
sabhāva/사바와(자성/自性, Skt. svabhāva, 고유한 특성) 187, 194
satta/삿따(중생/衆生, 모든 생명) 113, 116, 118, 200-203, 207-208, 235-237, 268-269, 316, 320-321
sabbe satta/삽베 삿따(일체중생/一切衆生) 316, 320-321, 376, 379, 385, 403, 404, 407, 417, 419
'Sabbe Sattā bhavantu Sukhitattā'/삽베 삿따 바완뚜 수키땃따('모든 생명들이여, 부디 행복하소서', 붓다의 축복인사) 321
sota/소따(흐름) 218
savaka/사와까(일반 수행자/제자들) 251-252
sapadānacariyā/사빠다나까리야(차제걸식/次第乞食) 337
sukha/수카(행복/즐거움) 130, 358
thera/테라(비구 장로/長老) 349
therī/테리(비구니 장로니/長老尼) 348, 351
uṭṭāna-sampadā/웃따나 삼빠다(노동구족/노력구족, 4구족의 하나, 열심히 노동 노력하는 것) 357
vihāra/위하라(정사/精舍, 초기 사찰, 호스피스/간병의 뜻이 있다) 375-376, 417
Theravādā/테라와다(남방 상좌부/上座部) 15, 45, 248
vipassanā/위빳사나(관찰/觀) 16, 248-249, 252, 254-256, 286, 414
vipassanā-yānika/위빠사나 야니까(위빠사나 행자들) 252
yakkha/약카(야차, 惡鬼) 164

無圓 김재영(金再泳)

1938년 마산 출생, 마산상고(현재 용마고) 졸업, 서울대학교 사범대학 역사과 졸업, 동국대학교대학원 불교학과에서 김동화 박사 사사 (문학석사), 동방대학원대학교 불교학과 졸업(불교학박사). 1970년 동덕여고불교학생회 – 청보리학생회 / 청년회 창립, 현재까지 40여 년 지도법사. 1984년 이래 동방불교대 교수로 현재까지 30년 가까이 포교론 강의.

학위논문 「초기불교의 사회적 실천에 관한 연구」

저　　서 『룸비니에서 구시나가라까지』, 『은혜 속의 주인일세』, 『무소의 뿔처럼』, 『365일 부처님과 함께』, 『우리도 부처님같이』, 『민족정토론』, 『인도성지순례 기도문』, 『초기불교 개척사』, 『붓다의 대중견성운동』, 『광덕스님의 생애와 불광운동』, 『히말라야를 넘어 인도로 간다』 등

민족사 학술총서 65

초기불교의 사회적 실천

초판 1쇄 인쇄　2012년 2월 14일
초판 1쇄 발행　2012년 2월 28일

지은이 | 김재영
펴낸이 | 윤재승

펴낸곳 | 민족사 출판등록 제1-149호(1980.05.09)
주　소 | 서울시 종로구 수송동 58번지 두산위브파빌리온 1131호
전　화 | 02-732-2403~4 / 팩스 02-739-7565
홈페이지 | www.minjoksa.org / 이메일 minjoksa@chol.com

ISBN 978-89-7009-069-6 94220
ISBN 978-89-7009-057-3 (세트)

책값은 뒤표지에 있습니다. 잘못된 책은 바꿔 드립니다.